他們都是
猶太人

湯天一、胡新航　著

前言 ▌猶太人縱橫天下

　　猶太人在美洲大陸的歷史可以追溯到哥倫布。1492 年西班牙籠罩在宗教裁判所的陰影之下，境內的猶太人為了逃生紛紛遠走他鄉，而有相當一部分被稱作「馬拉諾」（西班牙文裡的原意為「豬」）的猶太人在當時表面上皈依天主教，私下卻仍堅持信奉猶太教。根據史料記載，哥倫布的隨行當中就有好幾位「馬拉諾」，其中包括審計員塞格維亞和譯員托里斯。哥倫布本人可能也是猶太人。托里斯在日記中有這樣的記載：「（哥倫布）想在到達中國及遠東後去尋找『流失的猶太十部落』，並通過我和他們交流。」

　　猶太人在美國的歷史則是哥倫布發現新大陸一個半世紀以後的事情了。1654 年 9 月，葡萄牙人從荷蘭人手裡搶下巴西，23 位西班牙籍猶太人並沒有折回歐洲，而是變賣財產作為船資，從巴西東北部港市累西腓取道北上，抵達哈德遜河畔的新阿姆斯特丹，也就是今天的紐約。當時新阿姆斯特丹的總督斯圖文森拒絕收留他們，他在給荷蘭西印度公司頂頭上司的信中稱猶太人為「可恨的敵人」和「褻瀆基督名字的人」，並要求准許他趕走這批不速之客，為的是「不讓這一欺詐成性的種族來進一步毒害和騷擾新殖民地」。但是西印度公司最終否決了斯圖文森的請求，原因之一是許多猶太人是荷蘭西印度公司的股東。就這樣，第一批猶太人終於在這片新大陸上有了立足之地。從那時至今，猶太人在美國已經有整整 360 多年的歷史。

　　1830 年，全美國一共只有六千多猶太人，他們大都在

美國出生。三十年之後，美國的猶太人已超過 15 萬人，其中大部分人說德語。這些德國猶太人踏上美國土地之後便在紐約及周邊地區定居下來。在紐約城裡，猶太人大都聚居在曼哈頓的東城下區。

許多早期來美國的德國猶太人家境殷實，受過良好的教育，而且很有商業頭腦，往往從沿街叫賣的小本生意起家，不久就開出自己的店面，一旦飛黃騰達，便搬出東城下區，住進曼哈頓東城上區的富人區。他們以紐約為大本營。開始逐漸向美國其他地區滲透。美國的西部大開發讓德國猶太人看到了巨大商機，很多敢於冒險的猶太青年身上背著裝滿日用百貨的大包穿行於人跡罕至的鄉村小鎮之間，用辛苦掙來的血汗錢把生意越做越大。不少人成了美國最早的百貨商店的老闆，也有不少人開辦了服裝廠。俄亥俄州的辛辛那提市很快就成了美國服裝業的重鎮。他們當中最有名的可能是在「淘金潮」中去了舊金山的李維・斯特勞斯，他靠生產牛仔褲創造出一個風行 150 年的經典品牌（Levis）。

與此同時，交通工具的改善也加快了歐洲猶太人移民美國的步伐。早期從歐洲移民美國的猶太人往往歷盡艱辛，要忍受幾個月的顛簸之後才能抵達目的地。船上缺水少食，人滿為患，一旦染上疾病，往往是死路一條，到了 19 世紀中葉，蒸汽船的改進大大縮短了穿越大西洋的航程。但他們抵達美國之後，還要在艾利斯島等入境移民檢查站停留數日乃至幾個月的時間，接受各種各樣的體檢，盤問和人格侮辱，並隨時面臨被遣返回國的可能，但這一切都沒有減慢猶太人移民美國的速度。在美國的南北戰爭中，有約一萬民猶太人在北方軍或南方軍中服役。

到了 1880 年，美國的猶太人口已經達到 27 萬人，其中紐約地區就占了 18 萬，他們當中還包括了最早一批說意第

緒語的東歐猶太移民。1880 年到 1914 年第一次世界大戰爆發之間是猶太人移民美國的第二個高峰。這期間大約有二百萬猶太人移民美國，他們大多數來自東歐的俄國、波蘭、羅馬尼亞等國。在 18 世紀末和 19 世紀初，俄國和一些東歐國家境內掀起了大規模的反猶排猶風暴，逼迫大量的東歐猶太人背井離鄉，來美國新大陸尋找生機。與德國猶太移民相比，東歐猶太移民剛來美國的日子要難過得多。他們不光囊中羞澀，而且教育程度相對比較低。善於尋找商機的德國猶太人的足跡遍佈全美國。他們甚至從東海一直跑到西海岸的加州紮下根來。而東歐新移民則聚居在美國東部和中部的紐約、費城、波士頓、巴爾的摩、克里夫蘭、聖路易斯和芝加哥等大城市的貧民窟裡。20 世紀初期，曼哈頓東城下區一塊一個半平方英里的地段住了五十多萬猶太移民。六千座簡易樓裡塞進了六萬多戶人家。

從宗教上來講，德國猶太人大都是改革派猶太教徒，而東歐來的新移民大多屬於正統派猶太教徒，男人們一般都留長鬚，穿黑衫，頭戴小圓帽。他們當中很多人靠縫紉為生，在德國猶太人成衣廠老闆面前低三下四，唯恐丟了全家人賴以為生的飯碗。那臉色慘白、身體孱弱、戴著眼鏡弓著背的猶太裁縫便成了當年美國猶人人的固定形象。19 世紀期，大部分東歐猶太移民和其他新移民一樣，只能在所謂的「血汗工廠」裡縫製衣服。他們在惡劣的環境裡一天工作 12 到 15 個小時，掙的卻是一點少得可憐的工資。老闆經常要求他們周末加班，有時候甚至貼出告示：「如果星期天不來上班，星期一也請免來。」

最後工人們實在忍無可忍，紛紛組織起來，通過罷工等手段為自己爭取合法權益，各大城市裡由猶太服裝工人組織

的工會如雨後春筍般湧現出來。1911 年，紐約一家服裝廠的大火吞噬了 146 位女工的性命，其中大多為猶太女工。這一事件更讓工人們看到了工會的重要性，追求社會公正的觀念也在很多美國猶太人的心中根深蒂固地紮下根來。

長期以來，猶太人在美國也遭到過各種形式的歧視。美國立國後兩百多年，反猶排猶的幽靈在美國大地上長久地徘徊不去。美國曾經有過好幾個反猶傾向明顯的基督教保守派政黨，威廉・佩利的「銀衫黨」就是其中之一。反猶報紙《守衛者》曾經有過十一萬之眾的訂閱者。1913 年，一個名叫利奧・弗蘭克的猶太人在喬治亞州被控謀殺了一位十三歲的基督徒女孩，法庭破天荒地讓一位黑人出庭作證，儘管這個黑人已經向自己的律師承認他殺了女孩。弗蘭克被判死刑後，喬治亞州州長斯拉頓相信他是無辜的，便設法給他減了刑。沒想到一群暴徒把弗蘭克劫持出監獄，以絞刑處死，整個私刑的過程被拍了照，印成明信片後銷路甚佳。

有人把 1929 年的美國股市大崩盤歸罪於掌握金融命脈的猶太人，也有很多富人俱樂部拒絕接受猶太人。美國的不少名人公開發表過反猶言論，其中最為出名的是福特汽車公司的創始人亨利・福特。他出錢出版反猶報紙書刊，在他贊助出版的《國際猶太人》一書中，猶太人被描繪成一群行動詭秘、拉幫結黨、欺詐貪婪、引人上當的奸詐之徒。福特公司密西根州迪爾邦廠房的停車場上曾經豎過這樣一塊大牌子：「猶太人不可信，猶太人出賣美國。猶太人傳播共產思想，猶太人宣揚無神論，猶太人損毀基督教。猶太人操縱出版業，猶太人製作骯髒電影，猶太人控制了金錢。」

「水門事件」爆發後，尼克森總統因為相信猶太人在和他作對，也曾命令手下的人去調查政府委員中的猶太人，為

了更順利地融入美國社會，不少猶太人改名換姓，甚至向親生孩子隱瞞自己的猶太背景，或讓孩子改信天主教。從小信仰天主教的美國前國務卿瑪德琳・歐布萊特就聲稱是當上美國國務卿之後才知道了自己的猶太身世。當然，還有更多的猶太人捍衛自己的文化傳統，堅守自己的文化家園。無論採取的是何種方式，猶太人都已經在美國這塊土地上穩穩地紮下了腳跟。許多人剛來美國時儘管身無分文，但他們胼手胝足、吃苦耐勞，用血汗和才幹改變了自己和家人的命運。

作為一個飽經滄桑的族群，美國猶太人不但一直保持著強烈的憂患意識，更有一種通過奮發努力改變自己命運的強烈欲望。猶太人在逆境中求生存、求發展的傳統在美國得到了進一步的發揚光大。為了改善生活處境，19 世紀的猶太人移民紛紛走進校門，把學校作為改變命運的敲門磚。他們所學的專業大多是藥劑師、牙醫、律師和教師。1884 年，比東歐猶太移民先一步來美國的猶太移民創辦了紐約希伯來工學院，目的是給猶太窮孩子成為熟練工人的職訓。沒想到東歐猶太移民對這所學校興趣闌珊，因為他們認為當木匠低人一等，也不滿足於自己的孩子僅僅成為電焊工。

絕大多數美國猶太人都認識到知識和學業的重要性。猶太人歷來就有「愛書的民族」的美稱，而美國的猶太人更是如此。一項調查結果顯示美國猶太人購買了美國 50％以上的精裝本圖書。1990 年的一份調查顯示，適齡美國猶太人就讀大學的比例是 87％，而美國非猶太人只有 40％在讀大學。同一年美國的另一份調查表明，25 歲以上的猶太男性有 78％讀過大學，同一年齡層的美國白人男性只有 42％上過大學；32％的猶太男性讀過研究所，白人男性的這個比例是 11％；猶太女性有 69％讀過大學，而美國白人女性僅有

34％進過大學的門；猶太女性讀研究所的比例更是非猶太女人的四倍。美國猶太人的子女不但上大學的比例高，而且在美國第一流的名牌大學裡，猶太學生的比例比其他族裔的學生更要高得多，以至於哈佛大學一類的名校一度對猶太學生的名額加以限制。在美國，一個人的工資收入往往和其受教育的程度成正比，從上面這組數字可以看出為什麼美國年收入超過五萬美元的猶太家庭的百分比是非猶太家庭的兩倍，而年收入低於兩萬美元的猶太家庭的百分比只有非猶太家庭的一半。

此外，美國猶太人還富於冒險精神。這一點在許多第一代移民美國的猶太人身上尤其明顯。他們從保守閉塞的歐洲國家來到幅員遼闊的美國，憑藉著過人的膽識和勇氣赤手空拳闖天下。他們當中的金融家和企業家常常會有出人意料的大手筆，因而能夠發大財、獲暴利。也有不少人因為鋌而走險而碰得頭破血流，但往往又能從逆境中奮起，再作拼搏直至成功。這樣的例子不勝枚舉。美國的百萬富翁中有三分之一是猶太人，《富比士》雜誌上美國前 40 名富人排行榜上有將近一半是猶太人。

猶太人在美國的各個領域都佔有舉足輕重的地位。在美國，華爾街把握了美國的經濟命脈。哥德曼—薩克斯和雷曼兄弟等名氣最大、資格最老的華爾街投資公司都是猶太人創辦的。在美國，被公認為總統之外影響最大的人物就是聯邦儲備委員會主席。從 1987 年開始，擔任這一職位的一直是葛林斯潘。近二十年來，他一次又一次把美國經濟領出困境，為 90 年代美國經濟的持續繁榮立下頭功。

和世界上其他地方的猶太人一樣，美國猶太人從一開始就顯露出做生意的天分。他們不僅能吃苦耐勞，而且對不為

常人所見的商機也有特殊的嗅覺。在美國這個首屈一指的消費大國裡，梅西和布魯明黛這些規模最大、檔次最高的百貨公司都是由猶太人一手創建的，今天美國最有名的百貨公司的老闆也大都是猶太人。

美國猶太人不光是金融和商業高手，他們在其他領域的表現也是可圈可點。在美國政界到處可見猶太人的身影。美國的每個州只有兩位美國國會參議員。而全美人口最多的加利福尼亞州的兩位國會參議員——芭芭拉‧伯克瑟和黛安‧范士丹——都是猶太女性。

美國的新聞傳媒界也深受猶太人的影響。大衛‧沙諾夫是美國電臺電視臺的開路先鋒。以報業巨人普立茲命名的普立茲獎至今仍是美國最高的新聞和文學獎。70年代初期，《華盛頓郵報》的兩位年輕記者首先披露了震驚全美的「水門事件」，最終導致了尼克森總統的下臺，兩位記者中的一位是猶太人卡爾‧伯斯坦。無獨有偶，三十多年之後，另一位猶太記者麥克爾‧埃西克夫第一個披露了柯林頓總統的性醜聞，差一點把柯林頓逐出白宮。有趣的是，醜聞中的女主角莫妮卡‧萊溫斯基也是猶太人，而事後第一個在電視上採訪她的這是另一位大名鼎鼎的猶太女人——美國廣播公司的頭牌節目主持人芭芭拉‧華特斯。

律師在美國是一個收入極高的職業，但吸引眾多美國猶太人加入律師行業的並不僅僅是高收入。更是為了捍衛法律尊嚴。美國的律師中有15％是猶太人，紐約市和華盛頓特區的一流律師事務所的合夥人當中猶太人的比例高達40％。美國有四分之一的法律教授是猶太人，在現任的九位美國最高法院大法官中猶太人占了兩名。

美國猶太人喜歡選擇的另一個熱門職業是教書。猶太人向來注重教育，很多人畢業後選擇從事教育工作。美國的大

學裡猶太教授比比皆是，在名牌大學裡猶太教授的比例高達35％，哈佛大學、耶魯大學、麻省理工學院、普林斯頓大學、芝加哥大學、哥倫比亞大學等一流大學，均有過猶太人出任校長。在美國有一種說法，要看一所大學好不好，只要看學校裡猶太教師的多寡就能知道了。

　　作為美國的金融和文化中心，紐約對美國乃至全世界來說都舉足輕重。如今全美國六百多萬猶太人將近三分之一住在紐約市。紐約能發展成為美國乃至全世界的經濟文化中心，和美國猶太人的貢獻是密不可分的。《紐約時報》、《華爾街日報》和全美三大電視臺（ABC、NBC、CBS）每時每刻都在影響著美國的民意和政策走向，而這些重要部門的主管和骨幹分子幾乎都是猶太人。

　　美國猶太人不但已經被美國的主流社會所接受，而且他們當中的許多人已經成了美國主流社會的中堅力量。美國猶太人今天最擔心的已經不是被摒除於美國主流文化之外。恰恰相反，他們憂慮的是美國猶太人被美國文化完全同化，在物欲橫流的金錢社會裡失去自己數千年世代相傳的猶太文化命脈。

　　數百年來，儘管猶太人在美國遭受了各種各樣的歧視，但和歷史上許多歐洲國家相比，美國對猶太人相對來說是一個非常友好的國家。許多美國猶太人對美國心存感激，這個新大陸對他們來說不啻為一方樂土，為他們提供了一個發揮聰明才智的廣闊天地，一個大顯身手的中央舞臺和一個安定的家園。美國猶太人只佔美國總人口的 2％左右，但他們對美國社會的全方位的貢獻和他們所占的美國人口比例完全不成比例。猶太人在美國這個大熔爐裡找到了自己的定位，在實現美國夢的同時不僅改變了自己的命運，也改變了美國社

會的走向。可以這麼說，沒有美國猶太人，今天的美國將會完全是另一種面貌。

今天，全世界一半以上的猶太人都在美國紮下根來，美國的猶太人不但在這片新大陸上站穩了腳跟，而且在美國這個當今世界唯一的超級強國裡發揮著舉足輕重的作用，在很大程度上操縱了美國的政治、經濟和文化命脈，這不能不算是一個世紀的奇蹟。近代美國，尤其在 21 世紀，美國社會和美國猶太人之間的互動給美國的政治、外交、宗教、科技、法律、經濟、文藝、傳媒、娛樂等各個領域更加發揚光大，引領風騷。

本書中寫到的一百位美國猶太人覆蓋了美國不同的歷史階段和社會領域。全書按人物出生的時間順序排列。書中人物的生平不僅再現了美國猶太人的奮鬥歷程，而且折射出美國社會的發展軌跡。希望通過講述他們的故事。能讓讀者既對美國各個領域的傑出猶太人有一個全景式的概觀瞭解，也對美國歷史和美國社會有深一層的感悟。

〔編注〕本書內常提到「麥卡錫主義」在此做統一說明：麥卡錫主義（McCarthyism）指在沒有足夠證據的情況下，指控他人不忠、顛覆、叛國等罪。也指使用不公正斷言、調查方式，特別是對持異議者、批判者進行打擊。在那個時代很多人被誣陷為共產黨人，或因同情共產黨人而遭受不公正的調查審問而入罪。

目錄 ▌Contents

▌哈揚‧所羅門

幫助美國打贏獨立戰爭的猶太人

在許許多多傑出的美國猶太人當中，哈揚‧所羅門（Haym Salomon）可以說是一個最富有傳奇色彩的人物。

1772 年，已經 32 歲的所羅門從歐洲來到還是英國殖民地的美國。1785 年，45 歲的他正當壯年時因病去世，前後在美國僅生活了短短十三年。但是時勢造英雄，所羅門正好趕上了美國的獨立戰爭和立國後的艱難歲月，成為那一段美國歷史裡一個舉足輕重的關鍵人物。

1740 年，所羅門出生於波蘭萊什諾一個猶太家庭，當時的萊什諾還隸屬於普魯士王國。所羅門的父母原來也居住在葡萄牙，因為葡萄牙反猶排猶而不得不遠走他鄉。萊什諾的暴民也常常以各種藉口突襲猶太人居住的村子，殺人放火，掠奪財務。所羅門十幾歲就離開父母，遊歷歐洲各國，不但學會了近十種語言，而且在多家銀行工作，積累了豐富的金融知識，為他日後在金融界的發展打下了堅實的基礎。

1770 年前後他回到波蘭。1772 年，波蘭周圍的列強開始瓜分波蘭。所羅門參加過波蘭民族運動，為了免遭迫害只得再次背井離鄉，取道英國來到美國紐約。當時的紐約已經

是北美洲商業和貨運中心。所羅門依靠自己的天分和專業知識，很快就成了一個成功的貨運和證券經紀人。他的客戶大都是保皇派的有錢人，但他親眼目睹過猶太人在歐洲受到的種種歧視，所以堅定不移地支持美國的獨立，並且在朋友的影響下成為了紐約「自由之子」組織的贊助人。

1776 年，美國獨立戰爭爆發，所羅門拿到一份為紐約州的美國軍隊提供補給的合約。同一年，英國以間諜罪把他抓起來投入監獄。德國傭兵將軍海斯特聽說所羅門能說多種語言，便把他從牢裡放出來，讓他做了隨軍翻譯兼商販。所羅門利用職位之便偷偷幫助美國戰俘逃跑，甚至說服傭兵的官兵倒戈到美軍一方。

1777 年，他娶 15 歲的瑞吉兒・弗蘭克斯為妻。1778 年，英軍覺察了所羅門的背叛行為後再次把他關進監獄，並準備用絞刑將他處死。在「自由之子」成員的幫助下——也有一種說法是他花錢買通了監獄看守——他拋妻別子，隻身一人逃到了已經成為革命軍大本營的費城，重操舊業做起了證券交易。他很快成為費城最成功的的證券經紀人，妻子和幼兒也來到費城和他團聚。

不久，他又受命擔任和美軍並肩作戰的法國軍隊的軍餉出納員，西班牙和荷蘭政府也請他幫忙出售貸給美國新政府的債券。這時的美國政府從地方上收不到稅，已經瀕臨破產，只能靠向外國政府借債度日，而當務之急是為美國軍隊提供足夠的武器和補給。

1781 年，美國新政府的金融部長羅伯特・莫里斯注意到所羅門的金融專長，任命他為新生共和國的政府債券經紀人。莫里斯把債券交到所羅門的手裡，由所羅門轉手賣出，賣得的錢款再由所羅門轉給莫里斯和新政府。在和英軍的八年抗戰中，所羅門親自為美國政府經手的借貸就有幾百宗，

而且還通過談判籌集了大量國內外的貸款，有時甚至自掏腰包給美國軍隊購置武器裝備，發放軍餉，為饑寒交迫的共和國士兵雪中送炭。除了華盛頓，後來的三任美國總統傑佛遜、麥迪森和門羅都得到過所羅門的贊助。

　　具有諷刺意味的是，這位向新政府一次又一次伸出援助之手的金融家去世時卻一文不名。所羅門把總數 60 萬美元的錢貸給了新政府，到去世時還有 40 萬沒收回，他的遺產還不足以替他還債。所羅門長眠在費城一個猶太人的墓地，下葬時家人甚至沒有錢為他豎一塊墓碑。他的妻子和四個年幼的孩子突然之間陷入經濟困境，只好離開費城去投奔紐約的親戚。家人在他死後的許多年裡都試圖從美國政府那裡追回欠款，但因為所羅門沒有留下任何收條或借據，因此追款分文未得。

　　多年以來，所羅門對新生共和國的貢獻並沒有得到應有的承認。19 世紀 40 年代，所羅門的小兒子和約翰‧泰勒總統見過面，從他那裡拿回一大疊卷宗，但後來檔案盒不翼而飛。19 世紀 60 年代，國會檔案館裡也有一卷有關所羅門的金融檔案失蹤，原因可能是竊賊看中了案卷裡華盛頓、傑佛遜等人的簽名。

　　早在 1893 年，美國第五十二屆國會就通過了一項議案，表彰所羅門對美國的特殊貢獻，但所羅門的後代要求鑄造一枚紀念章的請求卻被遭到拒絕。1911 年時曾有計劃成立一所以所羅門的名字命名的大學，但也因為第一次世界大戰而不了了之。1936 年，美國國會再次投票，決定在哥倫比亞特區豎立一座所羅門紀念碑，最後又因為經費不到位而作罷。1941 年，芝加哥的市中心豎起了一組比真人還大的雕像，所羅門和華盛頓總統、羅伯特‧莫里斯三人並肩而立。但是美國政府並沒有提供任何資金，製作雕像的費用完全來

自芝加哥猶太市民的捐款。只有 1976 年，在慶祝美國郵局成立一百周年之際才發行了一張十美分的哈揚 · 所羅門紀念郵票。郵票設計獨特，背面印有一行淺綠色的文字：

> 「金融功臣──商人兼經紀人哈揚 · 所羅門為美國革命籌集到大部分資金，並拯救了危難之中的年輕共和國。」

今天，仍然有歷史學家認為，如果沒有當年哈揚 · 所羅門的慷慨相助，就沒有今天的美國。

▌尤里亞‧利維

廢除軍中笞刑的海軍准將

1812 年，尤里亞‧利維（Uriah P.Levy）加入了美國海軍，當時的美國總統是第四任的詹姆斯‧麥迪森。半個世紀後，利維從海軍退役，這時的美國總統已經是第十六任的亞伯拉罕‧林肯了。

1792 年 4 月 22 日，尤里亞‧利維出生於費城，父母親都是猶太正統教徒，他在家裡十四個孩子中排行第三。因為從小就嚮往當一名海軍陸戰隊的士兵，他 10 歲那年背著父母報名去一艘商船上當服務生。兩年之後，他回到家中，接受為 13 歲猶太男孩舉行的成人儀式。父母對利維的擅自主張並未深究，看見海洋對他的吸引力是在太大，便在他 14 歲那年把他送到費城的一家商船公司學習當海員。

利維 15 歲就當上了商船的大副，五年之後，他當上了「喬治‧華盛頓」號雙桅船的船長。有一次手下的水手叛變，把年輕的利維扔在一個島上。他死裡逃生後向肇事者提出起訴，讓他們得到了應有的懲罰。

1812 年，英美再次交戰，有歷史學家把這場戰爭稱為美國的「第二次獨立戰爭」。這場水上和陸上同時進行的戰

爭持續了近三年，連白宮也沒有逃過一劫，被英國士兵付之一炬。開戰那年，已有十年航海經驗的「老」海員利維剛滿20歲，他應徵加入美國海軍，當上了雙桅戰艦「阿爾戈斯」號的船長，任務是突破英軍的海上封鎖護送美國大使去法國。在返回美國途中，「阿爾戈斯」號擊退了21艘英國商船，還把繳獲了的數艘船隻裝備，聯合抗擊英軍。最後，「阿爾戈斯」號被英軍裝有大炮的快速軍艦擊沉，利維也淪為階下囚，在英國達特莫爾監獄坐了十六個月的牢，直到1814年12月通過戰俘交換才獲釋出獄。戰爭結束後，利維又受命追剿海盜，取締洪都拉斯海灣的黑奴交易。

當時美國海軍還沒有培養海軍軍官的海軍學院，利維於是撰寫了一本《戰爭手冊》，詳細描述了軍艦上的軍官職責，是美國海軍第一本印刷成書的訓練手冊。

1817年，在門羅總統的提議下，利維獲得海軍上尉的軍銜。成為一個少年得志的猶太人，因此遭到當時不少軍官的妒忌和排擠。一次，在費城海軍基地舉辦的舞會上，一個喝得醉醺醺的海軍中尉一再用身體衝撞利維和他的舞伴，利維一氣之下打了他一個耳光。第二天，中尉找到利維要求用手槍決鬥。利維先是不肯，在中尉的堅持下兩人拿起了手槍，最後中尉中彈身亡，利維也被送上了軍事法庭和民事法庭，但兩邊的法官都以正當防衛的理由將他無罪釋放。

當時的美國海軍中有一種普遍現象：水兵因為一些小小的過失便會受到笞刑（鞭刑）的懲罰。利維認為這種處罰太不人道，對之深惡痛絕。他下定決心要在海軍中廢除笞刑，一有機會便對這種刑罰口誅筆伐。一個猶太人膽敢對一個由來已久的海軍傳統橫加指責，讓他的上級和同僚大為惱火。

在接下來的十幾年中，他因為莫須有的罪名而一再被送上軍事法庭。在第二次上軍事法庭時，他被解除了軍艦艦長

的職務，在門羅總統的干預下才官復原職。但恨他的人並不肯善罷甘休。1827 年 11 月，在他第六次被送上軍事法庭之後，利維變得心灰意冷，要求休假六個月，沒想到這一休就休了十年。

休假期間，他發揮了猶人的商業基因，先在紐約市從事房地產，大大地發了一筆財。1832 年至 1834 年他住在巴黎期間，請一位法國雕塑家雕刻了一座他的精神偶像傑弗遜總統的銅像。他把銅像帶回美國，捐獻給了美國國會，直到今天這座銅像還轟立在國會山莊的圓形大廳內。

另外，他還買下了傑弗遜總統在維吉尼亞州的舊莊園，花鉅資將其裝修一新，並買下了周圍兩千五百英畝的大片土地。他去世後傑弗遜總統莊園和周圍的土地都按照他的遺囑贈給了美國政府。

1837 年，利維由傑克遜總統提名升為海軍中校，兩年後他受命擔任「范達里亞」號巡洋艦的艦長。幾個月後，船上的一個勤務兵因為做錯了事，將受到笞刑，利維作為艦長給他免去了這一處罰，而利維則因為這一違反軍規的舉動而再一次被送上了軍事法庭並被解除軍職。

約翰・泰勒總統認為這對利維的處罰過重，否決了軍事法庭的裁決。為了平息海軍軍方的怒氣，把對利維的懲罰改為停職停薪。後來由於利維的不懈努力，美國海軍最終正式廢除了笞刑。但利維在海軍中樹敵太多，美國國會在 1855 年只好成了一個特別調查委員會，委員會最後推翻了許多誣陷利維的不實之詞。

1858 年 1 月，他終於晉升為美國第一位猶人的海軍准將，統領美國海軍的地中海中隊。三年之後，美國內戰爆發，已是 69 歲的利維要求重返戰艦，沒有得到批准，他於是向林肯總統求情，林肯也沒有同意。

　　據說是因為利維和軍事法庭「打」過多年的「交道」，林肯認為這種經歷白白浪費了未免可惜，於是建議他出任軍事法庭的法官。壯志未酬的利維在軍事法庭僅僅供職了四個月就患上了感冒，結果又轉成了肺炎，於 1862 年 3 月 22 日不治身亡，後來他被葬在紐約的長島。

　　第二次世界大戰中，有一艘美國海軍的驅逐艦以利維的名字命名，並在二戰中戰功卓越，這或許可以告慰利維大半輩子為海軍的貢獻的在天之靈吧！

▎裘達・本傑明

南北戰爭中南部聯邦的靈魂人物

　　在19世紀中葉的美國政壇，裘達・本傑明（Judan P. Benjamin）是一位舉足輕重的人物。他是進入美國參議院的第一個猶太人。美國南北戰爭爆發後，他又先後出任了南方聯邦政府內閣的大律師、國防部長和國務卿。他的頭像甚至被印在南方聯邦政府發行的兩美元紙鈔上，使他成為唯一一位在美國貨幣上露過面的美國猶太人。他的一生極富戲劇性，令人難以忘懷。

　　1811年8月11日，裘達・本傑明出生於英屬西印度群島（現屬美國維京群島），父親是一位英國猶太人，母親的祖上是葡萄牙猶太人，因此他一出生便是英國公民。本傑明兩歲那年，全家人離開西印度群島，來到了美國的北卡羅來納州，不久後又搬到了南卡羅來納州。

　　1825年，年僅14歲的本傑明便被耶魯大學錄取，他兩年之後輟學離開了耶魯。17歲那年，他在新奧爾良市一家公證處找到一份文書的工作，並利用業餘時間學習法語和法律。同時，他還給有錢人家的子女當英文家教。儘管本傑明家境貧寒，但他性格開朗，招人喜愛。據說有一個警惕性極高的父親就因為擔心女兒墜入情網而拒絕讓他做家教，而後

來成為他妻子的是他當年教過的學生之一。

　　1832 年，年僅 21 歲的本傑明順利通過路易斯安那州的律師資格考試，兩年之後便成為新奧爾良市最有聲望的商業法律師。他所撰寫的法律專著和他經手的著名官司也讓他名利雙收。於是他買下一家甘蔗種植園，開始一心研究甘蔗種植技術，並且寫出了多篇探討甘蔗種植新理論、新方法的文章。後來，他給一位朋友提供六萬美元的擔保，朋友破產後他只好變賣了甘蔗園，重操舊業當起了律師。

　　與此同時，裘達‧本傑明開始積極從政。出於政治上的保守，他加入了惠格黨。1842 年，他被選為路易斯安那州的州議員。1848 年，他成為惠格黨黨主席的候選人之一。1852 年，他當選為美國國會參議員，並為當年美國新憲法的完成立下了汗馬功勞。同一年，第十三任總統菲爾莫爾請他出任美國最高法院法官，但被他婉言拒絕，因為他認為自己在體制外反而可以發揮更大的作用。作為一個擁有黑奴的莊園主，他堅定不移地捍衛黑奴制度的合法性。

　　林肯當選第十六任總統後，他更是竭力主張脫離美國聯邦政府。路易斯安那州一退出美國聯邦，他便立即宣佈退出美國參議院。南方 11 州聯邦政府成立之後，本傑明成了南方總統戴維斯的心腹顧問。

　　此前兩人還有過一段小小的插曲。在有一次參議院的激烈辯論中，同為參議員的戴維斯口出不遜，本傑明覺得是對自己的侮辱，於是提出要和戴維斯決鬥。戴維斯認識到自己的錯誤，不但沒有同意決鬥，反而當著大眾向本傑明道歉，從此兩人成了莫逆之交。

　　戴維斯總統先是任命本傑明為南方聯邦政府的大律師，幾個月後又讓他該任內閣中的國防部長。當時的南方軍已經面臨武器裝備嚴重不足的困境，中央聯邦政府對南方實行武

器禁運，截獲下不少南方軍在歐洲購買的武器。1862 年，戴維斯總統又命他接任國務卿一職。為了打破北方對南方的禁運，他派出所謂「商業代表」去百慕達、西印度群島和古巴等地找到新的商業航道，使南方政府得以苟延殘喘。

1864 年，南方軍在北方軍的攻勢下節節敗退，本傑明也已經回天無術。他意識到挽救頹勢的唯一辦法也許是通過議案讓黑奴恢復自由而加入南方軍，但他的提議遭到南方國會的否決，他個人也因此成了眾矢之的，在對他的討伐中有人甚至發出了「處死那個猶太佬！」的喊聲。

1865 年 2 月 13 日，南方參議院把對他的不信任案付諸表決，同意和反對的票數各占一半。兩天之後，又有三分之一的南方眾議員對他投了不信任票。這時，南方政府在北方部隊銳不可擋的進攻下已經面臨土崩瓦解。戴維斯總統帶著他的內閣成員倉皇出逃。幾天後，本傑明率家人離隊南下，取道佛羅里達州和西印度群島逃到倫敦，因而避免了像戴維斯一樣被北方軍活捉的下場。

到倫敦之後，本傑明已經一文不名。為了重操擱置多年的律師行業，他進了倫敦著名的林肯律師學院學習。在此期間，他靠給《每日電訊報》撰寫有關國際事務的文章養家糊口。本傑明在林肯律師學院還沒學滿五個月便通過了英國的律師資格考試。

1868 年，他發表了《個人財產銷售法論》一書，從此聲譽鵲起。到了 1872 年，他已經是英國大名鼎鼎的律師，並且擔任了英國皇室法律顧問。後來他只接受英國上議院和英國樞密院司法委員會的案子。1872 年到 1882 年的十年間，他代表這兩個機構打過 136 場官司。

本傑明儘管有妻室，但妻子女兒長年住在巴黎，因此他大部分時間都過的是形隻影單的獨身生活，只能利用週末去

巴黎探望家人。1880 年 5 月的一天，他在乘坐巴黎的有軌電車時摔成重傷，沒等身體痊癒，他就不聽醫生的勸告回去上班了。到了 1883 年，他的身體每況愈下，只好告老退休，英國律師協會為他舉辦了盛大的告別宴會。次年的 5 月 6 日，本傑明在巴黎去世，享年 73 歲。

▌約瑟夫 · 塞利格曼

白手起家的大銀行家

在 19 世紀移民來美國的德國猶太人之中，約瑟夫 · 塞利格曼（Joseph Seligman）這個名字是其中最響亮的一個。塞利格曼家族在美國的發家史充滿了傳奇色彩，至今仍為人們津津樂道。

塞利格曼一家住在德國巴伐利亞的一個偏僻小村。父親大衛以織布為生。他個子矮小，還是個駝背，生活的艱辛讓他年紀輕輕就未老先衰。和他年齡相仿的夥伴們忙著成家生孩子的時候，他還是單身漢一個。就在大家以為他要註定打一輩子光棍的時候，有一天他卻把鄰村一位體態豐滿的年輕姑娘娶進家門做了媳婦。因為村裡人私下傳言大衛有生理障礙，接下來的幾個月內，這個叫范妮的新媳婦便成了全村人注目的中心。誰也沒有料到，一年之後范妮就給大衛生下了一個兒子，取名約瑟夫。這一年是 1819 年。接下來的二十年裡范妮又生了七個兒子和三個女兒，他們是威廉、詹姆斯、傑西、亨利、利昂波得、亞伯拉罕、以撒、芭比特、羅莎莉和薩拉。

范妮帶給大衛的不僅僅是這十一個孩子。她做新娘時還從娘家帶來一些乾貨作為陪嫁，除了二十四條被單、二十個

枕頭和十匹布以外還有一些花裡胡哨能討女人喜歡的小玩意兒。憑著這些嫁妝她在自家的一樓開了一家店面。十一個孩子裡，約瑟夫最受她的寵愛。約瑟夫腦袋剛夠得到櫃檯時就成了一位能幹的小店員。和其他猶太母親一樣，范妮對她的孩子們尤其是大兒子寄予厚望。約瑟夫 14 歲那年，她籌到足夠的錢送他去厄蘭根大學讀書。他聰明好學，兩年之後就已經掌握了五種語言──德語、希伯來語、意第緒語、英語和法語，離開大學時又用希臘語致了告別辭。

1837 年，17 歲的約瑟夫決定隻身闖蕩美國，母親給他的錢勉強夠當盤纏，父親則叮囑他要牢記安息日和戒齋等猶太傳統。船在大西洋上走上整整九個星期，一路上他都睡在一塊髒兮兮的木板上，這成了他終生難忘的經歷。抵達紐約後，瘦了一大圈的約瑟夫步行三百多里路去投靠住在賓夕法尼亞州的一個表叔。他先找了一份出納員的工作，不久就另立門戶，成為一個送貨上門的小兄弟。六個月之後，他寄錢回德國，讓兩個弟弟威廉和詹姆斯也坐船來到了美國，三兄弟在賓州的鄉村走街串巷，推銷羊毛、棉布、花邊、手絹、內衣、圍巾、桌布、餐巾、針線、紐扣等各色百貨用品。

約瑟夫對所賣物品的要求很簡單：體積小、重量輕，低價買進，又能及時賣出並盈利。有一次，他們發現一家商店的香煙賣完了，弟弟威廉步行三十多里路，在另個一鎮上用花一塊元錢買的一枚銀戒指換了一百支雪茄煙，再步行三十多里路走回來，以四分錢一支的價格把雪茄煙賣給了哪家商店。路儘管走得辛苦，但獲取的是三倍的利潤。他們整天衣冠不整，蓬頭垢面，背上的貨包重得讓他們直不起腰，手裡還提著打狗棍。他們常常在露天過夜，難得洗上一回澡，在床上睡覺更是大大的奢侈。等到他們生意慢慢做大，便在蘭卡斯特城租了一棟小房子當大本營。

　　這時 14 歲的弟弟傑西也來到美國，成了大本營的看守人員。幾兄弟終於可以享受到晚上在床上睡覺的幸福，但是作為老闆的約瑟夫還是想盡一切辦法節省開支。有一次，弟弟詹姆斯提出需要配備一輛馬車來兜售生意，被約瑟夫一口拒絕：我覺得怎麼樣？我說你厚臉皮！居然還要坐馬車。上帝為什麼讓你生了一雙腳？

　　1842 年，母親范妮去世，隔了一年，他們在德國的家人全體移民來到美國，約瑟夫把他們安頓在紐約曼哈頓的東城下區。這時候，塞利格曼兄弟們已經把生意擴展到了美國南部的阿拉巴馬州。在接下來的幾年裡，他們相繼在紐約、聖路易斯和幾個南方城市裡開了百貨店。

　　1848 年，30 歲不到的約瑟夫和德國的表妹結婚，兩人在紐約定居下來。約瑟夫設在威廉街一號的十一層樓商店後來成了塞利格曼公司的總部。這一年，塞利格曼兄弟們在紐約州的水城買下了一家乾貨店，傑西和以為經常上門的軍人成了好朋友，這位酒量很大的年輕中尉就是後來在美國內戰中赫赫有名的聯邦軍總司令尤利西斯・格蘭特將軍。第二年，傑西在加州的淘金熱中去了舊金山，開了一家雜貨鋪，通過買賣金條發了一筆橫財。

　　美國內戰時期，塞利格曼公司接下了給聯邦軍縫製軍服的大量訂單，與此同時，塞利格曼兄弟們開始向銀行業發展，很快就建起了美國數一數二的大銀行。1862 年至 1864年期間，塞利格曼公司成功地向歐洲國家出售了價值六千萬美元的美國政府債券，對林肯的北方聯邦軍起了雪中送炭的作用。後來格蘭特將軍在葛底斯堡大勝李將軍，有歷史學家認為約瑟夫出售政府債券這一功勞可以和格蘭特將軍的戰功相提並論。1869 年，格蘭特將軍成為第十八任美國總統，有意任命約瑟夫為財政部長，但被約瑟夫婉言謝絕。林肯總

統遇刺之後，他的遺孀變得一文不名，衣食沒有保障，格蘭特總統聽從了塞利格曼的建議，每年由政府給她三千美元的養老金。

美國內戰一結束，約瑟夫就決定把自己的銀行擴展成一家跨國銀行，在巴黎、倫敦、法蘭克福和舊金山等地設立了分行。作為一個投資家，約瑟夫常常能出奇制勝，輕而易舉地賺進大筆的錢，但他也有失誤的時候。有一年，有人要將曼哈頓南至 60 街、北至 21 街、西到百老匯街的三平方多英里的一大片土地，以不到 50 萬美元廉價出售，約瑟夫因為不肯把錢套在房地產上而沒有買下，否則塞利格曼家族今天一定是全世界的首富了。

到了 1877 年，55 歲的約瑟夫已經成了全美國最有名的猶太人，但就在這一年，卻發生了意見意想不到的事。那年夏天，約瑟夫帶家人去薩拉托加城休假，準備住進紐約的聯邦大酒店時，卻被告知酒店不收猶太客人。約瑟夫一氣之下向報界公佈了事情的真相。因為約瑟夫的名氣，這件事情在美國引起巨大反響，歧視猶太人這個社會問題也第一次得到了美國全社會的注意。但酒店老闆卻拒不讓步，揚言要維持酒店的規定，「不去理會摩西和他的後代的反對。」儘管大多數美國人都站在了約瑟夫・塞利格曼一邊，但他還是為這場惡鬥付出了代價，三年之後他因為心力交瘁死於中風。

當然，人們今天記得更牢的還是約瑟夫・塞利格曼怎樣從一個走街串巷的貨郎變成一個腰纏萬貫的銀行家，因為這更像一個典型的美國夢故事。

▋李維 · 斯特勞斯

牛仔褲的發明人

可以毫不誇張地說，牛仔褲是美國人對人類服裝最偉大的貢獻。從第一條牛仔褲誕生至今歷時一百多年，世界時裝潮流風雲變幻、日新月異，而牛仔褲卻在一波又一波流行熱潮中屹立不倒，成為歷久不衰的時尚經典。這一切都歸功於它的創始人——李維 · 斯特勞斯（Levi Strauss）。

李維 · 斯特勞斯於 1829 年 2 月 26 日出生於德國巴伐利亞。父親在他 16 歲時因病去世。兩年後，他與母親、妹妹移民美國，投奔在紐約的兩個同父異母的哥哥。最初幾年裡，李維一邊學英語，一邊在哥哥開的布匹批發店學習生意和剪裁。19 世紀中期，加利福尼亞發現了金礦。一夜之間，成千上萬的美國人、墨西哥人、歐洲人和亞洲人冒著生命危險奔向北加州，小城舊金山成了淘金者的大本營。此時，李維正挑著擔子在肯塔基的窮鄉僻壤裡兜售布匹。聽到消息後，他立刻趕回紐約，請求哥哥讓他帶著一批貨到西海岸碰碰運氣。1853 年 1 月，李維宣誓成為美國公民。3 月，他到達舊金山並很快辦起了自己的布匹批發店。

正如李維所預料的一樣，淘金者們對布料和成衣的需求

量極大。加上李維為人正派、貨真價實，他的店舖漸漸有了名氣，很多小店都從他那裡批發進貨。隨著生意越做越大，店面也一再擴遷。1866 年，李維 · 斯特勞斯公司終於在舊金山的百特瑞街上落腳，並且一待就是四十年。

由於礦工們常年匍匐勞動，褲子磨損很快。他們總是抱怨買來的褲子不夠結實。李維於是用自己店裡的帆布請人做成工裝褲出售，很受礦工們的歡迎。後來，他又改用染成深藍色的斜紋粗棉布。這種面料不僅結實，而且因為質地比帆布柔軟，穿在身上更加舒適。很快，「李維的褲子」就在淘金者中間出了名。

1872 年，一位從李維店裡進貨的裁縫雅各 · 戴維斯從內華達州寫信給李維。說他發明了一種讓工裝褲變得更加耐穿的辦法，即用金屬撞釘來固定口袋和前檔等易破損的部位。正準備申請專利，他希望李維負担申請費用，然後由兩人共同擁有這項發明。1873 年 5 月 20 日，美國專利和商標局向兩人頒發了專利證書。這一條被李維 · 斯特勞斯公司認定為第一條牛仔褲誕生之日。由於有專利權的保護，在接下來的二十年裡，李維公司是唯一能夠生產有撞釘的牛仔褲的廠家。

新牛仔褲的好處不脛而走，在市面上供不應求。李維很快開了兩家工廠，雇用了幾百名工人，同時將戴維斯請到舊金山負責牛仔褲的生產和加工。隨著產量的增加，李維公司也對自己定產品進行不斷改進。1886 年，雙馬拉車皮章被縫上褲腰；1890 年，產品首次編號，著名的 Lev501 問世；1936 年，後褲袋出現紅布標籤，使品牌更為醒目。

19 世紀末，李維年事漸高，公司的日常運轉由他的妹妹的四個兒子主管。1902 年 9 月 26 日，李維 · 斯特勞斯與世長辭。第二天舊金山《號角報》在頭版發佈了他的死訊。

數日後舉行葬禮時，當地的許多商店和公司紛紛停業出席。
李維 · 斯特勞斯終身未婚。他將公司傳給了四位外甥。李
維 · 斯特勞斯公司至今仍是一個尚未在華爾街上市的家族
企業，由李維的後代掌管。

　　李維 · 斯特勞斯生前不僅僅是一個出色的生意人，還
是一位積極的社會活動家和慈善家。他曾經為舊金山貿易理
事會管理財務，並擔任過內華達銀行、利物浦、倫敦和環球
保險公司以及舊金山煤電公司等企業的董事長。

　　李維 · 斯特勞斯一生致力於慈善事業。他去世後，將
自己的部分財富捐給了包括猶太教會、天主教會和新教教會
主辦的孤兒院以及他生前所屬的猶太教堂。此外，他還向加
州大學捐贈了一大筆錢，設立了 28 項獎學金。舊金山貿易
理事會對此表示：「李維 · 斯特勞斯的趨勢是教育和慈善
事業的巨大損失。他對加州大學的慷慨捐贈將成為他作為一
個自由、開明和熱心公益的公民的永久見證。他不計其數、
不事張揚的慈善行為超越了種族和宗教信仰，顯示了他對人
類博大寬廣的愛與同情。」

　　李維 · 斯特勞斯生前恐怕沒有料到以他的名字命名的
牛仔褲日後會對美國的歷史和文化產生如此深刻的影響。上
個世紀的 20 年代，牛仔褲成為美國西部最普遍的工裝褲。
30 年代，西部片盛行。電影裡的主人公是清一色的穿著牛
仔褲的西部英雄。牛仔打扮被染上了一層傳奇色彩，象徵著
西部牛仔的獨立、粗獷和驍勇。

　　40 年代，美國大兵帶著他們心愛的牛仔褲遠征海外，
讓世界第一次見識了美國牛仔的形象。二戰勝利後，牛仔褲
成了心情舒暢的美國人隨意休閒的裝束。50 年代，李維 ·
斯特勞斯公司開始向全國銷售牛仔褲。60 年代，牛仔褲在
全美流行，無所不在。1964 年的《美國織品報》寫道：「在

整個工業化社會，牛仔服成為年輕、隨意、充滿活力的美國生活的象徵。」

十年之後，同一家報紙指出：「牛仔服不僅僅是一種品牌。它是對服裝乃至生活方式的一種既定的態度。」

70年代，牛仔褲逐漸向個性化、藝術化發展。綴珠、繡花、磨洗、繪圖、鑲片，五彩紛呈，令人目不暇接。以卡爾‧克雷恩為首的時裝設計師進一步將牛仔褲向時裝轉化，牛仔褲的款式更加豐富多彩。曾幾何時，對美國以外的世界而言，牛仔褲與美國人之間劃著不言而喻的等號。但在過去幾十年裡，牛仔褲已經走出美國，融入世界。而作為其中歷史最悠久、名聲最響亮的品牌，李維牛仔褲遠銷世界上一百多個國家，在許多大城市都設有專賣店。

一百多年來，牛仔褲從淘金者的工作服演變為世界時尚的經典，上至總統，下至販夫走卒人人喜愛，它自身的歷史與美國的歷史始終交織在一起。他的創始人李維‧斯特勞斯也是從德國移民過來的猶太人，也因此在美國歷史上永遠佔有一席之地。

▎雅各布・希夫

幫助日本人打敗俄國人的猶太人

　　1904 年，日俄戰爭爆發，美國銀行家雅各布・希夫（Jacob Schiff）對俄國境內大規模迫害猶太人的行為義憤填膺，於是挺身而出，為日本籌得了兩億多美元的戰爭貸款，成為日本打敗俄國的頭號功臣。

　　1847 年 1 月 10 日，雅各布・希夫出生於德國法蘭克福一個猶太大戶人家，他的家族早在 1730 年就已經在法蘭克福定居下來，幾代人裡有不少人選擇當拉比或銀行家。希夫十四歲就去一家商行當學徒，隨後進入姐夫開的銀行工作。1865 年，只有十八歲的希夫懷揣著一大疊推薦信來到美國，先在紐約的一家經紀公司當雇員，兩年之後，他與人合開了一家投資公司，自己當起了老闆。

　　南北戰爭之後，美國的鐵路系統高速發展，急需國外投資。希夫利用自己在德國和歐洲各地廣泛的關係網為美國鐵路多方籌集資金。他長期在歐洲居住，促成了一筆又一筆鐵路債券的交易。由他籌資幫助建成的鐵路有聖路易斯東南鐵路和北太平洋鐵路。

　　1872 年，他從歐洲回到紐約，娶了特麗莎・洛伯為妻，

加盟她父親所羅門・洛伯創辦的庫恩—洛伯投資公司，並成為公司合夥人。庫恩—洛伯公司就成了美國最大的兩家投資銀行之一。（另一家是 J.P. 摩根投資公司。）希夫和他的公司為賓夕法尼亞鐵路、大北方鐵路、伊利諾斯中央鐵路和太平洋聯合鐵路籌得了建造鐵路所需的款項。

19 世紀末期，鐵路業的兩大巨頭——愛德華・哈利曼和詹姆斯・希爾——之間的競爭已經發展道路你死我活的地步。庫恩—洛伯公司擬和愛德華・哈利曼一起控制了聯合太平洋鐵路線和南太平洋鐵路線，而摩根投資公司則站在詹姆斯・希爾一邊，控制了大北方鐵路線和北方太平洋鐵路線。

1901 年，希夫得知摩根公司和希爾在芝加哥搶購伯林頓鐵路線的股票，將對哈利曼在美國中部的營業造成巨大威脅。為了避免腹背受敵，希夫和哈利曼買下了北方太平洋鐵路線的大量股票，以爭取在伯林頓鐵路營運商的發言權。兩派之間的劇烈爭鬥給股票市場帶來了一片恐慌。於是，一個名為「北方證券公司」的超級控股公司應運而生，不但用來擺平各方利益，而且幾乎壟斷了美國西北部的鐵路運輸。最後美國政府以反壟斷為名對「北方證券公司」提出起訴並打贏了官司。

在希夫一生的投資生涯中，他不光為美國幾乎所有的主要鐵路線提供過資金，從而造就了美國鐵路的黃金時代，而且還在美國電話電報公司（AT & T）和西屋電氣公司等美國著名大公司的融資中出了大力，成為從 19 世紀末到 20 世紀初美國工業化進程中一個舉足輕重的人物。

但今天的人們可能更記得希夫在慈善事業方面的建樹。作為一個猶太人，他認為自己對從 19 世紀 80 年代開始大量從東歐湧進美國的貧苦猶太移民負有不可推卸的責任。他是

美國猶太人委員會的創建人之一，並出資建醫院、托兒所和福利房，幫助猶太新移民適應美國生活。

另外，他發起創辦了哈佛大學的猶太博物館，出資建立了紐約圖書館和美國國會圖書館的猶太文學部。有感於絕大多數猶太移民都聚居在紐約東部的港口城市（即曼哈頓、皇后、布魯克林等區），希夫在 1907 年至 1914 年之間與別人一起幫助大約一萬名俄國猶太移民從德州的加爾維斯頓港市前往美國內地。這些移民及其相繼而來的親友在美國中西部和美國大平原的各州紮下根來，在當地建立起大量規模可觀的猶太社區。

除了幫助美國和世界各地的猶太人之外，希夫還把關注的目光投向了美國社會的各個角落。他對紅十字會抱以極大熱忱，於 1910 年被聘為紅十字會國際救援委員會的會員，並在紐約紅十字會分會裡擔任了多年的財務長。他出資捐助過專為窮人開設的紐約亨利街公共護理站。他一連 35 年都是蒙蒂菲奧醫院的董事長，不光給醫院捐出鉅資，而且每星期都去醫院走訪。1915 年，在他移民美國 50 周年之際，希夫出資為巴納德學院建造了一座學生宿舍大樓，並向巴納德學院捐款一百萬美元。此外，他還出錢贊助過塔斯基吉學院和其他黑人學校。

希夫的財富和聲望讓他的名字和種種有關猶太人的流言蜚語緊密相連。有很長一段時間，有關猶太人試圖主宰世界經濟的說法甚囂塵上，希夫被指控為這一陰謀的主謀之一。他在日俄戰爭中發揮過重要作用，日本天皇和英國國王愛德華七世都召見過他，日本天皇還為他頒發旭日勳章，這些都為陰謀論提供了實證。

作為一個在金融市場上呼風喚雨的銀行家和到處慷慨解囊的慈善家，希夫和華盛頓的政府要人關係密切，而且在共

和黨和民主黨之間左右逢源。他本人是共和黨，所以與共和黨總統老羅斯福和威廉‧塔夫脫是好朋友，但他又在總統選舉中兩次力挺民主黨總統候選人伍德羅‧威爾遜，並在威爾遜擔任總統期間與他往來頻繁。

他利用這種關係多次督促美國政府抗議俄國和羅馬尼亞等國對猶太人的迫害，為美國猶太人在美國外交政策上的遊說活動開了先河。從那以後，美國的外交政策也開始和外國的人權狀況掛上鉤了。

1920 年 9 月 25 日，雅各布‧希夫在紐約去世，結束了一生輝煌的「希夫時代」，享年 73 歲。

▌約瑟夫・普立茲

新聞人的桂冠普立茲獎的創立人

19世紀後期，約瑟夫・普立茲（Joseph Pulitzer）成為美國新聞業的象徵、他是精明老練的報社老闆，不遺餘力揭露政府腐敗的鬥士，為了發行量敢於拼個你死我活的辦報人，以及富有遠見的新聞界領袖。他第一個提出將新聞作為大學裡的一門專業學科，他所設立的普立茲獎代表了美國新聞、文學、音樂和戲劇領域的最高榮譽。

　　1847年4月10日，約瑟夫・普立茲出生於匈牙利一個富有的猶太家庭，在布達佩斯的私立學校受到良好的教育。普立茲的父親是一個糧食商，在他11歲時就去世。幾年後，母親改嫁他人。普立茲17歲時決定去當兵，但因為視力不佳、身體瘦弱先後被奧地利軍隊和英國軍隊拒之門外。此時，美國正在進行南北戰爭，聯軍在歐洲招兵，普立茲因此隨軍來到美國。南北戰爭結束後，普立茲在聖路易斯待了下來。他能夠講流利的德語和法語，但英語水準十分有限。為了謀生，他趕過騾子，在碼頭上搬過行李，在餐館端過盤子，但一有時間就泡在公共圖書館裡自學英語和法律。一天。普立茲在圖書館的棋室看人下棋時忍不住對棋局指點

了一番。兩位弈者之一是當地最大的一份德語日報的主編。他對普立茲的機敏和頑強十分贊許，讓他在自己的報社做了一名記者。

幾年之後，普立茲已經在報社獨當一面，瀕臨破產的業主於是將報紙的大部分產權轉讓給他。在辦報的同時，普立茲開始涉足政界，並曾經當選為州議員。普立茲終身對政治和政府投入極大關注，但自己的政治生涯卻十分短暫。相比之下，作為一個年輕的報紙業主，他在辦報上則日益得心應手，通過購買和重整數家處於困境的報紙漸漸積累起財富和名望。此時的普立茲已經成為美國公民，英文講得無可挑剔，衣著打扮和生活方式也與當地名流毫無區別。1878 年，他與出身名門的凱瑟琳・戴維斯結婚。

從歐洲蜜月歸來後，普立茲買下了瀕臨破產的《聖路易斯快報》，從此掀開了他個人新聞生涯也是美國新聞史上的新的一頁。為了吸引讀者，快報大量刊載調查性紀實報告與社論。普立茲吧自己當作人民和民主的代言人，不遺餘力地揭露適合抨擊政府的腐敗以及富人偷稅漏稅的醜聞。他工作起來廢寢忘食，夜以繼日，很快就扭轉了快報的虧損局面。

然而，過度的操勞極大地損害了普立茲的健康尤其是他的視力。1883 年，他遵醫囑前往紐約，準備從那裡乘船去歐洲療養。但在紐約期間，他又買下了另一家陷入財務困境的刊物《紐約世界報》，歐洲之行也隨之取消了。普立茲單槍匹馬開始了對《紐約世界報》從採編、內容到版面的全面改革。他沿用了部分接手《聖路易斯快報》時所採取的策略，用大量篇幅刊載揭露腐敗的特別報導並有意製造新聞賣點。

其中最成功的的一例是鼓動民眾為修建自由女神像基座捐款，使女神像最終得以離開法國運往紐約港口。十年之內，《紐約世界報》各種版本的發行量達到 60 萬份，為全

國各大報紙之首。《紐約世界報》的成功引發了對普立茲個人的惡意誹謗。他被指為「摒棄自己種族與宗教的猶太人」，其目的是煽動紐約猶太群體與《紐約世界報》的對立關係。

在這場惡戰中，普立茲的健康進一步惡化。1890 年，他不得不從主編的位置上退出。年僅 43 歲的普立茲雙目幾乎完全失明，而且患有一種對聲音極其敏感的疾病。他多次出國求醫但都沒有結果。在接下來的二十年裡，普立茲大部分時間都是在隔音的環境中度過。儘管如此，他仍然一直保持著與自己名下報紙的密切聯繫並繼續在編輯與財政上親自掌握方向。

1896 至 1898 年，普立茲與另一家報社業主威廉・赫斯特為擴大各自的發行量捲入一場激烈的惡戰。期間為了爭奪讀者，雙方競相採用聳人聽聞的標題和報導，大肆渲染甚至編造新聞故事。

1898 年 2 月 16 日，美國「緬因號」戰艦在哈瓦那港口爆炸。《紐約世界報》與赫斯特的《紐約報》激勵煽動美國人民對當時古巴的統治者西班牙政府的敵意，力主美國向西班牙宣戰。國會聽從了民意。但戰爭進行了四個月之後，普立茲便從這場被稱為「黃色新聞」的混戰中退出，《紐約世界報》也恢復了以往的理智與客觀。他對政府和私營企業貪污舞弊行為的揭露在很大程度上促成了反壟斷法與保險業管理條例的實施。

1909 年，《紐約世界報》披露了美國政府付給法國巴拿馬運河公司一筆四千萬元的假賬。聯邦政府隨即指控普立茲誣陷羅斯福總統與銀行家 J・P・摩根。普立茲局部退讓，《紐約世界報》繼續對這一事件的追蹤調查。法庭最終宣判普立茲無罪，新聞自由大獲全勝。

1911 年 10 月 29 日，普立茲因心臟病去世。他在遺囑

中要求將自己的財產用於建立哥倫比亞大學新聞學院以及設立一年一度的普立茲獎，以表彰美國在文學、戲劇、音樂和新聞領域的傑出人才和作品。普立茲去世一年後，哥倫比亞大學新聞學院成立。1917 年，普立茲獎正式誕生並頒獎。

　　普立茲身體力行，以自己一生堅持不懈的奮鬥與無私無畏的勇氣為後代新聞工作者樹立了榜樣。他的遠見卓識更超越了新聞領域，對整個美國文化產生了永久性的影響。

　　普立茲在自己的遺囑中強調：「我的一生完全投入到新聞事業中，因此對這一行業的進步與提供極其關注。我將新聞視為一個高尚的職業，其無可比擬的重要性在於它對民眾思想與道德的巨大影響。我希望能夠將正直有為的青年吸引到這個領域，並幫助那些已經在其中的人們獲得最好的品德與智慧的教育。」

▌愛瑪‧拉扎勒斯

在自由女神像座上題詩的女詩人

不似那鑄成銅像的希臘巨神
征服者的雙腿橫跨兩岸
在這裡——海浪與落日中的大門
將矗立起一個偉大的女性
她手中的火炬是囚禁的閃電
她的名字是流亡者的母親
她燈塔般的手臂閃耀著
對全世界的歡迎

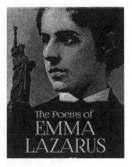

溫和的眼睛俯視著隔水相望的雙城
她呼喊著，張開沉默的雙唇：
「古老的土地，留下你華麗的傳奇，
給我送來你疲憊的人，你貧窮的人，
你渴望呼吸自由的擁擠的眾生，
讓他們來吧！
被你豐饒的海岸推走的不幸的人們，
被風暴席捲無家可歸的人們，
在這金色的大門邊，
為為他們舉燈照明。」

一百年以前，當來自歐洲的移民乘船到達美國時，第一

眼看到的就是紐約港口的自由女神像。女神像的底座上攜刻著愛瑪・拉扎勒斯（Emma Lazarus）不朽的十四行詩《新的巨人》。在詩中，愛瑪把自由女神稱作「流亡者的母親」，對所有因為貧困和宗教迫害而離開自己祖國的人張開歡迎的雙臂。女神像是法國政府贈給美國的禮物，其本意與移民並無關係。是愛瑪的詩富裕了自由女神行的含義，使之成為民主，包容、自由和機會的象徵。

《新的巨人》創作於 1883 年。詩的作者愛瑪・拉扎勒斯是美國文學史上著名的女作家。當時，這首詩的名氣遠不如它的作者。當它被人從舊紙堆中發現並全文刻在自由女神像底座上時，已經是愛瑪去世十六年之後了。

1849 年 7 月 22 日，愛瑪・拉扎勒斯出生於紐約一個富裕的猶太商人家庭，祖輩是最早來到美國的西班牙和葡萄牙移民。她從小就由私人教師授課，熟讀古典文學並通曉德文和法文，很早就開始寫詩和翻譯。十七歲那年，她的父親為她出版了她的第一部作品集。

1868 年，愛瑪將自己的作品寄給了著名的散文家和詩人愛默生。在接下來的幾年裡，兩人通信頻繁，愛默生給了她很大鼓勵。1874 年，愛默生編輯了一部美國詩人詩集，但沒有收入愛瑪的作品。失望之餘，她給愛默生寫了一封措辭激烈的質問信。信中寫道：「您對我的嘉許之言得到英美最資深評論家的認同。我自認為可以在詩集中章一席之地，卻不料您令我寄望最高處受到了輕視。」

但這一插曲似乎並未影響師生二人的情誼。愛瑪一直對愛默生充滿敬意，並多次在自己的文章中讚美他。愛默生也曾兩次請愛瑪到家中做客。除了愛默生之外，愛瑪還與威廉・詹姆斯、朗費羅、屠格涅夫、羅伯特・白朗寧等著名作家保持著密切的聯繫。她曾經在 1883 年和 1885 年兩次去

歐洲訪問並與那裡的文學家們進行交流。

關於猶太人的內容是愛瑪文學生涯中的一個重要主題。她早年曾經在《猶太信使》等刊物上翻譯和介紹過中世紀希伯來詩人的作品。她的第二部詩集《阿德墨托斯》於 1871年出版，其中《紐波特的猶太教堂》一篇是她猶太意識的最早流露。1876 年，她創作了劇本《斯巴諾來托》，但這部講述中世紀猶太人在德國遭到迫害的悲劇並沒有在舞臺上和觀眾見面。

在愛瑪的創作中，德國猶太詩人海涅佔據著重要位置。像她自己的作品一樣海涅的詩歌既有古典浪漫主義的傳統又有對社會現實的嘲諷。1881 年，她翻譯出版了《海涅詩集》。數年之後，又發表了《論詩人海涅》的專題論文，對海涅的作品和他作為猶太詩人的特殊背景進行了透徹的分析。她認為海涅作為一個猶太人卻有著希臘人對純藝術的熱愛。他對希伯來信仰並不狂熱，但卻十分熱心於為猶太人爭取平等權益。這與愛瑪本人對自己作為猶太人的地位十分相近。愛瑪儘管在一定程度上認同自己的民族，也對猶太人被歧視的處境有所見聞，但她優裕的生活環境和社會圈子卻將她和絕大多數猶太移民隔離開來。

19 世紀 80 年代，東歐的反猶排猶傾向甚囂塵上，在俄國出現了對猶太人有組織的大屠殺，大量猶太難民湧入美國。這一切對愛瑪產生了前所未有的震動。1881 年，她在《美國猶太人》上發表了詩集《一個猶太人的歌》，旗幟鮮明地宣告了自己作為猶太詩人的立場。同一年中，她還在《世紀》、《評論家》、《紐約時報》等主流刊物上撰文聲討對猶太人的迫害，呼籲社會關注猶太人的處境。她個人提出的解決辦法是為東歐移民在巴勒斯坦建立一個全新的猶太國家。當時，猶太復國主義的名詞尚未產生，但愛瑪已經在

她的文章中預言了這一復興猶太民族的途徑。不僅如此，她還親自訪問了在沃德島上的俄國猶太難民並對猶太移民救助會等組織提供直接援助。

對猶太移民的關注點燃了愛瑪作為一個猶太詩人的激情，這一時期成為她創作上的鼎盛時期。《新的巨人》就是在這是誕生。1883 年，為了給建造自由女神像的底座籌款，愛瑪 ‧ 拉扎勒斯、朗費羅、惠特曼、馬克 ‧ 吐溫等著名作家應邀以文募捐。正在為俄國難民的困境擔憂的愛瑪在詩中很自然地按照自己的願望把美國描寫為走投無路的移民們的歸宿。

在愛瑪之前，從來沒有任何美國猶太作家對自己的民族投注過如此多的精力和熱情。然而，愛瑪在個人生活中並不信奉猶太教，對東歐猶太民族悠久的傳統和文化更缺乏瞭解和體驗。儘管她對猶太移民的處境充滿同情，但她始終不曾將自己當作他們中的一員。也許正是這種距離感給她的創作帶來了局限，使她的絕大多數作品未能像《新的巨人》一樣經受住時間的考驗。

1887 年 9 月，愛瑪 ‧ 拉扎勒斯從歐洲返回美國。接下來的兩個月裡，她的健康狀況急速惡化，於 11 月 19 日患癌症去世，芳齡僅 38 歲。

▌撒穆爾‧龔帕斯

美國勞工聯合會創始人

　　美國工會的歷史源遠流長，最大的工會組織「美國勞工聯合會」（AFL）它是在 1886 年成立的，首任主席是當時 37 歲不到的撒穆爾‧龔帕斯（Samuel Gompers）。這個主席他一共當了 37 年，到 1924 年他去世為止，只有一年「缺席」。這位美國工會歷史上最重要的人物對美國工會運動可謂是鞠躬盡瘁、死而後已。

　　1850 年 1 月 27 日，龔帕斯出生於英國倫敦，父母親都是從荷蘭移民英國的猶太人。龔帕斯六歲開始在一家免學費的猶太學校讀書，他那時已經能說一口流利的英語和荷蘭語，在學校裡又學會了閱讀希伯來文和法文。做古董生意的爺爺對他的語言和數學天賦非常欣賞，有時乾脆讓他管賬，給荷蘭顧客的商業信函也由他代筆。因為生活貧困，他十歲時父母只好讓他輟學去給鞋匠當學徒。龔帕斯對做鞋子興趣平平，父親便讓他步自己的後塵，改學技術難度較大的捲雪茄煙。學徒期間，龔帕斯第一年每週的工資只有一先令，相當於 12 美分，第二年他的工資漲到了一星期兩先令。

　　1863 年，龔帕斯的父母親帶著他和他的四個弟弟，在

大西洋上顛簸了整整七個星期之後來到美國，在紐約東城定居下來。那時，美國的南北戰爭還沒有結束，紐約的雪茄工業也正在經歷從家庭作坊向工廠批量生產的轉型，開始更多地依賴機器和非熟練工人，熟練工人的日子越來越不好過。到紐約後龔帕斯在自己家裡和父親一起捲雪茄煙，一年後另立門戶，獨立製作雪茄。17 歲那年，他和也是從倫敦移民美國的女工索菲亞 · 朱利安結婚。

1868 年，他開始在雪茄煙廠上班，並立即加入了雪茄製作國際工會。上班時，他和工人常常輪流朗讀報紙、雜誌和書籍。因為是計件工作，工友們給朗讀的人相應數量的捲煙，用來彌補佔用他的時間。龔帕斯聲音洪亮，所以比別人朗讀的時間都要長。他們訂了好幾份勞工報，龔帕斯把他能找到的馬克思、恩格斯和一些工人領袖的文章讀給工友聽。為了能讀懂馬克思和恩格斯的原著，他甚至開始學習德文。

1875 年，25 歲的龔帕斯被選為國際雪茄工會紐約分會的主席，他把工作重點放在爭取八小時工作制和提高最低工資上。19 世紀 80 年代，美國最富有的百分之一的家庭所擁有的的資產超過了其他百分之九十九的家庭所擁有的資產的總和。這十幾萬戶隻有錢的人家通過股票、紅利和租金一年平均有 26 萬美金的收入，而當時的美國有五百多萬戶人家的年收入不到五百美金。那時也沒有失業保險和公共救濟項目，工廠老闆給工人付的是低的可憐的工資，很多非熟練工人因為低薪、失業、工傷和疾病而掙扎在貧困線上。熟練工人的待遇稍好一些，工會還為他們提供一定數量的保險和失業救濟。

1881 年，龔帕斯代表美國雪茄工會出席在匹茨堡舉行的全美勞工大會並被選舉為新成立的「組織行業和勞動工會聯盟」的副主席。他領導聯盟成員著手廢除在紐約隨處可見

的血汗工廠。接下來的幾年裡，龔帕斯逐漸成為全美工人運動的領袖人物。

1885年，他號召「組織行業和勞動工會聯盟」的各路領袖為八小時工作制舉行總罷工。於是，5月1日那天，全美將近二十萬工人大罷工，龔帕斯在芝加哥的工會廣場向成千上萬的工人發表演講。為全世界勞動者而設立的「五一國際勞動節」就在那一天誕生了。

不幸的是，為八小時工作制而進行的罷工沒有達到目的。三天之後的5月4日，無政府派在芝加哥乾草市場廣場舉行了一次集會，一枚炸彈當場爆炸，炸死了幾名員警，慌亂之中員警向人群開槍掃射，死傷數十人。政治激進派和工會領袖頓時成為眾矢之的，龔帕斯也終於明白工人運動的唯一出路就是建立更強有力的機構。同年11月，「組織行業和勞動工會聯盟」在俄亥俄州的哥倫布市召開第六屆年會，龔帕斯在會上費盡口舌，說服大多數到會代表另起爐灶，成立「美國勞工聯合會」，37歲的龔帕斯當選第一任會長。

「勞聯」會長是一份全職工作，龔帕斯領取一千美元的年薪。最初，「勞聯」設在紐約的總部只有一間房子，總部裡除了龔帕斯只有給他當助手的兒子亨利和一個每週掙三美元的雜工。之後，「勞聯」的成員迅速增加，到了1904年，美國每十個就業人員中就有一名「勞聯」成員。儘管如此，企業、媒體、法庭和大多數政府官員仍然對工會採取非常敵視的態度。同時，龔帕斯不願意把非熟練工──尤其是黑人、婦女和歐洲新移民──吸收到「勞聯」裡來，這也限制了「勞聯」的擴展。龔帕斯主張通過限制移民人數來控制勞工來源，提高勞動工資。在勞資糾紛中，龔帕斯和工會激進派的距離越來越遠，他往往以溫和改良派的姿態出面和資方談判。社會主義思潮在美國最後無疾而終，龔帕斯應該說起

了不小的作用。

　　為了保證「勞聯」的生存，龔帕斯改變了鬥爭策略，開始尋求政界對工人和工會的同情和支持，讓「勞聯」慢慢向美國民主黨靠攏。在 1912 年的美國總統選舉中，「勞聯」旗幟鮮明地支持民主黨候選人伍德羅‧威爾遜。威爾遜當選後促成了一系列保護工人利益的法案，其中有美國勞工部的成立，對商船船員他和鐵路工人工作環境的規定和 1914 年通過的「克雷頓反托拉斯法案」。

　　「克雷頓反托拉斯法案」第一次以法律形式保證了工會的合法性，龔帕斯為之歡呼雀躍，稱其為「勞工大憲章」。

　　1916 年，威爾遜尋求總統連任，最後 13 張選舉團選票的微弱優勢戰勝了共和黨的總統候選人查爾士‧休斯，這當中「勞聯」兩百萬成員的選票起了關鍵作用。第一次世界大戰爆發後，「勞聯」支持美軍出兵參戰，這一愛國舉動贏得了社會的普通好感。1920 年，「勞聯」的成員躍至四百多萬。

　　擔任「勞聯」會長期間，龔帕斯每年都要不辭辛苦地長途跋涉，去全美各地宣傳參加「勞聯」的好處。1924 年的「勞聯」年會上，龔帕斯最後一次當選「勞聯」會長。同年 12 月 13 日，這位在美國工會史上影響最大的工人領袖在訪問德克薩斯州聖安東尼奧市的旅途中去世，享年 74 歲。

▎阿爾伯特・邁克生

第一位獲諾貝爾獎的美國科學家

阿爾伯特・邁克生（Albert Michelson）被公認為現代理論物理之父。他一生致力於光的研究，鍥而不捨地尋求用最精確的儀器測定光的屬性。他的實驗證明了光的速度是恆定的。他設計了第一台能夠顯示分子運動的光譜儀。他還是世界上第一位測量出天體直徑的人。阿爾伯特・邁克生的實驗和發現對現代物理的發展產生了不可估量的影響。

1852 年 12 月 19 日，阿爾伯特・邁克生出生於德國統治下的普魯士。他兩歲時，全家移民美國。當時美國西部的淘金熱方興未艾，邁克生的父親在內華達州開了一家雜貨店，為礦工們提供日常用品。邁克生被送到舊金山上學。高中時，由於他在數理和科學上顯示出過人稟賦，校長極力鼓勵他報考位於安納波利斯的美國海軍學院。

邁克生通過了考試，但另一位與他考分相當的考生憑藉家中的政治背景被優先錄取。邁克生不肯就此放棄。他聽說海軍學院通常留十個機動名額給情況特殊的考生，便決意當面向當時的美國總統格蘭特爭取其中的名額。1869 年，未滿 17 歲的邁克生隻身一人從西海岸的舊金山來到東海岸的

華盛頓。他如願以償地見到了格蘭特總統，但此時那十個名額已經全部招滿了。在總統的鼓勵下，邁克生直接向海軍學院院長提出申請。鑒於邁克生突出的成績和感人的執著，學校破格錄取了他。

1873 年，邁克生已優異成績從海軍學院畢業。在軍中服役兩年之後，他回到母校任教。出於對光學的濃厚興趣，他對前人測定光速的方法進行了修改，用簡單的儀器測出光速為每秒鐘 186500 英里，比以往任何科學家的結論都更精確。邁克生的實驗結果發表在 1879 年 4 月的《美國科學學刊》上，令科學界對這個 26 歲的年輕人刮目相看。1880 年，為了瞭解光學理論的最新發展，邁克生前往歐洲學習。他先後訪問了柏林、海德堡等幾所大學的光學研究中心。兩年後，他回到美國，被聘為新成立的凱斯運用科學學院的物理教授。

在歐洲期間，邁克生繼續進行對光速的研究。自 19 世紀初以來，科學界普遍認為光以波的形式傳播，其媒介被假定為一種充滿宇宙的發光物質——乙太，而光速便是對於乙太的存在而確定的。因此當地球穿過乙太圍繞太陽旋轉時，光速會有所不同。邁克生試圖通過實驗證明乙太對光速的影響。他設計出一種干涉儀，將一束光分為兩部分，二者彼此垂直。按照當時的光學理論，由於傳播方向不同，這兩條光的傳播速度應該有所不同，但他的實驗沒有發現任何差異。邁克生認為自己的實驗失敗，於是在訪學結束時將這一課題帶回美國。

1886 年初，邁克生和西部保留地大學的化學教授愛德華‧莫利一起用更精密的干擾儀做了相同的實驗，但得到的仍是光速相同的結論。換言之，乙太並不存在，而光速是恒定的。這是科學史上最重要的否定性結論，它推翻了科學

家們近一百年來對宇宙的認識。

　　大多數科學家，甚至包括邁克生自己都對這一驚人發現難以接受，而另一些科學家則試圖對邁克生的結論做出解釋。但直到將近十年後，天才的愛因斯坦才以他的狹義相對論為此提供了圓滿答案。

　　1889 年，邁克生離開凱斯學院，擔任了麻薩諸塞州克拉克大學的物理教授。三年之後，他被新成立的芝加哥大學聘為教授和物理系主任。他在那裡工作了 37 年，直到 1929 年退休。

　　在克拉克大學期間，邁克生繼續運用干涉儀進行各種實驗。長期以來，光的波長以巴黎一根特殊的鐵條上兩點之間的距離來確定，這種方法既不準確又不可靠。邁克生提出了用更精確的測量單位取代舊的光速定義。他在光譜學和光速測量上的成就為他贏得了 1907 年的諾貝爾物理學獎，成為第一個榮諾諾貝爾獎的美國科學家。

　　1891 年開始，邁克生嘗試運用干涉儀測量天體現象及其大小。1919 年，邁克生設計出一種新的干涉儀，把他裝在加州威爾遜山頂的天文望遠鏡上。這一裝置首次成功地測量出太陽系意外的星球的直徑，在當時引起了巨大轟動。直到晚年邁克生仍然不斷地改進和修正自己的實驗，尋求用更精確的方法和儀器進行光學研究中的測量。他一生發表了 79 篇論文，是當時光學領域無可爭議的權威。

　　儘管邁克生只拿到了本科學位，但卻有數所大學，包括劍橋、耶魯等世界一流的學術機構向他頒發榮譽博士學位。1888 年，邁克生被選為美國科學院院士，並於 1923 年到 1927 年間擔任院長一職。此外，他還擔任過美國物理學會主席和美國科學發展協會主席。

　　邁克生在世界上享有極高的聲譽。他先後獲得過國內外

十幾個科學大獎，幾乎所有美國和歐洲的著名科學學會都將他列為會員。邁克生的才能、判斷力和誠實得到了國際科學界的尊重。除了他自己之外，從來沒有人對他的實驗提出任何質疑或進行重新驗證。1920 年，邁克生與愛因斯坦在一次晚宴上同為主賓。這是兩位偉大的物理學家第一次也是唯一一次會面。愛因斯坦在講話中對邁克生表示了敬意：「當你開始工作時，我還是個孩子。是你把物理學家們引上了一條新的道路，並且通過你傑出的實驗為相對論的發展鋪平了道路。沒有你的研究工作，這個理論不過是一個有趣的推測而已。」

邁克生曾經結過兩次婚，有六個子女。他的一生以光學為唯一目標，淡泊處世，榮辱不驚。因為沉浸於對科學的追求中，他對人對事都相當疏遠，世俗的愛恨情仇、妒忌野心從來不曾左右過他，但他仍然是一位富有責任感和同情心的丈夫、父親、朋友、同事和老師。

在科學上，邁克生單純的性格表現在他對自然現象直覺的尊重和挑戰自然奧秘時的大膽、執著和智慧。此外，邁克生還是一位藝術家，在小提琴和水彩畫上頗有造詣。在芝加哥大學時，他曾經不情願地展出過自己的畫作。一位女士告訴邁克生，她認為他當年放棄藝術搞科學可能是一大錯誤。邁克生以他一貫的禮貌表示異議。在他看來，自己從未放棄過藝術，因為他相信藝術只有在科學中才能得到最高的表達。1931 年 5 月 9 日，邁克生因心肌梗塞去世，享年 79 歲。

美國著名天文學家茅爾頓在悼念文章中寫道：「他從不慌張或煩躁，無論是置身科學的前沿，踏上新的研究途徑，或者登上無人企及的高度，他都保持著寧靜平和的風度，一如他傍晚散步時一般悠閒。」

▌路易斯・布蘭迪斯

美國第一個猶太人大法官

1916 年，民主黨總統伍德羅・威爾遜提名路易斯・布蘭迪斯（Louis Brandeis）為美國最高法院法官。在這之前，美國參議院對美國總統的法官提名很少有異議，但是威爾遜總統的提名卻在美國朝野引起了一場軒然大波。參議院法律委員會的五人小組舉行了一長串的聽證會。前總統塔夫脫和美國律師協會的七位前主席聯名上書反對，哈佛大學校長羅威爾和波士頓的一些達官貴人也全力阻撓，理由是布蘭迪斯「不合適」出任最高法院法官。

在當時的大多數美國人看來，一個猶太人做最高法院法官是一件很不可思議的事情。聽證會之後的四月份，五人小組以三票對二票勉強通過提名，五月份參議院法律委員會則以十票對八票的微弱多數在此通過了提名，六月份參議院投票表決，贊成者 47 人，反對者 22 人。路易斯・布蘭迪斯終於成為美國歷史上第一位猶太裔的最高法院法官。那一年他 59 歲。

1856 年 11 月 13 日，路易斯・布蘭迪斯出生於肯塔基州的路易斯維爾。1848 年，歐洲革命爆發，他父親阿道夫

從德國移民美國。不久，母親也來到美國。美國內戰和戰後重建期間，阿道夫靠做農產品生意發了大財，舉家遷回歐洲。布蘭迪斯在德國德萊斯頓讀了幾年高中後於 1873 年又回到了美國，並在兩年後被哈佛大學法學院錄取。當時的法學院院長朗戴爾認為法律是一門「科學」，率先採用嚴謹的「案例」教學法，學生通過研究不同時期的法律案例來瞭解法律的演變。

布蘭迪斯非常喜歡這種嚴格的教學方式，一頭紮進學業中，達到廢寢忘食的地步。他博覽群書，過目不忘，上課發言時連教授都對他洗耳恭聽。他在哈佛接觸了許多名人，其中有著名的作家愛默生、詩人朗費羅和後來成為最高法院同事的霍爾姆斯法官。他還是大名鼎鼎的《哈佛法律評論》雜誌的創辦人之一，負責管理雜誌的財務。在成為最高法院法官之前他一直是《哈佛法律評論》的理事。

1877 年，布蘭迪斯以當時哈佛法學院歷史上的最佳成績畢業，畢業後，他和同班同學撒穆爾 · 華倫在波士頓合開了一家律師事務所。華倫的父親是位大資本家，家裡與波士頓的名門望族來往密切，布蘭迪斯最初的客戶也大都是富人和有錢的大公司，因此給律師事務所帶來了豐厚的利潤。經濟的獨立讓他有更多時間來關注社會公正問題。1889 年，布蘭迪斯第一次將官司打到最高法院並且勝訴。

1890 年，布蘭迪斯和華倫在《哈佛法律評論》上聯合發表了《隱私權》一文，提出個人在法律上有不把自己的思想和感情公諸於眾的權利。這篇文章發表之後產生了很大反響，專家們普遍認為文章中的觀點不但開闢了一個新的法學領域，而且為這一領域勾勒出基本的理論框架。

這一年，年僅 24 歲的布蘭迪斯應邀在哈佛法學院開了一門課。學校對他的教學非常滿意，有意聘他為助理教授，

但被他婉言謝絕。兩年之後他在麻省理工學院講授一門商業法的課程，從而對商業和法律之間的關係有了深刻的認識，也認識到兩者和政治之間密不可分。

　　布蘭迪斯步入律師行業之時正是美國工業化的初期，當時收購兼併之風盛行，托拉斯壟斷大行其道，銀行家和政客們狼狽為奸，律師大都和大公司一個鼻孔出氣，而聯邦和州政府的法律條文或者得不到貫徹，或者乾脆被法院裁定為非法。身為百萬富翁的布蘭迪斯挺身而出，義務為社會的弱勢群體和波士頓、紐約等地的大公司打官司，在交通、鐵路、保險、公共設施等領域不遺餘力地捍衛工人、工會、消費者和平民百姓的利益。這些轟動一時的打官司為布蘭迪斯贏得了「大眾律師」的美稱。

　　1907 年，布蘭迪斯應邀為俄勒岡的婦女十小時工時上限法一案任辯護律師。兩年前，法庭認為這一法律違反了美國第十四條修正案中的正當程式條例而將其判為違憲行為。布蘭迪斯在辯護狀中據理力爭，不僅陳述了這一法律的合法性，而且用超時工作危害婦女健康的大量證據證明了其合法性。1908 年，最高法院一致投票裁決俄勒岡的工時上限法沒有違反美國憲法。在一百多頁的「布蘭迪斯辯護狀」裡，他用短短的兩頁紙篇幅進行了法律陳述，但用了一百多頁紙的內容引用大量事實和資料來證明超工時對婦女的危害。這種形式由他首創，隨後在法律界被廣泛採用，「布蘭迪斯辯護狀」從此成為一份經典的法律檔。

　　1910 年，紐約六萬多家製衣廠工人在罷工期間生活陷入困境，引起全美國的矚目。布蘭迪斯及時出面擔任調解人，幫助起草了「和平議定書」，一方面規定工廠老闆必須改善工作環境，增加工人工資，並由工會會員的工人逐步取代非工會會員的工人，另一方面議定書也給了資方足夠時間

　來適應成本上漲。布蘭迪斯以非罷工手段解決勞資爭端，收到美國媒體的一致好評，也為後人提供了一個良好的先例。

　　當時紐約的製衣廠工人大都是猶太女工，和她們的合作使布蘭迪斯開始關注猶太人的命運。他儘管不信奉猶太教，但還是積極地參加了 20 世紀初的猶太復國運動，並成為猶太復國聯盟的領軍人物。可以想像，沒有布蘭迪斯和他那一代猶太人的努力，就不會有 1948 年的以色列建國，而以色列作為一個美國盟國對 20 世紀下半葉乃至 21 世紀美國的中東政策都有不可估量的影響。

　　從 1916 年到 1939 年，布蘭迪斯一共做了 23 年最高法院的法官，對美國法律和美國的社會政策都產生了重大影響。他自始至終站在壟斷資本家的對立面，努力維護社會公正和小人物的合法權益。羅斯福當上美國總統後，他更為「新政」投出了一張難得的贊成票。兩次世界大戰之間，美國最高法院政治上趨於右傾保守，使得布蘭迪斯宣導社會革新的自由派聲音顯得尤其難能可貴，很多人認為路易斯‧布蘭迪斯是美國歷史上最優秀的最高法院大法官之一。

　　他於 1941 年 10 月 5 日，逝世於華盛頓哥倫比亞特區。

▎阿道夫 · 奧克斯

《紐約時報》的出版人

　　《紐約時報》是美國乃至全球英
語世界最具聲望的報刊之一。它歷史
悠久、內容廣泛、版面規整、風格嚴
謹。在當今媒體紛紛以聳人聽聞的報導
和五光十色的娛樂圖片吸引大眾視線的
時代，《紐約時報》巋然不動，始終保
持著自己一貫的陽春白雪的形象。這
一形象的締造者便是阿道夫 · 奧克斯
（Adolph Ochs）。

　　1858 年 3 月 12 日，阿道夫 · 奧克斯出生於俄亥俄州
的辛辛那提市一個德裔猶太家庭，是家中六個孩子中的長
子。1864 年，奧克斯的父親朱利亞斯帶著全家搬到德克薩
斯州的諾克斯維爾。並在那裡開了三家布匹店。1867 年，
美國內戰後的經濟恐慌席捲全國，不善經營的朱利亞斯宣告
破產，全家隨之陷入貧困。少年奧克斯被迫輟學打工，當上
《諾克斯維爾紀實報》的報童，週薪一元五角。兩年後，他
被換到辦公室打雜，後來又升作印刷車間的學徒。奧克斯一
直把這段經歷稱作自己的高中和大學，在報社裡他學到了有
關印刷和排版的技術，同時對辦報產生了濃厚的興趣。

　　1876 年，奧克斯搬到查特努加市，被聘為《查特努加

快報》的廣告經理，但幾個月後，快報關了門。奧克斯留下來，利用原有的印刷設備印製了一批查特努加市工商行業位址錄，為報社還清了債務，同時也給自己掙到一筆錢。不久，查特努加市唯一倖存的《查特努加日報》也面臨倒閉，對外求售。奧克斯用自己的積蓄加貸款與人合夥將其買下，成了《查特努加日報》的半個業主和出版人。那年他只有20歲，還不到投票年齡。在奧克斯的經營下，《查特努加日報》很快扭虧為盈，並且對當地經濟文化的發展產生了舉足輕重的影響。幾年後，奧克斯買下了報紙的的全部產權，同時蓋房建屋，把父母和弟妹都接來與自己同住。

《查特努加日報》為該市引來大量商機，土地價格隨之飛漲。但奧克斯卻因為投資地點失誤而損失慘重，於是寄希望於買下另一家即將倒閉的報紙，然後再一次點石成金。這時，他聽說《紐約時報》正在尋求買主，便馬上動身趕往紐約，並傾其所有買下了《紐約時報》。

《紐約時報》創建於1851年，它的讀者主要是富有文化素養的知識人士。19世紀末，《紐約時報》無法與其他日報競爭，發行量不斷下降，每週虧損逾千元。與此同時，《紐約世界報》和《紐約時報》之間的「黃色新聞」之戰正打得如火如荼，兩大報紙競相採用聳人聽聞的標題和腥色報導吸引讀者。

1896年8月18日，奧克斯正式接收《紐約時報》。他對讀者宣告：「我由衷認為《紐約時報》的目標是以簡明扼要而引人入勝的形式報導新聞。」10月25日，《紐約時報》在頭版的醒目位置打出了「只登正當合理之新聞」的口號，表示絕不與「黃色新聞」同流合污。為了與其他報紙競爭，奧克斯將報價從每份三分錢降至一分錢，但在內容上仍然堅持嚴謹客觀的標準。此外，他又增加了《周日雜誌》和《書

評專輯》，這兩本副刊至今仍是《紐約時報》星期天版的固定內容。1913 年，《紐約時報索引》出版，為學生、圖書館員、新聞記者和歷史學家進行研究提供了重要參考資料，被譽為美國第一家「紀實性報紙」。

　　一次大戰期間，《紐約時報》開始全文登載各種條約、講話和法律，盡力為關心戰事的讀者提供全面準確的消息。奧克斯把報紙的客觀立場放在首位，嚴格要求編輯人員把對事件的報導和記者個人的看法分開。他從不因為賺錢而放棄原則，拒不接受可疑的廣告或政府的合約，以避免《紐約時報》的獨立觀點被利益左右。奧克斯的策略很快收到成效。1901 年，《紐約時報》的發行量從 1896 年的九千份升至十萬份。十年之後，《紐約時報》的讀者數量達到七百多萬人。

　　《紐約時報》獲得成功之後，奧克斯開始在出版業尋求新的發展空間。1901 年，他買下《費城時報》，於 1913 年出售。1914 年，他創辦了《當代歷史》雜誌。1925 年，他每年投資伍萬元，用十年時間完成出版了第一套《美國傳記詞典》。除了從事出版之外，奧克斯還積極投入慈善事業。從 1911 年開始，他在《紐約時報》上開闢了「百事求援」專欄，為紐約追到的六家慈善機構募捐，這一專欄一直延續到今天。1926 年，他擔任了希伯來聯合大學籌款委員會主席，為創立全國第一所猶太教神學院籌集資金四百多萬元。此外，他個人捐款四十萬元，在查特努加建起了一座以他父母名字命名的教堂。

　　1935 年 4 月 8 日，奧克斯在查特努加去世，全城降半旗致哀，美聯社送往全世界的電波靜默兩分鐘。

　　奧克斯去世前幾年已經逐漸將報紙的經營大權交給自己的女婿亞瑟・索爾茲伯格。奧克斯死後，索爾茲伯格被董事會任命為總裁，正式接管《紐約時報》。1935 年 5 月 8 日，

索爾茲伯格在編者按中莊重承諾：「我將永遠不會偏離奧克斯以力量和勇氣為我們樹立的誠實中立的新聞原則。」並且表示將以無所畏懼、不偏不倚的立場為大眾提供新聞。索爾茲伯格繼承並擴大了奧克斯一手創立的新聞事業，《紐約時報》的發行量、盈利額和雇員數量都有大幅度的增長。1961年索爾茲伯格退休，把總裁位置讓給了自己的大女婿歐威爾・德萊伏斯。1963 年，德萊伏斯去世。索爾茲伯格的兒子接任總裁。

奧克斯的一生是一部典型的赤手空拳創業的傳奇。他11 歲送報，15 歲失學打工，20 歲成為報業主，38 歲接手面臨危機的《紐約時報》，將其轉變成全世界最具聲望和影響力的報刊之一。奧克斯努力創造一個獨立、客觀、負責、誠實、富有尊嚴、值得信賴的大眾媒介。他用事實證明高發行量、高利潤和高品質新聞是可以並行不悖的。在奧克斯的影響下，《紐約時報》歲經歷百年風雨但依然根基牢固，風貌不改。它不僅是一份報紙，而且是一個社會公共機構。奧克斯作為美國新聞史上最具影響力的出版家，將與《紐約時報》一起名留青史。

▌亨利耶塔 · 斯佐爾德

猶太復國運動領袖

亨利耶塔 · 斯佐爾德（Henrietta Szold）是 20 世紀美國最傑出的猶太女性之一。作為美國猶太婦女和世界猶太復國主義運動的領袖，她無私奉獻、功績斐然的一生，對美國和以色列猶太人的政治、文化和社會都產生了不可估量的影響。

1859 年，斯佐爾德的父親應教會召集攜妻子從匈牙利來到美國，擔任巴爾的摩市猶太教區的拉比。第二年的 12 月，斯佐爾德出生，她是六姐妹中最年長的一個，也是父親最出色的的學生和助手。在學校課程之外，他從父親那裡學習了希伯來語、法語、《聖經》、歷史和哲學。同時，她也從母親那裡繼承了強烈的責任感和家庭觀念。1877 年，斯佐爾德以全校第一名的優異成績高中畢業，但她沒有離家去大學深造，也無意於普通女孩所熱衷的婚姻和時尚。從 16 歲開始，她就為自己的生活做出了在她看來最理所當然的安排：教書、家務、協助父親做研究、照顧年幼的妹妹們。

高中畢業後，她在巴爾的摩的一家私人學校教授英語、德語、拉丁語、數學、歷史和園藝，同時還在父親的教會裡

兼課。教學之外，她定期為紐約出版的《猶太通訊》週刊撰稿。作為女性，她罕見的語言修養和歷史知識以及對正在形成的美國猶太文化的獨到觀察和見解，引起了猶太文化界的注意。

19 世紀 70 年代末，東歐國家對猶太人的迫害導致大量移民湧入美國。斯佐爾德義不容辭地承擔起安頓移民的重任。1889 年，為了幫助移民們儘快地適應美國的環境，她在巴爾的摩建立了全國最早的猶太移民夜校，為移民提供英語、美國歷史、記帳、製衣等語言和技能課程。斯佐爾德作為校長兼老師，在籌集資金和安排課程上付出了大量時間和精力。學生人數的不斷增加使得政府無法繼續忽視移民的存在和需要，斯佐爾德的移民夜校最終被納入了公共教育體系之列了。

在與新猶太移民的接觸中，她收到了前所未有的震撼和啟迪。猶太人在東歐所遭受的迫害激發了她拯救猶太民族、建立猶太人自己的家園的願望。1893 年，她幫助巴爾的摩的猶太移民成立了美國最早的猶太復國組織之一並成為其中的會員。四年之後，希歐多爾‧赫茨爾的著名檄文《猶太國》正式宣告了猶太復國主義運動的開始。

1893 年，美國猶太出版協會成立，其宗旨是通過翻譯和出版猶太文獻在美國社會保存和弘揚猶太文化傳統。斯佐爾德被聘為該協會唯一一位領取薪水的雇員，並辭去巴爾的摩的工作搬到了費城。儘管她的職稱是秘書，她實際上擔任了編輯、翻譯、校對、索引等所有文字工作。她清晰的頭腦、出色的組織能力、深厚的語言功底、一絲不苟的性格和不知疲倦的奉獻為美國大眾留下了珍貴的文化財富。

在 23 年中，斯佐爾德主持出版了 87 部著作。其中她親自翻譯並修訂了莫里茲‧拉扎勒斯的《猶太倫理觀》、路

易斯 · 金斯伯格的《猶太人傳奇》、納姆 · 斯羅奇的《希伯來文學復興》以及亨利 · 格瑞茲長達五卷的洋洋巨著《猶太人的歷史》。從 1904 年到 1908 年，她擔任了《美國猶太人年誌》的主編。1888 年，她被選為美國猶太出版協會出版委員會唯一的女性編委。

1895 年，為了照顧重病的父親，斯佐爾德帶著手頭進行的工作回到巴爾的摩的家裡。在這期間，他的妹妹們相繼出嫁或上了大學，而她卻不為所動，一心專注在工作和父親身上。1902 年，父親去世，她和母親搬到了紐約。她十分希望能夠整理和出版父親留下的手稿，但又覺得自己有限的學識不足以完成這一重任。為了幫助斯佐爾德實現她的願望，美國猶太神學院破例收她為學生，條件是她學成之後不能申請成為拉比。

在神學院裡，斯佐爾德結識了年輕的猶太學者路易斯 · 金斯伯格。他是她猶太法典的老師，她是他學術著作的翻譯和編輯。在日復一日的密切交往中，金斯伯格喚醒了 42 歲的斯佐爾德心中沉睡多年的愛情。儘管兩人之間相差了十幾歲，她仍然對婚姻抱了一線希望。1908 年夏天，金斯伯格回到歐洲進行短期研究和探親。在那裡，他和一個 18 歲的妙齡女子一見鍾情並訂了婚。斯佐爾德聞訊後傷心之至。巨大的痛苦和多年來超負荷的工作讓讓她心力交瘁，幾近崩潰。1909 年，她在母親的陪同下前往歐洲休整和調養，途中在巴勒斯坦停留了一個月。

這次旅行改變了她的命運軌跡。

在巴勒斯坦期間，她目睹了猶太人聚居區的惡劣生活條件和醫療衛生設施的匱乏，同時意識到猶太復國主義的艱巨性遠遠超過了她的想像。回到紐約後，她比以往更忘我地投入到猶太復國主義活動中。1910 年，她接受了全美猶太復

國主義聯盟秘書職位及其堆積如山的文件和檔案。同時，她發起了婦女學習小組，向她們介紹巴勒斯坦的狀況和那裡對醫療援助的迫切需要。

1912 年 2 月 24 日，美國婦女猶太復國主義組織──「哈達薩」宣告成立。38 名婦女成為會員，她被選為主席。1913 年，哈達薩派出兩名護士前往巴勒斯坦，在耶路撒冷設立了第一個醫療站。1918 年，一個由 45 名醫生、護士和數百噸醫療物資組成的醫療小組抵達耶路撒冷。

斯佐爾德於 1920 年受命前往巴勒斯坦，親自主持那裡的醫療救援工作。1934 年，一個具有完善醫療設備和專業人員的哈達薩醫院終於在巴勒斯坦建成。如今，斯佐爾德親手創立的哈達薩已經擁有四百萬會員，是美國組織最大的猶太組織。哈達薩不僅在以色列建立起現代的醫療系統，而且讓成千上萬的美國猶太婦女走出個人的生活天地，成為改變自己民族命運的重要力量。

儘管斯佐爾德始終把美國作為自己的家鄉，但她對猶太復國主義強烈的責任感和使命感，讓她把生命力最後兩年留在了巴勒斯坦。1927 年，她成為猶太復國主義執行委員會的三名委員之一，負責建立全國的教育和醫療的基礎結構。1931 年，她被選舉為猶太國家委員會委員。在她的直接領導下，巴勒斯坦形成了一整套社會福利系統。

之後，隨著納粹勢力的日益強盛，猶太人在德國的處境越來越危險。斯佐爾德擔任了有哈達薩資助的猶太少年移民計畫的領導人。她多次前往德國組織救援行動，並親自會見和安排到達巴勒斯坦的猶太孩子們。到二戰結束為止，共有一萬三千多名猶太少年逃離戰爭、饑餓和納粹魔掌，在巴勒斯坦安家。

斯佐爾德晚年成為猶太復國主義的象徵，而猶太復國主

義在她看來卻意味著「在猶太人的希望與阿拉伯人的權力之間沒有必然的矛盾」。她理想中的以色列是一個猶太人和阿拉伯人和平共處的國家。她一貫的和平主義立場和人道主義精神為她贏得了諾貝爾和平獎的提名。斯佐爾德一生未婚，無子無女，但她不倦的努力和無私的奉獻卻給了成千上萬猶太孩子。因而，被稱為真正的「以色列的母親」。

1945 年 2 月 13 日，奮鬥和操勞了一生的斯佐爾德在耶路撒冷去世，享年 84 歲。三年之後，以色列建國宣告成立。

▌朱利斯・羅森瓦爾德

讓西爾斯百貨起死回生的巨人

在 2014 年以前，美國最高的摩天大樓是芝加哥的西爾斯大廈，是美國百貨商店中名氣最響、規模最大的西爾斯連鎖百貨商店的總部。西爾斯發展至今，成為美國零售業的龍頭，頭號功臣應該是朱利斯・羅森瓦爾德。

朱利斯・羅森瓦爾德（Julius Rosenwald）1862 年出生於伊利諾州的斯普林菲爾德，房子的對面就是林肯總統的故居。他父母親是德國猶太人，19 世紀 50 年代移民美國，家裡有六個孩子，朱利斯排行老二。他的舅舅是一家成衣廠的老闆，據說林肯總統因為個子高腿長，還特意向他的舅公定做過長褲。他舅舅搬去紐約後，他父親買下一家服裝店，給還在讀小學的羅森瓦爾德提供了為顧客服務的機會，他年紀輕輕就對銷售表現出濃厚興趣。1874 年，斯普林菲爾德的林肯紀念碑落成，朱利斯不失時機地賣出一本紀念冊——《林肯紀念碑圖像解說》，做成平生第一筆生意。

1879 年，不滿 17 歲的羅森瓦爾德高中還沒有畢業，便來到紐約，住在愛德華舅舅家，向舅舅學習做服裝生意。在這期間，他交了不少日後都成了政界和商界要人的朋友，其

中有哥德曼—薩克斯證券交易公司的創辦人亨利 · 哥德曼。
1885 年，羅森瓦爾德學徒期滿，回到芝加哥開了一家小成
衣廠。五年之後，他開始給專做郵購生意的西爾斯公司提供
服裝產品。

　　1895 年是羅森瓦爾德事業的轉振點。這一年，西爾斯
的另一位老羅巴克退休，理查 · 西爾斯便邀請羅森瓦爾德
成為合夥人。羅森瓦爾德從紐約的朋友處貸到 37500 美元，
買下西爾斯四分之一的股份，成為西爾斯公司的副總裁。西
爾斯是一位銷售高手，但卻不善經營，等到羅森瓦爾德正式
加盟時，公司的境況已經非常不妙，不光產品品質低劣，郵
購目錄上也錯誤百出。羅森瓦爾德走馬上任後便對公司經營
做了大刀闊斧的改革。他先於福特汽車公司創造出流水作業
的概念，率先向顧客做出「不滿意保證退貨」的許諾。並創
辦了全美第一家零售門市試驗站。他對公司員工厚愛有加，
為他們提供了分紅、股票、醫療和娛樂的各項福利。

　　在羅森瓦爾德的苦心經營之下，西爾斯的利潤成天文數
字增長。1895 年公司的總銷售額是 75 萬美元，1899 年已達
850 萬美元，到了 1905 年更漲到 5000 萬美元。

　　1908 年，理查 · 西爾斯退休。羅森瓦爾德出任西爾斯
公司總裁。理查 · 西爾斯把他的股份以一千萬美元的價格
賣給哥德曼—薩克斯投資公司和雷曼兄弟投資公司之後，羅
森瓦爾德和兩家投資公司聯手把西爾斯推上股市，成為全美
國第一家股票上市的百貨公司，通過出售公司的股票來擴大
公司的規模。1914 年，西爾斯的總銷售量突破了一億美元
的大關。公眾對西爾斯公司的股票也趨之若鶩，一點不亞於
對西爾斯公司產品的興趣。1906 年花五千美元買下的一百
股西爾斯股票到了 1928 年已經漲到二十七萬美元，外加近
三萬美元的分紅。到了 1925 年，羅森瓦爾德手裡的西爾斯

股票大約值一億五千萬美元。在一個人救活一個企業的眾多故事裡，羅森瓦爾德對西爾斯公司的「點石成金」堪稱是一部經典之作。

但是，到了一個世紀以後的今天，當人們談起羅森瓦爾德時，最津津樂道的並不是他如何讓西爾斯公司起死回生，而是他幾十年如一日的好善樂施。他剛剛開始經商便給自己定了一個三分法：如果一年掙了一萬五千元。五千元將用於各項開銷，五千元存入銀行，還有五千元則全部捐獻出去。等到 1924 年他從西爾斯公司總裁的位子上退下來以後，他便把主要精力都放到慈善事業上了。

20 世紀初，將近十萬貧窮的猶太移民來芝加哥定居，羅森瓦爾德在芝加哥的南區建起了美國最早的窮人福利住宅。1917 年，朱利斯‧羅森瓦爾德基金會正式成立，羅森瓦爾德一次性投入一千萬美元，主要目標是改善美國南方黑人的境況。基金會在美國南部的 15 個州為美國黑人建造了五千多所公立學校和教師之家，人們把它們統稱為「羅森瓦爾德學校」，一共聘用了一萬四千多名教師，在四千多所現有的學校裡增設了圖書館，並為很多優秀的黑人青年提供了大學獎學金。受到羅森瓦爾德基金會贊助的著名黑人有黑人領袖兼作家杜波依斯、詩人兼小說家蘭斯頓‧休斯、諾貝爾獎得主瓊‧佩林和歌星瑪麗安‧安德森。在上個世紀的 20 年代，美國眾多的基督教青年會都不接納黑人青年，羅森瓦爾德基金會花四百萬美元在全美各地為黑人男女青年建立了 25 家基督教青年會和基督教女青年會，他們在美國 60 年代的民權運動中發揮了關鍵作用。

美國最負盛名的科學博物館——芝加哥的「科學與工業博物館」——也由羅森瓦爾德一手促成。它是美國第一家向大眾提供科普教育的博物館，也是西半球最大的科技博

物館，每年接待成千上萬的中小學生前來參觀。羅森瓦爾德是提出建立科學工業博物館的第一人，但是回應者甚微。他一人捐出三百萬美元，而其他的個人捐款最多只有一萬六千美元。最後羅森瓦爾德和他的家人共向博物館捐出一千萬美元。有人提議博物館用羅森瓦爾德的名字命名，被他婉言謝絕。遺憾的是，博物館 1933 年開館，而羅森瓦爾德於 1932 年去世，沒能親眼見到博物館的落成。

　　在如何從事慈善事業這個問題上，羅森瓦爾德也有自己獨特的理念。羅森瓦爾德一生的捐款數高達六千五百萬美元，但為了不讓受惠人產生依賴感。他一般只為一個項目捐出所需資金的 20％到 50％，而讓受惠人自己想辦法募得其餘的資金。他反對設立永久性基金會，一成不變地規定基金的用途。相反，他認為一代人最清楚同代人的需求，下一代人的問題應該由他們自己去解決，所以說，一個基金會應該在合理的時間內用完所有的基金。羅森瓦爾德基金會在捐出了連本帶利的兩千二百多萬美元之後，於 1948 年正式解體。

　　在企業經營和慈善事業上，朱利斯 ・ 羅森瓦爾德都是一個不折不扣的巨人也是個開拓者。

麗蓮・沃爾德

志願者運動的先驅

「去路德洛街 182 號探視一位傷寒病人。去海斯特街 7 號，在納森・S 房間裡發現兩名患麻疹的孩子，費了一番口舌之後給這兩位病人和生病的嬰兒洗了澡，這是他們生平第一次洗澡。給大孩子帶去了乾淨衣服。」

這篇日記的日期是 1893 年 7 月的某一天，日記主人名叫麗蓮・沃爾德（Lillian Wald）。那一年，她在紐約東城下區的亨利街上建起了全美國第一家公共護理站，為生活在貧困線下的東歐移民提供義務服務。這份工作她做了 40 年，直到 1933 年退休為止。不計其數的人得到過她的幫助，稱她為「亨利街的天使」。麗蓮・沃爾德不僅是美國社會福利工作的拓荒者，更是美國志願者運動的先驅。

1867 年 3 月 10 日，麗蓮・沃爾德出生於俄亥俄州的辛辛那提，在紐約州的羅切斯特長大。她的父母親都是來自德國的猶太移民，給她提供了一份舒適安逸的生活環境。有一年夏天她住在姐姐家，一位護士來照看生病的姐姐，麗蓮和這位護士成了好朋友，同時對護士的職業產生了濃厚的興趣。儘管中產階級家庭出身的年輕婦女很少熱衷當護士，

但是麗蓮在 1889 年毅然決定去紐約市的貝爾威護士專科學校學習。而且得到了父母的理解和支持。學校按規定只招收 25 歲以上的婦女，22 歲的麗蓮於是在報名表上虛報了年齡。1891 年，從護士學校畢業後，去紐約少年收容所當護士。她在護士學校受到的訓練有限，再加上護士的地位低，讓她意識到自己在那裡很難有所作為。一年後，她進入紐約女子醫學院繼續深造。

　　1893 年 3 月的一天，一個年幼的孩子來到麗蓮上課的教室，為病中的母親求助，麗蓮自告奮勇前去幫忙。病人是一位產後的母親，住在貧民區一間小破屋裡，躺在骯髒不堪的一張破床上，身下因大出血弄髒的床單已經兩天沒換。在麗蓮的精心照料下，孩子的母親慢慢恢復了健康。

　　麗蓮第一次見到紐約新移民們可怕的居住環境。心靈受到極大震動，下定決心要幫助他們改善處境。她找到大金融家所羅門・洛伯的夫人，懇請她贊助兩位護士住進東城下區，為貧民區裡的窮人們提供急需的醫療服務。洛伯夫人和她的女婿雅各布・希夫同意提供所需經費。於是，麗蓮放棄了醫學院的學業，和她在護士專科學校的好朋友瑪麗・布魯斯特一起，搬進了東城下區的一處臨時住所，隨後又搬進了傑弗遜街一棟窮人居住的經濟公寓樓的頂樓。一天二十四小時裡生病求助的人開始絡繹不絕地找上門來。很快，她手下有了四個護士。1895 年，她們搬進了雅各布・希夫為她們買下的亨利街 265 號。在接下來的將近四十年裡，這裡成了麗蓮・沃爾德的大本營。

　　在亨利街 265 號，麗蓮・沃爾德和一幫志同道合的朋友們建立起全世界第一家由專業人士而非教會開辦的公共護理站。為了維護病人的尊嚴，她們象徵性地每次收取十美分的醫療費。護理站為生活貧困的人提供各種服務，包括開辦

職業技能訓練班，為男女學童設立獎學金。檢測肺結核病，普及產前護理及嬰兒護理知識，成為一個集慈善、福利、教育、民事於一身的綜合機構。亨利街265號的後院裡建起了當地第一個兒童公共遊樂場，成了後來普及到全美各地的城市兒童遊樂場的樣本。

1913年，護理站在亨利街上已經有了七棟房子，並在紐約的曼哈頓上區和布朗克斯區都設立了分站，共有92位護士。同時，護士們提供上門服務，每年走訪二十萬戶人家。作為享譽國際的社會服務中心，亨利街265號成了紐約市最著名的地標之一，在眾多的慕名造訪者當中包括富蘭克林・羅斯福總統夫婦。

有一天，麗蓮・沃爾德在一個學校的教室裡見到一位患有猩紅熱的學生，把他直接帶到紐約市衛生廳廳長的面前。沒過多久，有一百五十多位校醫開始在紐約的公立學校裡為學生提供醫療服務。美國也因此而成為全世界第一個為中小學學生提供正規醫療服務的國家。

麗蓮建成了美國第一家為婦女、兒童和工人而設的療養院和第一家為殘疾兒童而設的特殊學校，協助成立了負責建造並監管公共公園、公共遊樂場的「戶外娛樂協會」，並在公益服務方面做了大量開拓性的工作。麗蓮是全美有色人種協進會的創始人之一，她參與建立的「林肯樓」是第一家為美國黑人服務的同類機構。1904年，麗蓮建立了全國童工委員會，四處遊說呼籲立法取締雇用童工，並促成了聯邦兒童局的成立。1912年，她受命出任全美公共衛生護理組織的第一任主席。

1914年，第一次世界大戰爆發，麗蓮・沃爾德和其他人一起成立了美國民權自由聯盟前身的美國反戰聯盟，並一度擔任聯盟主席。聯盟的領導人去白宮會晤威爾遜總統和總

統顧問，要求政府允許中立國通過斡旋解決軍事爭端，並聘用專業遊說組織對美國國會施加影響。

　　一戰期間，她多方努力，限制政府對民權的侵權行為。因為她的反戰活動，美國軍方的情報機構把她列為「戰時美國從事反美活動」的 62 人之一。1918 年，「西班牙流感」大爆發，她的診所在四天之內接待了五百多位病人，並不分晝夜上門為病人服務。在人員嚴重緊缺的情況下，她們請來數百名義工幫助料理病人。

　　因為貧血和心臟病，麗蓮的健康開始走下坡路。1933 年，她從幹了整整 40 年的服務崗位退下，在康乃狄克州的威斯特堡隱居下來。1940 年，一輩子幫助別人同疾病與死亡作鬥爭的麗蓮，在久病不愈之後死於腦出血。臨終前的那天早晨，她對看護她的護士說：「我是一個很幸福的女人。因為有那麼多的人愛我，我也有那麼多的人去愛。」

　　有一位十分敬佩麗蓮 ‧ 沃爾德的護士這樣寫道：「她十二分地相信人的美好天性，所以人們給她展示的也是人性中最美好的一面。」

愛瑪‧戈德曼

驚世駭俗的社會活動家

在美國眾多的著名猶太女性中,愛瑪‧戈德曼(Emma Goldman)可以說是最有個性的一位。她集無政府主義者、恐怖謀殺者、女權主義者等頭銜於一身;她反戰、反資本家、反蘇聯、反納粹、反對愛國主義;她對言論自由和自由同居同樣熱衷。

愛瑪‧戈德曼 1869 年 6 月 27 日出生於立陶宛科夫諾的猶太社區。母親在嫁給父親之前已經和前夫有了兩個女兒,所以父母親對家裡又多出一位女孩非常失望。戈德曼 13 歲那年,全家搬到了聖彼德堡。因為生活拮据,戈德曼到聖彼德堡六個月之後就輟學了。15 歲那年,父親想讓她早早嫁人,便自作主張給她找了個丈夫,但戈德曼不同意,使父親大為光火。戈德曼一不做二不休,乾脆遠走高飛去美國紐約州的羅切斯特投奔同父異母的姐姐麗娜。她在美國找到的第一份工作是在一家製作胸衣的工廠當裁縫,每週工時達 60 個小時。

1886 年,一顆炸彈在芝加哥的草市廣場爆炸,七名員警當場斃命。次年,四個無政府主義者受到起訴,在罪證嚴重不足的情況下被判有罪,以絞刑處死。18 歲的戈德曼義

憤填膺，毅然決定成為一個無政府主義者。在這同時，她的個人生活也一波三折。19 歲那年，她和一位同是俄國猶太移民的工人科斯納結婚，但婚後發現他不光是賭徒，還患有性無能，於是結婚不到一年就和他離了婚。科斯納不肯甘休，威脅著要自殺，戈德曼最後還是甩掉了他。1889 年，戈德曼從羅切斯特搬到紐約，正式開始了她跌宕起伏的職業革命家生涯。她能說會道，寫得一手好文章，積極鼓動年輕女工加入工會。1890 年，她被選為無政府主義代表大會委員會的委員，和無政府主義戰友亞力山大・伯克曼結成革命情侶。那一年，戈德曼剛滿 21 歲。

1892 年。卡耐基鋼鐵公司的警衛在一次罷工衝突中開槍打死了數名罷工工人。戈德曼和伯克曼認為應該向公司總裁亨利・福里克討回血債，便開始策劃暗殺他的行動。起初，他們設計用炸彈，因為害怕誤傷無辜而作罷。後來，伯克曼用手槍擊傷了福里克，戈德曼因為和另一個情人有約而沒有參加伯克曼的暗殺行動。伯克曼被判入獄一年之後，戈德曼也因為鼓動失業工人去「搶」麵包而坐了七個月的牢。她在監獄病房裡當護理，對當護士產生興趣，出獄後，她在另一位戀人的幫助下前往奧地利的維也納學習護士和助產士專業，還選修了幾門佛洛依德親自講授的課程。

一年後，戈德曼回到美國時已經是一位完全合格的護士兼助產士，可是她放棄了當護士，開了一家專做頭部和頸部按摩的美容院。有一段時間，她和對窮人充滿了愛心的本・萊特曼醫生同居。萊特曼醫生相貌醜陋，戈德曼則長得粗矮短胖，身高只有一米五。他們兩一人是「流浪漢國王」，一人是「無政府主義女王」，為不喜歡戈德曼的人增添了不少笑料。

儘管戈德曼不斷有新的興趣和新的戀人，但她始終保持

著高漲的革命熱情。她用意第緒語、德語和英語四處演講，為工人和婦女撐腰說話。1915 年 3 月 28 日，戈德曼在紐約一家俱樂部向六百名聽眾解釋如何使用避孕用品，這在當時的美國社會可謂大逆不道。她被送上法庭後，法官給了她一個選擇：100 元的罰款或者 15 天的監牢。當戈德曼選擇服刑時，法庭裡響起一片喝彩聲。刑期一滿，她又開始在各地發表同樣的演講，並且一再被捕入獄。她每次演講時都帶上一本書，可以在監獄裡閱讀。每個法庭都成了她為婦女權益抗爭的講壇，到最後連法官們對避孕問題也改變了看法。她曾經在幾十個城市發表演講，成為 20 世紀初影響最大的無政府主義者和女權主義者。

第一次世界大戰爆發後，戈德曼加入到反戰的行列中。這時，伯克曼已經出獄，兩人一起組織了反徵兵示威遊行，雙雙被捕後又坐了兩年的牢房。1919 年，他們刑滿出獄，這時一戰已經結束，美國也因為蘇維埃在俄國的勝利而籠罩在一片「紅色恐怖」之中。戈德曼失去了美國公民權，頂著「美國最危險的女人」的頭銜與包括伯克曼在內的兩百多名「赤色分子」一起被驅逐出境。從那時直到她去世的二十多年裡，戈德曼再也沒有踏上美國的國土。

戈德曼離開美國的第一站是蘇聯。她本來對蘇聯抱有很大幻想。但兩年裡對蘇聯官僚機構和政治迫害的所見所聞讓她非常失望。1921 年，「克朗斯達德號」水手士兵的暴動被托洛斯基領導的紅軍鎮壓下去後，戈德曼和伯克曼決定離開蘇聯。在接下來的年月裡，戈德曼在歐洲各地顛沛流離。

30 年代，她在演講中一再告誡人們要警惕納粹德國的威脅。1936 年，戈德曼多年的革命伴侶伯克曼身患絕症自殺。同一年，西班牙內戰爆發，已經 67 歲的戈德曼立刻趕赴西班牙，加入到反對弗朗哥獨裁的隊伍中。1940 年，戈

德曼在加拿大的旅途中因中風去世。死前她留下遺囑，要求將自己的骨灰埋在因芝加哥草市廣場爆炸案而被處絞刑的四名無政府主義者的墓邊。死後的戈德曼終於得以重返美國。

在她的那個時代裡，愛瑪 ・ 戈德曼是一個無可爭議的激進派，她奮力爭取的許多東西——比如個人自由、工會權、婦女權益等等——都在美國社會裡深深地紮下了根。即使在今天，她的名言仍然具有振聾發聵的效力。她崇尚自由同居，在她眼裡婚姻不啻是「謀殺」。

她厭惡愛國主義，認為愛國主義的本質是驕橫、傲慢和自我中心。她痛恨戰爭機器，曾經表示：「當權者知道老百姓就像小孩，拿到一個玩具，他們的絕望、傷心和眼淚就會被歡樂所取代……一支陸軍和海軍就是老百姓的玩具。」

她對美國人則有這樣的評價：「我們美國人自稱是愛好和平的人民。我們討厭流血；我們反對暴力。可是，飛機上扔下的炸彈掉到平民身上時，我們卻會喜不自禁。」

但願今天的美國人和世界各國的人們都能聽見愛瑪 ・戈德曼將近一個世紀以前的聲音。

▌海倫娜・魯賓斯坦

全世界最成功的化妝品女王

　　她在波蘭長大，20 歲隻身闖澳洲，六年後闖蕩英國、法國，過了六年又到美國闖天下；她粗通英文，對化學、經商也是所知有限，卻幾乎單槍匹馬地創立了美國十大產業之一的化妝品產業；她 93 歲高齡去世時，家產已達上億美元，公司的年銷售量也超過了六千萬美元。她就是海倫娜 ・ 魯賓斯坦（Helena Rubinstein）。

　　海倫娜 ・ 魯賓斯坦的父母親都是波蘭猶太人，她於 1872 年的耶誕節那天出生，在八個孩子中排行老大。魯賓斯坦大學畢業後去了瑞士蘇黎世的一家醫學院，在那裡愛上了一個同學，兩人已論及婚嫁，但她的父親不同意這門婚事。魯賓斯坦傷心之餘退了學，於 1902 年去澳大利亞投奔住在墨爾本附近的舅舅。臨走時她媽媽的一位醫生朋友給了她十二瓶護膚霜。不曾想到，她就是靠著這十二瓶護膚霜起家，一步一步建立起自己的化妝品王國。

　　一到澳大利亞，魯賓斯坦就發現那邊燥熱的氣候讓婦女的皮膚乾燥脫皮，而魯賓斯坦的天生麗質也引來許多贊羨的目光。她帶來的護膚霜被搶購一空，母親只好每個月寄給她

十幾瓶護膚霜，才保證了她的貨源。不久之後，她從朋友處借到一小筆錢，在墨爾本開了一家小小的美容院，同時出售自己特製的護膚霜。她知道乾性皮膚和油性皮膚需要不同的產品，每當賣出一瓶護膚霜時，她總是不厭其煩地根據顧客的皮膚狀況介紹產品的使用方法。不過，當顧客問她如何製作護膚霜時，她卻守口如瓶，不肯透露一點機密。短短的三年時間裡，魯賓斯坦已經積攢了十萬美元。

　　1908 年，魯賓斯坦離開澳大利亞去英國淘金。臨走前，一個英國人勸她不要冒險：「小姑娘，你不知道倫敦有多保守，你會把錢全丟光的。」魯賓斯坦沒有聽他的話，懷揣十萬美元來到倫敦，在那裡開了西歐第一家現代美容院。美容院顧客盈門，連亞力山德拉王后也成了她的顧客。

　　1912 年，魯賓斯坦又在巴黎開了一家美容院，歐洲其他城市隨後也陸續有了她的分店。當時居住在巴黎的畢卡索對魯賓斯坦非常欣賞，他提到她時說過這樣一句話：「她是一個和我一樣的天才。」

　　在倫敦時。魯賓斯坦結識了美國記者愛德華・泰特斯，兩人結婚後魯賓斯坦生了兩個兒子。1914 年，第一次世界大戰爆發，全家人來到了美國。魯賓斯坦看到很多美國婦女因為化妝品使用不當而鼻子發紫、嘴唇發灰、面色慘白，馬上意識到她在美國可以大有作為。她在紐約東 49 街 15 號開了第一家美容院，隨後又把分店開到了全國各地。她給推銷員提供培訓，並派女推銷員上門推銷。她設計了一種「養顏節食計畫」，並一手製作所有的產品，其中有防水的染眉毛油和藥性面乳。戰後，魯賓斯坦回到巴黎，這時她已經是全歐洲最有名的化妝師了，有一千多種化妝品打的是她的名號。百貨商店都爭先恐後出售她的品牌。

　　1929 年紐約股市大崩盤的前夕，魯賓斯坦把公司三分

之二的股份以 733 萬美元的價格賣給了雷曼兄弟投資銀行。股市崩盤後她公司的股票大跌，她在給公司女股東的信中宣稱這些男銀行家們不理解美國婦女的美容需求，正在把公司引向破產。迫於形勢，雷曼兄弟投資銀行只好將公司股份以 150 萬美元的低價回售給魯賓斯坦。當時成千上萬的美國人因為股票暴跌而傾家蕩產，而她一出一進之間，輕而易舉就賺進了六百萬美元。

1941 年，她從歐洲回到美國後在紐約繁華的公園大道上的一棟大樓裡找到一套合她心意的三層公寓，電話裡房屋經紀人告訴她這棟樓對猶太人「有所限制」。於是，魯賓斯坦一不做二不休，乾脆把整棟大樓都買了下來。

1916 年，魯賓斯坦和丈夫泰特斯分居，但到了 1937 年兩人才正式離婚。第二年，她和一位比自己小二十歲、號稱是格魯吉亞王子的亞特基爾結婚，她後來開發的男士系列化妝品以他的名字命名。1951 年，魯賓斯坦在紐約開出了第一家男士化妝品專賣店。因為理念過於超前，專賣店一年後只好關門大吉。亞特基爾於 1956 年去世。

第二次世界大戰結束後，化妝品變成了中產階級承受得起的消費品，這在很大程度上要歸功於魯賓斯坦。她在世界各地建工廠、開分店，帶動了整個美容業的興旺發達。她在改變全世界婦女的形象的同時也給自己帶來了巨大變化，她的個人資產成倍增長，她的金銀手飾價值百萬，她的衣服都是名家設計。但是另一方面，她又非常節儉，總是自帶裝在紙袋裡的午餐去上班。

她去世前不久的一天，三位持槍歹徒闖進魯賓斯坦在紐約公園大道的公寓，把她的管家、女僕和秘書都五花大綁堵上了嘴，然後逼她打開存放金銀首飾的保險箱。身高不到一米五、年齡已逾九十的魯賓斯坦聲色俱厲地正告歹徒：「我

一個老太婆，你們就是殺死我也別想來我這兒打劫。行了，滾出去吧。」歹徒們還果真兩手空空地溜走了。

　　魯賓斯坦喜歡收集各式各樣的藝術品，其中有非洲雕塑、東方繪畫、大洋洲藝術、埃及古董、現代繪畫和雕塑。她眼光獨到，興趣廣泛，尤其喜愛前衛作品。她當年贊助的許多藝術家都是今天舉世公認的大師級畫家，她的 27 幅肖像畫均由著名藝術家親筆繪成，曾在美國和歐洲的各大博物館展出。她還設立了海倫娜 · 魯賓斯坦基金會，為博物館、大學、藝術家和各種機構提供贊助。

　　魯賓斯坦設立基金會的目的很簡單：「我的財富來自婦女，所以應該用來為婦女和她們的孩子造福，用來改善她們的生活品質。」

阿道夫・祖克爾

好萊塢的電影大亨

時間：1973 年 1 月 7 日。地點：比佛利山莊希爾頓酒店舞會廳。派拉蒙電影公司為公司的創始人阿道夫・祖克爾（Adolph Zukor）舉辦盛大的生日晚會，慶祝祖克爾的一百歲誕辰。尼克森總統特意為祖克爾頒發了傑出成就證書，兩百多位好萊塢的名人應邀光臨，一個高達五米的蛋糕上插了一百支蠟燭。董事長在生日致詞中稱阿道夫・祖克爾是「美國夢的典範」。祖克爾 1916 年出任派拉蒙公司的總裁。半個多世紀之後，坐在輪椅裡的祖克爾還堅持每天去派拉蒙公司上班。每個星期一的上午，他仍一如既往地檢查派拉蒙公司的票房收入。當年和祖克爾一起打造好萊塢的猶太人都已一一作古，唯有祖克爾仍在為派拉蒙的發展發揮餘熱，令好萊塢人對他肅然起敬。

1873 年 1 月 7 日，阿道夫・祖克爾出生於匈牙利的一個猶太人家。祖克爾一歲時就失去了父親，改嫁後的母親也在祖克爾八歲那年去世，當拉比的舅舅領養了他。12 歲那年，他開始在一家商店當學徒，幹掃地、跑腿一類的雜事。他不掙工資，但可以從一個孤兒基金會那裡領到一些免費的

衣服鞋子。每星期他還去讀兩次夜校。1888 年，15 歲的祖克爾向孤兒基金會索討到一筆船資，坐船來到了美國，到紐約時身上僅有縫在背心裡的 40 美元。他借住在一個老鄉家，在紐約一家皮貨店當夥計。掃一個星期的地可以掙到兩美元。下班後他練習拳擊，同時繼續讀夜校，學習英文和經商方法。兩年之後，他當上了一名簽約工，出售自己縫製的皮件。並第一次開出了自己的銀行帳戶。

　　1892 年，祖克爾來到芝加哥，和一位朋友合開了一家皮革廠。第一年，兩人各有一千美元的收入。第二年他們雇了二十多個工人，還在芝加哥附近開了一家分店，兩個人各賺了八千美元。1896 年，他和朋友分手後獨自經營芝加哥的皮革廠。他把所有的錢用來生產一種皮斗篷。這一次他判斷失誤，弄得血本無歸。好在另一位皮革商莫里斯‧孔恩對他拔刀相助，幫助他還清了欠款。孔恩很欣賞祖克爾的野心和幹勁，建議兩人合夥，由他負責資金和銷售，祖克爾負責設計和生產。孔恩公司正式上馬後，祖克爾娶了孔恩的侄女為妻，生意也越做越大。1900 年，他們為了靠近時裝中心決定把公司總部搬到紐約。三年之後，祖克爾看準紅狐皮會走俏時裝市場，狠狠地賺進一筆。

　　1897 年，祖克爾生平第一次看到了電影。他看的是走紅百老匯的《寡婦瓊斯》裡一個只有一分鐘左右的片段，但他已經感覺到了電影的魅力。1903 年，當有人向他建議在紐約的 125 街合夥開一個投幣式的電影的遊樂場時，他不但痛快地拿出了三千美元，而且向孔恩建議在最熱鬧的 14 街上開出他們自己的電影遊樂場。他們租下一家廢棄不用的餐館，拆掉椅子，在裡面放了一百多台遊樂機，包括自動算命機、測力器和各種新奇好玩的遊戲機，但是掙錢最多的還是一分錢能看三十秒鐘小電影的投幣式電影。

　　遊樂場每天有六七百美元的進賬，第一年就為他們賺了十萬多美元。兩人乾脆賣了他們的皮革公司，一心一意當起遊樂場的老闆來。遊樂場的二樓有一間 250 英尺長、40 英尺寬的空屋，他們把它改建成一家能放 200 個座位的小電影院。祖克爾的心裡沒底，因為看投幣電影只收一美分，而電影院的門票是五美分。為了招徠顧客，他們修了一個漂亮的玻璃樓梯，透過玻璃可以看見金屬槽裡的小水瀑被紅、藍、綠色的燈光照得五彩斑斕。他們還給影院起了個好聽的名字「水晶廳」。觀眾蜂擁而至，說不清楚是衝著電影還是衝著玻璃樓梯來的。

　　祖克爾大受鼓舞。1906 年，他和一位遊樂場老闆合夥，把電影院生意擴展到了費城、匹茨堡、波士頓、紐華克等地。當時放映的都是無聲電影，他便讓演員站在螢幕後面，按照故事情節給電影同步配音。為了增加電影的動感。他們還出鉅資把電影院改建成火車車廂的式樣。他們最受歡迎的電影是長達八分鐘的「列車大盜」。但是好景不長，幾個月之後，觀眾的人數銳減，不到一年，祖克爾的公司已經負了十六萬美元的債。祖克爾似乎對這種大起大落習以為常，照樣氣定神閑地抽著他的雪茄煙，所不同的只是把全家人從有傭人和電梯的豪華公寓樓搬到樓下是糖果店的臨街公寓房裡。他拆除了「火車車廂」，把坐椅放回原處，讓電影院從早上九點一直開到半夜十二點。

　　兩年之後，他終於還清了欠款，同時也認清了一個道理：要讓電影院的生意長盛不衰，不能只賺勞動階層的錢，還必須依靠中產階級，而吸引中產階級的關鍵就是放映更長更好的電影。1910 年，祖克爾花四萬美元買下一個半小時長的進口電影《激情飛揚》的放映權，被許多人看做是自殺性行為，但電影上映後非常賣座。祖克爾認為名戲名角是提高電

影檔次的關鍵，便為公司取名「名角公司」。

　　1912 年，他花三萬五千美元買下法國片《伊利莎白女王》的放映權後，立即把「名角公司」，搬進了時報大樓。他把電影的首映式放在一個高級劇院裡，還特意請來影片女主角的扮演者莎拉 · 伯恩哈特和演藝界內外的名流見面。在祖克爾的精心包裝下，《伊利莎白女王》的首映式成了紐約的一大文化盛事。

　　在放映歐洲電影長片的同時，祖克爾也開始嘗試生產故事片。他用個人股票添補資金短缺，並疏通關係說服舞臺演員出任電影演員。「名角公司」推出了美國的第一部故事片《貞達的囚徒》。接下來，又推出《德伯家的黛絲》《基督山伯爵》等故事片。祖克爾為影片《好小鬼》請到了百老匯的名演員瑪麗 · 皮克福特，她在拍了《風雨之鄉的黛絲》後更加星光四射。1912 年，「名角公司」出產了五部故事片，第二年又一氣推出了 30 部故事片。

　　1914 年，祖克爾和電影發行大王霍德金森簽約，為派拉蒙電影公司每年提供五十多部影片，占派拉蒙公司所需電影數量的一半以上。祖克爾在好萊塢的落日大道和好萊塢大道相交的拐角處建起一家攝影棚。

　　1916 年，股東們推選祖克爾為派拉蒙公司的總裁。四天之後，「名角公司」和「故事片公司」合併，成立了「名角—拉斯基公司」，由祖克爾擔任公司總裁，拉斯基擔任副總裁。祖克爾走馬上任後立即集資一千萬美元用於購買新影院和翻修舊影院。在 20 年代，「名角—拉斯基公司」生產的電影都以「派拉蒙電影公司」的名義推出，派拉蒙也順理成章地把電影的生產、發行和放映三大環節牢牢地控制在手中。公司在紐約的時代廣場造了一幢 39 層高的辦公樓，並在樓裡建了名聞遐邇的派拉蒙影劇院。

　　祖克爾還一手建立了美國電影界的明星制度。電影廠通過觀眾反映、影迷來信、票房數字來決定演員的取捨。如果觀眾喜歡某一位演員，電影廠就會替演員找到合適的角色，並為演員廣做宣傳。觀眾的選擇往往和電影廠的看法不一樣，但最終還是由觀眾決定。祖克爾認為製片人「發現」明星的說法是「胡說八道」，因為電影明星的命運應該由觀眾來掌握。

　　在成為派拉蒙電影公司掌舵人之後的半個多世紀裡，祖克爾和公司一起幾經沉浮，但最後總能重新崛起。在30年代，他曾被評為64個「統治」美國的美國人之一，而這份榮譽連美國總統都榜上無名呢！在電影最初50年裡評出的「百部優秀影片」中，有14部來自祖克爾的電影製片廠。1948年，他在奧斯卡頒獎儀式上榮獲特殊貢獻獎。

　　祖克爾在提高美國電影地位的同時也非常在意自己在世人眼中的形象。他開好車、住豪宅，在紐約的羅克蘭郡買下一個占地一千英畝的莊園，在莊園裡造了一個18洞的高爾夫球場。他永遠衣冠楚楚，一副紳士風度。1976年6月10日，103歲高齡的祖克爾身上穿著熨得筆挺的襯衫，脖子上打著領帶，坐在輪椅上離開了人世。

▎葛楚・史坦

為「迷惘的一代」命名的女作家

如果要問 20 世紀最著名的畫家畢卡索、馬蒂斯和 20 世紀最著名的美國作家海明威、費茲傑羅有什麼聯繫，那就是他們都在事業上受到過同一個人的提攜和幫助，這個人就是美國的著名女作家葛楚・史坦（Gertrude Stein）。

葛楚・史坦的父母親都是從德國移民美國的猶太人，1874 年 2 月 13 日出生的史坦在五個孩子中最小，也是唯一的女兒。她出生於美國的賓夕法尼亞州，但在歐洲的維也納、巴黎和美國加州的奧克蘭長大。史坦從小酷愛讀書，有空就去公共圖書館。她 14 歲那年母親患癌症去世。17 歲那年在一家有軌電車公司當副總裁的父親也突然去世。哥哥邁克爾成了一家之主，精心管理父母留下來的遺產，讓弟妹們過著衣食無憂的生活。史坦和小哥里奧的感情更深，因為兩人有共同的愛好，常在一起討論哲學、文學等話題。

1893 年至 1897 年，史坦就讀哈佛的萊德克里夫學院，主修心理學，尤其愛讀法國心理學家的著作。她師從著名的哲學家和心理學家威廉・詹姆斯。詹姆斯一般不讓本科生參加他的研究生討論會，但破格接受了史坦。大學時期史坦

和別人合作發表過幾篇心理學論文。1897 年至 1902 年。史坦在約翰 · 霍普金斯醫學院學習神經學，但對所學專業興趣不大，尤其厭惡考試。

1903 年，她放棄學業，遠走高飛投奔在巴黎學習繪畫的哥哥里奧。從那時直到 1946 年去世，史坦只在 1934 至 1935 年間回過一次美國，其餘時間大都住在巴黎。多年後，史坦說過一句話：「美國是我的祖國；巴黎是我的故鄉。」

史坦到巴黎後搬進了里奧在福樂露絲街 27 號的公寓。他們倆一起收集了不少當時還默默無聞的畢卡索、馬蒂斯、布拉克等現代畫家的作品，但兩個人的興趣不盡相同，里奧偏愛後現代主義的作品，而史坦則對立體主義畫家情有獨鍾。她在 1905 年認識畢卡索並成為朋友。次年，畢卡索畫出了那幅世界聞名的史坦肖像畫。20 世紀初的巴黎畫壇上各種新潮藝術流派爭奇鬥豔，史坦也試圖在文學上創造出和新藝術相呼應的新文風。1909 年，史坦的戀人、管家兼秘書愛麗絲 · 托克拉斯搬進了她和哥哥合住的公寓。1913 年，里奧離開巴黎去了義大利，史坦和托克拉斯則在福樂露絲街 27 號定居下來。

20 年代，史坦的公寓成為巴黎著名的文化沙龍。作為一位前衛作家，史坦吸引了眾多已經出名和將要出名的文化精英。畢卡索、馬蒂斯、羅素、詹姆斯 · 喬伊斯、E · M · 福斯特等人都成了文化沙龍的座上客。經常光顧沙龍的還有大批一次世界大戰後流落到巴黎的年輕美國作家 —— 海明威、費茲傑羅、舍伍德 · 安德生、哈特 · 克蘭、威廉 · 卡洛斯 · 威廉斯。這些作家大都在一戰中上過前線，對戰後的美國產生了深深的幻滅感。史坦給他們集體取名，稱之為「迷惘的一代」。這一稱呼成了美國文學史上對海明威等美國作家的經典概括。

　　葛楚 ・ 史坦的成名作是 1909 年發表的《三個人的生活》，裡面收集了三個美國下層婦女的故事，其中的「馬蘭莎」講述的是一位黑白混血的年輕婦女和一個黑人醫生的戀愛悲劇，小說裡對黑人人物的同情筆觸在那個時代非常罕見。她在 1906 年到 1908 年之間寫成的長篇小說《製造美國人》遲至 1925 年才發表。小說的開頭還有描寫時間、地點、人物的寫實手法，但很快作者的過去和作者的意識就重疊交織，小說變得抽象晦澀，字句的順序和位置顯得毫無章法。在書中史坦試圖把立體主義繪畫的手段引入文學創作，多視角全方位地展現同一件物品或同一次經歷。

　　1914 年，史坦發表了詩集《溫柔的紐扣》，一首首小詩——《一把椅子》、《一個盒子》、《烤牛肉》、《最後的夏 13》——就像一幅幅靜物寫生畫。

　　她最有名的作品是《愛麗絲 ・ 托克拉斯自傳》，而這其實是史坦借托克拉斯之名寫的自傳，並對 20 世紀初的巴黎文化生活有細緻入微的刻畫。這部作品出版後受到廣泛好評，她應邀去美國做巡迴演講，還被美國第一夫人埃莉諾 ・ 羅斯福請到白宮飲茶。除此之外，史坦還寫過劇本、兒童文學和大量的文學藝術評論。

　　在 20 世紀的美國文壇，葛楚 ・ 史坦可以說是一個非常特殊的人物。她是著名的美國作家，但卻沒有幾個美國人讀過她的作品。她著作等身，但一半以上的作品都在死後才問世。她的作品裡既有現實主義和自然主義的痕跡，又有抽象主義和立體主義的影響。她曾經是現代主義的一員主將，也是後現代主義的開山鼻祖。隨著時間的推移，後人逐漸認識到她的價值。她對意識流文學、同性戀文學和婦女文學都產生了重大影響。

　　儘管她家境優裕。出身名校，但作為一位同性戀作家、

猶太作家和婦女作家，她對社會邊緣人的境況充滿同情。她的文學語言往往像是在玩弄文字遊戲，常常置標點、句法和語法於不顧，處處顯示出強烈的反叛性。她在語言和文體上刻意創新，「一朵玫瑰是一朵玫瑰是一朵玫瑰」成了廣為傳誦的名句。海明威宣稱他從史坦一個人那裡學會了如何寫作，他的簡潔直白的文風在很大程度上得益於史坦的指點。

葛楚 • 史坦自視甚高，她對自己曾經有這樣的評論：「愛因斯坦是這個世紀最有創造性的哲學家，我是這個世紀最有創造性的文學家。」她還說猶太人當中僅有三位具有獨創精神的人，他們是「基督、斯賓諾莎和葛楚 • 史坦」。她說這話時可能忘了愛因斯坦也是猶太人。她雖然孤芳自賞，目空一切，但在 20 世紀早期人才輩出的文藝圈子裡，她確實是一位重量級的人物。

1946 年，葛楚 • 史坦在巴黎的一家美國醫院去世。她在遺囑中囑咐把畢卡索為她畫的著名肖像畫贈給紐約大都市藝術館，把自己的手稿捐給耶魯大學圖書館。彌留之際，她問守候在身邊的愛麗絲：「答案是什麼？」愛麗絲沒有作答。史坦最後的話是：「那麼，問題又是什麼？」

▌哈利‧胡迪尼

擅長金蟬脫殼術的魔術大師

　　「沒有任何牢房能夠囚禁我，沒有任何鐐銬能夠鎖住我，沒有任何繩索能夠阻止我獲得自由。」除了哈利‧胡迪尼（Harry Houdini），沒有任何人敢下如此斷言。他曾經是也仍然是全世界最偉大的魔術家和脫身術大師。

　　他撲朔迷離的身世，眾說紛紜的死因以及令人不可思議的脫身術，給世人留下了一個永不褪色的神話。

　　儘管胡迪尼生前一直對外宣稱他的出生地是美國威斯康辛州的小鎮阿伯爾頓，他的研究者們卻考證出他於 1874 年 3 月 24 日出生於匈牙利的布達佩斯，原名艾瑞其‧懷茲。艾瑞其幼年時，全家隨父親移民美國。父親在阿爾伯特的一個小猶太教區做拉比，薪水微薄，勉強能夠養家糊口。

　　幾年之後，父親由於宗教觀念上的分歧被教民們免了職，帶著一家人離開阿爾伯特搬到了密爾沃基。為了幫父母分擔家庭重擔，艾瑞其賣過報紙，擦過皮鞋，但他的愛好是練習雜技和玩魔術。據胡迪尼自述，他第一次當眾表演是在兩棵樹之間走鋼絲，號稱「空中王子」，那年他只有九歲。

　　12 歲時，艾瑞其離家出走，跳上了一輛開往坎薩斯城

的火車。他去了哪裡又做了什麼至今仍是一個謎。一年之後，他與家人在紐約團聚。那時猶太人可以找到的工作十分有限，一向對魔術著迷的艾瑞其決定以表演魔術為職業。他的偶像是當時法國著名魔術大師羅伯特・胡丁，便給自己改名為哈利・胡迪尼。

一開始，他與弟弟西奧以「胡迪尼兄弟」的名義演出。後來他遇見了年輕的歌舞雜耍藝人貝絲・雷蒙。兩人於1894年結婚，婚後貝絲取代西奧成了胡迪尼的搭檔。1895年，胡迪尼夫婦加入了一個歌舞雜耍團，在全國各地巡迴表演。演出之餘，胡迪尼不斷鑽研和改進自己的節目。尤其是各種鎖的結構和開鎖技巧。每到一地，他都宣稱可以打開當地警方乃至任何人提供的手銬，甚至樂於為自己的失敗付給對方一百美元。這一獨出心裁的宣傳方式和從未失誤的紀錄為胡迪尼吸引了大量的觀眾。他的知名度迅速提高，很快成為團裡的頭號明星。

但是胡迪尼對自己的成功仍不滿足，決定到歐洲試試運氣。1900年，他和貝絲在沒有任何演出邀約的情況下坐船到了倫敦，並幸運地在一家劇場找到表演機會。在一次演出中，胡迪尼被鎖在戒備森嚴的倫敦警察廳的一根柱子上，和以往一樣，他毫不費力地脫身成功。胡迪尼因此一舉成名，歐洲其他國家紛紛邀請他前去表演，無論走到哪裡，他的演出都場場爆滿。為了製造驚人效果，他甚至戴著鐐銬跳進河裡，直到所有人都認為他生還無望時，才在最後一刻躍出水面，手中揮舞著被打開的鎖鏈。

1905年，當胡迪尼從歐洲返回美國時，他已經成了國際名人。在接下來的十幾年裡，胡迪尼不斷向極限挑戰，以更難、更複雜、更驚險的表演征服觀戰。他曾經從關押刺殺加菲爾德總統的兇手的死牢中逃出，曾經穿著緊身枷衣倒掛

在摩天高樓上在眾目睽睽下脫身，也曾經被綁住手腳、關在釘死的箱子裡從橋頭扔進河裡後逃生。

此外，他還創作了多個大型舞臺秀，其中「中國水牢」、「牛奶桶逃亡」、「大埋活人」等成了後來幻覺表演的經典節目。在完成這些高難表演的過程中，胡迪尼依靠的不僅是魔術中常用的遮人眼目的技巧，更是他個人超常的意志和體能。為了延長在水下憋氣的時間，他在家中的特大浴缸裡裝滿了水，有空就練習。在和朋友們聊天時，他的手腳也從不閒著，因而他的雙手和雙腳都能靈活地開鎖解扣。因為長期鍛煉，他的身體極其柔軟，屈伸自如，而且有著非凡的耐力。胡迪尼的成就使他成為國際魔術界無可爭議的領袖人物。他曾經擔任美國魔術家協會的主席，並在倫敦創建了魔術師俱樂部。但面對層出不窮的效仿者和後起之秀，胡迪尼一直保持著戒心和距離。他一方面對自己的技巧守口如瓶，一方面更加努力地創作新節目以確保自己在觀眾心目中的地位。

胡迪尼只上過幾年小學，但他求知若渴，閱讀並收藏了大量書籍。他一貫的探索和冒險精神也延伸到其他領域。20世紀初，萊特兄弟證實了人類飛行的可行性。胡迪尼對飛機發生了濃厚興趣。本來他連汽車都不會開，但為了去機場方便，他在學開飛機的同時也學會了開車。1910年，他讓人將自己購買的飛機拆開後運往澳大利亞，然後在那裡重新組裝後飛上了天，創造了澳大利亞首次飛行成功的紀錄。無聲電影問世後，胡迪尼應邀主演了《神秘大師》等影片。隨後，他建立了胡迪尼製片公司，親自掌握影片的拍攝和製作。儘管這些電影中不乏扣人心弦的脫身表演和驚險特技，但胡迪尼蹩腳的演技和毫無激情的愛情戲卻遭到影評家們的詬病，觀眾的反應也很一般。在拍戲過程中胡迪尼為不得不親吻其他女人而感到難堪，每吻一次他都要給自己的太太五元錢。

　　胡迪尼夫婦沒有子女，他的母親和他們住在一起。胡迪尼與母親感情極其深厚，母親的去世對他打擊很大。年輕時，胡迪尼曾對通靈術有過興趣。母親死後他更加迫切地渴望借此與母親交流。但長年魔術表演的經驗使他輕易就識破了所謂的通靈師裝神弄鬼的手段。

　　胡迪尼由失望而憤怒，他寫了一本名為《亡靈中的魔術師》的暢銷書，書中詳細介紹了通靈師常用的騙人把戲並在自己的魔術表演中親自加以演示。由於對通靈術的共同興趣，胡迪尼與福爾摩斯的創作者柯南・道爾一度成為好友。柯南・道爾因為在第一次世界大戰中痛失愛子而對通靈術篤信不疑。胡迪尼對通靈術不遺餘力地攻訐引起了作家的反感，而柯南・道爾的固執己見也讓魔術大師深感不滿。兩人的爭執日益激烈和公開化，關係終於破裂。

　　1926 年秋天，胡迪尼從紐約出發開始又一輪巡迴演出。貝絲因食物中毒中途病倒，胡迪尼憂心忡忡，連續幾夜守護在妻子身邊。在接下來的演出中，胡迪尼腳踝受傷，但他不聽醫生勸阻，執意按原計劃前往下一站─加拿大的蒙特利。演出期間，幾個大學生慕名到後臺探訪胡迪尼，其中一位提出要試試他的體能。胡迪尼一向對外號稱自己體魄強健，不會被擊倒。於是就不顧身體虛弱答應了這一要求。而當他從沙發上起身尚未站穩時，這個學生已連出三拳打在他的腹部，胡迪尼面色慘白，應聲倒下。儘管如此，他仍然帶著巨痛堅持完成了當天和第二天的演出，並拒絕就醫。10 月 24 日。胡迪尼一行到達底特律，當晚演出結束後，他終於同意進了醫院。經醫生診斷，胡迪尼的闌尾穿孔，已導致腹膜炎，在沒有抗生素的年代，這便是絕症。1926 年 10 月 31 日，胡迪尼不治而亡。

　　臨死前，他與貝絲約定了以後兩人交流的暗語。此後每

逢胡迪尼祭日，貝絲都試圖通過舉辦降神會與他的亡靈相會，但胡迪尼從未出現。

英國戲劇家蕭伯納曾經調侃道，胡迪尼與上帝和福爾摩斯並列為世界史上最有名的三個人物。在當時，這番話其實不無道理。胡迪尼本人和他所做的一切都是凡胎肉骨的普通人所無法想像的。他不僅是一位出色的演員和魔術師，而且是大眾娛樂的創始人。

胡迪尼是第一個充分利用剛剛興起的媒體（包括報紙、廣播和電影）為自己大作宣傳的藝人。他對自身形象的人為塑造與他充滿戲劇性的經歷重疊在一起形成了一個帶著永恆光環的傳奇。胡迪尼從貧窮的移民後代變成一代藝術大師的一生象徵著美國夢的實現。他的成功來自他的抱負、他的虛榮、他的堅持和他的無畏，他體現了猶太民族不屈不撓、善於生存的精神。

▌赫伯特・萊曼

連任四屆的紐約州長

　　1955 年 3 月 28 日，在美國參議院為紐約參議員赫伯特・萊曼（Hetbert Lehman）舉辦的祝壽會上，後來成為美國總統的參議院多數派領袖林頓・詹森起立致詞：「在我們國家的歷史上，人生如此輝煌絢麗的人，可謂鳳毛麟角。」這一天是赫伯特・萊曼 77 歲的生日。

　　赫伯特・萊曼 1878 年 3 月 28 日出生於紐約市，父母親都是從德國移民美國的猶太人。父親先去阿拉巴馬州的蒙哥馬利做棉花生意，隨後搬到紐約，成為紐約棉花交易所的創始人之一，日後大名鼎鼎的雷曼兄弟投資銀行就是從這家棉花交易所發展而成。1899 年，赫伯特大學畢業。他先是在布魯克林一家紡織廠上班，起薪一星期五美元。到了 1906 年，他已成為主管財務的公司副總裁。兩年後，他正式加盟家人經營的雷曼兄弟投資銀行，並成為合夥人之一。

　　1914 年第一次世界大戰爆發，赫伯特協助聯合分配委員會為歐洲和巴勒斯坦的猶太戰爭受害者提供了價值七千五百萬美元的救濟物資。後來，他擔任了當時身為美國海軍副部長的富蘭克林・羅斯福的文職助理。

　　1917 年 8 月，他獲得陸軍上尉軍銜，1919 年 4 月升為上校，負責美國先遣部隊的軍需採購、儲存和分配。同一年，他榮獲傑出服務勳章。一戰結束後他返回雷曼兄弟投資銀行重操舊業。1924 年至 1927 年之間，他作為服裝業一家仲裁委員會的成員，幫助調解了許多起勞資糾紛。1926 年，他出任紐約市民委員會的主席，著手解決當時紐約市所面臨的嚴重財經危機。

　　赫伯特・萊曼一直是一名堅定的民主黨員。1928 年，他正式退出金融界，開始了職業政治家生涯。這一年，艾爾弗萊德・史密斯獲取美國民主黨的總統提名後，萊曼當上了民主黨財經委員會的主席。同一年，他被選為紐約州副州長，州長是他的老上司富蘭克林・羅斯福。任職期間，萊曼事必躬親・政績卓著，不但讓州醫院為精神病患者打開了大門，還為罪犯的假釋設立了全新的制度。身有殘疾的羅斯福稱萊曼為他的「好右臂」。

　　1932 年。羅斯福當選美國總統，萊曼也在紐約州州長的競選中以多出對手 80 萬張選票的絕對優勢獲勝。在接下來的三屆州長選舉中，他都戰勝了對手，成為紐約州歷史上連任四屆州長的第一人。1940 年，他的哥哥歐文・萊曼當選為紐約州上訴法庭的主法官，創造了紐約州歷史上兄弟倆同時掌管執法和司法大權的先例。

　　擔任州長期間，萊曼在勞工立法、大眾住房和公共設施方面多有建樹。紐約州 1933 年的財政赤字是九千萬美元，到了 1938 年已經有了六百萬美元的盈餘。二戰爆發帶來美國經濟的繁榮，萊曼也隨之將紐約州的所得稅降低了25％。他在用人方面多次跨越黨派界線，從不任人唯親。在羅斯福的「新政」的同時，萊曼在紐約州成功地實施了他的「小新政」。

　　1941 年 12 月，太平洋戰爭爆發。國難當頭之際，萊曼再次臨危受命，他辭去紐約州州長職位，受羅斯福總統之邀出任美國國際救濟復興辦公廳的主任。1943 年，聯合國救濟復興管理部成立，萊曼被選為第一任部長，為二十多個國家送去了兩千五百萬噸救援物質，受惠人數達到十億人之多。他四處奔走，在文章和講演中為美國的外援政策大聲疾呼：「我們的敵人在為奴役人類而戰；我們在為人類的自由而戰。這場戰爭打亂了千百萬人的生活。我們必須為他們提供食品、衣服和住所。」

　　美國、中國、義大利和捷克斯洛伐克都曾表彰他在二戰中的卓越功績。二戰中他的三位兒女也表現出色。當空軍的大兒子彼得在歐洲完成了 57 次戰鬥飛行任務後光榮陣亡。小兒子約翰是開坦克的裝甲兵，女兒希爾達在阿爾及爾的婦女兵團服役。

　　二戰結束後的第二年，他辭去對外救援的主管職位，參加競選紐約州的美國參議員席位，但輸給了共和黨的對手。1949 年，紐約民主黨參議員羅伯特・瓦格納辭職，萊曼在補選中擊敗了後來出任美國國務卿的共和黨選手約翰・杜勒斯。翌年，他在美國參議員的正式選舉中再次擊敗對手，獲得為期六年的參議院席位。1957 年，他決定不再尋求參議員的連任，正式退出美國政壇。

　　赫伯特・萊曼積極投身慈善事業，對兒童福利、醫院和技校尤為關心。他出任過全美童子軍協會、聯合國美國協會和全美基督教猶太教聯合會的會長。

　　1963 年 12 月 5 日，赫伯特・萊曼在獲得美國總統自由獎章的前一天在紐約去世。給他的頒獎詞可以被用作他的墓誌銘：「他既是公民，又是政治家：他把智慧和同情心用於從政，他把服務大眾變成了政治的最高形式。」

▌阿爾伯特・愛因斯坦

二十世紀的「世紀人物」

　　千禧年之際，美國《時代週刊》隆
重推出百年人物特刊。在長時間的考
慮、比較和爭議之後，阿爾伯特 ・ 愛
因斯坦（Albert Einstein）獲選為 20 世
紀「世紀人物」。美國總統羅斯福與印
度聖雄甘地分別名列第二和第三位。

　　在解釋這一選擇的理由時，《時代
週刊》寫道：「20 世紀被後人所銘記的
將是其科學與技術，特別是對原子能和宇宙的理解和控制。
而愛因斯坦作為我們時代最偉大的智者和最卓越的偶像顯得
格外突出。這位心地善良、心不在焉的教授，他蓬亂的頭髮、
深邃的雙眼，富有魅力的人格和超凡絕倫的智慧，讓他的臉
和名字成為天才的同義詞。」

　　1879 年 3 月 14 日，愛因斯坦出生在德國烏爾姆一個猶
太家庭。父親是一個性情隨和的工程師，在慕尼黑開一家電
子化學公司。母親精明強悍，是一家之主。她熱愛音樂，也
培養了愛因斯坦對古典音樂和小提琴的興趣。眾所周知，愛
因斯坦三歲才開口說話，幾年後仍不很流利。上小學時他成
績奇差，以至於老師和父母都懷疑他是弱智。愛因斯坦五歲
時，父親送給他一個指南針。那指針背後看不見的力量讓愛

因斯坦第一次體會到自然的奧妙。12 歲時，他讀到一本有關歐氏幾何的小冊子，科學的清晰明確又一次震撼了他的心靈。從那時起，對宇宙規律的思索就給了愛因斯坦無窮的樂趣和自由。

愛因斯坦 15 歲時，父親生意失敗，帶著全家搬到義大利米蘭。愛因斯坦一個人留在慕尼黑繼續上學。出於對學校的不滿，他故意與老師作對，終於被學校開除。在輟學的六個月時間裡，他自學了微積分和高等數學。1896 年，愛因斯坦進入位於蘇黎士的瑞士科技大學，1900 年通過考試獲得物理學位。讀書期間，他與一位也是學物理的女同學米列娃‧瑪利奇相愛並結婚。1902 年，他在瑞士首都伯恩的瑞士專利局找到一份技術鑒定員的職位。接下來的七年中，他一邊工作一邊做自己的研究，不僅拿到了蘇黎士大學的博士學位，並且在 1905 年一年間發表了一系列重要論文，其中三項發現在科學史上具有劃時代的意義。

其一，光子運動和光電效應。這一發現為後來電視、鐳射和半導體的產生提供了理論基礎。愛因斯坦因此而獲得了 1921 年的諾貝爾物理獎。

其二，布朗運動。愛因斯坦證實了布朗的發現和假設，並對懸浮在液體中的微粒的運動規則進行了數學上的表述。

其三，狹義相對論。無論一個物體以怎樣的速度向光源或逆光源而動，光速保持不變，而時間與空間是相對的。在此基礎上，愛因斯坦進一步提出了舉世聞名的公式 $E=mc^2$，即能量等於物體乘以光速的平方。這一公式從理論上解釋了原子彈的可行性。狹義相對論的出現在科學界掀起了軒然大波。懷疑者、嘲諷者不乏其人，更多的人則茫然不知其所云。愛因斯坦的發現改變了人們長久以來對宇宙的認識，一個在規律與秩序中一成不變的世界就這樣被推翻了。

　　這一年愛因斯坦年僅 26 歲。科學界開始對這位年輕學者刮目相看，歐洲的許多大學紛紛向他發出邀請。愛因斯坦先後在蘇黎世大學、布拉格的德國大學以及母校瑞士科技大學任教。1913 年，德國著名的凱斯 · 威廉物理學院聘請他擔任院長。次年，他被選為普魯士科學學會會員同時被柏林大學任命為特聘教授。這一年，愛因斯坦離開了瑞士，重返德國，妻子米列娃則帶著孩子留在了蘇黎世。不久後兩人離婚，愛因斯坦又娶了一位遠房表親愛爾莎。

　　1916 年，愛因斯坦提出了廣義相對論，進一步闡述了物體與能量、時間與空間的關係。他的理論同時對牛頓定律提出挑戰，預測在天文現象的觀測中應該可以看到重力所導致的光的屈折。1919 年，英國天文學家通過日蝕的照片證實了愛因斯坦的理論。第二天，《泰晤士報》頭條標題寫道：「科學領域的突破──牛頓理論被推翻！」《紐約時報》則驚歎：「天上之光俱斜矣！愛因斯坦之說獲勝！」一夜之間，愛因斯坦成了舉世知名的新聞人物。

　　愛因斯坦成名之際，正值第一次世界大戰期間。作為一個和平主義者，他一直努力運用自己的影響為世界和平奔走呼籲。他是德國簽署反戰請願書的僅有的四位科學家之一。愛因斯坦主張科學無國界，號召人們用科學造福人類而不是毀滅人類。戰爭結束後，德國的納粹勢力迅速增長。愛因斯坦在公開譴責納粹對猶太人的迫害的同時，積極參與猶太復國主義運動。

　　1921 年到 1922 年間，他曾經多次陪同後來成為以色列第一任總統的化學家魏茨曼到世界各地進行訪問，為建立一個獨立的猶太家園爭取援助。與此同時，愛因斯坦在德國成為反猶勢力的攻擊對象，他的相對論也被稱為「猶太物理學」。30 年代初，德國猶太人的處境日益惡化，愛因斯坦

的生命受到威脅。1933 年 1 月，希特勒上臺。正在加州理工學院講學的愛因斯坦聞訊後悲憤交加，決定棄國留美。普林斯頓大學為他提供了一份永久教職和一個安靜的研究環境。在潛心研究的同時，愛因斯坦仍然關注著德國的局勢。儘管和平是他的一貫立場，面對納粹的種種惡行，他公開表示支持對希特勒採取軍事行動，並且幫助許多猶太難民逃亡到美國。

1939 年，愛因斯坦得知德國很可能正在造原子彈。他當即簽署了一封由數位科學家聯合起草的致羅斯福總統的信，信中敦促美國政府儘快開始研製原子彈。在羅斯福總統的親自過問下，一個名為「曼哈頓計畫」的研究項目很快付諸實行。儘管愛因斯坦從未直接參與原子彈的研究，他的相對論卻為之提供了理論依據。1945 年美國在日本廣島投下的原子彈深深震撼了愛因斯坦，讓他長時間痛苦無言。

1940 年 10 月 2 日，愛因斯坦宣誓成為美國公民。他說：「只要我能夠選擇，今後我將只會生活在一個人人擁有政治上的自由、寬容與平等的國家。」二戰結束後，愛因斯坦比以往更鮮明地表明自己的政治立場。他呼籲禁止核武器的使用，譴責麥卡錫主義的高壓政策，反對宗教偏見和種族歧視，支持猶太復國主義運動。1952 年，以色列第一任總統魏茨曼逝世，很多人希望他接任，但愛因斯坦謝絕了讓他繼任總統的邀請。

自從發表廣義相對論以後，愛因斯坦一直專注於統一場論的研究。他曾經幾次宣佈有了突破性進展，但始終未能通過實驗來證實自己的理論。1945 年，愛因斯坦正式從普林斯頓退休。40 年代後期，他的心臟開始出現問題。1955 年，愛因斯坦的身體進一步惡化，而他堅持不肯做心臟手術。4 月 18 日，愛因斯坦心血管破裂去世。按照他生前遺囑，沒

有葬禮，沒有墳墓，沒有紀念碑，他的遺體火化後骨灰被撒到當地的一條河裡。但是，普林斯頓的一位病理學家卻偷偷地保存了愛因斯坦的大腦並終於在半個世紀後把它交給了加拿大研究人員，希望解開 20 世紀最偉大的天才之謎。

愛因斯坦一生以科學為享受。他曾經說：「科學是最美麗的。獻身科學實在是一個人所能得到的最好的禮物。」20 世紀是一個科學與技術騰飛的時代，這個時代的每一個里程碑，從原子彈、航太到電子技術都留下了愛因斯坦的痕跡。儘管愛因斯坦對科學的貢獻是無與倫比的，他的影響卻遠遠超越了科學。《時代週刊》指出：「愛因斯坦的相對論不僅顛覆了物理學，而且動搖了社會基礎。它間接地為道德、藝術和政治上前所未有的相對性鋪平了道路。」

在過去三百年裡，伽利略和牛頓精確的宇宙觀為啟蒙時代奠定了基礎，人們相信並依賴因果關係、秩序、理性以及責任。而今，時空變成了相對的，絕對的定律不復存在。與科學相對應的是藝術。愛因斯坦獲得諾貝爾獎的同一年，喬伊斯發表了《尤利西斯》，艾略特發表了《荒原》。畢卡索、普魯斯特、史特拉文斯基、佛洛德等都在各自的領域裡打破了機械性的秩序和絕對的時空觀念。

愛因斯坦是一個奇特的人物。為了專心進行科學研究，他幾乎是有意地與他人包括自己的家庭保持距離，而他所思考的宇宙問題與普通人的生活更是相距甚遠。然而，他卻是二十世紀最耀眼的公眾人物，他固有的道德感和良知讓他在一次次重大的歷史關頭發揮了關鍵的作用，因而成為整個西方世界的道德楷模。

愛因斯坦生前曾經說過：「人唯一值得活著的一生，是為他人服務的一生。」在即將離開這個世界時，他在病床上坦然地說：「我已經完成了我的工作。」

▌路易斯‧梅耶

米高梅電影公司總裁

好萊塢的發家史和一長串猶太人的名字連在一起——祖克爾、萊梅爾、戈德溫、科恩、塞爾伯格、福克斯、拉斯基、施恩克、梅耶。在短短的幾十年之內。他們把默默無聞的好萊塢變成了一個全世界家喻戶曉的名字。

在好萊塢這些元老級的人物當中，米高梅電影公司的創始人之一路易斯‧梅耶（Louis Mayer）應該是成就最高、影響最大的一位。從1924年到1951年的27年裡，他一直是米高梅電影公司的主要製片人，栽培了電影界很多大牌電影明星、導演、劇作家和製片人，也因此而成了30年代和40年代期間，好萊塢一言九鼎的風雲人物。

直到今天，米高梅電影公司出品的影片片頭那隻咆哮的獅子仍然是全世界最為人們所熟知的商標之一。1927年，在路易斯‧梅耶的宣導之下成立了美國電影藝術科學院。從此之後，由美國電影藝術科學院主辦的奧斯卡頒獎儀式成了美國乃至全世界電影界每年一次的盛典。

對梅耶來說，通往好萊塢的成功之路並不平坦。1885年，他出生於俄國明斯克的一個猶太人家庭。他三歲那年，

父母移民來到加拿大新不倫瑞克省的聖約翰，父親收集破銅爛鐵，母親則做了沿街兜售的雞販子。梅耶小學畢業後即輟學給他父親當幫手。二十歲那年，他離開了加拿大，來到美國的波士頓，繼續從事廢鐵回收的老行當。

1907 年，他用賺來的錢在波士頓北面的一個小鎮裡買下了一家破舊的小電影院，把它整修一新後專門放映高品質的電影。在接下來的幾年裡，他又接連買下好幾家電影院。不久就成了新英格蘭地區最大的連鎖電影院的老闆。1915 年，他用五萬美元買下了電影《一個國家的誕生》在新英格蘭地區的發行權，一舉盈利五十萬美元。

1918 年，33 歲的路易斯‧梅耶做出了一個歷史性的決定，從波士頓搬到了洛杉磯，並成立了自己的電影公司——「都市電影」。他的幾部由影星安妮塔‧斯圖亞特主演的愛情片為電影公司帶來了豐厚的利潤，讓電影界同行刮目相看。1924 年，電影業的巨頭馬庫斯‧洛爾買下了「都市電影」，梅耶成為公司的行政副總裁。兩年之後。「都市電影」和「戈德溫電影公司」合併，正式成為「米高梅電影公司」，梅耶出任「米高梅」首任總裁，而他在這個位置上一待就是 27 年。

路易斯‧梅耶相信優秀演員是優質電影的保證。在他的領導下，「米高梅電影公司」網羅到一大批大牌明星，其中有克拉克‧蓋博、瓊‧克勞馥、茱蒂‧加蘭、羅伯特‧泰勒、威廉‧鮑威爾、伊莉莎白‧泰勒和凱薩琳‧赫本，而葛麗泰‧嘉寶的伯樂則是梅耶本人。他對合約制的使用可謂爐火純青，把這些明星牢牢地拴在「米高梅」的旗下。在這個由影星、導演和製片人組成的大家庭裡，路易斯‧梅耶成了無可爭議的一家之主。

有一次。羅伯特‧泰勒跑來找他要求增加工資，他對

泰勒的忠告是：只要他工作勤奮、尊敬長輩，就會得到他應該得到的一切。梅耶陪著掉了幾滴眼淚。擁抱了泰勒，然後把他送出了辦公室。別人問泰勒有沒有漲到工資。滿眼含淚的泰勒回答說：「沒有，但我有了一個我一直想要有的父親了。」

「米高梅」成立的頭幾年裡就拍出了很多部成功的作品，比如《大遊行》、《賓漢》、《大飯店》、《八點鐘的晚餐》、《綠野仙蹤》等。有一段時間，「米高梅」的員工高達數千人，平均每星期推出一部大片。梅耶的個人經歷對「米高梅」的電影有很大影響。他瞧不起自己的父親，但很愛自己的母親，母親的早逝是他心中永遠的傷痛。他不知道自己的出生日期，出於對收留他的美國的感激，把美國的獨立日7月4日當成自己的生日。對母愛和愛國主義的讚美成了「米高梅」電影中的永恆主題，它們在描述美國夢的同時也對美國夢做出了新的詮釋。

路易斯・梅耶非常看重電影在體現「美國價值」上的重要性。當他聽說《安迪・哈代》的青年影星米奇・路尼在生活中放蕩不羈時，不禁勃然大怒，對他大聲訓斥：「你是安迪・哈代！你是美國！你是星條旗！你是一個象徵！放規矩點！」

女演員安・拉塞福也來找他加工資，他先是對她使用對付羅伯特・泰勒的同樣手法。但是拉塞福解釋自己答應給母親買房子卻拿不出錢。一聽她提到母親，梅耶馬上動了惻隱之心，陪著落淚之後就給她漲了工資。

到了四五十年代，「米高梅」把融音樂和舞蹈為一體的百老匯音樂劇搬上了銀幕，再一次獲得巨大成功。同一時期「米高梅」影響最大的影片則是由梅耶的女婿大衛・塞爾茲尼克擔任製片的《飄》（另譯：亂世佳人）。但是二戰之

後，「米高梅電影公司」的好萊塢霸主地位開始受到挑戰，它的家庭劇和言情片也因為格式化和過於濫情而不像過去那麼有吸引力了。同時，梅耶的家長式作風也引起手下人的反感。1951 年，梅耶在一場新舊交替的權力鬥爭中被迫出局，結束了他在「米高梅電影公司」長達 27 年的鐵腕統治。

　　在政治上。路易斯 · 梅耶一向趨於保守，是共和黨的死忠支持者。胡佛任美國總統期間，曾有心委派他任美國駐土耳其大使，但當時「米高梅」剛剛開始拍攝有聲電影，梅耶最終決定留守好萊塢。他熱心政治，曾有幾年是加州共和黨的領袖。50 年代初，美國國會參議員麥卡錫大肆圍剿文化藝術界的親共人士，梅耶積極合作，把大批在他手下工作的演員和作家的情報提供給麥卡錫的「非美活動調查委員會」。這應該算是梅耶一生中的污點。

　　1957 年，梅耶患白血病去世。因為和女婿的政見不同，他決定不給女兒留下任何遺產。這位一生信奉「家庭價值」的人，卻帶著和家人深深的裂痕離開了人世。

　　他死後不知是誰說的一句話可能給他的巨大影響力做了最好的注腳：「這麼多的人來參加他的葬禮，只是因為他們都想確認他確實死了。」

艾達・羅森塔爾

展現女性魅力的胸罩發明人

　　在當今琳琅滿目、五彩繽紛的女性內衣世界裡，胸罩是其中最普通卻最能凸顯女性魅力的一種。21 世紀的女性已經無法想像身上沒有胸罩的日子了，但卻很少有人知道誰是這一改變了女性生活的偉大設計的創造者。

　　胸罩的發明者是美國最大的內衣公司，也是歷史最悠久的胸罩品牌「媚登峰（Maidenform）」的創始人艾達・羅森塔爾（Ida Rosenthal）。

　　艾達・羅森塔爾於 1886 年 1 月 9 日出生於俄國明斯克的一個猶太家庭。父親是一位希伯來語學者，母親經營一家小雜貨店。艾達 19 歲時隨未婚夫威廉・羅森塔爾移民美國，他們於 1907 年在新澤西州結婚定居。不久，艾達利用自己的裁縫技術在紐約的曼哈頓開了一家小裁縫店，由她主管銷售和財務，威廉負責設計和裁剪。作為女性，艾達對女式服裝在胸部的裁剪方式一直很不滿意。第一次世界大戰以前，女性穿的是有金屬箍圈的緊身胸衣。大戰期間，所有的鋼鐵都被用於製造武器，於是女人們只好用一條背後有掛鉤的長布帶來束胸。這種束胸不僅非常不舒適而且完全掩蓋了女性

的胸部曲線。

　　1921年羅森塔爾夫婦設計了一種獨特的女式服裝內襯，將兩個對稱的圓形罩杯縫在胸部，中間用鬆緊帶相連。這一改進讓胸部自然挺起，使女式服裝一下子變得既合身又漂亮，深受女性顧客的歡迎。羅森塔爾夫婦決定放棄製作服裝，專門生產胸罩。他們給自己的品牌取名為「媚登峰（Maidenform）」原字義為「少女型」，意在表現與令胸部平平的「男孩式」束胸截然相反的風格。

　　1925年，第一家少女型胸罩工廠在新澤西州投入生產。1928年，售出胸罩五十萬個，之後又順利度過席捲全國的經濟大蕭條時期。到30年代末，少女型胸罩在全美各大商場均有出售並且遠銷國外。在富有生意頭腦和時裝意識的艾達的領導和參與下，少女型內衣公司又陸續開發出豐滿型胸罩、哺乳胸罩、泳裝和其他女用內衣。

　　在不斷尋求改進的過程中，威廉提出將胸罩罩杯的尺寸規範化，並因此於1926年獲得專利。1942年，艾達發明了用扣袢調整胸罩背帶的長短，同樣也取得了專利。如今這兩項專利已經成為胸罩設計的基本模型。為了擴大生產，增加產量，艾達將重工業領域常用的流水線作業首次引用到內衣製造業。她重新調整了生產程式，讓每個工人分別完成其中的一個環節，最後再將內衣的各個部分縫製在一起。

　　1949年，羅森塔爾夫婦決定在報紙和雜誌上為他們的產品大做廣告。一個紐約的廣告公司提出了這樣一個別出心裁的廣告詞：「我夢見自己穿著少女型胸罩在（購物、演戲、法庭上等等）……」廣告中的年輕女性在各種不同的日常公共場合或者幻想境界中出現，上身一律只戴著一個少女型胸罩。在風氣保守的50年代，穿著胸罩的女性形象無疑會引起巨大爭議，但艾達大膽採用了這一令人矚目的創意。

　　廣告登出後效果奇佳。廣告中的口號成為經典。一直延用了二十多年。少女型胸罩讓廣大女性感到前所未有的舒適、自由和性感，並且從心理上迎合了二戰以後婦女對獨立和成功的嚮往。同時，研究表明，戴胸罩工作的職業女性比較不會感覺疲勞。

　　隨著時間的推移，媚登峰少女型內衣公司從創業時的十名員工發展到了五千名左右。1958 年，威廉‧羅森塔爾去世，艾達成為公司總裁。她從位於長島的豪宅搬進了紐約第五大道上的一套三居室的小公寓裡。她每天去位於曼哈頓的公司總部上班，親自檢查每一個推銷員的業績，並到全國各地做產品宣傳。艾達於 1973 年 3 月 29 日去世，終年 87 歲。她把公司傳給了自己女兒也是公司主設計師的碧雅翠絲。

　　羅森塔爾夫婦生前將財富慷慨地回饋社會以及自己的猶太民族。他們在紐約大學建立了以自己名字命名的研究基金，為猶太文獻和希伯來文化的研究者提供資助。為了紀念他們早逝的兒子路易斯，羅森塔爾夫婦將自己在新澤西州的地產捐給美國童子軍作為活動營地。此外，艾達還將遺產的一部分捐贈給許多猶太學校和機構。

　　羅森塔爾夫婦身無分文地從俄國來到美國，用自己的智慧、才幹和勤奮書寫了一部猶太移民的奮鬥史。在一個廣大婦女的社會角色是主婦、秘書、女工的時代裡，艾達‧羅森塔爾作為一個企業家取得了如此巨大的成功是極其罕見的。更重要的是，她的發明給全世界的女性帶來了美麗與舒適以及自由。

▌歐文・柏林

《天佑美國》的詞曲作者

　　歐文・柏林（Irving Berlin）是美國最長壽、也是最多產的詞曲作家。他一生中創作了近千首歌曲，19 齣音樂劇和 18 部電影配樂。在他廣為流傳的眾多歌曲中，《天佑美國》的知名度和重要性幾乎與美國國歌不相上下。與歐文同時代的著名作曲家傑羅姆・克恩曾經對他做出最經典的評價：「歐文・
柏林在美國音樂裡不是佔有一席之地。而是他本身就是美國音樂。」

　　1888 年 5 月 11 日，歐文・柏林出生於俄國秋明市。他五歲時，父母為了躲避對猶太人的大屠殺帶著六個子女逃亡到美國。像當時的許多東歐移民一樣，歐文一家住在紐約下城東區的貧民公寓裡。歐文對音樂的最早接觸來自猶太教堂，他的父親偶爾在那裡領唱禱文。歐文只上過兩年小學，他八歲時父親就去世了。為了幫助母親維持一家人的生活，他曾經走上街頭賣唱。14 歲時，歐文離開家裡自謀生路。最初，他仍然是在咖啡館、夜總會、沙龍等場所賣唱為生，後來他在唐人街的一家中餐館找到一份歌手兼跑堂的差事。

　　在這期間，他和餐館的鋼琴師合作了他的第一首歌《瑪

麗來自陽光燦爛的義大利》，由他填詞，鋼琴師譜曲。1907
年 5 月 8 日，這首歌正式出版。隨後，他又陸續寫了一些受
歡迎的歌曲，並被一家有名的音樂創作出版公司聘用為專職
填詞的作者。這期間，他開始自己譜曲。1911 年，歐文 ·
柏林創作了《亞歷山大的散拍樂隊》。散拍樂是早期爵士樂
的一種形式。來源於 19 世紀末美國南部和中西部黑人音樂
家的創作。《亞歷山大的散拍樂隊》由輕歌舞劇女星愛瑪 ·
卡羅斯在芝加哥演唱之後迅速走紅並流傳到國外，短短時間
裡就賣出了上百萬份歌譜。同一年內，歐文又寫出三首膾炙
人口的散拍樂風格的歌曲，被公認為散拍樂之王。儘管歐文
的歌在節奏上缺少散拍樂的原味，但他是最早將爵士樂普及
化的白人音樂家。

在接下來的 50 年裡，歐文 · 柏林的歌曲以各種各樣的
風格和形式源源不斷地流向社會，成為近半個世紀美國大眾
音樂的代表。

1914 年。歐文的第一個舞臺劇《走路當心》公演。他
從此一發難止，共寫出包括《停！看！聽！》、《安妮，拿
起你的槍》、《叫我夫人》等 19 部音樂劇。劇中許多歌曲
都成了傳唱一時的名曲。1919 年，歐文成立了自己的音樂
出版社。兩年以後又在百老匯創建了音樂盒劇院，專門上演
自己的作品。1935 年，歐文應邀為音樂電影《高頂禮帽》
配樂，開始了他與好萊塢長達 20 年的密切合作，他的歌曲
也通過銀幕更廣泛地在民間流傳開來。

在兩次世界大戰期間，歐文創作了大量愛國歌曲以及與
戰爭和軍隊生活有關的作品，他的歌曲充分代表了美國人民
的愛國熱情，也極大地鼓舞了前方戰士的士氣。1917 年，
歐文應徵入伍，在長島的阿普頓營服役。他受命寫出了反映
軍旅生活的舞臺劇《嘿！嘿！》。這齣戲在紐約上演後引起

巨大反響，一共演出了 32 場，其票房收入為阿普頓營建起了一個服務中心。第二次世界大戰期間，歐文重返阿普頓營搜集創作素材。這一次，他寫出了舞臺劇《軍人風範》，並隨劇組在美國各大城市以及美軍在歐洲、非洲和澳洲的基地進行了長達三年半的巡迴演出。《軍人風範》的票房收入達到一千萬，歐文將它全部捐給了美國政府。

在一次採訪中，歐文說：「愛國歌曲是一種情感，你絕不能讓聽眾感到難堪，否則他們會恨透了你。它一定要恰到好處，而且時機上也要掌握得當。」

1939 年的第一次世界大戰停戰日，歐文獻出了他最著名的愛國歌曲《天佑美國》。這首歌立刻在美國民眾中引起了熱烈的反響和認同，甚至有取代美國國歌之勢，後來成了歷年美國獨立紀念日必唱的歌曲之一。繼《天佑美國》之後，歐文又寫了鼓勵民眾認購國防債券，宣傳國防工廠的擴建，以及讚美美國紅十字會的歌曲。1955 年 2 月 18 日，艾森豪總統授予歐文‧柏林國會金質獎章，表彰他和他所創作的愛國歌曲對國家作出的貢獻。

50 年代中，歐文‧柏林停止了創作。他試過打高爾夫球、釣魚、畫畫等，但都沒有堅持下去。1962 年，74 歲的歐文帶著舞臺劇《總統先生》重返百老匯。觀眾對此期待極高，首演之前票房收入已達到二百五十萬元。但評論界對《總統先生》褒貶不一，有些評論指出這齣戲「過時、疲遝、缺少創意。」這對歐文顯然是一個打擊，《總統先生》落幕之後，他正式告別了音樂創作。

在創業初期，歐文幾乎一直是單身。1912 年，他娶了桃樂西，但她婚後五個月就染病死去。1926 年，37 歲的歐文與 22 歲的郵電大亨克萊倫斯之女愛琳私奔，成了當時大小報刊上轟動一時的新聞。

　　這段婚姻一直延續到 1988 年愛琳去世。晚年之後，歐文過著隱居式的生活，不接受採訪，也不在公眾場合露面。他退休時身價千萬，是同時代音樂家中最富有的一位。但他對自己歌曲的版權很小心。不肯輕易授權於人。因為小的時候生活太窮，他從一開始就將音樂和錢劃上等號，因為如果賣不出音樂，他就沒有飯吃。儘管寫出了那麼多有名的作品，他對自己的成就卻始終缺乏安全感。

　　歐文只上過兩年小學，更沒有接受過任何正規的音樂教育。甚至不會識譜和記譜。在普通鋼琴上，他只能彈黑鍵並且只能彈一個音階。創作時，歐文使用移調鋼琴，通過鋼琴上的手柄來變換音階，再由一位助手將他彈出的音樂記成樂譜。在半個多世紀的創作生涯中，歐文憑藉的完全是他在音樂上天生的稟賦和超人的直覺。

　　他不僅在同時代音樂家中最多產，而且成功率最高，許多歌曲至今仍在被人傳唱。其中《白色聖誕》和《復活節遊行》成為耳熟能詳的經典節日歌曲，每年都在世界各地播放。歐文不是一位深奧精緻的音樂家，但他的歌詞和旋律純樸優美，深入人心。一位評論家曾經指出：「歐文的天才不在於他能夠適應每一個歷史事件和戲劇背景。而在於他善於發現和表達普通美國人心底的需求和情感。」

　　1988 年，歐文 · 柏林的百年誕辰慶典在紐約卡內基音樂廳舉行，法蘭克 · 辛納屈、雷納德 · 伯恩斯坦、艾薩克 · 斯特恩、娜塔麗 · 寇爾等美國最傑出的音樂家到場致賀，慶祝實況通過電視向全國轉播。一年後的 9 月 22 日，一百零一歲的歐文 · 柏林在睡夢中安然離去。

▋賽爾曼‧瓦克斯曼

鏈黴素和多種抗生素的發明人

賽爾曼‧瓦克斯曼（Selman Waksman）不僅是「鏈黴素」這一抗生素的發現者，而且是將這一起死回生的藥物命名為「抗生素」的發明人。1943年，他經過對上萬種微生物的研究，成功地分離出了鏈黴素，從而挽救了全世界無數結核病患者的生命，之後又發現了二十幾種抗生素。1952年，瓦克斯曼獲得諾貝爾醫學獎。作為抗生素領域的先鋒，他改變了現代醫學的發展，對人類健康作出了不可估量的貢獻。

1888年7月2日。賽爾曼‧瓦克斯曼出生於俄國的一個小村鎮。父親靠編織傢俱上用的布料養家糊口，母親和幾個親戚一起開了一家雜貨批發行。瓦克斯曼從小受的是傳統的猶太教育，後來為了上大學又進入了奧德薩的一所拉丁學校學習。儘管瓦克斯曼通過了拉丁學校的考試，但由於俄國對猶太族裔的種種歧視和限制，他被關在了大學門外。

1909年。瓦克斯曼的母親去世，已經移民美國的親戚向他發出了邀請。1910年，22歲的瓦克斯曼漂洋過海來到美國的新澤西州。在親戚的農場裡，他學習並掌握了最基本的農業知識。第二年，瓦克斯曼進入了附近的拉特格斯大

學。在那裡他遇到了同樣來自俄國的細菌學專家利普曼教授。作為農學院院長，利普曼極力主張瓦克斯曼學習農業並給了他獎學金。1915 年瓦克斯曼本科畢業，第二年獲得碩士學位。在讀研究生期間，他曾經在新澤西州的農業實驗站做過土壤細菌學方面的研究。

1916 年，他成為美國公民與同是來自俄國的波莎・敏尼克結婚，婚後前往柏克萊大學攻讀博士，兩年後取得學位。1918 年他回母校拉特格斯大學任教，1930 年升任教授。他對土壤、腐殖質土壤與泥炭中微生物研究不斷。1940 年，瓦克斯曼成為微生物系系主任。這一年，他和手下的研究人員分離出了放線菌素。儘管放線菌素對人體依然有害，但隨後發現的它的幾種分類卻有較強的抗癌作用。在接下來的十年裡，瓦克斯曼又分離出十種不同的抗生素，其中最重大的發現就是鏈黴素。

鏈黴素不僅對人體基本無害，而且對革蘭氏陰性菌感染極為有效，尤其是當時被稱為「人類頭號殺手」的結核病。20 世紀初，美國每年有九萬人因結核病喪生，平均每七例死亡中就有一例是結核病。全世界在 19、20 世紀這兩百年中有一億多人被結核病奪去了生命。在鏈黴素發明以前。醫學在結核病面前束手無策，唯一的治療方法是隔離和療養。鏈黴素改變了這一切。從 1944 年第一次臨床實驗成功開始，鏈黴素顯示出了神奇的療效，將無數患者從死神手中解救出來。1950 年，鏈黴素對其他疾病的作用也得到了證實，包括腦膜炎、心內膜炎、肺炎、尿道感染等炎症。

在瓦克斯曼的親自安排下，鏈黴素在多家醫藥公司同時投入生產，成為一項年產量價值五千萬元的產業。拉特格斯大學成為鏈黴素專利權的最大受益者，而且瓦克斯曼還把屬於自己的那份收入捐贈出一大部分，為母校建立起一所微生

物學院，後來改名為瓦克斯曼微生物學院。此外，他還將自己對鏈黴素的研究成果寫成了一部名為《鏈黴素：性能及其實用》的著作出版。

　　鏈黴素的發現改變了現代醫學的進程。它不僅挽救了無數生命，而且開闢了醫學研究的新領域，激發了世界各地的科學家們從微生物中尋找其他抗菌素和藥物。1949 年，瓦克斯曼分離出新黴素，用於對鏈黴素產生了抗體的細菌感染。他領導下的微生物學院也不斷發現新的抗菌素。1950 年，瓦克斯曼以前的一位研究生將他告上法庭，索求鏈黴素的部分專利權。這位學生曾經參與了鏈黴素的研究，他的名字也像其他研究人員一樣列在相關的文章和專利申請上。瓦克斯曼在學校法律顧問的建議下，同意庭外和解，該學生得到一大筆補償金。

　　1958 年，瓦克斯曼從拉特格斯大學退休，但他並未停止工作。他不僅繼續講課和指導科研，而且繼續以驚人的速度寫作和出版。瓦克斯曼一共發表了二十多本著作，其中他的自傳《我的一生與微生物》被譯為多種文字。除諾貝爾醫學獎之外，瓦克斯曼還獲得了法國榮譽騎士稱號以及巴西、英國、丹麥、義大利、日本、荷蘭等許多國家學術組織的表彰。此外，他還於 2005 年 5 月被列入美國發明家名人榜。

　　1973 年 8 月 16 日，賽爾曼・瓦克斯曼因腦溢血突然去世，死後葬在他工作了一生的拉特格斯大學附近。

格魯喬・馬克思

與卓別林齊名的喜劇大師

　　20 世紀六七十年代，法國著名導演尚盧・高達有一句流傳歐美電影界的名言：「我是格魯喬派的馬克思主義者。」這裡的馬克思主義指的不是我們所熟悉的共產主義理論，而是美國喜劇演員馬克思兄弟獨特的表演風格。格魯喬・馬克思（Groucho Marx）不僅是馬克思兄弟中最主要的一員。也是 20 世紀美國最偉大的喜劇天才之一。

　　格魯喬原名朱利亞斯，1890 年 10 月 2 日出生於紐約曼哈頓東北角一個猶太人聚居的社區。朱利亞斯在兄弟五人中排行第三，他的父親撒穆爾和母親米妮分別是來自法國和德國的猶太移民。撒穆爾靠做裁縫養家糊口，但他手藝平平，收入微薄，家裡常常入不敷出。米妮有一位表演雜耍喜劇的哥哥，在舞臺上小有名氣。因此，米妮一心想讓自己的幾個兒子在演藝圈混一口飯吃。朱利亞斯有一副好嗓子，又喜歡唱歌，於是第一個被母親推上了舞臺。不久，其他四個兄弟也陸續加入了進來，最終形成了「馬克思兄弟」的固定組合，而且每個人都起了藝名。朱利亞斯變成了格魯喬（Groucho），他的四個兄弟則分別叫做：奇寇（Chico）、

哈潑（Harpo）、仔潑（zepppo）和加莫（Gummo），但加莫只偶爾在臺上露面。

最初，「馬克思兄弟」以唱歌為主。一次，他們在德克薩斯州的一個小鎮表演時，一頭騾子發起蠻勁，和套著的馬車過不去。觀眾們無心看演出，紛紛跑到外面看熱鬧。馬克思兄弟氣急敗壞，待觀眾們一回到座位上便把他們狠狠地挖苦了一番。不曾想，這番「即興表演」收到了出其不意的效果，觀眾們不但不以為忤。反而被他們刻薄而機智的嘲諷逗得樂不可支。從此，「馬克思兄弟」正式轉向喜劇表演，開始了自己獨特的集插科打諢、嬉笑怒罵於一身的鬧劇風格。

隨著時間的推移，「馬克思兄弟」的演技越來越老練，並且每個人都有了自己固定的舞臺個性和表演風格。格魯喬日後世界聞名的人物特徵和造型就是在這一時期逐漸形成的，包括他的長禮服、粗眉毛、金絲眼鏡、大雪茄煙、唇上的一抹黑鬍子和走路時鬆鬆垮垮的步子。這裡面有的是刻意而為，如格魯喬從不離手的雪茄煙可以用來掩飾忘詞時的停頓。有的則是意外收穫，比如他誇張搶眼的黑鬍子。一次格魯喬因故遲到，上場之前來不及粘假鬍子，便隨手用油墨在唇上抹了一筆，不料效果奇佳，從此成了他的標誌之一。

1919 年，「馬克思兄弟」的小品《回家》在芝加哥首演時大受歡迎，並且得到《芝加哥論壇報》的好評。「馬克思兄弟」因此受到紐約皇宮劇院的邀請，那裡是昔日雜耍歌舞團的最高殿堂。演出後，「馬克思兄弟」在紐約留了下來，並加入了當時最有影響的雜耍歌舞組織奇斯—奧比。1922 年夏天，「馬克思兄弟」應邀前往英國，在倫敦著名的大劇院表演。他們的演出獲得了巨大成功，但回到紐約後卻因擅自外出表演被奇斯—奧比處以罰款。「馬克思兄弟」拒不認罰，因此被趕出了雜耍歌舞界。

　　值得慶幸的是，由於有聲電影和廣播的出現，雜耍歌舞的傳統正在走向衰落。「馬克思兄弟」因禍得福，開拓出新的表演天地。一位戲劇製作人在看過他們的演出後，決定把他們的滑稽節目改編成音樂喜劇《我說她是》。這齣戲在費城首演後引起巨大轟動，「馬克思兄弟」大受鼓舞，隨後前往全國各大城市進行巡演，最終的目的地是戲劇之都——紐約。經過一年多的演出和修改，1924 年 5 月 19 日，「馬克思兄弟」終於鼓足勇氣登上了百老匯的戲劇舞臺。紐約戲劇界權威亞歷山大・沃考特對《我說她是》大加贊許。他在評論中寫道，劇終時自己笑倒在地，「不得不被人從過道扶起，再輕輕地放回到座位上」。

　　從窮鄉僻壤的小鎮到王宮劇院到百老匯舞臺，「馬克思兄弟」已經在路上風塵僕僕地顛簸了二十餘年，如今終於苦盡甘來。1925 年和 1928 年，「馬克思兄弟」先後成功地演出了《椰子》和《動物餅乾》，成為百老匯最受歡迎的演員。儘管這兩部戲的劇本都是由他人執筆，但實際上卻是「馬克思兄弟」惟妙惟肖的性格刻畫和格魯喬反應敏捷的即興發揮贏得觀眾。格魯喬的劇中角色通常是一個冒充行家的騙子，他油嘴滑舌、出口成章，讓人永遠抓不住把柄。在演出過程中，格魯喬必定脫離劇本和臺詞任意發揮。他的俏皮話信手拈來、毫不費力，而且每演一場都不斷有新的創造。

　　20 世紀 20 年代，有聲電影出現，影片中的笑星出聲之後卻未必好笑。好萊塢製作人於是轉向戲劇舞臺尋找既會演又能說的演員，而此時「馬克思兄弟」正是百老匯最耀眼的明星。1929 年到 1930 年，《椰子》和《動物餅乾》先後被搬上了銀幕。1931 年，「馬克思兄弟」從東海岸把家搬到了好萊塢。

　　1929 年本是「馬克思兄弟」演藝生涯收穫最豐的一年。

但同一年中，母親米妮中風去世。隨後美國股票市場崩盤，兄弟幾人幾乎失去了所有的投資。多年後，格魯喬應邀參觀紐約證券交易所，他的出現引起了交易者們的歡呼。格魯喬抓過擴音器高聲宣佈：「1929年，我在這裡損失了幾十萬。今天我要讓那些錢丟得值得！」在接下來的15分鐘裡，他不停地唱歌、跳舞、講笑話。此間全場鴉雀無聲，華爾街的股票自動顯示器上一片沉寂。

30年代初，「馬克思兄弟」為派拉蒙電影製片公司拍攝了《惡作劇》（1931）、《馬羽》（1932）和《鴨湯》（1933）。1934年，仔潑離開「馬克思兄弟」，做了獨立經紀人。格魯喬、奇寇和哈潑加盟米高梅，拍攝了「馬克思兄弟」最為人稱道的兩部影片《歌劇院之夜》（1935）和《比賽之日》（1937）。接下來的幾年裡，「馬克思兄弟」又有幾部電影問世，但賣座率遠遠不如從前的作品。

1941年，「馬克思兄弟」宣告解散。五年之後，格魯喬、奇寇和哈潑重返好萊塢，拍攝了《卡薩布蘭卡之夜》，然後又一次各奔東西。他們合作的最後一部電影是1951年上映的《歡愛》。

「馬克思兄弟」解散後，格魯喬繼續單槍匹馬在演藝界發展，他是兄弟幾人中最為成功的一個。從1947年到1952年間，他先後拍攝了《克帕卡巴納》、《雙雄》、《循規蹈矩》等影片。1947年，格魯喬成為美國廣播公司（ABC）的廣播猜謎節目《用性命打賭》的主持人。這個節目充分展示了格魯喬的特長。因為沒有腳本的束縛，他可以隨心所欲地即興發揮，而他也的確利用這個機會把自己的喜劇天才表現得淋漓盡致。1950年，《用性命打賭》被搬上了電視（NBC），格魯喬又一次成為萬眾矚目的明星。從1947年到1961年。《用性命打賭》在廣播和電視上共播出15年，格魯喬用開

懷的笑聲伴隨了美國幾代人。作為這個節目的主持人，他先後獲得了皮博迪廣播獎和艾美電視獎。

1961 年以後，格魯喬有近十年處於半隱退狀態。這期間他讀書寫作，在文字上頗有收穫。因為少年時代從藝，格魯喬連小學都沒有畢業，但他一生酷愛讀書。從他與別人的大量通信中可以看出他閱讀廣泛、文筆輕鬆流暢。1967 年，美國國會圖書館不僅收藏了格魯喬的信件，而且出版了《格魯喬書信集》。此外，格魯喬還創作並發表了劇本《伊莉莎白時代》、自傳《格魯喬與我》、隨筆《低劣情人》等著作。

格魯喬共結過三次婚，妻子一個比一個年輕，但最終都以離婚告終。70 年代初，年逾八旬的格魯喬在自己美貌的女秘書兼伴侶愛倫‧弗萊明的陪同和鼓勵下重返舞臺，在美國各大城市舉辦了一系列個人表演會，包括 1972 年 5 月 6 日在紐約卡內基音樂廳的盛大演出。同年，格魯喬出席了法國坎城電影節並被法國政府授予文學藝術騎士稱號。1974 年，格魯喬榮獲奧斯卡特別獎。1977 年，馬克思兄弟四人被列入好萊塢名人榜。哈潑和奇寇已不在世，仔潑重病臥床，格魯喬獨自一人出席了典禮。

1977 年 8 月 19 日，格魯喬因患肺炎去世，享年 86 歲。

格魯喬在世時，曾被英國戲劇家蕭伯納稱為「全世界活著的最偉大的演員」。格魯喬卓越的喜劇天才表現在他張口即來的俏皮話，出人意料的雙關語、邏輯錯亂的狡辯、入木三分的嘲諷以及他在「抖包袱」時對時機和火候恰到好處的把握。與他語言上的喜劇天賦相得益彰的是他的表演才能和他活靈活現的動作和表情。

格魯喬有一句這樣的名言：「無論是什麼，我一律反對。」這便是他最被人推崇的所謂「顛覆性幽默」。在他的喜劇裡，格魯喬幾乎將所有的傳統、權威、體制甚至感情都

嘲笑遍了。但他最尖刻的諷刺始終上針對那自認為高人一等的上層人物和他們的愚蠢、自負和殘酷無情。

格魯喬・馬克思的喜劇藝術對後來的喜劇演員和表演產生了巨大的影響。2005年1月1日，英國舉辦了有史以來最偉大的50名喜劇藝術家的評選，投票者必須是喜劇演員或者喜劇專家。格魯喬・馬克思高居第五名。他的前面有三位英國喜劇演員以及排行第四的美國著名猶太喜劇大師伍迪・艾倫。查理・卓別林名列第十八。

伍迪・艾倫從不掩飾對格魯喬的崇拜和他對自己演藝事業的直接影響。他曾經說：「格魯喬・馬克思是我們這個國家產生過的最優秀的喜劇演員。他像畢卡索和史特拉文斯基一樣舉世無雙。」

▌大衛・沙諾夫

美國廣播通訊業之父

美國是世界上電臺最多的國家，共有一萬三千多家電臺。美國也是世界上汽車最多的國家，每個家庭平均擁有兩到三部汽車，而開車時美國人最喜歡做的一件事就是聽收音機。收音機裡的新聞、音樂、聊天、猜謎等節目豐富多彩、引人入勝。車裡有了收音機，美國人每天開車上下班的那段路程就容易打發得多。最早設想用無線電收聽廣播的人就是大衛・沙諾夫（David Sarnoff）。

美國人平均一週在電視前要消磨好幾十個小時。對他們來說，電視是一扇窗子，他們既可以瞭解窗外的現實，又可以躲進窗裡逃避現實。電視在美國人的生活中佔有不可替代的位置，早已超越報紙和電臺而成為 20 世紀最具影響力的媒體。最早把電視介紹給全世界的也是大衛・沙諾夫。

1891 年 2 月 27 日，大衛・沙諾夫出生在俄國明斯克的一個猶太村莊裡，在家裡排行老大。1900 年，沙諾夫九歲那年，全家移民美國，住在紐約曼哈頓東城下區的貧民窟裡。父親無力養活全家，沙諾夫到美國的第三天就開始沿街叫賣意第緒語報紙。為了多賺幾文錢，他雇了幫手，同時把

報紙轉銷給別的攤販，就這樣建起了自己的報紙銷售網，不久還有了自己的報攤。他利用舊英文報紙學習英文，一年後就掌握了英語的基本詞彙。父親病逝後，15 歲的沙諾夫被迫輟學，挑起了養家糊口的重擔。他找到的第一份全職工作是給商業電報公司當送信人，幾個月之後又換到另一家公司做辦公室裡的雜工，每週的工資是五塊半美元。他對「無線」通訊這個新概念非常著迷。因為意識到這是一個大有可為的處女地，他便從微薄的薪金裡省錢買下一個電報鍵，很快學會了使用摩斯電碼。

17 歲那年，他被公司派到麻塞諸塞州一個偏僻小島上做電報收發員，月薪漲到 60 美元。隨後幾年裡，他在往返於波士頓和紐約之間的船上當無線電報收發員，有一次還跟隨一支海豹探險隊遠征北極。調回紐約後，他白天繼續做電報收發工作，晚上去學校選修工程方面的課程。

1912 年 4 月 14 日，沙諾夫在值班時收到了奧林匹克號輪船從一千四百英里之外的北大西洋海面發出的求救電報：「鐵達尼號和冰山相撞，正在迅速下沉。」在接下來的 72 個小時裡，沙諾夫一刻也沒有離開他的電報收發機。他不斷收到救援船隻發來的無線電報，及時向全國轉告獲救人員的名單。塔夫脫總統親自下令東海岸的所有無線電臺全部停止作業，好讓沙諾夫不受任何信號干擾。鐵達尼號上的 1517 人葬身海底，這場災難讓美國國會和全體美國人都認識到無線電的重要性，聯邦法規定從此所有的大型船隻上都必須配備無線電發報機。21 歲的沙諾夫也一夕成名，成了全美國家喻戶曉的知名人物。

從那以後，大衛・沙諾夫可謂一帆風順，平步青雲。他就職的馬可尼公司先後委任他為檢查員、教官和經理助理。1916 年，他在給公司總裁的一份備忘錄中建議開發一

種「無線音樂盒」，用來接收各種廣播，他認為無線電可以成為「像鋼琴和留聲機一樣的家庭用品」，把音樂帶進千家萬戶。1919 年，美國無線電公司（RCA）買下了馬可尼商業電報公司，沙諾夫當上了 RCA 公司的商業經理。

1921 年，他用一台美國海軍使用的發送機實況解說一場世界拳擊賽，公開演示如何通過電波傳送音樂和聲音。RCA 最早給沙諾夫撥出用來開發收音機的專款只有兩千美元，而在 1922 年至 1924 年兩年之間 RCA 就賣出了價值 8300 萬美元的收音機。沙諾夫把留聲機和收音機合二為一的設想也給公司創造了豐厚的利潤。1926 年，他和美國電話電報公司（AT&T）談判，買下 AT&T 的廣播資產，創立了國家廣播公司（NBC），給五百萬已經擁有收音機的美國家庭提供各種節目。1928 年，他成為 RCA 的代理總裁，兩年後正式出任公司總裁。那一年，他才 39 歲。

沙諾夫早在 1923 年就預見到電視的重要性。1928 年，他受命成立第一家電視臺，這就是後來大名鼎鼎的 NBC 電視臺的前身。次年，他把工程師弗拉基米爾召到自己旗下，由他領軍開發電視。他從發明家手裡買下專利或使用權，為電視的問世掃清了障礙。RCA 耗費五千萬美元的鉅資，終於研製出了第一台黑白電視機。1939 年 4 月 20 日，在紐約世界博覽會上。沙諾夫向世人展示了 RCA 生產的黑白電視機：「現在，我們把畫面和聲音放在一起──這個人造奇蹟將把世界帶進千家萬戶。」他用充滿詩意的語言對這一發明的重要性進行了描述：「……這個新藝術的誕生意義重大，勢必影響整個社會。它像一把希望的火炬，驅散世間的困擾。我們應該利用它的創造力給人類帶來福祉。」

1946 年，第一台彩色顯像管在 RCA 的實驗室裡問世。1947 年，沙諾夫當選為 RCA 的董事會長，主管 RCA 的彩

電生產和 NBC 的電視播放。

　　第二次世界大戰期間，沙諾夫是艾森豪將軍的通訊顧問，說明設立了一個所有作戰部隊都能收聽到的電臺。RCA還根據作戰需要開發了不少電子導向系統，提高了投彈的命中率。二戰結束後，沙諾夫為重建法國通訊系統也出了大力。為了表彰他的傑出貢獻，羅斯福總統授予他准將軍銜。法國也為他頒發了法國榮譽騎士團勳章。

　　1950 年，RCA 已經擁有五萬四千多名雇員，營業額高達三億多美元。在沙諾夫的領導下，RCA 的規模越來越大，不僅生產收音機、電視機等電器產品，而且還有電影、唱片、電腦和太空探索設備，其中通訊工具一項就包括小至電腦裡的芯線，大至跟蹤衛星和導彈的巨型雷達。

　　大衛 · 沙諾夫從一個一文不名的窮小子變成美國傳媒界的巨擘，演繹了一個經典的美國移民的成功故事。哥倫比亞大學、紐約大學等二十多所大學給只接受過小學教育的沙諾夫頒發了榮譽博士學位。他還得到過日本、波蘭、義大利、以色列各國政府的嘉獎。

　　1929 年，他成為《時代》雜誌的封面人物。時隔 22 年之後的 1951 年，他再次上了《時代》雜誌的封面。同一年，RCA 用他的名字重新命名設立在普林斯頓的研究中心。1971 年，80 歲的大衛 · 沙諾夫心臟病突發去世，給生活在20 世紀的每個人都留下了一筆豐富的遺產。

▌傑克・華納

好萊塢最多產的製片人

　　和在好萊塢最先打出名氣的猶太製片人——阿道夫・祖克爾、傑西・拉斯基、路易斯・梅耶等人相比，傑克・華納（Jack Warnner）可以算是一個後起之秀，但華納兄弟電影製片廠在競爭激烈的好萊塢不但站穩了腳跟，而且大有後來居上的勢頭。在華納長達 60 年的電影生涯中，他前後一共製作過五千多部電影，是好萊塢名符其實的高產量製片人。

　　1892 年 8 月 2 日，華納在加拿大安大略省的倫敦市出生。華納的本姓是猶太名字依切爾堡姆。他的父母親都是從波蘭移民加拿大的猶太人，一共生了 12 個孩子，但有五個不幸夭折。在活下來的七個孩子中華納年齡最小。為了養活一大家人，華納的父親當過屠夫、鞋匠和沿街叫賣的貨郎。華納兩歲那年，全家人搬到了美國俄亥俄州的楊斯敦。華納讀小學時成績不好，讀完四年級就輟學了，而且後來再也沒有跨進校門，這成了華納一輩子的心病。

　　小時候，華納就一心想當一個演員，十幾歲時他開始在雜耍團裡表演，還登上過歌劇院的舞臺。1903 年，華納跟隨哥哥哈利、山姆、艾爾伯特和姐姐羅絲搬到了賓州的紐卡

斯，五個人一起合開了一家電影院，大家分工明確、各盡其職：哈利負責租電影，艾爾伯特售票管賬，山姆是放映員，羅絲演奏鋼琴，而華納則在電影散場後到臺上一展歌喉，表面上是給觀眾助興，其實是為了清場。

1907 年，全家人決定把自己的姓改為地地道道的美國姓名「華納」。同一年，他們辦了一家電影發行公司，專門向電影院出租電影，但只辦了三年就被迫關門。兄弟幾人於是決定自己製作電影。華納和哥哥山姆來到密蘇里州的聖路易斯，拍出了幾部成本低廉的短片，但沒有一部獲得成功。於是，他們決定由哈利和艾爾伯特駐守紐約，而華納和山姆則分頭去舊金山和洛杉磯尋找機會。

一次世界大戰爆發後，華納和山姆應徵入伍，並受命拍攝一部有關性病傳染的部隊教材片。華納在片中擔綱主演，這也是他在電影中唯一一次演主角。1912 年，華納去洛杉磯建起了華納兄弟的第一個攝影棚。他們買下外交官詹姆斯・紀拉德的暢銷書《德國四年》的版權，改編成電影後大獲成功。1920 年，華納拍出了一部 15 集的連續影集。在接下來的兩年裡，他又出產了六部故事片。

1923 年，華納四兄弟正式成立「華納兄弟電影公司」，由華納出任製片主任。公司名下的演員越來越多，但華納兄弟電影公司最早的明星是一個在一次世界大戰戰壕裡發現的德國牧羊犬，藝名叫鈴叮叮，這條狗拍了十幾部電影對公司貢獻頗大。到了 1925 年，華納出產的影片已達 30 部。這一年，華納公司和西電公司簽約，聯合研製有聲電影。第二年，華納推出的《唐璜》一片中率先出現了音樂和音響特效，讓觀眾又驚又喜，華納公司的股票也一路飆升，從每股 8 元飛漲到每股 65 元。1927 年 10 月 26 日，和華納關係最密切的哥哥山姆因勞累過度而心臟病突發去世，年僅 39 歲。第二

天，華納公司推出了有史以來第一部有人物對話的有聲電影《爵士歌手》，正式拉開了有聲電影的帷幕。由艾爾‧喬爾森擔任男主角的《爵士歌手》大獲成功，華納公司也名聲大振，一躍成為好萊塢的五家重量級電影公司之一。

作為華納電影公司主管製片的副總裁，華納對鑒定故事、挑選導演、計算開銷、雇用演員和安排日程等都要一一過問。他一般在早上九點鐘起床，立即和製片經理通電話，安排一天的日程，然後他又打電話給秘書，瞭解寄來的信件和好萊塢電影報紙上的資訊。接下來他一邊吃早飯一邊匆匆流覽劇本和作品概要，尋找拍電影的素材。中午，他來到電影廠，召見各部門經理。飯後他在放映室花兩三個小時的時間觀看前一天拍完的電影膠捲。然後他又回到辦公室接待來客，並和製片主任交換資訊。商討完公事之後，他總是去電影廠的理髮店，在理髮師給他修面的同時在椅子上呼呼睡去。之後他常常會洗個桑拿浴，然後又精神抖擻地接著開會或商談公事。晚上，他常常和公司的主管們一起去洛杉磯市郊觀摩公司的新片，他邊看邊向電影的編輯交代需要改動的細節。等他回到家裡時往往已經是深更半夜了。

在拍電影的開銷上，華納一向精打細算，不肯多花一分錢。他經常在製片廠裡四處巡視，看見不必亮著的燈趕緊關上。在他的嚴格監督下，華納公司出產的電影大都成本低廉。華納公司在三四十年代推出一系列引人注目的電影，有《小凱撒》、《人民公敵》、《愛蜜莉‧左拉的一生》、《黑色的憤怒》、《羅賓漢歷險記》和《一個納粹間諜的自白》。華納公司的電影常常帶有社會批判的鋒芒，觸及種族歧視和社會偏見等弊病。《綠色的草原》一片裡主角全部由黑人扮演。1935 年問世的《仲夏夜之夢》首次將莎士比亞的劇本改編成有聲電影。第二次世界大戰期間，華納再次從軍，加

入了美國空軍裡的一支電影支隊，並獲得中校軍銜。

二戰中間華納公司推出了包括《北非諜影》、《守望萊茵河》和《目的地：東京》等多部經典戰爭片。這些電影讓華納名利雙收，但是華納對電影演員和手下員工非常苛刻，強迫他們超負荷工作，所以常常四面樹敵。1943 年，在羅斯福總統的授意下，華納公司根據美國駐蘇聯大使約瑟夫・大衛的回憶錄拍出了《出使莫斯科》，對作為美國二戰盟友的蘇聯有不少正面描寫。到了和蘇聯關係緊張的麥卡錫時期，華納不得不出面為這部影片辯護，還同時供出了幾位與他有矛盾的作家的名字。

華納和他的大哥哈利一向不和，二哥山姆去世後兩人的關係更是每況愈下。華納個性張揚，我行我素，私生活上也很不檢點，緋聞不斷。1956 年，華納兄弟決定賣出手頭上的公司股票，但是華納通過私下交易又買回了自己的股份，保住了自己在公司的頭銜。哈利覺得弟弟出賣了自己，兩兄弟從此沒再說過一句話。

1958 年哈利去世時，華納甚至沒有出席葬禮。哈利死後三星期，華納在法國南部的一次車禍中險些喪命，昏迷了將近一個星期才醒了過來。當他得知兒子在他昏迷期間說過他可能性命不保時，一氣之下不但撤了兒子在公司的職，而且和兒子一家斷絕了往來。他本來朋友就不多，步入晚年之後更成了孤家寡人。

1966 年，已經 74 歲的華納以三千二百萬美元的價格賣出華納電影公司。但他和電影的緣分還沒有到頭。他在 70 年代以獨立製片人的身份又拍出兩部電影，但觀眾的反映平平。這時的華納已經把大部分時間都用來打網球和賭博了。1974 年，82 歲高齡的華納在網球場上摔傷，再也沒有恢復過來。四年之後，他因中風在洛杉磯去世。

▌布蘭奇・沃爾夫

美國最有名的女出版家

　　布蘭奇・沃爾夫（Blanche Knopf）是 20 世紀美國出版業首屈一指的女性。她對文學潮流與作家的關注和發掘，影響了幾代人的文學品位，為美國讀書界開闢了一片嶄新的文化天地。

　　1894 年 7 月 20 日，布蘭奇出生於紐約一個富有的猶太家庭。她被送進紐約最好的私立學校讀書，並且有自己的法文和德文家教。對歐洲語言和文學的掌握成為她日後事業成功的重要資本。1911 年，布蘭奇與父母在長島度假時結識了即將從哥倫比亞大學畢業的阿爾弗萊德・沃爾夫，兩人於五年之後結婚。

　　1915 年，在布蘭奇的鼓勵下，阿爾弗萊德創建了著名的沃爾夫出版社，布蘭奇不僅為丈夫出謀劃策，而且從約稿、審稿、圖案設計到廣告和發行都親自過問和參與。1921 年，布蘭奇成為出版社的副總裁兼董事。

　　布蘭奇的特長和興趣在於發掘和引進新的作者和文學流派。她個人深厚的文學素養使她成為一位獨具慧眼的出版家。最早引起布蘭奇關注的文學現象是 20 年代出現在紐約的黑人作者群「哈萊姆文藝復興」。沃爾夫出版了相當數量

的黑人作家的作品，首次將文學主流之外的少數族裔的聲音和形象呈現在讀者面前。著名黑人詩人蘭斯頓・休斯，因此與布蘭奇成為至交，布蘭奇對休斯的創作給予了極大的鼓勵並且積極為他爭取經濟上的權益。沃爾夫出版的其他美國作家還有赫格希默、薇拉・凱瑟、亨利・門肯等。在布蘭奇的直接影響下，沃爾夫一開始就在純文學、歷史和音樂題材上打出了自己的特色和實力。

通曉德、法和義大利語的布蘭奇對歐洲文學情有獨鍾，許多歐洲知名作家都是通過她才被介紹到美國的。沃爾夫最早出版的歐洲作品包括法國作家莫泊桑的短篇小說集，法國戲劇家奧日埃的劇作，俄國作家果戈理的長篇小說等等。1916 年，哈得遜的《綠廈》出版，成為讓沃爾夫名利雙收的第一本暢銷書。布蘭奇為沃爾夫書籍所設計的書面標誌——俄國狼狗——也成了人所熟知的圖案。

1920 年起，布蘭奇每年都要去歐洲尋找新作品。在接下來的十年裡，出版了挪威女作家溫賽特、德國作家湯瑪斯・曼、黎巴嫩作家紀伯倫、俄國作家肖洛霍夫、英國女作家凱薩琳・曼斯費爾德等人的作品，幾乎將當時歐洲最優秀的文學家一網打盡。1938 年，美國掀起佛洛伊德熱，許多出版社千方百計想要獲得佛洛伊德未完成的作品《摩西與一神論》的版權，而布蘭奇最終憑藉自己高人一籌的公關能力，從歐洲帶回了這部名著的手稿。

二戰開始以後，在歐洲旅行受到很大限制，布蘭奇將目光轉向了拉丁美洲。她多次前往中、南美各國與那裡的作家們進行交流，簽定合約，並著手組織對作品的翻譯。沃爾夫享有盛名的翻譯傳統就是從那時開始的。經布蘭奇介紹到美國的作家包括阿根廷作家厄杜阿多・馬里埃、哥倫比亞歷史學家兼外交家哲曼・阿茲聶加斯、巴西社會學家吉爾波

托 · 弗萊耶及小說家佐治 · 阿馬多等等。

在此之前，拉美文學在美國鮮為人知，布蘭奇為美國讀者打開了又一扇通向世界的視窗，為此巴西政府特別授予她國家南十字騎士勳章。

二戰結束以後，布蘭奇重返歐洲並帶回了大量法國作家的作品，包括紀德、卡繆、沙特等人的代表作。事實上，存在主義、佛洛伊德的精神分析理論以及歐洲小說中現代主義的主要作品都是由沃爾夫翻譯並出版的。

特別值得一提的是，布蘭奇主持出版了法國女作家西蒙 · 波娃的女權主義開山之作《第二性》。書中探索了女同性戀、娼妓、兩性局限等驚世駭俗的主題。此書出版之際，美國正處於一個政治上極端保守並對共產主義充滿敵意的時期。《第二性》不僅代表了 20 世紀女權運動的復興，而且出自於一個曾是共產黨員的女作家之手，書中對性別歧視的尖銳揭露更直接對當時主導美國的清教思想提出了挑戰。儘管如此，布蘭奇仍然堅持此書的出版，認為書中對兩性關係的闡釋對男女兩性都具有啟蒙意義。

布蘭奇在《第二性》一書的出版上所表現出的膽識和勇氣貫穿了她的整個出版生涯。她所選擇的書籍開闊了讀者的眼界，創造出一個更寬容也更具挑戰性的知識和文化氛圍，從而潛移默化地改變了 20 世紀美國對世界的瞭解和認識。正因為有了布蘭奇從一開始就以其書籍的世界性和高品位從眾多出版社中脫穎而出。

在布蘭奇主持出版期間，先後共有十六位沃爾夫作家獲得了諾貝爾文學獎。1957 年，阿爾弗萊德出任沃爾夫董事會主席，布蘭奇接任了總裁的位置。1960 年，沃爾夫與藍登書屋合併。後者擁有主要管理權。但沃爾夫仍然享有較大的自主性，並保留了自己的作者、編輯和出版風格。

　　在 20 世紀上半葉的美國出版界，布蘭奇無疑是一位叱吒風雲的傑出人物。但作為女性，她仍然在這個男性主宰的領域裡遭到公開的歧視和排擠。當時兩個全國最大的出版家組織——出版家午餐俱樂部和書桌協會——都將她拒之門外。一次，一所女子大學請布蘭奇為學生們做一個關於女性與出版業未來的演講，卻被她一口回絕，理由是女性在出版業根本沒有未來可言。儘管如此，天性要強又自信的布蘭奇仍然憑藉自己過人的智慧與膽識，打造出一份大多數男人都望塵莫及的精彩事業。

　　在做女強人的同時，布蘭奇還是一位出色的社交活動家。她風度優雅、談吐機敏、精力旺盛，不僅會周旋應酬，而且善於討價還價。她同時又是作家們的良師益友，許多名不見經傳的年輕作者都在寫作和經濟上受到過她的熱心提攜和慷慨援助。

　　進入晚年以後，布蘭奇的視力嚴重衰退，不得不靠他人審閱手稿，提供意見，但出版與否仍然由她定奪。在擁有自己的世界的同時，布蘭奇也給予了美國讀者一個精彩無比的世界。1966 年 6 月 4 日，布蘭奇在紐約去世，終年 72 歲。布蘭奇生前曾在一個女性雜誌上撰文寫道：「我所瞭解的世界即是書的世界，我不會用它與其他任何世界交換……」

▌果爾達・梅爾

當上以色列總理的美國女性

　　1921 年，一位年僅 23 歲的女子離開美國的家移居巴勒斯坦，因為她堅信「猶太人有權利作為一個自由、獨立的民族在地球上擁有一塊立足之地。」27 年後，以色列宣告獨立。這位已經不再年輕的女性是簽署獨立宣言的 38 位以色列領導人之一。她就是曾經擔任過以色列第四任總理的果爾達 · 梅爾

（Golda Meir）。

　　1898 年 5 月 3 日，果爾達出生於烏克蘭首都基輔。她的童年時期正是俄國反猶勢力猖獗的年代，俄國人針對猶太人的暴行每天都在發生。她最早的記憶便是父親用木條將門釘死以防仇視猶太人的哥薩克人和農民破門而入。那些恐怖殘酷的日子在她幼小的心靈裡留下了難以癒合的創傷。多年之後，在談到自己所選擇的生活道路和政治信仰時，她說：「如果有任何符合邏輯的解釋，那就是我讓猶太兒童免於同樣遭遇的願望和決心。」

　　1903 年，果爾達 5 歲時，做木匠的父親拋妻別女前往美國謀求生路。她與兩個姐姐隨母親搬到了母親的家鄉賓斯克。1906 年，果爾達一家在美國威斯康辛州的密爾沃基團

聚。父親在數次求職失敗後終於在鐵路上找到了一份固定的差事，母親則開了一家小雜貨店。他們住在猶太人聚居的貧困區裡，生活十分拮据。她上了學，而且一直成績優異。但思想守舊的雙親由於她是女孩，極力反對她升學。一心想成為一名教師的果爾達不願輟學，於是憤而離家出走，投奔住在丹佛的姐姐。在那裡她一邊上高中，一邊在姐夫的洗衣店裡幫忙。姐姐的朋友中有許多年輕的社會主義者和猶太復國主義者。他們經常聚在一起討論猶太民族的未來。她耳濡目染，對他們的理想和熱情心嚮往之。在丹佛，果爾達還遇到了後來成為她丈夫的莫里斯・梅耶森。

　　兩年後，果爾達的父母終於同意讓她繼續求學並表示家裡很需要她。於是她回到密爾沃基，完成了高中學業，而且如願以償地進了密爾沃基師範學院。但此時她的興趣已經從教書轉向了猶太復國主義運動。她參加了一個猶太勞工組織（錫安山工人黨），並經常在街頭散發傳單、發表演講。1917 年，她從師範學院畢業。她沒有尋找教職，而是在勞工組織裡做了一名週薪 15 美元的工作人員。不久，莫里斯也來到密爾沃基，兩人於 1917 年 12 月 24 日結婚。在過去幾年裡，果爾達越來越認定自己的未來屬於猶太民族自己的家園。1921 年，她說服了丈夫一同移居巴勒斯坦。

　　到達特拉里夫之後，果爾達和莫里斯選擇了那扎里斯南部一個猶太人的集體農莊。那裡有大片的沼澤，瘧疾橫行，生活十分艱苦。她養過雞，種過樹，還管理過食堂。惡劣的生活環境嚴重損害了莫里斯的健康，他們不得不搬回特拉維夫，最後在耶路撒冷定居。她繼續參與勞工運動同時還在後來的以色列總工會工作。但隨著兩個孩子的出生，她不得不辭職回家，並靠洗衣來貼補家用。那幾年是她一生中最困難的一段時期。1928 年，果爾達回到工會，擔任婦女勞動

委員會書記。一方面，她得以為實現自己的社會和政治理想而工作，而另一方面，繁忙的事務讓她無暇顧及家庭和孩子，與丈夫的關係也漸漸疏遠。1933 年，她與莫里斯分居。1951 年，莫里斯去世。他在生前曾經說：「我來到巴勒斯坦是為了和果爾達在一起，但她卻從不在家。」

30 年代，果爾達多次往返於巴勒斯坦和歐美之間，為巴勒斯坦的猶太人尋求捐助。同時，作為世界猶太復國主義大會的代表，她還親自協調和管理一些互援專案以及醫療服務設施。二戰結束後，她成為巴勒斯坦猶太辦事處的負責人。1939 年，巴勒斯坦的統治者英國政府宣佈限制進入巴勒斯坦的猶太人口。隨著納粹德國的崩潰，大批猶太人流落在世界各地的難民營裡。為此憂心如焚的她不斷與英政府進行抗爭，並想方設法幫助猶太難民潛入巴勒斯坦。1947 年，她看望了困在賽普勒斯島難民營的孩子。由於她堅持不懈的努力，英政府終於同意放寬猶太兒童移民的名額。這一切讓她更充分地認識到猶太人爭取政治獨立的迫切性。

1947 年 11 月 29 日，聯合國特別委員會投票同意以色列獨立。次年 1 月，果爾達受命前往美國為即將到來的獨立募集資金。她在全美各地巡迴演講，短時間內就籌集了五千多萬美元，比預期目標多了一倍。回到巴勒斯坦後，她又喬裝前往鄰國約旦與國王阿布杜拉會面，希望得到約旦不與以色列對立的承諾。但沒有成功。

1948 年 5 月 14 日，以色列宣佈獨立。果爾達多年的夢想終於實現了。第二天，這個新生的國家遭到了阿拉伯國家的武裝襲擊。她再度被派往美國籌款。不久，她被任命為以色列駐蘇聯全權大使。在莫斯科，果爾達來到那裡唯一的一個猶太教堂。她的出現極大鼓舞了蘇聯的猶太人，幾萬人走上街頭，歡呼猶太人自己國家的成立。短短的六個月之後，

果爾達因當選為以色列內閣成員而離職回國，隨即又被任命為勞工部長。當時以色列面臨的最迫切的問題就是大量新移民的住房和就業。她上任後努力提高移民的生活水準，為所有公民提供保險和教育。在她的策劃和推動下建成了三萬多個一室單元和兩萬多套低價公寓，使廣大移民有了安身之處。對此，果爾達一直感到十分欣慰。

1956 年，以色列總理本·古里安任命果爾達出任外交部長。在她任職的十年期間，她曾多次前往聯合國闡述以色列的主張和立場，先後會見了美國總統甘迺迪和詹森，為以色列取得了美國在道義、軍事和經濟上的支持。同時，她還致力於同非洲主要國家發展政治和經濟關係，並且在工農業方面為非洲提供人才培訓。常年勞累讓果爾達的健康狀況日益惡化。

1966 年，她辭去了外交部長一職，但隨後迫於以色列工黨內部的形勢需要擔任了工人黨總書記。1968 年 8 月，她再度以年高體弱為由提出辭職。然而短短幾個月之後，以色列總理艾希科爾因病突然去世。為了避免內閣兩大陣營的衝突。她又一次臨危受命，以七十高齡出任臨時總理。1969 年 10 月，果爾達正式當選為以色列第四任總理。

上任之後，果爾達以她特有的幹練果斷和超人的精力處理國家事務。她從來沒有在任何重大決策上遭到過內閣成員的反對。在她的領導下，以色列的經濟得到迅速發展。1967 年，聯合國制訂的停火協議名存實亡。她親自前往美國與尼克森總統會晤，得到了美國確保以色列安全的保證。同時。她又說服以色列內閣接受美國有關停火和與阿拉伯各國進行和平對話的建議。她的外交政策受到內閣激進派與溫和派以及全國民眾的普遍支持。然而，1973 年，以色列在毫無準備的狀態下遭到埃及、巴勒斯坦和敘利亞遊擊隊的武裝襲

擊，傷亡慘重。她在對邊界局勢判斷上的失誤受到舉國上下的嚴責。1974 年，果爾達引咎辭職。

在政治上嚴厲、強硬、不屈不撓的果爾達在以色列人心目中卻具有典型的猶太母親的特徵，因而被稱為「我們的果爾達」，也就是「以色列建國之母」。

1978 年 12 月 8 日，果爾達 • 梅爾在耶路撒冷走完了她波瀾壯闊的一生，享年 80 歲。

果爾達 • 梅爾的一生與美國密切相關。美國今天的中東政策和對以色列的支持很大程度上是她一手創建的美以外交關係的延續。作為猶太民族的傑出代表，她至今對美國乃至全世界的猶太人有著深刻的影響。

在半個世紀的政治生涯中，果爾達是以色列獨立和自由的堅定不移的捍衛者。但同時，她又反對一切形式的恐怖活動，自始至終把和平作為最終目的。她曾經說：「即使在勝利時我們也不想要戰爭。我們不會因打勝仗而歡慶。當以色列的土地上長出新品種的棉花，當草莓豐收的時候，我們才為之歡欣鼓舞。」

▌貝內特 · 瑟夫

藍登書屋的創辦人

　　貝內特 · 瑟夫（Bennett Cerf）是世界知名的出版社藍登書屋的創建人之一。1898 年 5 月 25 日，瑟夫出生於紐約市的一個猶太家庭，父親是一個印刷工人。儘管母親有娘家傳下的財產，但父親始終堅持用自己微薄的工資維持一家人的生活。瑟夫 15 歲時，母親因難產去世，給他留下了一筆數目不小的遺產。上高中期間，瑟夫對經商產生了濃厚的興趣，曾經一邊在商業專科學校修課，一邊給一家會計師事務所打雜。

　　1915 年，瑟夫進了哥倫比亞大學的新聞學院。他很快加入了校報的編輯工作，同時為其中的「漫步者」專欄撰稿。第二年，他成為由學生們主辦的幽默雜誌《笑話大王》的主編。在他的建議下，《笑話大王》增添了圖書評論欄目。第一次世界大戰期間，瑟夫應徵入伍，學業暫時中斷。退役後，他重返哥大，於 1919 年和 1920 年分別獲得藝術和文學兩個學士學位。

　　大學畢業後，瑟夫在華爾街的一家經紀公司找到一份差事，同時為《紐約先驅論壇報》撰寫投資諮詢專欄。幾個月之後，他在專欄中告誡讀者不要給某破產公司投資，引起對

方抗議，他隨即遭到解雇。他一面繼續做經紀人，一面尋找更適合自己的職業。

1923 年，瑟夫的一位大學同學辭去了邦尼－利弗萊特出版社副社長的職位，並且推薦瑟夫接替了自己的工作。兩年之後，瑟夫與好友唐納德・克洛弗共同買下了利弗萊特所擁有的「現代圖書館」系列的出版權。瑟夫與克洛弗性格迥異，分工也不同。瑟夫熱情洋溢、精力充沛，負責編輯；克洛弗沉靜穩重、周到細緻，負責財務和生產。二人相輔相成，一心要將「現代圖書館」辦出自己的特色來。「現代圖書館」系列開本小，價格低，以重印歐美古典文學名著為主。在紙封面的平裝書問世之前，這類書深受普通讀者尤其是大學生的歡迎，銷路一直很好。但瑟夫與克洛弗不滿足於僅僅是賺錢，常常商量著在重印「現代圖書館」的作品之外還要出版自己的書。瑟夫為出版社起名為「藍登書屋」。1926 年，藍登書屋正式宣告成立。

1928 年，藍登書屋的第一本書、裝禎精美的《贛第德》（伏爾泰著）隆重出版。隨後出版的也多是精裝的文學經典作品，如麥爾維爾的《本尼特・賽里諾》和但丁的《神曲》。但一年之後，美國股市崩潰，經濟一蹶不振，高價的精裝書頓時無人問津。藍登書屋靠著 95 美分一本的「現代圖書館」系列才在大蕭條時期得以生存。

1933 年，美國著名劇作家尤金・奧尼爾向瑟夫力薦自己的編輯老友薩克斯・科敏斯，並以此作為自己的作品在藍登書屋出版的唯一條件。科敏斯以他出色的才華和人品為藍登書屋後來的成功作出了很大貢獻。與奧尼爾同時成為藍登書屋作者的還有著名詩人羅賓・傑弗斯。

與奧尼爾和傑弗斯簽約後。瑟夫乘船前往歐洲與愛爾蘭作家詹姆斯・喬伊斯商談在美國出版喬伊斯的代表作《尤

利西斯》的事宜。返回紐約時，瑟夫攜帶的《尤利西斯》一書被美國海關以語言污穢為名禁止入境。瑟夫將海關告上法庭，又請了名律師為該書辯護。1933 年 12 月 6 日，聯邦法庭宣佈《尤利西斯》在語言上並無污穢之處。不僅如此，法官約翰 · 伍賽還指出：「就喬伊斯在此書中為自己定下的目標的難度以及他所獲得的成功而言，《尤利西斯》不愧為一部了不起的傑作。」

　　這一歷史性的判決不僅是出版業在衝破審查制度、捍衛言論自由上的重大勝利，而且讓藍登書屋名聲大振。1934 年，《尤利西斯》在美國首印出版，瑟夫將伍賽法官的結論作為該書的引言。此後，藍登書屋還出版了法國作家普魯斯特、美國作家葛楚 · 史坦、英國詩人奧登和斯彭德的作品。

　　1936 年，藍登書屋與哈斯—史密斯出版社合併。但史密斯不久後退出，出版社由瑟夫、克洛弗和哈斯三人共有。這一合併讓藍登書屋獲得了威廉 · 福克納、羅伯特 · 格雷夫斯、愛德格 · 斯諾、愛扎克 · 迪南森、安德內 · 瑪律羅等美國和歐洲的優秀作家。藍登書屋的名望也吸引了不少資深編輯的加盟以及與他們有合作關係的作家，進一步壯大了藍登書屋的作家陣容。

　　性情開朗而又善於結交的瑟夫花費大量時間和心思維護與作家們的關係。他一方面竭盡全力給予他們支援和幫助，另一方面也以與這些文化名人交往為榮。瑟夫深知出版社面臨賺錢和品位的兩難處境。如他自己所說：「每一個出版家都認為自己是一個理想主義者，但理想主義往往被拋在腦後。」瑟夫堅持出版高品位的詩歌、散文和明知不會賺錢的新人作品。對他而言，這才是一個真正理想主義者的責任。

　　1940 年，瑟夫與菲麗絲。弗雷澤結婚。這是瑟夫的第二次婚姻。菲麗絲給藍登書屋帶來了新的變化。在她的建議

和參與下，藍登書屋開始製作一套專門為兒童創作的有關美國歷史的書籍——「里程碑叢書」，這套由知名作家撰寫的系列叢書出版後獲得了極大成功。此外，菲麗絲還邀請著名兒童作家蘇斯博士和夫人海倫共同創辦一個專門出版學齡前兒童讀物的出版公司，由藍登書屋發行。蘇斯博士寫的故事如《帽中貓》全書二百二十三字，幽默簡潔、朗朗上口，很快成為家喻戶曉的名作。一次，瑟夫與蘇斯博士打賭，願用五十元換他用五十個字寫出的一個故事。結果蘇斯博士接受了瑟夫的挑戰，僅用五十字便寫出了膾炙人口的《綠蛋與火腿》。這本書曾經名列最受兒童喜愛的一百部作品的第三名，至今仍流傳不衰。

1942 年，克洛弗參加了空軍，藍登書屋的事務幾乎都落在瑟夫肩頭。二戰期間，蘭登書屋出版了一系列與戰爭有關的作家作品，如昆丁‧雷諾、約翰‧鞏特爾等人的著作。對幽默小品一貫情有獨鍾而且自己也常常妙語聯珠的瑟夫親自編輯並創作了《袖珍本戰爭幽默》和《幽默小品軼事集》。後者一度名列暢銷書榜首，為戰爭硝煙中的廣大士兵和後方的讀者送上了輕鬆的笑聲。1947 年，藍登書屋出版了《美國學院詞典》。

儘管瑟夫主要負責出版社的編輯事務，但在藍登書屋歷史上的幾次重大決策中他都表現出了一個企業家出色的商業直覺和遠見，也許這和他當年在華爾街做經紀人的經歷不無關係。1960 年，藍登書屋買下了最為瑟夫景仰的、以品位高雅著稱的沃爾夫（Knopf）出版社。沃爾夫夫婦成為藍登書屋的董事會成員，沃爾夫仍然保留自己在作品出版上的獨立性。第二年，著名的萬神殿出版社（Pantheon Books）也被藍登書屋納入名下。萬神殿的作家之一波里斯‧帕斯捷爾納克因長篇小說《齊瓦戈醫生》而榮獲諾貝爾文學獎。

　　1965 年，瑟夫將藍登書屋賣給了美國無線電公司
（RCA）。在談判過程中，雙方出的價格大約相差一百萬元。
RCA 總裁建議第二天再繼續洽談。瑟夫卻出人意料地表示
自己將和夫人一起按原計劃外出度假。對方在措手不及中不
得不同意了瑟夫的全部條件。藍登書屋最終以四千萬元售出
並保留所有的編輯權，瑟夫則如願以償地為自己的出版生涯
劃下了一個圓滿的句號。

　　瑟夫與在他之前和同時代的同行們的一大區別在於，他
並沒有生活在文學藝術的象牙塔中，而是熱衷於出版業之
外的活動。瑟夫曾經為數家刊物撰寫專欄文章，其中他的
幽默小品專欄「看準擋得住我」被幾百家報紙轉載。二戰期
間，他做過廣播電臺的節目主持人，專門採訪與戰爭文學有
關的作家。從 1951 年到 1967 年，瑟夫在哥倫比亞廣播公司
（CBS）的猜謎節目「我該說什麼」中擔任評委，他機敏風
趣的表現給觀眾留下了深刻的印象。隨著這個節目在全國走
紅，瑟夫也成了家喻戶曉的明星。對此，他不無得意地抱怨：
「我不得不提醒人們，我是一個出版家。」

　　將藍登書屋賣掉後，瑟夫和夫人一直閒居紐約郊區家
中。1971 年 8 月 27 日，瑟夫去世，享年 73 歲。他生前熱
衷於與文學名流交往，喜歡做拋頭露而的公眾人物，因此曾
被人批評為附庸風雅、愛慕虛榮。

　　他死後，回顧他的一生和藍登書屋輝煌的業績，《紐約
時報》在頭版唁文中稱瑟夫為「美國文學和文化生活強有力
的塑造者」。《星期六評論》莊重宣稱：「他對自己的事業
盡心竭力，每一個與書籍有關的人都應該感謝他。」

▍喬治・蓋希文

《藍色狂想曲》的作曲人

1890 至 1930 年間，美國的流行音樂領域呈現出前所未有的繁榮景象。在紐約百老匯與第五大道之間的錫盤巷一帶，大大小小的音樂出版社如雨後春筍般湧現，有名與無名的作曲家們帶著作品頻繁出入，音樂舞臺上和私人沙龍裡，散拍樂、浪漫情歌、諧謔小曲等等不絕於耳。

喬治・蓋希文（George Gershwin）便是錫盤巷時代最成功、最才華橫溢的一位作曲家。

喬治・蓋希文的父母都是俄國猶太裔移民，在紐約相遇後結婚，並生了一兒一女。喬治於 1898 年 9 月 26 日出生在布魯克林。他從小性格活躍，喜歡運動，但對上學並不熱衷。他 12 歲那年，父母為愛好文學和閱讀的哥哥艾拉買了一架鋼琴，卻不期而然引發了喬治對音樂的興趣。在學了幾年鋼琴之後，他從高中退了學，跑到錫盤巷的一家音樂出版社打工。那年他只有 15 歲。

在廣播和電視成為傳播音樂的主要管道以前，樂譜是唯一的方式。音樂出版社從作曲家那裡買來樂譜，再雇用喬治這樣的樂手在店裡反覆彈唱這些曲子。長時間在鋼琴上演奏

不僅提高了喬治的技巧，而且讓他接觸到大量的歌曲，對什麼樣的歌曲受人歡迎有了一定的瞭解。這期間，喬治開始自己創作歌曲。1916 年，他出版了第一首歌《心想事成》。1917 年，他離開音樂出版社到百老匯發展，到 1918 年底，已有三齣百老匯舞臺劇採用了他的歌曲。

1919 年，他成功地為音樂劇《露西爾》全劇作曲。同一年，由他譜曲的歌《斯旺尼》一炮而紅，使他成為百老匯最令人矚目的作曲家之一。在接下來的幾年裡，喬治 · 蓋希文又陸續創作了多部在百老匯和倫敦上演的歌劇，其中《女士，發發善心》由他的哥哥艾拉 · 蓋希文填詞，從此開始了兄弟兩人成功而默契的合作。

1924 年，著名歌舞樂隊領隊保羅 · 懷特曼請喬治為他的樂隊譜曲。在短短三個星期內，喬治寫出了《藍色狂想曲》。2 月 12 日，《藍色狂想曲》在紐約伊奧利安音樂廳首演。這首被稱為「交響爵士樂」的樂曲把爵士樂的節奏和藍調音樂的旋律通過交響樂式的編曲加以演奏，是在古典音樂框架中運用流行音樂的首次嘗試。喬治 · 蓋希文在作曲之外還在演出中擔任了鋼琴獨奏。儘管人們普遍認為這是喬治的創作向古典音樂轉移的標誌，但實際上早在 1915 年，喬治 · 蓋希文就已經開始系統學習和聲、配合旋律、管弦樂譜曲和音樂形式等古典音樂的基礎理論和技巧。並寫過一些短小的作品。《藍色狂想曲》受到觀眾的好評和評論界的關注。充分顯示了喬治作為作曲家的創造性和多面性。這首優美抒情的樂曲至今仍是美國乃至世界其他國家大型交響樂團的標準曲目。

《藍色狂想曲》獲得成功之後，喬治將更多的時間放在供音樂會演奏的音樂上。他一方面繼續音樂理論的學習，一方面致力於創作。1925 年，他應紐約交響樂團之邀寫出了

《F 調協奏曲》。1926 年，他創作了三首《鋼琴前奏曲》。1928 年，他在巴黎停留了三個月，隨後完成的音樂交響詩《一個美國人在巴黎》把聽眾帶到了 20 年代巴黎的街頭。這部作品經紐約交響樂團首演後，又陸續成為美國各大交響樂團的演奏曲目。

在拓展自己的音樂創作領域的同時，喬治繼續活躍在音樂劇舞臺上。30 年代，他與艾拉合作寫出了《女兒迷》、《為你而歌》等多部音樂劇，其中不少歌曲至今仍然流行。

1935 年，喬治開始著手創作歌劇《波吉和貝絲》。在這部以美國南部黑人貧民窟為背景和主題的作品中，喬治將黑人民間音樂與傳統歌劇音樂糅合在一起，譜寫出一出獨具特色的「美國民歌劇」。艾拉為全劇填寫了歌詞。《波吉和貝絲》於 1935 年 10 月在紐約上演。但由於票房收入不佳，很快就停演了，甚至連成本都未能收回來。令人遺憾又欣慰的是，這部作品在喬治・蓋希文死後逐漸受到重視和好評。它不僅是美國第一部反映美國少數族裔生活的音樂作晶而且被公認為是美國作曲家所創作的最成功的一部歌劇。

1930 年和 1936 年，喬治先後兩次應邀前往好萊塢參加電影製作。他與艾拉一起為多部影片譜寫了插曲，包括《我愛的那個人》、《有人保護我》、《我踩上了節奏》等。這些歌曲讓喬治成為最走紅的作曲家之一。在好萊塢期間，喬治沒有中斷學習和創作嚴肅音樂，《藍色狂想曲之二》和《古巴前奏曲》就是那時完成的。

喬治・蓋希文的猝死是美國音樂史上最令人震驚的事件之一。1937 年上半年，他不時感到頭暈而且情緒低落。7 月 9 日，他突然陷入昏迷。醫生在他腦子裡發現了一個腫瘤並做了緊急手術。但他沒有從手術中蘇醒過來，7 月 11 日，喬治・蓋希文溘然長逝，年僅 38 歲。

　　喬治・蓋希文在短暫的音樂生涯裡創作了幾百首歌曲。從錫盤巷到百老匯到好萊塢，他的歌曲不僅贏得了與他同時代聽眾的喜愛，而且不斷出現在今天的廣告、電視和電影裡。喬治的旋律既抒情又富有節奏，與哥哥艾拉犀利而感情真摯的歌詞相得益彰，在美國流行音樂史上留下了令人難忘的聲音。與其他錫盤巷時代的作曲家不同的是，喬治・蓋希文在音樂上的造詣和創造性沒有局限於流行歌曲領域。他在自己的嚴肅作品裡將傳統上互不相通的流行音樂和古典音樂有機地融合在一起，在西方歌劇中引入了黑人民間音樂，創作出打上了美國烙印的經典音樂作品。

▍露易絲・內夫森

特立獨行的女雕塑家

　　20世紀的美國出了一位超凡脫俗、特立獨行的女雕塑家，她的名字叫露易絲・內夫森（Louise Nevelson）。

　　每一個見到露易絲的人都會對她留下深刻印象。她眼睛周圍是一圈圈又粗又黑的假睫毛，勞動布工作服的外面會套著一件中國繡花袍子，下面會穿一件墨西哥長裙，有時頭上還會帶著一頂鴨舌帽。她從頭到腳散發著藝術家的氣質，處處顯示出與眾不同的鮮明個性。如果要她解釋為什麼會如此不拘小節，她會把一句話拋給你：「一個人好不容易降臨人世，愛怎麼活就怎麼活罷。」

　　1900年9月23日，原名麗婭・波里亞夫斯基的露易絲・內夫森出生於俄國離基輔有五十英里的一個猶太人聚居的小鎮。1902年，父親隻身前往美國。這對只有兩歲的麗婭打擊很大，她有兩年多的時間都不肯說話，但卻因此培養出了超人的觀察力。1905年，父親把全家人接到了美國。一到波士頓，他們的一位親戚就給麗婭和她的哥哥妹妹各取了一個英文名字，麗婭也就變成了露易絲。

　　在緬因州的洛克蘭定居下來後，露易絲的父親開了一個

鋸木廠，常常把一些木頭的邊角零料帶回家。露易絲不光把它們當玩具，還在上面又刻又畫。這也可能是日後她成了雕塑家之後對木料情有獨鍾的原因。

儘管父親的生意不錯，還幹起了房地產開發的生意，但是身為移民，又是猶太人，他們被排除在美國人的社交圈之外。再加上他們說的是意第緒語，所以和當地的猶太人也少有往來。幼年的露易絲生性十分羞怯，對學校的功課不感興趣，但從小就立志要當一名藝術家，也從小就覺得自己是一個與眾不同的局外人。好在她有一個溫暖的家，思想開通的父母非常鼓勵她的藝術追求。她在課餘時間上舞蹈、鋼琴和聲樂課，學習素描、油畫和水彩畫，年紀輕輕就開始穿自己設計的衣服。

1918 年，高中畢業的露易絲和比她大 20 歲的紐約商人查爾士．內夫森訂了婚。兩年後結為夫妻，搬進了紐約中央公園附近的一所公寓。又過了兩年。他們的兒子邁克出生。丈夫希望她在家裡當一位全職母親，而露易絲不甘心只扮演賢妻良母的角色。她對藝術的興趣不減當年，投到名師門下繼續學習繪畫和聲樂，還選修了戲劇表演課。在這同時，她對哲學和比較宗教發生了濃厚興趣。等到邁克讀小學後，她乾脆當起了藝術學院的正式學生，連晚飯都常常不回家吃，夫妻間的矛盾也日益增大。

1931 年，用露易絲的話說，她給了自己「一份厚禮」。她離開了丈夫，把兒子託付給自己在緬因州的家人，隻身一人遠走德國慕尼黑，師從著名藝術家漢斯．霍夫曼學習繪畫，在立體主義繪畫技巧上頗有收穫。一年後，納粹關閉了霍夫曼的學校，露易絲又先後去了柏林、維也納和巴黎。在巴黎，畢卡索的立體抽象畫讓她深深著迷，人類博物館裡的非洲雕塑也給她留下了深刻印象。

　　1932 年，露易絲回到紐約繼續學習藝術，並開始了她的雕塑創作。這時，墨西哥的著名藝術家迪埃戈・里維拉應邀在紐約的洛克菲勒中心創作帶有社會批判主題的巨型壁畫，露易絲擔任他的助手。

　　1933 年，露易絲和丈夫分手的那一年，紐約的布魯克林博物館第一次展出了她的雕塑作品。在她的作品裡可以看到多種影響的交融，既有畢卡索、立體主義、表現主義的影子，又有非洲雕塑的痕跡，還能見到中美洲阿茲特克文化和瑪雅文化裡富有神秘意味的幾何形狀。最初，她使用的材料大都是石膏、赤陶、大理石、青銅和木料。作品始終賣不出去，她只好把它們賣給自己的藝術家朋友。因為缺少經費，她的很多石膏模型都沒能打鑄成銅器作品。

　　1941 年，露易絲和丈夫正式離婚。這時她雖然已經小有名氣，但是經濟拮据，到了山窮水盡的地步。在萬般無奈的情況下，她找到享有盛譽的尼爾森多夫畫廊的老闆，請他上門參觀自己的工作室。卡爾・尼爾森多夫見到她的作品後大為讚賞，為她舉辦了生平第一次個人展。可是展出的作品卻一件也沒能賣出去，她把它們全部搬回了家，因為沒有地方存放只好銷毀了將近二百件繪畫和雕塑品。從這之後卡爾成了她的密友，在事業上大力扶助她。1947 年卡爾心臟病突發去世，露易絲再一次陷入困境。

　　從 40 年代到 50 年代，露易絲的創作風格發生了很大的變化。她在自己的雕塑作品中採用邊角木料，把它們搭拼成富有立體動感的藝術品，放進前面開口的方盒子裡，再像泥匠砌牆那樣把盒子層層相疊。

　　在她看來，藝術無所不在，一個有創造性的人總能在平凡中發掘藝術。她把大部分作品都漆成黑色，讓它們披上一層沉默神秘、如夢如幻的面紗，許多評論家因此而把她的作

品稱為「黑魔」藝術。她有時也用清一色的白色或金黃色，通過單一顏色來抹淡她選用的雕塑材料，尤其是廢棄材料的本來面目。

從 1955 年到 1958 年，她連續四年在紐約舉辦具有不同主題的個人展：「古老遊戲、古老地方」、「皇家出遊」、「森林」和著名的「月亮花園」。在「月亮花園」的藍色燈光下，排列成牆狀的 116 個黑匣子和藏身其中的對象組成了一首首光與影的交響曲。

1959 年，她在紐約現代藝術博物館的十六人展中展出了一個巨型作品「拂曉的婚宴」，全白的婚禮教堂和結婚蛋糕有十六英尺之高。她展出的部分作品分別被惠特尼博物館、布魯克林博物館和現代藝術館買下，露易絲也一躍而進入美國大藝術家的行列。

進入 60 年代，她在藝術上不斷推陳出新，鋁片、瓷鈾、塑膠、塑膠貼面、有機玻璃、聚脂松脂等工業材料都被用進了她的雕塑作品。

1962 年，她推出金黃色的牆狀雕塑「拂曉」，作品裡甚至用上了棒球棍和槍托。同一年，在威尼斯的雙年展中，美國展廳裡的三個房間專門用來陳列露易絲的黑色、白色和金黃色的牆狀雕塑。

1964 年，她完成了凝重肅穆的黑色作品「向六百萬亡靈致意」，紀念在二戰中被納粹殺害的猶太人。1967 年，惠特尼美國藝術館舉辦了露易絲・內夫森藝術回顧展。從 1964 年開始，她花了 13 年時間完成了一件超大型的木房「環境」作品「N 夫人的宮殿」，後來把它捐給了紐約的大都市博物館。

1969 年，露易絲應普林斯頓大學的邀請完成了她的第一件大型戶外作品「氣氛和環境第十號作品」。她最有名的

戶外作品是曼哈頓「露易絲‧內夫森廣場」上一組「影與旗」的鋼雕。到了 80 歲以後，她仍然每年創作出 40 至 50 件雕塑品，是一位地地道道的高產藝術家。

今天，在大都市博物館、現代藝術館、猶太博物館、布魯克林博物館和惠特尼美國藝術館裡都能見到露易絲‧內夫森的雕塑，世界各地很多著名的博物館裡也收藏了她的作品。1978 年，她入選美國文學藝術院的院士，並獲得該院 1983 年的金質獎章。哈佛大學和史密斯學院都授予她榮譽博士學位。1985 年，她因為對美國藝術作出的傑出貢獻而獲得雷根總統頒發的國家藝術獎章。

1988 年 4 月 17 日，露易絲‧內夫森在紐約蘇活區自己住了 30 年的家中去世，享年 88 歲。

▌阿隆・科普蘭

美國音樂傳統的開創者

　　美國著名作曲家阿隆・科普蘭
（Aaron Copland）在自傳《科普蘭：
1900 — 1942》一書的開頭寫道：「對
一個作曲者來說，音樂是一種語言。在
樂譜背後，甚至在演奏出的各種聲音背
後，是情感在說話。」他以自己的音樂
賦予了美國獨特的音樂語言。它是美國
土地和人民的語言，是美國歷史和神話
的語言，它充滿著對一般美國人的感情和理解。

　　1900 年 11 月 14 日，科普蘭出生於紐約市布魯克林一
個俄國猶太移民的家庭。父親是一家百貨商場的老闆。科
普蘭很早就顯露出音樂天賦。他 8 歲時寫了第一首歌，但直
到 13 歲才開始正規的音樂訓練。儘管科普蘭起步較晚，他
在音樂上的悟性和勤奮卻讓他後來居上。15 歲時，他已經
立志自己作曲，因此高中還未畢業便開始在魯賓・格爾德
馬克門下學習和聲、旋律配合和作曲。四年後，格爾德馬克
傳統保守的風格已經無法滿足年輕的科普蘭對音樂的追求，
1921 年，科普蘭前往位於法國楓丹白露的美國音樂學院，
成為著名作曲大師納迪雅・布朗熱的學生。

　　此時，藝術之都巴黎正熱烈地醞釀著新的潮流。移居歐

洲的作家艾略特和龐德、超現實主義畫家布拉克和恩斯特，法國「六人團」作曲家普朗克和米約紛紛在各自的藝術領域裡摒棄了傳統，大膽地標新立異。在這種純粹的現代主義氣氛滲透下，科普蘭寫出了他的第一部管弦樂作品《格拉夫》。

1924 年，科普蘭學成回國。離開巴黎之前，科普蘭應布朗熱之邀為她譜寫了一部管弦與風琴的合奏曲，布朗熱擔任其中的風琴獨奏。這部現代風格的作品在紐約首演後，評論家褒貶不一，聽眾們則感到既新奇又震驚。科普蘭清楚地認識到自己作品中歐洲風格的痕跡，決意用美國特有的音樂語言進行創作。

多年後，他在接受《紐約時報》的採訪時回憶道：「我充分意識到法國作曲家和德國作曲家有怎樣的區別，伊格爾・史特拉文斯基聽上去多麼有俄國情調。我十分迫切地想要寫出具有獨特美國風格的嚴肅音樂作品。」

1925 年和 1926 年，科普蘭先後創作了《戲劇樂曲》和《鋼琴協奏曲》，並在其中融入了爵士樂。但評論家們認為他的努力過於人工化，作品中的爵士樂成分聽上去更像是具有美國特徵的符號而不是個人情感的表達。

在創作之外，科普蘭還大力向公眾介紹和推廣其他年輕美國作曲家的作品。1928 年，他與作曲家羅傑爾・賽森聯合舉辦了科普蘭—賽森系列音樂會，連續數年為紐約聽眾提供了欣賞和瞭解當代美國音樂的機會。

從 1932 年起，他組織並主辦了在紐約舉行的美國當代音樂節。與此同時，科普蘭的音樂風格再次發生了變化。這個時期的《交響樂頌》、《鋼琴變奏曲》、《交響樂短篇》等作品給人以抽象、單薄和空曠的感覺。它們不僅在演奏上有相當難度，而且其中突兀的節奏和不和諧的音調也往往讓聽眾感到費解和排斥。在探索中入，普蘭逐漸認識到音樂應

該面向更廣大的聽眾而不僅僅是音樂界的同行，而創作簡單通俗的作品恰恰對自己最具有挑戰性。

1936 年，一次墨西哥之行為科普蘭開闢了新的創作途徑。他寫出了以墨西哥民間音樂為基調的《墨西哥舞廳》，在聽眾中引起了熱烈的反響。在接下來的十年裡，科普蘭不斷從地域性音樂中獲取靈感。他把 19 世紀美國的民間音樂如新英格蘭地區的聖歌和西部牛仔音樂等融入自己的創作中，以簡單而富於表現力的音樂語言，表現出一種樸實自然的美國風情和「人的本質──他們的人性、羞澀、尊嚴和獨特的魅力。」（《科普蘭：1900-1942》）

科普蘭的新作為他贏得了前所未有的榮譽和更廣大的聽眾，但也招致了一部分音樂同行們的批評和嘲諷，認為科普蘭背叛了自己的音樂藝術。對此，他為自己辯護道：「贏得聽眾只是我創作這些作品的部分原因。就像我早年匆忙而就的爵士樂作品一樣，這些作品給了我一個嘗試更本土的音樂傳統的機會。我覺得我觸及了我們所迫切需要的音樂的自然本質。」

30 年代末和整個 40 年代是科普蘭創作的全盛期，他的作品包括了交響樂、芭蕾舞、歌劇、電影、歌曲、戲劇等廣泛的形式。科普蘭曾經為《人鼠之間》、《小城》、《北極星》、《赤駒》和《繼承人》等五部故事片配樂。他的音樂在為電影增色的同時又不掩蓋表演本身的光芒，成為後來電影配樂的楷模。

《泰晤士報文學增刊》將《人鼠之間》和《小城》中的音樂評價為有史以來最好的電影配樂。《繼承人》則獲得了奧斯卡最佳電影配樂獎。

科普蘭在芭蕾舞音樂上的成就比之電影有過之而無不及。他的傳記作者朱麗亞・史密斯寫道：「通過芭蕾的形式，

阿隆‧科普蘭以任何美國作曲家都不曾達到的當代音樂語言表現了我們美國傳統的實力、強大和信念。他為美國的國家藝術奠定了基礎，建立起一個公認的美國音樂傳統。」

科普蘭最著名的芭蕾舞音樂包括《男孩比利》、《賽馬表演》和《阿帕拉契亞之春》，其中《阿帕拉契亞之春》獲得普立茲音樂獎和紐約音樂評論家獎。

儘管在大眾音樂領域成就輝煌，科普蘭卻從未放棄對嚴肅音樂的探索，並且始終希望以精妙優雅的音樂得到具有深厚音樂素養的聽眾的欣賞和尊重。40 年代初，他創作了為音樂會譜寫的《鋼琴奏鳴曲》、《小提琴奏鳴曲》和《第三交響樂》，後者被紐約音樂評論家協會評為 1946—1947 年最佳管弦樂作品。此外，紀念美國總統林肯的交響詩《林肯肖像》和管弦樂《為普通人喝彩》也受到好評。

從 50 年代到 60 年代，科普蘭回到了他早年嘗試過的抽象前衛的風格。《鋼琴四重奏》、《鋼琴夢幻曲》和《內涵》是其中的代表作品。值得一提的是，科普蘭在 50 年代創作的《艾米莉‧狄金遜詩歌十二首》和歌劇《熱土》融合了嚴肅與通俗等不同風格，被列入他最優秀的作品行列。

科普蘭音樂生涯中的一個重要部分是音樂的教育和普及。從 20 年代中到 30 年代末，科普蘭在新社會研究院講授現代音樂。1940 年到 1965 年的 25 年裡，他擔任了波士頓交響樂團主辦的伯克舍音樂中心作曲系主任，指導過幾代美國作曲家。50 年代初，他在哈佛大學舉辦的音樂講座於 1952 年以《音樂和想像》為題結集出版。此外，他還對全國各地的聽眾介紹和宣傳美國現代音樂並發表了《怎樣聽音樂》和《我們的新音樂》等著作。

1970 年，科普蘭突然停止了作曲，轉而成為樂團指揮。十年後，他在一次接受採訪時說：「我自己也很奇怪我竟然

沒有任何失落感……我一定是已經很充分地表達了自己。我一點也不難受或者怨恨，只覺得曾經有過這麼長的時間進行創作非常幸運，而當這些都結束時也可以坦然接受。」

對此，《華盛頓郵報》為他作了如此的解釋：「科普蘭的地位已經相當於一座國家紀念碑，他只需存在著，讓人看得到便足夠了。」

1964 年，科普蘭成為美國第一位獲得總統自由勳章的作曲家。1979 年，他被授予甘迺迪中心榮譽獎，表彰他對美國文化的貢獻。1986 年，雷根總統向他頒發了國家藝術勳章。

1990 年 12 月 2 日，曾經幾度中風的科普蘭患肺炎去世，享年 90 歲。他的音樂生涯幾乎跨越了整個 20 世紀。《紐約時報》在悼文中指出：「在美國所有的古典音樂家中，沒有任何一位像科普蘭那樣打動過美國人的心弦。」

▍威廉・佩利

哥倫比亞廣播公司創始人

有人稱他為 50 年代美國電視界的巨頭，有人稱他為現代廣播業的鼻祖，也有人稱他為現代社會的建築師之一。他就是美國哥倫比亞廣播公司的創始人威廉・佩利（William S. Paley）。1928 年，威廉・佩利單槍匹馬創辦了哥倫比亞廣播公司（CBS）。在接下來六十多年的漫長歲月裡，威廉・佩利幾乎一直是哥倫比亞廣播公司的頭號決策人，為哥倫比亞乃至美國廣播電視業的飛速發展作出了舉世公認的貢獻。

1990 年，威廉・佩利因心臟病突發去世。之後，哥倫比亞廣播公司電視新聞主持人丹・拉特爾對他做出高度評價：「他是 20 世紀的商界巨人；他一生都追求卓越。」

1901 年 9 月 28 日，威廉・佩利出生於芝加哥一個富裕的猶太家庭。父母親從烏克蘭移民美國，父親十歲時便開始在雪茄廠當學徒，不出十年就辦起了自己的雪茄公司——國會雪茄公司。佩利高中畢業後進了芝加哥大學，但是全家搬到費城之後，他轉學進入了著名的華頓商學院。1922 年，佩利大學畢業後成了父親手下的一名雇員。他打雜、採購、招聘員工樣樣都幹，不但對各項業務瞭若指掌，而且成了公

司一名傑出的採購員和推銷員。不久，年紀輕輕的他當上了公司的副經理，享受五萬美元的年薪，這在當時幾乎是一個天文數字。1925年的夏天，他擅自作主拿出公司50元錢給費城的一家地方電臺WCAU做廣告贊助，節目用了公司「佩利娜」雪茄的名字。佩利的叔叔發現了公司的這項開銷後非常生氣，立即撤下了贊助，卻不料引起了聽眾的強烈不滿，讓佩利的父親大吃一驚。他一查帳目，發現電臺播出廣告期間佩利娜雪茄的銷售量大增。從此以後，國會雪茄公司成了WCAU電臺最大的廣告贊助商。

1928年，一家名叫「聯合獨立廣播者」的廣播公司因為財務問題而瀕臨倒閉，電臺的主人找上門來，於是佩利說服父親用將近五十萬美元買下了這家廣播公司，並改名為哥倫比亞廣播公司（CBS），剛滿27歲的佩利也順理成章地當上了CBS的總裁。當時，CBS最大的競爭對手是國家廣播公司（NBC）。NBC實力雄厚，有母公司美國無線電公司（RCA）做堅強後盾，而CBS儘管名下掛了包括WCAU在內的十幾家電臺，卻沒有一家屬於自己的電臺。

佩利於是立即對公司進行改組。為了把更多的電臺召到CBS的名下，他向電臺提供免費節目。作為交換條件，各電臺為CBS的贊助節目提供相應數量的時間段。這個貌似簡單的做法非常靈驗，到了1929年年初，CBS名下的電臺已經增至49家，在42個城市播出。廣告商也滿心歡喜，因為有這麼多的電臺輪流播出他們的廣告。這一年，佩利把CBS一半的股份以380萬美元的價格賣給了派拉蒙電影公司，紐約股市暴跌之後又以低價全數收回。為自己狠賺了一筆。

儘管CBS已經成了NBC的強勁對手，但是威廉・佩利的目標是爭當第一。為了達到這個目標，CBS必須有最優秀的節目並爭取到第一流的廣告商。他使出當推銷員的看家

本領，不但請到了煙草界大亨喬治 · 希爾這樣的電臺贊助商，同時把名演員法蘭克 · 辛那屈和威爾 · 羅傑斯等演藝界大腕召到了 CBS 的麾下。此外，他親自發現並招募了名歌手平 · 克勞斯貝和凱特 · 史密斯，還不惜血本把大批演員從 NBC 挖到了 CBS，他們當中有傑克 · 班尼、弗萊德 · 艾倫、喬治 · 彭思和格拉西 · 艾倫等大牌明星。在電臺節目的安排上，佩利更是技高一籌，在注重娛樂性的同時積極開發知識性和探索型的節目，極大地提高了 CBS 的聲望。30 年代末期，CBS 電臺富有創意的節目層出不窮，CBS 也變成了廣播業最高產的創作中心。

CBS 和 NBC 在娛樂節目上打得難解難分，佩利便開始在新聞節目上尋找新的突破口。他強調新聞的客觀性，要求新聞記者對各種觀點做不偏不倚的報導，而不是充當新聞分析員，表達自己個人的意見。他的新聞理念不但成了美國新聞報導的指南，而且還為 CBS 網羅到一大批優秀的新聞記者和新聞播音員，其中有愛德華 · 穆洛、查爾士 · 考林伍德、霍華德 · 史密斯和艾力克。西瓦里德，大大提高了 CBS 的形象。

40 年代末，CBS 的新聞收視率終於超過了 NBC 的收視率，但此時電視已經出現取代電臺之勢。和 NBC 相比，CBS 在電視上的起步要晚得多，但也製作了一些深受觀眾喜愛的電視劇，比如喜劇《我愛露西》和《全是一家人》。CBS 的晚間電視新聞主持人瓦爾特 · 克朗代爾則是美國人最信任的公眾人物。40 年代末期。CBS 借了一筆五百萬美元的貸款，和許多 NBC 的電視明星簽下合約。在很長一段時間裡，CBS 的收視率都一直高於它的競爭者 NBC 和美國廣播公司（ABC）。

1928 年，CBS 剛成立時還是一個舉步維艱的小公司，

而 55 年之後威廉 · 佩利從公司董事長的位置上退下來時，CBS 已經是一個年收入超過 300 億美元的超級媒體王國。

威廉 · 佩利在工作之餘還是一名藝術收藏家。他收藏有塞尚、畢卡索、高更、馬蒂斯、雷諾瓦等大師的作品，後來全部捐給了紐約現代美術館。1947 年，他和第一個太太離婚，旋即娶了美麗高雅的波士頓名媛芭芭拉 · 顧希恩為妻。在全世界服飾最佳女性排行榜上，芭芭拉連續十四年名列榜首。夫妻兩人喜歡在紐約第五大道的豪華公寓裡大宴賓客。他們在紐約長島擁有一座占地 85 英畝的莊園，在巴哈馬島上還另有一座莊園。

1990 年，威廉 · 佩利因心臟病突發去世，享年 89 歲。他的個人資產大約有五億美元，其中包括 CBS 百分之八的股票，價值三億五千萬美元。兩千多人參加了他在紐約的葬禮。《美國新聞和世界報導》週刊的一篇訃文寫道：「威廉 · 佩利的去世，標誌著美國廣播開拓期的終結。」──可見他是獨領風騷的一個典型人物。

▌馬克‧羅斯科

藝術哲理抽象表現主義大師

　　1970 年 2 月 15 日，馬克‧羅斯科（Mark Rothko）在紐約自己的畫室裡割腕自殺，這位美國抽象表現主義的代表畫家，在名氣如日中天時被憂鬱症奪去了生命。

　　羅斯科原名瑪律克斯‧羅斯科維茨，1903 年 9 月 25 日出生於俄國的德文斯克。羅斯科 10 歲時，做藥劑師的父親目睹猶太人在俄國的悲慘境遇決定舉家移民美國。羅斯科在西海岸的波特蘭市長大，是一個成績優異的學生。1921 年高中畢業後，羅斯科獲得了耶魯大學的獎學金。他最初的志向是成為一個勞工領袖，但讀了兩年，便離開了耶魯。

　　1924 至 1926 年，羅斯科在紐約的藝術學生協會選修了一些繪畫與人體方面的課程，而這就是他作為藝術家全部的專業訓練。在這期間。羅斯科開始接觸到歐洲的先鋒派藝術，特別是塞尚和立體主義畫家的作品。同時，他頻繁出入紐約大大小小的博物館和畫展，對美國畫家密爾頓‧艾弗里與法國畫家馬蒂斯的繪畫風格尤其欣賞。

　　羅斯科是一位自學成才的藝術家。他的作品從一開始就非常個性化。他最早的創作儘管表現的是傳統繪畫的內容如

風景、靜物、人體、肖像等，但表現主義的傾向已經初露端倪。1928年，他的作品第一次在紐約的機會畫廊展出。

1932年，羅斯科與珠寶設計師愛迪絲結婚，那時他的收入主要來自在布魯克林的猶太中心教孩子們美術。經濟大蕭條期間，聯邦政府建立了專門項目為藝術家們提供創作機會和經濟來源。羅斯科的創作反映了那個時代的社會政治氛圍與城市風貌。在他最具代表性的地鐵系列和街道系列作品中，人在空曠的都市環境和不安的室內建築中顯得壓抑而隔膜。1933年，羅斯科回西海岸探望家人時，波特蘭美術館為他舉辦了首次個人畫展。幾個月之後，他在紐約的第一個個人畫展在當代畫廊開幕。

1935年，羅斯科參加了紐約薩賽森畫廊的一個聯展，並與同時參展的其他畫家建立了一個名為「十人」的組織。年底，「十人」在紐約的蒙特羅斯畫廊舉辦了首次畫展。到1939年為止，「十人」每年都在紐約和巴黎集體展出作品。1938年，羅斯科加入了美國籍。兩年之後，他將自己的名字縮短為馬克 • 羅斯科並開始在作品上以此簽名，但直到將近二十年後他才通過法律手續正式改名。

40年代初期，羅斯科受歐洲的超現實主義和榮格的集體無意識思想的影響，對希臘和羅馬神話產生了濃厚興趣，認為原始的神話更能表現人類的思想和生活狀態。這個時期的代表作《鷹之兆》和《敘利亞公牛》以古代符號和局部的人體與動植物取代了早期作品中現實的畫面。

二次大戰期間，大批歐洲先鋒派藝術家流亡紐約，其中法國超現實主義畫家對羅斯科的影響最為突出。他的畫風比以往更加抽象。在《海邊的慢漩渦》、《章魚的誕生》等作品中，形狀各異的生物狀態在寬闊的彩色橫帶背景上彌散開來，暗示了人在不同層次上的潛意識。

　　1943 年，羅斯科與畫家戈特利布在《紐約時報》上宣告了自己的藝術信仰：「我們贊成用簡單的方式表達複雜的思想。我們偏愛大塊的形狀，因為它們具有不容含糊的力量……我們選擇平白的形式，因為它們摧毀幻覺、暴露真實。」

　　二戰結束後，羅斯科與愛迪絲離異並很快與兒童作品畫家瑪麗結了婚，他的作品在紐約的重要畫廊和博物館頻繁展出。40 年代後期，羅斯科認為自己以古代神話為內容的作品中，那些尚能辨識的人形已不足以充分表現人的心理狀態。因而從 1947 年起，他開始以純粹抽象的風格作畫。人體從他的畫面上徹底消失，代之以任意飄浮著的色彩明亮的形狀。

　　這期間羅斯科與紐約畫派的畫家們關係密切，後者不久之後便被稱為抽象表現主義流派。但羅斯科從來不認為自己是個色彩主義或抽象主義的畫家。他堅持自己的作品是用來表現「人類最基本的情感——悲劇、狂喜、宿命」，而顏色與抽象的形式只不過是傳達上述主題的載體。在羅斯科與其他紐約畫派畫家的影響下，紐約逐漸成為世界藝術的中心。

　　到了 1950 年，羅斯科最為人所知的風格已經完全成熟。紅、橙、黃、紫色的毛邊長方形上下平行，幾乎覆蓋了整個畫布。直到他去世前，羅斯科都保持了這一基本風格，只是每幅畫上，長方形的數目逐漸減至兩到三個。使畫面更加簡潔，從而「完全消除了畫家與主題、主題與觀眾之間的障礙」，而畫家本人則得以通過對色彩、光和大小的調整達到他想要創造的情緒。

　　先鋒派評論家們對羅斯科的新作給予了高度的評價，但傳統的評論家們則對他日益增大的畫幅與空曠的畫面表示了懷疑。1955 年 4 月 17 日，《紐約論壇》指出：「羅斯科的

畫越來越大但表達的內容卻越來越少。」對此羅斯科曾在不同場合做出了回答。他說：「有些畫家覺得要把一切都表現出來，但我不是。」「我畫大尺寸的作品是為了創造一種親密的狀態。」羅斯科後期的作品往往沒有標題或者僅僅以畫的顏色和編號命名。他的目的是讓觀眾在完全沒有先人為主的概念的狀態下進入畫面所表達的情緒。而他的畫越抽象，觀眾用傳統繪畫主題作為參考和引導的可能性就越小。

　　作品展出的環境與作品本身的大小明暗對羅斯科來說幾乎同樣重要。為了保證作品的主題與觀眾之間的透明度，他總是要求把自己的作品和別的藝術家的作品分開展覽。此外，他對照明的光線和作品之間的距離也往往有特殊的要求。1958 年，紐約的四季餐館委託羅斯科畫一組壁畫。在這組壁畫裡，羅斯科首次採用了橫向的畫布，並且讓背景色彩從長方形的中間部分顯露出來，而畫的顏色也比以往都暗。但羅斯科在對四季餐館作了實地考察之後，認為它豪華講究的環境與自己的壁畫極不相宜，因此沒有如約交畫，並退回了酬金。1969 年，他將其中部分作品捐贈給倫敦的泰特現代美術館。

　　1961 年，紐約現代藝術博物館為羅斯科舉辦了一個大型回顧展。羅斯科得以親自指揮展品的設置。他將展出的五十四幅畫很近地掛在一起。用極暗的燈光給予照明，使它們彷彿在黑暗中發出光來。紐約現代藝術博物館是現代藝術的權威評判者，在羅斯科之前，在世的藝術家中只有畢卡索和米羅等極少的幾位畫家獲得過類似殊榮。這次是他藝術生涯的頂峰，收藏家、經紀人、批評家蜂擁而至，甚至甘迺迪總統也親臨參觀。

　　從 1958 年起，羅斯科的畫變得越來越灰暗嚴肅，長方形柔和的毛邊也逐漸被剛硬的直線取代。1961 年，哈佛大

學委託他為校園裡的一個建築畫一組壁畫。羅斯科共畫了五幅，包括中間相聯的三幅和兩端的單幅。畫的色彩包括紅、黃、橙、黑、紫，與為四季餐館畫的那組壁畫風格相似。三年之後，羅斯科又一次應邀為休士頓的一座教堂作畫。這是一座無教派教堂，呈八邊形。羅斯科花了三年時間將這組壁畫完成。其中一半畫的畫面上是一個黑色的長方形浮在彩色背景之上，另一半則全部是黑色，只用了淡淡的一抹紫紅色稍作調和。羅斯科用抽象的形式創造了一個宗教的精神境界。這座教堂後來被命名為「羅斯科教堂」。

此時，羅斯科已經被憂鬱症所困。他將畫室的天窗用降落傘罩起來，製造出昏暗的效果。1968 年春，羅斯科患動脈瘤，手術後心情更加沮喪，體力也大不如前。他曾經一度放棄了用大型畫布作畫，轉而在小而輕的紙張上畫出明亮鮮豔的顏色。在他人生的最後階段，羅斯科仍然在嘗試新的表現形式。他最後的一系列作品中出現了兩塊大小相等的平行的長方形，周圍是一圈白色的空白。上方的長方形不是黑色便是棕色，而下方的長方形幾乎無一例外的是灰色。

1969 年，羅斯科的第二次婚姻破裂。一年之後，他終於不堪憂鬱症的折磨離開了人世。羅斯科生命的最後幾年正是他事業的鼎盛時期。1968 年。羅斯科被選為美國國家藝術文學院院士，並且成為具有國際知名度的藝術家。他的作品被博物館與私人競相購買，價值不菲。羅斯科一生都在尋找用繪畫表達人類情感的最有力的方式。他和他同時代的藝術家們共同定義了美國的現代藝術，為後代留下了寶貴的文化財富。

羅伯特·奧本海默

美國「原子彈之父」

　　1945 年 7 月 16 日，美國首枚原子彈在新墨西哥州的沙漠上空試爆成功。8 月 6 號，美軍在日本的廣島上空扔下了第一顆原子彈，8 月 9 號又對長崎扔下了第二顆原子彈。8 月 10 號，日本天皇宣佈日本無條件投降，第二次世界大戰正式結束。

　　毫無疑問，原子彈為提早結束二戰發揮了關鍵作用，而在研製原子彈中發揮了關鍵作用的則是美國的「原子彈之父」──羅伯特 · 奧本海默（Robert Oppenheimer）。

　　奧本海默 1904 年 4 月 22 日出生於紐約市一個殷實的猶太家庭，是家中的長子。他的父親 1888 年從德國移民美國，做布料進口生意，母親是一位畫家。他們住在曼哈頓哈德遜河畔的一個豪華公寓裡，牆上掛著梵谷、塞尚和高更的名畫。學生時代的奧本海默成績優異，小小年紀就迷上了數學和化學。11 歲的時候，奧本海默已經是一位礦石收藏家，還是紐約礦物學會年齡最小的會員，並在 12 歲那年做過一次成功的學術演講。他因為長得瘦弱，書呆子氣十足，常常被同齡的男孩欺負。

　　1921 年，奧本海默被哈佛大學錄取，但因為患結腸炎沒能在秋天入學。為了增強他的體質，他父親送他去新墨西哥州體驗騎馬等戶外活動，那裡特殊的地貌給他留下了十分深刻地印象。

　　1922 年，奧本海默正式成為哈佛大學的學生，他大量選課，理科之外還選了哲學、東方宗教、法國文學和英國文學等課程。用三年時間就拿到了哈佛大學化學專業的學位，並以第一名的優異成績畢業。這時的奧本海默已經對原子物理產生了濃厚興趣，畢業後他去了英國劍橋大學，在著名的原子研究中心卡文迪實驗室當研究生。因為做實驗的動手機會不大，奧本海默於 1926 年轉到德國的哥廷根大學師從麥克斯‧波恩學習理論物理，只用一年時間就獲得了博士學位，並且在量子論方面發表了不少論文。

　　1927 年至 1929 年間，奧本海默先後在母校哈佛大學、加州理工大學和荷蘭的萊頓大學等地做了進一步的研究。隨後，他在十幾所向他提供教職的大學中選擇了加州伯克萊大學和加州理工大學，每年在兩地輪流任教。他把一大批青年學子召集在自己的身邊，不久就把伯克萊大學變成了美國理論物理的研究中心。教學之餘，奧本海默繼續從事自己的理論物理研究，在天體物理、核子物理和光譜學方面均有建樹。同時，他在高能粒子、介子、正電子、電子碰撞、非週期性碰撞、宇宙射線等領域發表了不少重要論文，並且第一個提出了著名的「黑洞理論」。

　　奧本海默的知識面很廣，對包括藝術和文學在內的其他學科都有極大的興趣。他讀古典作品，讀小說、詩歌和戲曲，對語言也很有天賦，只學了六個月的荷蘭文之後就去荷蘭用荷蘭語做學術報告。30 歲那年，為了能夠用原文閱讀印度教的經文。他學會了閱讀第八種語言——梵文。

　　珍珠港事件爆發之前，美國科學家就已經在美國政府的授意下開始了研製原子彈的工作。1941 年，奧本海默主要做有關核爆炸的鈾量研究。1942 年 8 月。由美國陸軍負責的「曼哈頓計畫」正式啟動，奧本海默被任命為該計畫的科研主任，總經費達 20 億美元。他做的第一件事情就是把後來的氫彈之父愛德華 · 泰勒、漢斯 · 貝什等優秀理論物理學家召集到伯克萊大學，探討製造原子彈的可行性，他們得出的結論是原子彈的研製需要眾多科學家的通力合作。

　　奧本海默提議成立一個專門負責研製原子彈的實驗中心，並建議把實驗中心建造在早年給他留下深刻印象的新墨西哥州的沙漠上。同年 10 月，他受命擔任實驗中心的主任。1943 年，他把一大批精力充沛、才華橫溢、平均年齡只有 25 歲的科學家召到了自己的麾下。在新墨西哥州洛斯阿拉莫斯實驗中心工作的科學家和工作人員有 15 萬人，由奧本海默統一指揮。他事必躬親，既要保證硬體的到位，又要統籌安排人事調度，調解磨擦，還要解決數不勝數的理論問題和實際問題。

　　負責「曼哈頓計畫」的格羅夫斯將軍對奧本海默有這樣的評價：「他是一個天才，一個真正的天才……奧本海默是一個萬事通，他可以和你討論任何一個話題。」當時的國防部長亨利 · 西姆森也認為原子彈的研製成功在很大程度上得益於奧本海默的天賦靈感和領導才能。

　　1945 年 7 月 16 日，第一枚原子彈試爆成功，威力相當於一萬八千噸黃色炸彈。在五英里之外的控制室裡，奧本海默注視著冉冉上升的蘑菇雲，心中百感交集，腦海裡掠過了印度教經典《薄伽梵歌》克里希那穆提勸王子履行職責的一句詩：「我成了打碎世界的死亡之神。」

　　原子彈對廣島、長崎的毀滅性打擊讓奧本海默看到了核

武器對人類的巨大威脅。他對杜魯門總統說：「我覺得我們的手上沾滿了鮮血。」杜魯門總統的回答是：「沒關係，把手洗一洗，血就沒了。」

1945 年 10 月，奧本海默辭去洛斯阿拉莫斯實驗室的主任職務，回到了伯克萊大學。1947 年，他接替愛因斯坦出任普林斯頓大學高級研究所的所長。在這同時，他又是美國原子能顧問委員會主席。1949 年，蘇聯引爆了第一枚原子彈，愛德華・泰勒等人力主美國儘早試製氫彈，奧本海默和他領導下的原子能顧問委員會對這一建議持反對態度，但杜魯門總統最終否決了奧本海默的意見。1950 年，氫彈計畫正式出籠。

有趣的是，多年以來奧本海默儘管身居要職，卻一直受到美國聯邦調查局的監視，「曼哈頓計畫」實施的過程中他也一直是內部監控的對象。這是因為在 30 年代後期，奧本海默和許多經歷了經濟大蕭條的美國知識份子一樣，關心社會疾苦，思想上趨於激進。他在 1936 年結識的一位女友是美國共產黨員，並通過她認識了不少左派人士。奧本海默用父親留下的遺產給各種左派組織捐過款。

1940 年，他和生物學家凱薩琳・哈里森結婚，而凱薩琳和她在西班牙內戰中身亡的前夫也都是共產黨員。在這以後奧本海默慢慢斷絕了和左派組織的聯繫。1943 年，奧本海默獨自到舊金山和他以前的女友會面，從頭到尾都被美軍的反諜報官員跟蹤盯梢。同一年夏天，他披露他的一位朋友曾經想從他和其他科學家那裡為蘇聯挖取有關「曼哈頓計畫」的情報，再一次引火焚身。他對氫彈計畫的否定態度也讓美國政府對他的忠誠起了疑心。

1953 年 12 月，奧本海默從英國旅行回來，發現原子能委員會已經取消了他參加機密工作的許可，而這一決定得到

了艾森豪總統的默許。儘管在聽證會上許多科學家站出來為奧本海默撐腰說話，但當時正是麥卡錫主義甚囂塵上之時。他最終不得不退出原子能委員會，以後再也沒能從事和原子能有直接關係的工作。

1962 年 4 月，甘迺迪總統把奧本海默作為特邀客人請到白宮。第二年，原子能委員會推選他為費米獎得主。甘迺迪總統遇刺一星期後，詹森總統親自為他頒獎，算是給他正式平反了。1967 年，奧本海默死於咽喉癌，終年 63 歲。

歷史往往有驚人的相似之處。將近半個世紀以後的 2000 年，洛斯阿拉莫斯實驗中心又爆出了一樁間諜案，只不過這一次的主角變成了和美國的主要假想敵中國有關的華裔美國科學家李文和。李文和一案被美國的媒體炒得沸沸揚揚，但李文和被關押九個月之後由法庭宣判無罪。一場聳人聽聞的間諜案草草結束。不知奧本海默的在天之靈對此會作何感想？

▌以撒・辛格

最著名的意第緒語作家

　　20 世紀 70 年代是諾貝爾文學獎對美國猶太作家格外垂青的年代。1976 年，索爾・貝婁成為第一位獲取諾貝爾文學獎的美國猶太作家。

　　兩年之後的 1978 年，以撒・辛格（Isaac Bashevis Singer）也捧回了諾貝爾文學獎的桂冠。不同的是，貝婁童年時從加拿大移居美國，又一直用英文寫作，可以算是土生土長的美國猶太作家，而辛格 30 歲之後才移民美國，終生用意第緒語寫作，講述他所熟悉的東歐猶太人的故事，並因此而成為 20 世紀最著名的意第緒語作家。

　　1904 年 7 月 14 日，辛格出生於離華沙不到 30 公里的一個波蘭小鎮。他的祖父、外祖父和父親都是猶太拉比。辛格 4 歲那年，他的一家搬到華沙，住進了克羅奇瑪律納街的一個公寓，街上住滿了三教九流，小偷、妓女、攤販和拾破爛者一應俱全。辛格成名後把克羅奇瑪律納街稱為他的「文學金礦」。父親在簡陋的住房裡開辦了一個拉比法庭，每當父親替別人仲裁糾紛或是就猶太教和家庭問題向別人提供忠告時，辛格總是在旁邊興趣盎然地聽著。

　　辛格從小接受猶太傳統教育，學習猶太教托拉聖經、塔

木德和希伯來神秘哲學，對父母給他講述的猶太民間傳奇也十分入迷。辛格在學會字母之前就已經會「寫作」了。他喜歡在紙上信筆塗鴉，也喜歡畫馬、狗和房子。星期六安息日對他來說最不好過，因為那一天他不能摸筆。他的一家人都喜歡講故事，辛格小小年紀便學會了自己編故事。他認為一個好作家不必是一位學者，也不必是一位人類拯救者，但起碼應該會講故事。

　　第一次世界大戰爆發後德軍佔領了華沙，辛格的母親於1917年把一家人轉移到娘家一個與世隔絕的猶太小村莊。住在那裡的三年期間，辛格耳濡目染了村民口耳相傳的猶太民俗、迷信和宗教規矩，為他日後的寫作積累了豐富的素材。在父母的督促下，辛格17歲那年去一家拉比神學院學習，但不到一年就退學了，因為他發現自己既對塔木德感興趣，更對陀斯妥也夫斯基著迷。哥哥對辛格的文學生涯影響最大。哥哥對正統猶太教不感興趣，對文學則情有獨鍾。辛格不顧父母的極力反對，決定步哥哥的後塵，成為一個寫世俗題材的作家。

　　1923年，19歲的辛格來到華沙，為哥哥主編的一份意第緒語文學雜誌當校對，同時把雷馬克的《西線無戰事》和湯馬斯曼的《魔山》等著名小說翻譯成意第緒語，換取些許稿酬勉強維生。三年之後，他開始在不同雜誌上發表文章和短篇小說。他後來用意第緒語發表的文學作品也一律署名義茨科克・巴甚維斯，既是對自己的母親表示敬意，也上為了不讓讀者把他和已經是名作家的哥哥混淆起來。

　　1932年，辛格發表了第一部長篇小說《戈雷的撒旦》。小說模仿中世紀意第緒編年史的語言風格，以17世紀哥薩克人對猶太人的大屠殺為背景，故事圍繞自封為彌賽亞的沙巴泰・孜威的生平展開，描寫那個時期的東歐猶太人因為

宗教狂熱而產生的瘋狂行為。

　　1935 年，辛格為躲避納粹對猶太人的迫害來到了紐約。這時他已經年過三十，和妻兒剛剛分別，對英文一竅不通。他為紐約的意第緒語報紙《猶太前鋒日報》寫文章、評論和短篇小說，但是感覺到意第緒語是一門正在走向消亡的語言。這一切都讓辛格心灰意冷，意氣消沉。他寫作的速度慢了下來，但並未停筆。40 年代，辛格用意第緒爵陸續寫出了《傻瓜吉姆佩爾》、《克里謝夫的毀滅》、《小鞋匠》等短篇小說，在《猶太前鋒日報》和其他刊物上發表。1950 年，沃爾夫出版社出版了辛格的小說《莫斯卡特一家》，讓眾多的美國讀者第一次知道了以撒・辛格的名字。

　　1952 年，作家歐文・肖主編《意第緒語故事精選》，有人把辛格的《傻瓜吉姆佩爾》讀給他聽，歐文・肖擊節讚歎之餘說服索爾・貝婁將這篇故事翻譯成英文。《傻瓜吉姆佩爾》的英語譯文在次年的《巴黎評論》發表後，辛格聲譽鵲起，正式步入美國主流作家的行列。

　　從此，他一發而不可收，一部接一部的短篇小說集相繼問世。其中比較出名的有《市場街的斯賓諾莎》、《卡夫卡的朋友》和《羽冠》。1967 年，《紐約客》雜誌打破不發表翻譯作晶的慣例，發表了辛格的短篇小說《屠夫》的英文翻譯，整個 60 年代和 70 年代，辛格的作品頻頻在《哈潑》、《時尚》、《週六晚報》和《花花公子》等著名刊物上出現，使得越來越多的讀者知道了辛格的名字。

　　辛格還親自參與了自己小說的翻譯過程，他和譯者的工作場所是他在曼哈頓西城上區的公寓或是附近的自助餐館。他知道英譯本讀者和原著讀者的文化宗教背景非常不同，所以在翻譯過程中做了大量的剪輯和修改，而且乾脆就把他的英譯本稱作「再創作」。

　　辛格最優秀的作品是他的短篇小說，但他也寫了數量客觀的長篇小說。《盧布林的魔術師》塑造了一個行為古怪、不守常規的反英雄形象。《奴隸》從一個身為奴隸但敏感虔誠的猶太人的角度描寫了 17 世紀殘酷無情的波蘭社會。《蕭莎》講的是一個發生在 20 世紀 30 年代的波蘭的愛情故事。除了數量繁多的短篇小說，辛格一共發表了 18 部長篇小說，14 本少兒讀物和許多隨筆及評論文章，是一位名符其實的高產作家。

　　辛格對小說的情節和人物刻畫相當在意，在他看來，揣摩人物性格是一件最有趣的事情。但是文學又和閒言碎語不同，因為文學不必對任何人指名道姓。辛格的作品具有濃厚的超現實主義的神秘色彩，給讀者帶來一種獨特的閱讀體驗。他作品中主人公幾乎都是猶太人，但他們所經歷的各種悲歡離合卻能讓所有的讀者產生深深的共鳴。

　　1978 年，以撒‧辛格成了第九位獲得諾貝爾文學獎的美國作家。在這前後他還得到過不計其數的文學獎。1991 年，辛格在佛羅里達州去世，享年 87 歲。以撒‧辛格以翻譯文學作品開始了自己的文學生涯，而今，他自己的作品也已經被翻譯成了數十種語言。

▌班傑明・西格爾

拉斯維加斯第一個巨型賭場的創建人

美國最大的賭城拉斯維加斯每年都吸引了美國和世界各地數以百萬計的遊客。拉斯維加斯主街上鱗次櫛比的大賭場裡旅館、商店、餐館、劇院等各式設施一應俱全，賭客往往能在賭場裡豪賭數日而無需邁出賭場大門一步。拉斯維加斯發展成今天的規模，與一個充滿傳奇色彩的黑幫老大班傑明 ・ 西格爾（Bugsy Siegel）不無關係。

班傑明 ・ 西格爾（Benjamin Siegel），1906 年 2 月 26 日，出生於紐約市布魯克林區一個貧窮的俄國猶太人家庭，家裡共有五個孩子。地下幫會在 20 世紀初的紐約大行其道，機靈的班傑明在幫會裡很早就嶄露頭角。他最初把目標鎖定在推手推車沿街叫賣的攤販身上，向他們強行索取五美元的保護費，遇到抵抗便澆煤油點燃貨品，逼迫對方就範，他的「硬漢」之名，便由此而來。

還在十幾歲時，班傑明就結交了日後成為紐約猶太黑社會幫主的邁爾 ・ 蘭斯基，從此更加有恃無恐。他們合夥涉足賭博業，盜竊汽車，班傑明還受雇為不同幫會充當職業殺手。20 年代美國全面禁酒，為他們帶來了滾滾財源。他們

在曼哈頓的東城下區開辦了一家汽車卡車出租公司，把走私酒運到紐約城的各個角落。

30 年代初，美國政府對酒品開禁，班傑明隨即把目標轉向了賭博業。這時，黑社會已經在美國的佛羅里達、阿肯色、肯塔基和路易斯安納等州都開設了賭場，班傑明於是盯上了南加州。1933 年，他首次造訪好萊塢，結識了不少電影界名流。幾年之後，他在好萊塢定居下來，買下了在加州海面上經營的幾艘賭船。儘管這時他已經有了家室，但這一點也不妨礙他在外面尋花問柳，情婦大多是好萊塢的電影明星和交際花。這一時期，班傑明過的是花天酒地、奢侈無度的生活。

在一次網美國東部的路上，班傑明途經內華達州的邊陲小城拉斯維加斯。突然之間靈光一閃，他的腦海裡顯現出拉斯維加斯成為賭徒極樂世界的輝煌遠景。當然，還有一種說法是他僅僅停車灑了一泡尿。到了紐約之後，班傑明向他的黑幫兄弟們描繪了在內華達州的不毛之地上建造集旅館和娛樂設施於一身的大賭場的宏偉藍圖。回到西海岸之後，他開始把自己的夢想付諸實施。他幾次試圖買下拉斯維加斯現有的幾家賭場，但都沒能得手。

1945 年，機會終於來臨。洛杉磯的一位商人比利 ・ 威爾克曼和班傑明有同樣的想法，也準備造這樣一座大賭場，但因為資金短缺，只好把手頭的項目拱手讓給班傑明。班傑明成功地說服他的黑幫兄弟們出資入股，一共買下三分之二的股份。他對賭場的原始設計做了大刀闊斧的改動，大大超出了最初的預算，建築開銷從一百萬美元一下子漲到了六百萬美元。班傑明找來的投資人開始著急，並懷疑他有貪污行為。他們聚在一起，商量如何暗殺班傑明。在老朋友邁爾 ・ 蘭斯基的干預下，他們決定再給班傑明一次機會。

　　1946 年的耶誕節那天，弗拉明哥大賭場正式開業。開張那天來了不少好萊塢明星捧場，可是好景不長，賭場很快就冷落下來。那時的拉斯維加斯還是一個牛仔城，當地人很少光顧賭場，再加上弗拉明哥賭場剛開業時，旅館還沒有落成。很多賭徒贏了錢之後便攜款而去。一個多月之後，賭場不得不關門。班傑明只好回頭向他的投資人求助，但這時他的黑幫兄弟們積怨已久，再次策劃對他下手。最後，還是經蘭斯基再三說情，班傑明才又躲過一劫。

　　第二年的三月，弗拉明哥大賭場在旅館完工之後重新開業。這一年的上半年，弗拉明哥終於扭虧為盈，賺進了二十五萬美元。在弗拉明哥的帶動下，一家又一家巨型賭場在拉斯維加斯大道上拔地而起，但弗拉明哥因為是第一家超級賭場而獨領風騷，名聲遠揚。它擁有三千五百多間客房，是當時全世界最大的旅館。拉斯維加斯能發展成世界聞名的大賭城，班傑明可以說是立了頭功。

　　但是班傑明‧西格爾沒有能看到拉斯維加斯後來的繁華景象。1947 年 6 月 20 日晚上，班傑明坐在比佛利山莊自己家中的客廳裡看報紙，一顆子彈穿窗而過，擊中了他的腦袋，他的一隻眼球被彈出五米之外。四顆子彈隨即口擊中他的身體，班傑明當場斃命。那一年，他只有 41 歲。

　　而班傑明一手建成的弗拉明哥大賭場的命運則要好得多。它在拉斯維加斯大道上目睹了幾十年的世道滄桑，直到 20 世紀 80 年代才被希爾頓公司買下並夷為平地，然後在它的舊址上建起了一座新的弗拉明哥大賭場。弗拉明哥在英文中的原意是「火鳥」。而本來的弗拉明哥大賭場也就像浴火重生的鳳凰，它耀眼的霓虹燈招牌依然在拉斯維加斯的夜幕下熠熠生輝。

　　好萊塢對班傑明‧西格爾似乎也情有獨鍾，半個世紀

來一再把他的生平搬上影視螢幕，其中最有名的是 1991 年
攝製的傳記故事片《豪情四海》，扮演男主角的是好萊塢明
星華倫 · 比提，他的太太安娜 · 貝寧扮演女主角──班傑
明的情婦希爾。班傑明一直稱希爾為「弗拉明哥」。後來他
又用這個昵稱命名他最心愛的賭場。

▌愛德華‧泰勒

美國的「氫彈之父」

　　美國在二次大戰結束前研製出原子彈後。蘇聯奮起直追，於 1949 年也造出了原子彈。1950 年，杜魯門總統下令研製氫彈。兩年之後，首枚氫彈在南太平洋小島伊魯格拉波引爆成功，這枚取名「麥克」的氫彈的威力相當於一千萬噸黃色炸藥，比扔在廣島的原子彈的威力大一千倍。小島頃刻之間在南太平洋的水面上消失得無影無蹤。如果說美國猶太人奧本海默是美國的「原子彈之父」，那麼，美國的「氫彈之父」則是另一個美國猶太人——愛德華‧泰勒（Edward Teller）。

　　1908 年 1 月 15 日。愛德華‧泰勒出生於匈牙利布達佩斯一個殷實的猶太家庭，父親是位律師。泰勒 12 歲那年，父親把他介紹給在布達佩斯大學教數學的朋友克拉克教授，激發了他對數學的強烈興趣。18 歲高中畢業以前，他結交的朋友當中有後來的諾貝爾物理獎獲得者尤金‧威格納、後來成為著名數學家的約翰‧紐曼和後來的原子彈專家列奧‧茨拉德。1926 年，匈牙利的反猶排猶之風刮得正猛，18 歲的泰勒來到德國的卡爾斯魯厄工學院求學，主修化學和數學，兩年後他去了慕尼黑大學。同年四月，他在慕尼黑

坐有軌電車時受傷，右腿落下終身殘疾。

1929 年，泰勒轉讀萊比錫大學，並於第二年獲得物理化學的博士學位，他的博士論文運用量子力學理論測試出受激氫分子中的能量程度。接下來的二三年裡，泰勒先後在萊比錫大學和哥廷根大學做研究員。1934 年，他申請到洛克菲勒基金會的研究基金，前往丹麥哥本哈根大學理論物理研究院深造。同一年，他被倫敦大學聘為講師。

1935 年是愛德華 ・ 泰勒一生的轉捩點。他來到美國的華盛頓大學擔任客座教授，教授分子物理和原子物理課程。在這之前他主要從事量子力學在物理化學方面的應用，來美國後他的興趣轉向了核子物理。他和喬治 ・ 加默合作，一起總結出輻射蛻變過程中亞原子顆粒脫離原子核的規律。

到了 1939 年，物理學家們已經知道原子核能夠在裂變時產生熱能。U-235 這一稀有的鈾同位數蛻變時也會產生能量巨大的連鎖反應。同一年，泰勒和其他五位科學家一起，說服愛因斯坦給羅斯福總統寫信，呼籲美國儘早研製原子彈。1941 年，他加入美國籍成為美國公民。同一年，他轉到紐約哥倫比亞大學，正式參加原子彈的設計研製。

1942 年至 1946 年期間，泰勒一直都是「曼哈頓計畫」的成員。1942 年，他在哥倫比亞大學和費米教授一起從事裂變研究，第二年他轉到芝加哥大學冶金實驗室。從 1943 年到 1946 年，泰勒在新墨西哥州的洛斯阿拉莫斯原子能實驗所工作，先在漢斯 ・ 貝斯的理論物理組從事研究。後來轉到費米的手下探索氫彈的可行性。1945 年，首枚原子彈研製成功，但泰勒對氫彈的興趣有增無減。由於在研製氫彈的問題上和奧本海默的觀點相左，他在 1946 年離開了洛斯阿拉莫斯實驗所，轉到芝加哥大學任教。

1949 年，泰勒又回到洛斯阿拉莫斯實驗所，並當上了

實驗所的副主任。同一年，蘇聯的原子彈試爆成功，泰勒開始大張旗鼓地為氫彈計畫做宣傳。在他看來，如果蘇聯搶先美國一步造出了氫彈，美國就會大難臨頭。他的倡議很快得到杜魯門總統的支援，美國的氫彈計畫在 1950 年 1 月正式上馬。頭一年，泰勒的研究工作很不順利，但他在 1951 年取得了突破性進展，他和另一位科學家烏拉馬合作，發現能用 X 光點燃氫彈的熱核燃料，解決了氫彈研製中的關鍵問題。1952 年，美國第一枚氫彈試爆成功，愛德華 · 泰勒的名字也和氫彈永遠掛上了鉤。

在研製氫彈的過程中，泰勒認為洛斯阿拉莫斯實驗所對氫彈計畫的支持不夠，因此和奧本海默以及其他科學家產生齟齬。奧本海默在 30 年代和美國左派組織有過密切聯繫，對氫彈的研製又一直持反對態度。於 1954 年被指控對美國不忠。許多科學家在法庭上挺身而出為他辯護。而愛德華 · 泰勒則提供了對奧本海默相當不利的證詞。作為共事多年的同事，兩人都為美國的核武器發展做出了傑出貢獻，他倆之間的恩恩怨怨也給麥卡錫時期的美國政治寫下了一個獨特的注腳。

氫彈研製成功之後，愛德華 · 泰勒仍然不滿足於美國熱核武器的發展進度。1952 年，在泰勒的大力宣導下，另一家核武器實驗所——勞倫斯 · 利物茅實驗所——在加州成立，和洛斯阿拉莫斯實驗所打起了擂臺。在接下來的二十多年裡，作為實驗所主任，泰勒把主要精力放在熱核彈頭的研製開發上，其中由勞倫斯 · 利物茅實驗所開發出來的洲際導彈和核潛艇導彈成了美國核彈庫中的拳頭產品。

由於泰勒在核武器問題上一貫的鷹派立場，他在 60 年代再次成為爭議性人物，有的反戰人士甚至給他貼上了「戰爭罪犯」的標籤。但是，泰勒不為所動，仍然堅定不移地主

張全力發展美國的核武器，對禁止核武器實驗和 1972 年的美蘇反彈道導彈條約持反對態度。80 年代，他是雷根總統「星球大戰」計畫的積極擁護者。

在勞倫斯 · 利物茅實驗所工作的這些年裡，愛德華 · 泰勒也一直是加州伯克萊大學的物理教授。退休之後他寫出了幾部回憶錄，其中有《天地能源》、《盾強於劍》和《20 世紀科學和政治之旅》。

他前後獲得過二十多個榮譽學位，並多次獲獎，其中有 1962 年甘迺迪總統頒發的費米獎、1959 年的愛因斯坦獎、1963 年的羅賓斯獎、1975 年的哈威獎、1989 年的總統公民獎和 1992 年雷根總統頒發的美國國家科學勳章。

愛德華 · 泰勒於 2003 年 9 月 9 日在史丹佛去世，享年 95 歲。去世前的兩個月，還被布希總統授予總統自由勳章。

▌雅詩·蘭黛

美國「美麗顧問」化妝品女王

雷根任美國總統期間曾在白宮宴請來訪的英國查爾斯王子和戴安娜王妃。戴安娜親自邀請了三位嘉賓，他們是電影明星勞伯·瑞福、搖滾歌星布魯斯·斯普林斯廷，還有一位就是鼎鼎大名的雅詩·蘭黛（Estee Lauder）女士。

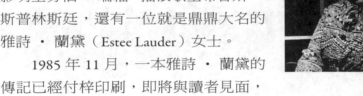

1985 年 11 月，一本雅詩·蘭黛的傳記已經付梓印刷，即將與讀者見面，但是傳記的主人公先聲奪人，搶先一步推出了自傳《雅詩·蘭黛——一個成功的故事》。如同在商場上一樣，雅詩·蘭黛又一次搶在了競爭者的前面。

在自傳中，雅詩·蘭黛娓娓講述自己的創業史，將一個真實的自我一覽無遺地展現在讀者面前。但她還是做了一個小小的隱瞞，沒有透露自己的出生年月。在她看來，年齡對一個女人來說是無所謂的，只要她用對了化妝品，就能青春不老，芳顏永駐。照片上的雅詩·蘭黛有一頭波浪形的卷髮，兩根細長的眉毛下面是一雙笑意盈盈的眼睛。嘴唇微微張開，露出一排整齊潔白的牙齒，脖子上掛了一串珍珠項鍊，一看而知是那種懂得如何打扮自己的女人，歲月的流逝在她臉上幾乎沒有留下什麼痕跡。照片上的她似乎已過了

不惑之年，卻又很難讓人猜出她的準確年齡。這也許正是雅詩 · 蘭黛想要追求的效果。

雅詩 · 蘭黛出生於紐約的皇后區，生日大概上 1908 年 7 月 1 日。父康麥克斯移民美國之前在匈牙利過著養尊處優的生活，來到美國後別無所長，又說一口有濃重口音的英文，只好靠縫紉養活一大家人，其中五個兒子和一個女兒都是雅詩的母親蘿絲和前夫所生的孩子。雅詩是家裡的么女，儘管父母親處處恪守東歐猶太移民的習慣，但雅詩從小就下定決心要成為一個百分之百的美國人。

不久，父親買下了一家小五金店，小小年紀的雅詩負責擺弄櫥窗裡的陳列品，算是有了生平第一次推銷經驗。第一次世界大戰爆發後不久，雅詩的舅舅約翰搬來和他們一家同住。約翰是一位研究皮膚保健品的化學專家，他在後院的小馬廄裡建起一個簡易實驗室，像一個變戲法的魔術師，一眨眼就變出一個乳膏秘方，再一眨眼就把乳膏塞進了實驗室裡的瓶瓶罐罐，讓在一旁的小雅詩看得如癡如醉。她聞著滿屋的芳香，用小手把乳膏抹在小臉上，頓覺臉上的皮膚光潔如絲。從那天起，雅詩便打定主意要步舅舅的後塵。沒過多久，她就開始向女同學們推銷化妝品，並設法讓她朋友們的臉上全都抹上了一層又一層厚厚的面霜。

1930 年 1 月，雅詩和約瑟夫 · 蘭黛結婚，三年後生下大兒子李奧納德 · 亞倫。婚後的雅詩一如既往地探索如何改良舅舅的面乳，她一刻也不肯閑著，除了做飯便是用各式小鍋試製面乳，房子裡總是鍋碗瓢勺聲響成一片，家裡的廚房變成了一個小作坊。

雅詩在曼哈頓上區一家美容院拉到第一批顧客。不久，她開始在紐約各大旅館做產品推銷。夏天，她奔走於各大旅館之間做巡迴展銷；冬天，她送貨上門，周旋於紐約貴婦人

的社交圈裡。她總是盛裝出行，因為她知道只有把自己打扮得光彩照人，顧客才會買她的化妝品。隨著社交圈的擴大，她的生意也越做越大。她一心撲在事業上，結果婚姻破裂。1939 年。她和約瑟夫離婚。不過三年之後他們又重婚了，兩人攜手做起化妝品的生意，雅詩負責行銷，約瑟夫管理財務。1944 年，二兒子羅納得 • 史蒂夫出生。1946 年，雅詩 • 蘭黛公司正式掛牌。初創階段的公司是標準的夫妻店，兩人包攬了從燒製攪拌到消毒包裝的全部生產工序。最初的產品只有四種基本的護膚品，外加幾種化妝品，他們的「工廠」則是一家餐館改建而成的。

雅詩發現了一個有趣的現象：婦女買化妝品大都因為心血來潮，一時衝動。於是，她在一家規模大、生意好的專賣店裡租下一個專櫃。為了吸引顧客，她在紐約的各種慈善募捐會上散發大量的免費樣品。工夫不負有心人，雅詩終於從名店薩克斯第五大道拿到一張八百元的訂單。雅詩在自傳裡這樣寫道：「我們在餐館的煤氣爐上燒製面乳，然後攪拌均勻，再用開水將那些漂亮的瓶瓶罐罐消毒，倒入面乳，然後貼上標籤……所有的工序都是手工操作，由我們倆的四隻手完成。」他們日以繼夜趕工，兩天之內這批貨即銷售一空。

從此，雅詩一發難收。她只肯在最好的商店裡出售自己的產品。每年她有半年時間出門在外，訓練全國各地給她產品做推銷的女推銷員。每去一家商店，她都要親自挑選和培訓女推銷員。這些女推銷員容貌美麗，充滿自信，成了雅詩 • 蘭黛產品的活廣告。她們不但對每一種產品瞭若指掌，而且能夠從容示範如何使用這些產品。雅詩 • 蘭黛要求她們時刻不離櫃檯，她最不能忍受的是所謂「雙 T 售貨女郎」，即那些把時間都用來上廁所（toilet）和打電話（telephone）的女推銷員。她在每一家新店一般要花一個星期的時間培訓

員工，擺設樣品，並親自向顧客推銷產品。到了 80 年代末，經過她親手挑選的推銷員已達七千五百位。她給她們起了一個好聽的名字——「美麗顧問」。

儘管生意不錯，但有好多年時間雅詩都捉襟見肘，入不敷出。每到一處，她都在商店的自助餐廳用餐，乘坐公共汽車和地鐵，將省下來的錢全部投入再生產。1953 年是雅詩·蘭黛的轉捩點，她在這一年推出了「青春露」——暖香襲人、兼有浴油和香水功能的產品，售價 8.5 美元，算是普通人消費得起的奢侈品。眾多的女顧客被免費的「青春露」樣品所吸引，在搶購的同時一併購其他雅詩化妝品。在達拉斯的尼曼·馬科斯店，雅詩·蘭黛專賣櫃一星期的銷售額從幾百美元猛增到數千美元。到了 50 年代中期。在一名店裡雅詩產品中 80％的盈利來自「青春露」。到了 80 年代中期，「青春露」在美國的銷售量達到一億五千萬美元。在這同時，雅詩·蘭黛系列產品一一包括倩碧、阿拉米斯等產品——佔據了婦女化妝品市場銷售額的三分之一，男士化妝品市場銷售額的四分之一。

雅詩是一位推銷高手。有一次，一位廣告商因為數額小而不肯做廣告。雅詩便把準備用來做廣告的五萬美元花在免費樣品上，直接送到顧客手裡。還有一次，一家商店只同意在新年的第二天才讓雅詩產品掛牌銷售，錯過了耶誕節最佳銷售時機，她靈機一動，在電臺上號召女顧客「以新面孔迎接新年」。並許諾向購買雅詩化妝品的顧客附送一份新午禮品。免費禮品對顧客很有吸引力，這已成了如今化妝業最常見的促銷手段。

雅詩不光把目光盯準美國市場，還想方設法將產品打進國際市場。1960 年，她捷足先登。在倫敦最有名的哈洛德百貨公司開出一個雅詩·蘭黛專賣櫃，隨後相繼在歐洲各

國的豪華商店裡銷售雅詩 ‧ 蘭黛系列產品。

　　雅詩在推銷產品時往往別出心裁，技高一籌。有一次在巴黎促銷時，她「不小心」打破了一瓶「青春露」，濃郁的香味在大廳裡久久揮之不去，引來眾多顧客的好奇詢問。

　　從 1962 年開始，公司先後聘用多位名模，廣為宣傳「雅詩 ‧ 蘭黛女性」的形象，其中凱倫 ‧ 格萊姆成為公司的獨家模特。系列新產品和新穎獨到的促銷手段大大提高了雅詩 ‧ 蘭黛產品在國際市場的競爭力。她廣交社會名流，和皇親貴族來往密切，還造訪過好幾任白宮的主人。借此為自己的產品抬高身價。

　　一生的辛勤耕耘終於換來豐厚的回報。1998 年，雅詩 ‧ 蘭黛的產品占全美百貨商店裡化妝品銷售額的 45％以上，是主要競爭者歐萊雅（Loreal）銷售額的整整三倍，產品還遠銷到全世界一百二十多個國家。同一年，雅詩 ‧ 蘭黛公司的總銷售額是 36 億美元，純利潤為 2 億多美元。

　　這一年，已達九十高齡的雅詩 ‧ 蘭黛仍然擁有公司 77％的股票，96％的選舉權，並給她和她的家人創造了 62 億美元的財富。2004 年 4 月 15 日，雅詩 ‧ 蘭黛離開人世，高齡 97 歲，這時的雅詩 ‧ 蘭黛公司已經在全美財富 500 強排行榜上名列第 349 名。

▌亞瑟 · 戈德伯格

勞工部長、最高法院法官、聯合國大使

　　整個 60 年代是美國社會發生劇變
的年代。民權運動、反戰運動和婦女解
放運動跌宕起伏，甘迺迪總統、馬丁 ·
路德 · 金恩和羅伯特 · 甘迺迪相繼遭
到暗殺，國內國外風起雲湧，動盪不
安。有一個人在 60 年代一直站在時代
的潮頭，相繼出任美國勞工部長、最高
法院法官和美國駐聯合國大使。他就是
亞瑟 · 戈德伯格（Arthur Goldberg）。

　　亞瑟 · 戈德伯格 1908 年 8 月 8 日出生於芝加哥西區一
個貧困的猶太家庭，在 11 個孩子中排行老末。父母親 19 世
紀末從烏克蘭移民美國。父親約瑟夫趕著馬車在芝加哥的大
街小巷裡叫賣水果蔬菜，據說那拉車的還是一匹瞎了一隻眼
的獨眼馬。父親 51 歲去世，讓全家頓時陷入困境。亞瑟只
有 8 歲，也不得不打些零工貼補家用。他幹過送貨、包魚、
賣鞋等各種各樣的雜活，還當過建築工。

　　儘管如此，他一直都是班上的優等生。高中畢業後，他
進入西北大學主修法律。讀大學期間他仍然半工半讀，但這
並不妨礙他的學業。亞瑟不僅當上了西北大學《伊利諾斯法
律評論》的雜誌總編，而且在 1930 年以全校第一名的優異

成績畢業獲得西北大學的法律博士學位。

　　畢業後，亞瑟在芝加哥的一家最負盛名的律師事務所找到工作。這時，經濟大蕭條席捲美國，許多人因為負債被掃地出門，而亞瑟被派去做沒收房產的業務。他對這種趁火打劫的做法不感興趣，便於 1933 年辭去工作，開了一家小小的律師事務所。貧寒的身世使得他對社會的低層小人物的命運格外關注。1938 年，「美國報紙協會」工會會員為提高工資和改善工作條件而舉行罷工，亞瑟分文不取地代表產業工會聯合會（CIO）給被捕的罷工糾察員當了八個月的辯護律師，迫使警方最後作出讓步，亞瑟也也因此成了工人心目中的英雄。

　　1942 年，亞瑟擔任美國戰略服務辦公室主任威廉・多諾萬將軍的特別助理。次年，他正式從軍，軍銜從上尉升至少校。他數次奔赴歐洲和中東地區，幫助納粹淪陷區的運輸工人建立一個巨大的情報網，在第二次世界大戰中作出了特殊貢獻。

　　二戰結束後，亞瑟回到芝加哥重操舊業，並開始在馬歇爾法學院和芝加哥產業關係學院任教。1948 年，他受聘擔任產業工會聯合會和美國鋼鐵工人聯合工會的法律總顧問，在薪水、病假、養老金和醫療保險等方面為美國工人贏得了眾多權益。1955 年，亞瑟在促成美國勞工聯合會和美國聯合產業聯合會的合併中發揮了關鍵作用，在談判陷入僵局時他總能想出折衷的辦法把談判各方又拉回到談判桌前。他起草了合併協議書，當雙方無法就新名稱達成共識時，又是他建議用勞聯—產聯（AFI-CIO）這個名字。

　　隨後，他又受聘擔任了勞聯—產聯的法律總顧問。他主筆起草了勞聯—產聯的行為準則，用於防止工會內部的腐敗行為。作為勞工和政府之間的仲介，他直接出面和政府官員

及美國國會的頭面人物打交道。在 1959 年長達一百多天的鋼鐵工人大罷工中，他代表工會和資方談判，最後談判以工會的大獲全勝而告終。

到了 60 年代，亞瑟 · 戈爾德保不僅在民主黨內大名鼎鼎，也成為全美知名的公眾人物。1961 年，甘迺迪總統上任伊始便任命他為勞工部長，參議院的勞工和公共福利委員會表決時全票通過了對他的任命。他在就職之前解除自己和工會的所有關係，放棄了一年兩萬五千美元的終身養老金，並退出兩家律師事務所。就職的第二天，他便趕到紐約去調解影響到十萬乘客並使貨運陷入停頓的紐約港大罷工，讓紐約港口及時恢復了營運。幾星期後，他又通過談判讓停飛的六家航空公司恢復了航班。，因為他精力過人，有人稱他為甘迺迪政府的「維生素」。

亞瑟當了一年多的勞工部長之後，甘迺迪總統任命他為美國最高法院法官。他於 1962 年 9 月走馬上任。這時的美國正處於波瀾壯闊的民權運動的前夜，最高法院這一時期的很多裁決都和公民權有關，其中最有名的一項就是公民受審時擁有要求律師在旁作陪的權力。這一決定在最高法院以五票對四票通過，亞瑟投了關鍵的第五票。他還對判處犯人死刑的合法性提出了疑問，因為美國憲法禁止殘酷和極端的懲罰。康乃狄克州 1879 年的一條法律禁止使用避孕用品，他和最高法院的大多數法官一起，裁決這條法律違憲。這一裁決為後來有關墮胎合法化的決定鋪平了道路。

1965 年，詹森總統建議亞瑟退出最高法院，接替美國駐聯合國大使的職務。亞瑟居然接受了這個建議，讓許多人跌破眼鏡，因為最高法院法官是一個人人尊敬的終身職位。當時的越戰正在不斷升級，亞瑟希望運用自己的談判技巧來儘早結束越戰。但是事與願違，美國軍隊在越南越陷越深，

　　亞瑟的作用也僅僅限於說服詹森總統在 1968 年暫停對北越的轟炸。

　　1968 年，他辭去了官職，回到紐約重操律師舊業，並在普林斯頓和哥倫比亞大學教授法律。但他仍然熱心政治，當過全美猶太人委員會主席，也當過韓福瑞總統競選委員會紐約分會的負責人。在 1970 年的紐約州長競選中，他輸給了納爾遜‧洛克菲勒。1977 年，卡特總統任命他為美國特使出席貝爾格勒人權會議，次年他獲得了總統自由勳章。

　　作為美國 60 年代的一個風雲人物，亞瑟‧戈德伯格的晚年相對寂寞。1990 年 1 月 19 日，他因心臟病突發去世，死後他被安葬在維吉尼亞州的阿靈頓國家公墓。

▌班尼‧古德曼

最偉大的搖擺舞樂之王

　　班尼‧古德曼（Benny Goodman）被譽為「搖擺舞樂之王」。搖擺舞樂（swing）的流行譜寫了爵士樂歷史上的一個新樂章，創造了美國大眾文化一個令人難忘的時代。作為單簧管演奏家，班尼不僅是爵士樂最偉大的貢獻者之一，也是唯一一位在古典音樂上造詣深厚的爵士樂手。作為樂隊領隊，班尼‧古德曼是第一位採用和推廣純正爵士樂風格，並在自己的樂隊裡納入黑人樂手同台表演的白人音樂家。他的音樂將大眾對爵士樂的認識提升到了一個新的高度。

　　1909 年 5 月 30 日。班尼‧古德曼出生於芝加哥，在 11 個兄弟姐妹中排行第八，父母都是來自東歐的猶太裔移民，家中一貧如洗。父親原籍波蘭，是一個窮裁縫。母親的家鄉在立陶宛，她八歲起就開始幹活謀生，從沒學過讀書寫字。父親一直羨慕受過教育的人，他發現附近的猶太教堂提供免費音樂課，還租給學生樂器，就把班尼和兩個哥哥送了去。年紀最小的班尼拿到了一件最輕的樂器——單簧管。在教堂音樂課的基礎上，班尼又隨芝加哥交響樂團的單簧管演奏家學習了兩年。這兩年的古典音樂訓練對他日後在音樂上

的發展起到了關鍵作用。

　　班尼第一次靠演出掙錢時只有 12 歲，他在高中唯讀了一年便退學成了一名職業樂手。1925 年，班尼加入了芝加哥頂級樂團本・波拉克的爵士樂隊前往洛杉磯發展，而後又隨樂隊到了紐約。這一期間，他的演奏逐漸成熟而且更加多樣化。1929 年，班尼脫離了樂隊成為一名個體演奏者，並在接下來的五年裡在紐約的通俗音樂界打響了名氣。他曾經為百老匯的歌舞劇擔任伴奏，在廣播電臺現場表演，以及錄製唱片等等。這時候的班尼已經是母親和弟妹們的主要經濟承擔者。

　　1933 年，班尼結識了約翰・哈蒙德，一位有錢的爵士樂迷和富有影響的評論家。他幫助班尼與其他音樂家組合在一起同台演奏，其中不乏優秀的黑人樂手。一年之後，班尼組成了自己第一支固定的樂隊。並在樂隊裡包括了黑人成員。30 年代初期，種族隔離與偏見在美國仍然根深蒂固。作為一名白人樂隊領隊，班尼的做法是史無前例的。

　　在班尼的樂隊裡，音樂高於一切。他個人完美的音樂素質和技巧為隊員們樹立了極高的標準；他對每個樂手的音準、演奏時的整齊同步以及不同樂器的諧調平衡都作出嚴格的要求。這固然保證了樂隊的演出水準，但班尼出名的嚴厲和苛刻也對他的個人聲譽造成了一定的負面影響。

　　30 年代中期，美國經濟漸漸復蘇，人們急於從大蕭條的陰影中擺脫出來，大型樂隊和跳舞熱風靡全國。在沒有麥克風的年代裡，樂隊人員越多，聲音才越大。隨著演奏陣容的擴大，編曲和配樂便成了成功的關鍵。1934 年，班尼請到編曲天才弗萊徹・漢德森為樂隊編曲。他們兩人的合作創造出一種新的爵士樂風格，即後來盛行一時的搖擺舞樂。1935 年夏天，班尼率樂隊在全國巡演。8 月 21 日，他們的

演奏在洛杉磯帕羅瑪舞廳引起前所未有的反響，觀眾們停下舞步，圍著樂隊，為一支又一支曲子熱烈喝彩。這一天宣告了搖擺舞樂時代的正式到來。隨著演出實況在電臺上向全國轉播並獲得好評，班尼的樂隊名聲大噪，唱片銷售量直線上升，演出邀請從各地紛至遝來。1935 年，歷史上首場爵士樂音樂會在芝加哥舉行。隨後，班尼又陸續在其他城市舉辦了「室內」爵士樂三重奏和四重奏。其中才華橫溢的鋼琴家泰迪‧威爾森是第一位在購票入場的觀眾面前與白人音樂家同台表演的黑人樂手。

　　1936 年至 1939 年間是班尼‧古德曼樂隊的鼎盛時期。他們連續三年在哥倫比亞廣播電臺實況表演，並且拍攝了兩部電影。1937 年 3 月，他們在紐約的派拉蒙劇場進行為期三星期的演出。首場演出時，兩萬多名聽眾湧入劇場，並隨著音樂在過道裡跳起了搖擺舞。那個夜晚奠定了班尼「搖擺舞樂之王」的地位。

　　1938 年 1 月 16 日，班尼打破了通俗音樂與古典音樂在表演場所上的分界，將爵士樂大大方方地領進了古典音樂的聖殿——紐約的卡內基音樂廳。這場歷史性的演出不僅創造了前所未有的商業成功。而且把世界對爵士樂的認識提高到一個新的高度。

　　二次世界大戰後，風靡一時的搖擺舞熱漸漸冷卻，新的爵士樂風格和年輕的爵士樂手開始流行。1949 年底，班尼解散了自己最後一支樂隊。從那以後，他的演奏僅限於電視上的特別節目、唱片錄製，以及小規模的國外巡演。

　　1962 年，班尼參加美國官方組織對蘇聯的文化訪問，在莫斯科、基輔、列寧格勒等地舉辦了爵士樂音樂會。他的演出受道蘇聯觀眾的熱烈歡迎，《蘇維埃文化報》將他稱為「真正的單簧管詩人」。這次訪問使得美國爵士樂開始在東

歐流行起來，班尼在其中扮演了音樂和文化大使的角色。

　　早在搖擺舞樂流行期間，班尼已經開始了在古典音樂上的嘗試。他少年時代所受的訓練使他得以自如地跨越兩個截然不同的音樂領域。1938 年。他與布達佩斯絃樂四重奏樂團合作錄製了唱片，隨後又在紐約市政廳舉辦了首場個人公開演出。同年，他特請著名作曲家巴托爾克為自己作曲並於1939 年 1 月在卡內基音樂廳進行了表演。在接下來的幾年裡，他陸續與美國各大交響樂團合作，演奏過伯恩斯坦、德彪西、史特拉文斯基等大師的作品。此外，他還在紐約的茱莉亞音樂學院講過課。1949 年，班尼決定拜單簧管大師瑞金諾德‧凱爾為師，學習古典音樂的演奏。在某些唇位和指法上，已經進入不惑之年的他幾乎是從頭學起。

　　隨著班尼在流行音樂界的淡出，他的演奏風格也從華麗走向深沉。1985 年，他出人意料地在紐約爵士樂節上出現並作了精彩演出。一年之後，他因心臟病突發去世。

　　班尼‧古德曼是爵士樂史上的一個傳奇人物。他演奏單簧管的卓越技巧和對搖擺舞樂的貢獻對美國音樂和大眾文化產生過無可爭議的影響。1982 年，班尼‧古德曼被授予甘迺迪中心榮譽獎。

▌米爾頓・傅利曼

影響美國經濟走向的經濟學家

　　「經濟自由是政治自由的必要條件。經濟自由能讓人們在沒有高壓和統一指揮的前提下彼此合作，進而縮小政治權力的範圍。同時，市場自由化也能夠通過分散權力來減弱政治極權的影響。而經濟權力和政治權力聯手的結果只能是專制暴政。」《選擇的自由》中的這段話道出了米爾頓・傅利曼（Milton Friedman）經濟思想的精髓。作為「芝加哥經濟學派」的掌門人，傅利曼的經濟理論不但被詹森總統、尼克森總統、雷根總統任內的美國政府廣泛採用，而且直接影響了美國 20 世紀下半葉的經濟走向。可以毫不誇張地說，20 世紀影響最大的美國經濟學家非米爾頓・傅利曼莫屬。

　　1912 年 7 月 31 日，米爾頓・傅利曼出生於紐約的布魯克林，但在新澤西州長大。從商的父親和當裁縫的母親都是從奧匈移民美國的猶太人，傅利曼是四個孩子當中唯一的男孩。1928 年，傅利曼高中畢業後進入羅格斯大學學習經濟學。在校期間他獲得過數學獎，給校報當過編輯。還打過幾份零工。1932 年，他本科畢業後只花一年時間就獲得了芝加哥大學的碩士學位，並留校做了兩年的助理研究員。

從 1935 年到 1943 年，他先後在國家資源委員會、國家經濟研究局和美國財政部稅收研究部工作。這段工作經歷對傅利曼至關重要，他的一些經濟理論在這段時間裡初步成型。此外，他開始給《經濟學季刊》、《經濟研究評論》等多家學術刊物投稿，並與人合作發表過《防止通貨膨脹的稅務手段》等專著。1943 年，傅利曼去哥倫比亞大學攻讀博士，三年後博士畢業，被聘為芝加哥大學經濟系的副教授。1948 年，只有 36 歲的傅利曼升任正教授。

傅利曼在教學之餘寫出了大量的文章專著。並逐步建立起自己的經濟理論體系。他獨樹一幟，和當時在歐美國家被奉為金科玉律的「凱因斯理論」大唱反調。凱因斯認為政府的稅收和開支對經濟週期有決定性的影響，所以政府應該通過向私人和企業提高稅收來遏制通貨膨脹，通過減少稅收和增加政府開支來應付經濟衰退，並不惜以增加財政赤字為代價來刺激消費、啟動經濟。而傅利曼則認為關鍵是市場的自動調節、流通中的貨幣量以及利率。

他認為市場調節是遏制通貨膨脹、促進經濟平衡增長的最有效的手段，政府干預只會帶來適得其反的效果。在他看來，聯邦準備委員會的職責是不緊不慢地增加貨幣供應量，任何貨幣方面大幅度的波動都會破壞經濟穩定。在與人合著的《1867—1960 年美國貨幣史》一書中，他指出聯邦準備委員會給美國 20 年代經濟大蕭條起了雪上加霜的作用。

在 1962 年出版的《資本主義與自由》一書中，傅利曼描述了政府在市場經濟體系中應該扮演的角色，認為政府的主要職責是保護民眾的自由，而且政府應該儘量下放權力，以避免權力的過分集中。有鑑於此，他對美國政府從 30 年代「新政」時期以來推出的許多社會法案很不以為然，認為它們導致了許多美國人對政府的過分依賴，導致個人自由的

喪失。在 1968 年出版的《美元與赤字》和 1971 年出版的《貨幣分析的理論框架》裡，傅利曼進一步建立了自己的理論體系。1976 年，傅利曼因為「在消費分析、貨幣歷史和貨幣理論等領域的貢獻」而榮獲諾貝爾經濟獎。

　　從 60 年代開始，越來越多的人開始接受傅利曼的理論。1964 年，美國總統候選人貝利‧高華德聘請傅利曼擔任他的經濟政策顧問。之後，詹森總統對他的「負所得稅」的提議很感興趣。尼克森總統就任期間聘請傅利曼為經濟顧問。從 1967 年開始，傅利曼連續十年在《新聞週刊》雜誌上發表專欄文章，表述自己的經濟理念。雷根總統和英國首相柴契爾都是傅利曼經濟理論的忠實信徒。雷根上臺後大幅度地減稅、在經濟領域的不干涉主義和對福利制度的大力修正在很大程度上受了傅利曼的影響。

　　1979 年，聯邦準備委員會響應傅利曼的一貫主張，首次制定貨幣增長目標。80 年代，美國的通貨膨脹一直居高不下，老百姓對福利制度普遍失望，政府的開銷也成幾何倍數增長，傅利曼的理論於是被越來越多的人所接受。他在 1980 年發表的《選擇的自由》和 1984 年發表的《難逃現狀》兩本書都是為在全美轉播的電視節目準備的讀物，對象是平民百姓。傅利曼用通俗易懂的語言進一步闡述了自己的經濟理念。

　　隨著個人影響力的遞增，傅利曼在許多有爭議的話題上也變得更加直言不諱。他公開反對制定最低工薪，建議廢除許多美國人賴以為生的社會安全系統。在談到美國教育制度的種種弊病時，他更是口無遮攔：「為什麼我們的教育制度培養出來的青年不會閱讀，不會寫作，不會算術？原因很簡單，因為我們目前的學校體系是一個由教師工會——『國家教育協會』和『美國教師聯盟會』——所把持的壟斷集團，

也是全國勢力最強的工會和遊說組織。教師工會的領導人都不是壞人。他們和我們一樣都是好人，但是他們的利益和建立良好學校體系的利益相左。」

他在力主毒品合法化時也是出語驚人：「我敢說美國的監獄會減半，犯人會減半，每年會少死好幾千人，貧民區裡的窮人可以不必時時為他們的生命擔心，癮君子們不必有失尊嚴地為了得到毒品而鋌而走險，還能買到保質保量的毒品。我們是在重蹈當年禁酒的覆轍。」

在芝加哥大學執教三十餘年期間，傅利曼著作等身，通過教學和文章把眾多的追隨者召集到自己的門下。1979 年，他從芝加哥大學退休後依然筆耕不輟，發表了大量文章和專著。傅利曼個子矮小，身高只有一米六出頭，但是作為「芝加哥經濟學派」的領軍人物，他是一個影響了 20 世紀下半葉美國政治和經濟的巨人。

2006 年 11 月 16 日，一代經濟學掌門人逝世於美國加州的舊金山，享年 94 歲。

▎希薇亞‧波特

影響四千萬人以上的理財顧問

　　對很多美國人來說，個人理財是一件最叫人頭疼的事情。各式各樣的銀行帳戶、名目繁多的投資組合、艱澀難懂的名詞術語往往讓人望而卻步，許多經歷過二三十年代經濟大蕭條的美國人對股票市場更是退避三舍。但是，從 30 年代初到 80 年代末，在長達半個世紀的時間裡，美國有一位經濟專欄作家一  直以幫助大眾百姓為己任，寫出的專欄文章被四百多家報紙轉載，讀者群起碼有四千萬以上。這位作家就是希薇亞‧波特（Sylvia Porter）。

　　希薇亞‧波特 1913 年 6 月 18 日出生於紐約長島的一個俄國猶太移民家庭，父親是醫生，全家人過著標準的美國中產階級生活。希薇亞是家裡唯一的女兒，但母親一直鼓勵她成為一位職業婦女。希薇亞很小的時候，全家人搬到了紐約的布魯克林區，父親在那裡開業行醫，直到 1925 年因心臟病猝死，那一年希薇亞只有 12 歲。父親的早逝給全家人的生活帶來了很大的變化。母親挑起了撫養子女的重擔，她嘗試過不同的工作，最後靠做女帽生意賺了不少錢。但是不久希薇亞一家又受到第二次打擊。1929 年，紐約股市暴跌，

希薇亞的母親轉眼之間就損失了三萬美元。這一年，16 歲的希薇亞已經是亨特女子學院一年級的大學生。她原本打算主修英國文學和歷史，為將來當作家做準備，但她決定改學經濟專業。她想瞭解美國金融系統的運作，更想弄明白為什麼成千上萬像她母親這樣的人，會在一夜之間一貧如洗！

她對經濟學和金融學投入了巨大熱情，她學習成績優異，獲得了多項為經濟學學生而設的獎學金，1932 年她以全校第一名的優異成績本科畢業。畢業後她先後在華爾街的幾家投資諮詢公司當過助理，對股票市場和政府債券積累了大量的認知。從 1934 年開始，她每週在《美國銀行家》雜誌上發表一篇有關美國政府債券的專欄文章。當時美國的金融界是男人的一統天下，她便在文章專欄上用「西‧弗‧波特」落款，好讓讀者看不出來作者是男是女。1935 年，《紐約郵報》聘她撰寫有關金融新聞的專欄，三年之後，她成為《紐約郵報》金融版的編輯，同時每天寫一篇專欄，專欄的名字是「金融郵戳」，後來改名「西‧弗‧波特如是說」。

波特開始金融專欄寫作的時機對她非常有利。大蕭條之後的美國雖然已經走上了經濟復蘇之路，但老百姓對華爾街仍然心有餘悸，而華爾街對美國政府的種種經濟措施也疑心重重，充滿顧慮。波特在專欄文章中用通俗易懂的大眾語言講解股票市場的方方面面，但她的文章涉及最多的還是美國經濟社會中的種種不公正現象，對她來說這種文章寫起來並不費力，因為那些不公正現象「比比皆是」。

她在一篇文章中語氣犀利地指責財政部長亨利‧摩根對政府債券市場處理不當。摩根倒是頗有紳士風度。聽說波特是一位女作者後給她送來了玫瑰花。但她的文章往往讓更多的人惱火。有一次她在專欄中批評了參議員愛德恩‧詹森的銀元政策。詹森讀後勃然大怒，稱波特是「全美國頭號

說謊家」。但波特毫不退縮。繼續不屈不撓地批評揭露經濟和金融界的種種弊端。1936 年，她向公眾披露了證券市場的一場非法交易，導致美國財政部不得不出面收拾局面。

1942 年，也就是她當了八年專欄作家之後，《紐約郵報》終於決定向世人昭示真相，公開波特的女性身份，把她的署名從「西 · 弗 · 波特」改為「希薇亞 · 波特」。這以後，波特更加名聲遠揚。1947 年，她的專欄開始出現在全國各家報紙上，她為《美國人》和《婦女家庭》等雜誌寫的文章常常被《讀者文摘》轉載，請她演講的邀請也紛至遝來。經濟學家、商人和政治家都對她尊敬有加，但是她本人從來不承認自己是經濟學家。她總是用最簡單明瞭的語言來解釋財經問題。她在接受一家報紙採訪時說：「每一個人都應該看得懂我寫的文章，如果有人看不懂，對我來說就是一種侮辱。」有一次，她的專欄文章發表後，一下子收到了十五萬封讀者來信。

除了寫報紙專欄，波特還是二十本書的作者。她的第一本書是《如何通過政府債券賺錢》，語言通俗，深入淺出，不光投資顧問可以從中學到不少專業知識，一般的平民百姓讀起來也毫不費力。1941 年，她在太平洋戰爭爆發前夕寫出了第二本書──《如果美國家門口打起仗來》，講的是普通美國人如何去適應戰爭中的特殊經濟環境，給眾多讀者送去一場及時雨。此外，她還與人合寫了《怎樣量人為出》、《金錢和你》以及《錢財管理》。

從 1960 年開始，她每年出一本《希薇亞 · 波特所得稅指南》。她花五年時間寫成的長達 1100 頁的《希薇亞 · 波特金錢指南》在 1975 年出版後成為暢銷書，書的副標題是「如何掙錢、花錢、投資、借錢並用錢改善您的生活」。《紐約時報》稱它是美國「中產階級的入門書」。這本書 1979

年出了修訂版，增添了大量新內容，精裝本的重量有五磅之重，該書出版後再次進入《紐約時報》的暢銷書排行榜。

1962 年，甘迺迪總統任命希薇亞‧波特為新成立的消費者諮詢委員會委員。詹森總統任職期間常常邀請她出席白宮的晚宴，甚至有心讓她出任內閣裡職位最重要的財政部長。1974 年，福特總統邀請她出席在白宮舉行的有關通貨膨脹的經濟會議。1978 年，在給《紐約郵報》寫了三十多年的專欄之後，她改換門庭，開始給《紐約每日新聞》報當專欄作家，每週五期的專欄被全世界四百五十多家報紙轉載。她還頻頻在美國廣播公司的「早安美國」節目上露面。希薇亞‧波特曾被授予十幾個榮譽博士學位。從 1977 年到 1979 年，她連續三年被評為全美最有影響的 25 位女性之一。

希薇亞‧波特於 1991 年去世，終年 78 歲，她用畢生精力來打擊一個敵人──「經濟文盲」。而她也贏得了四千萬人以上讀者的激賞！

▍傑里・西格爾

「超人」的創造者

　　1988 年，美國《時代》週刊為「超人」的 50 周歲生日作了大幅報導，並特意採訪了構思出「超人」形象的傑里・西格爾（Jerry Siegel）。據他的回憶，1934 年他剛剛高中畢業，一大晚上因為思念自己心儀的女孩子而夜不成寐，想到自己如果能擁有某種超自然的神力，便一定能把自己喜歡的女孩追到  手，一瞬間「超人」的形象在他的腦海裡脫穎而出。

　　他迫不及待地找到好朋友喬・舒斯特，說出了自己的構思，兩人在一起創作了 12 幅「超人」漫畫。」這兩位 19 歲的大男孩創造出的「21 世紀人類原型的最佳代表」在那一天正式誕生。他們帶著聯手創作的「超人」漫畫找了多家漫畫出版商，但都被一一拒絕。

　　直到 1938 年，偵探漫畫公司（DC）要出版一份新的漫畫雜誌《動作漫畫》，便用 130 美元買斷了「超人」的版權。沒想到「超人」首次亮相便大受歡迎，《動作漫畫》短短幾天之內便賣出了二十多萬本。

　　在傑里・西格爾和喬・舒斯特兩人的筆下，「超人」慢慢變成了一個血肉豐滿的英雄人物：他的出生地是克里斯

頓星球，克里斯頓星球爆炸時他乘坐火箭來到地球上，被家住美國中西部斯莫維爾鎮的老肯特夫婦領養，他於是成了克拉克・肯特。老夫婦教會克拉克如何隱瞞自己的真實身份。同時利用自己的超人能力幫助人類。克拉克長大成人之後當上了大都市一名報社記者，儘管其貌普通，性格內向，卻很討女孩子的歡心。表面上他和常人並無二致，但他轉眼之間就能披上紅色斗篷。變得力大無比，迅如疾電，在摩天大樓之間騰挪跳躍，如履平地，在斬奸除惡盡顯英雄本色。

「超人」身上既能看到其他超級英雄的影子，也能看到德國哲學家尼采和英國劇作家蕭伯納作品中超人的影響。西格爾和舒斯特開始創造「超人」時，美國還沒有從經濟大蕭條的陰影中走出來，而納粹德國氣焰囂張，威脅到歐洲和全世界的和平。「超人」的問世對很多美國人來說不啻是一劑鼓舞人心的強心針，他們需要一個不畏強權，肯為小人物伸張正義的英雄人物來鼓舞士氣，幫助他們走出困境。

在 20 世紀的 40 年代和 50 年代，「超人」在電臺和電視臺的流行節目中一再亮相。到了 70 年代，由克里斯多夫・李維主演的「超人」電影更是風靡一時，讓「超人」的形象在千千萬萬美國人的心中紮下了根。

1914 年，傑里・西格爾出生於俄亥俄州克里夫蘭市一個來自立陶宛的猶太家庭，在六個孩子中年齡最小。他父親早年靠油漆招牌為生，後來開了一家男子服飾用品店。西格爾讀初中時，父親在自己的店裡被一個上門行竊的小偷打死。西格爾從小就酷愛電影、漫畫和科幻故事。15 歲那年，他自辦了一份可能是有史以來的第一份科幻小說愛好者雜誌。並為雜誌取了一個很響亮的名字：《宇宙故事》，用手動打字機和油印機列印成冊。

1931 年，他結識了隨家人從加拿大搬到克里夫蘭的喬・

舒斯特，兩人讀同一所高中，兩家的房子也只隔了十幾條街。和西格爾一樣，舒斯特也出生於猶太家庭，他不但對科幻故事有同樣的愛好，而且擅長繪畫。兩人於是結為摯友。1932 年，兩人合辦了一份名為《科幻小說》的雜誌，雜誌的第三期裡有一個故事的題目是「超人時代」，裡面的超人是一個反面角色，但可以算是英雄「超人」的雛形。

　　根據《世界漫畫百科全書》記載，「超人」是漫畫中獲利最高的漫畫人物。和「超人」有關的產品應運而生：「超人」拼圖、「超人」娃娃、「超人」口香糖、「超人」幻燈片等不一而足。1938 年，《動作漫畫》第一期的售價是每本 10 美分。到了 1995 年，同一期《動作漫畫》在倫敦著名蘇富比拍賣行的拍賣價超過七萬五千美元。儘管傑里・西格爾和喬・舒斯特給 DC 漫畫公司和有關廠家帶來巨大利潤，但他們自己似乎並沒有得到太多的好處。

　　1948 年，他們兩人起訴 DC 漫畫公司，想從公司手裡要回「超人」的版權。官司打敗後他們不但被公司除了名，而且他們的署名也從漫畫上消失。接下來的許多年裡兩人都過得十分艱難。舒斯特因患眼疾視力減弱。一度靠幹一份郵局的工作養家糊口。西格爾也只好另謀生路。改投到別的漫畫公司門下工作。1959 年，為生活所迫的西格爾回到 DC 漫畫公司，不但工資待遇大不如前，還不時遭到同事的白眼，也不能在自己的作品裡署上真名。

　　1969 年。他和舒斯特再次就「超人」的版權問題起訴 DC 漫畫公司。一直到了 1976 年，已經買下 DC 漫畫公司的華納公司才同意每年給西格爾和舒斯特提供三萬五千元的年金，並在所有的「超人」漫畫、「超人」電影、「超人」電視節目和「超人」電子遊戲上標明「超人」的創作者是傑里・西格爾和喬・舒斯特。

　　1986 年，DC 漫畫公司的總編邀請西格爾為「超人」寫一個結局故事，但被西格爾拒絕。十年之後，西格爾因心臟病在洛杉磯去世。和無所不能的「超人」相比，「超人」的創造者一生活得十分無奈。

　　傑里・西格爾的「超人」對後來漫畫中英雄人物的塑造有著深遠影響。半個世紀之後，在美國風靡一時的「蝙蝠俠」和「蜘蛛人」等超級英雄一一出現，但他們全都是從「超人」身上得到的靈感，而「超人」則是美國人心目中代表人類優秀品質的美好化身。

▎喬納斯・索爾克

小兒麻痺症疫苗的發明人

　　脊髓灰質炎是困擾了人類幾千年的疾病，可以一直追溯到古埃及。它輕則使人癱瘓，重則致人於死，對兒童尤其具有殺傷力，因此通常被稱為「小兒麻痺症」。在脊髓灰質炎的疫苗出現之前，每年都有成千上萬人被它奪去生命，更多的兒童因此一生不能站立。20世紀 50 年代中期，一位美國病毒學家發明了脊髓灰質炎的滅活疫苗，從此徹底消滅了這一危害人類健康的疾病。他就是喬納斯・索爾克（Jonas Salk）。

　　1914 年 10 月 28 日，喬納斯・索爾克出生於紐約市一個波蘭猶太移民的家庭。他的父親是一個製衣工人，母親是一位家庭婦女。索爾克的童年是在哈萊姆和布朗克斯的窮人區度過的。索爾克在學校成績很好，12 歲時就考進了紐約最好的高中之一。1930 年，未滿 16 歲的索爾克進入紐約城市學院學習法律。但他很快發現科學比法律更具吸引力，於是當即換了科系。三年之後，索爾克拿到了科學學士學位，接著又轉入紐約大學醫學院繼續深造。學醫期間，索爾克開始在細菌學系主任湯馬斯・法蘭西斯手下做研究，後者對他後來事業上的發展起了關鍵作用。

　　1939 年 6 月，索爾克獲得醫學博士學位。拿到學位的第二天他與社會工作者唐娜 · 琳賽舉行了婚禮。來年三月，索爾克在紐約的西奈山醫院開始了為期兩年的實習。1941 年底，美國進入二戰。數月之後，索爾克得到國家研究委員會的基金，前往密執安大學。而此時法蘭西斯已經成為那裡流行病學系的系主任，二人得以繼續合作。他們的研究課題是為二戰中的美軍找到預防流感的疫苗。1943 年，法蘭西斯與索爾克成功地研製出 A 型與 B 型流感疫苗。他們的研究結果打破了病毒學的傳統觀點，證明了疫苗不僅能夠有效地殺死人體內的流感病毒，而且可以產生抵抗新病毒的抗體。索爾克擔任了美軍抗流感委員會主任，數百萬官兵在二戰期間接種了流感疫苗。

　　1946 年，索爾克成為流行病學系的助理教授。一年後，當時尚無名氣的匹茲堡大學醫學院聘請他為病毒研究實驗室的副教授。當他來到匹茲堡時，發現實驗室的工作人員對他所做的研究毫無經驗，索爾克不得不向校外的基金會尋求經費。在他的努力下，病毒研究實驗室很快發展起來。

　　1949 年，索爾克應全國小兒麻痺基金會的要求開始了脊髓灰質炎疫苗的研究，他首先要做的是確定這一病毒的種類和數量。在此之前。儘管有研究表明該病毒共有三類，但並未得到實驗的證實。30 年代，洛克菲勒研究中心的著名科學家阿爾伯特 · 薩賓通過研究認定脊髓灰質炎病毒只能在人或動物的神經組織上培養，這就意味著索爾克需要上千隻猴子的神經組織來收集足夠的病毒樣品。就在這個關鍵時刻，以約翰 · 恩德斯為首的三位科學家的研究取得了重大突破。他們成功地使用胚胎組織培養出了脊髓灰質炎病毒。這一發現加快了索爾克的實驗速度。1951 年，他證實了脊髓灰質炎病毒有三種類型。

　　在索爾克之前，已經有多位美國科學家在做脊髓灰質炎疫苗的研究，有些不幸失敗，有些已經取得了初步成果。索爾克是這一領域的新人。1951 年，他前往哥本哈根參加一個有關脊髓灰質炎的國際會議，在返美途中與全國小兒麻痹基金會主席丹尼爾 • 歐康納同船。在船上，索爾克的才華和他對歐康納患有小兒麻痹症的女兒所表現出的關切給歐康納留下了深刻印象。作為一個出身貧寒的愛爾蘭移民的後裔，歐康納十分理解索爾克對成功的渴望。「他與任何一個非盎格魯 • 薩克遜血統、非清教徒、父母既不富有也沒有受過良好教育的人一樣面臨著相同的障礙。」後來，歐康納幾乎把基金會的全部資金都用來支援索爾克的疫苗研究。

　　在匹茲堡大學的實驗室裡，索爾克用甲醛將培養出的脊髓灰質炎病毒殺死，然後注射進猴子體內，猴子隨即產生了對病毒的抗體。索爾克經過反覆實驗，確保被殺死的病毒足以產生抗體但又沒有強到導致對人體的傳染。在猴子身上實驗成功後，索爾克緊接著給自己、家人和實驗室工作人員打了脊髓灰質炎疫苗。1952 年，他又秘密地在賓夕法尼亞州兩個護理智障男性和跛足兒童的機構為那裡的患者進行注射。所有被接種者體內均產生了抗體，無一人因此患病。索爾克大受鼓舞。他把對 161 人進行疫苗注射的結果送往《美國醫學學會期刊》，該刊物決定在 1953 年 3 月 28 日那一期發表他的文章。在此之前，新聞媒體已經聽到風聲，並且報導了脊髓灰質炎疫苗即將問世的消息。索爾克不希望在疫苗的安全性得到完全確認之前讓公眾期望過高，因此向歐康納建議通過廣播向全國人民解釋疫苗研究的發展狀況。

　　1953 年 3 月 26 日，索爾克上了哥倫比亞廣播電臺的「科學家談話」節目，距他的文章發表還有兩天。這一舉動違背了科學界約定俗成的程式，索爾克被部分同行們指責為動機

不純、嘩眾取寵。同時。索爾克年輕的資歷和非傳統的滅活疫苗本身都令人對他的研究成果表示懷疑。其中反應最激烈的是已經研究脊髓灰質炎多年的薩賓。他批評索爾克的疫苗「缺乏普遍實驗、具有不安全因素、效力與穩定性不確定。」

眾說紛紜之際，全國小兒麻痺基金會決定於 1954 年對索爾克的疫苗進行全國範圍的實驗，由法蘭西斯主持。一個美國歷史上規模最大的醫學實驗開始了。一百多萬六至九歲的兒童參加了實驗，其中 40 萬接種了疫苗。1955 年 4 月 12 日，法蘭西斯正式宣佈滅活疫苗有效並且安全。500 名世界一流的科學家和醫生、150 名記者和 16 家電臺、電視臺出席了新聞發佈會。4 月 23 日，艾森豪總統在白宮的玫瑰園授予索爾克「傑出成就獎」。

然而，壞消息也接踵而至。204 人在接種疫苗後染上了脊髓灰質炎，其中多數人癱瘓，11 人死亡。經調查，所有的壞疫苗都出自加州的一家實驗室，而該實驗室未嚴格按照索爾克的指示徹底殺死脊髓灰質炎病毒。懷疑和指控再次毫不留情地落到索爾克頭上，他第一次感到絕望。1955 年 5 月 7 日，美國衛生局宣佈停止使用索爾克疫苗。直到生產疫苗的安全標準強化之後，大規模的接種才又重新開始。

時間是最好的證人。索爾克的重大功績很快彰顯出來。在他的疫苗出現之前，美國每年都有二萬五千人死於脊髓灰質炎。到了 1969 年，脊髓灰質炎的致死率是零。對許多普通美國人而言，索爾克是科學奇蹟的象徵。

在一次民意調查裡，他在重要當代人物中名列甘地與邱吉爾之間。新聞的曝光、好萊塢的片約、廠商的合約也紛至遝來。對此，索爾克感到既無奈又困擾。媒體總是喜歡創造傳奇，而對幕後的英雄們忽略不計。這使得索爾克的一些同行們十分不滿。薩賓曾公開在《紐約時報》上將索爾克的研

究稱作「純粹的廚房化學」。

1954 年，諾貝爾醫學獎頒給了恩德斯等三位科學家而不是眾望所歸的索爾克。甚至美國科學院也沒有吸收他為院士。難怪索爾克歎道：「我最大的悲劇就是我的成功。」

與此同時，薩賓研製出活性脊髓灰質炎疫苗口服劑，因其簡單易行，在 60 年代中期以後逐漸取代了索爾克的滅活疫苗。但加拿大等國仍繼續使用索爾克的疫苗。二者孰優孰劣在醫學界爭議了長達幾十年。

索爾克的名聲並未隨著脊髓灰質炎從地球上消失而黯淡。1954 年，他升任匹茲堡大學的教授，研究一種預防整個中樞神經系統感染的疫苗，其中包括對正常和病變細胞的研究，涉及了癌症的研究領域。

1963 年，索爾克在加州的聖地牙哥創建了索爾克生物研究所，吸引了大批世界一流的科學家。索爾克本人在擔任主任之外，繼續自己在癌症和多種硬化症的免疫方面的研究。1967 年，與妻子離異後的索爾克與畢卡索的前妻弗蘭西絲‧吉洛特結婚，再次成為媒體的頭條新聞。70 年代，索爾克開始致力於寫作，出版了大量哲學以及科學的社會作用等方面的著作。1977 年，索爾克分別獲得國會金獎和總統自由獎。80 年代初，他開始了愛滋病疫苗的研製，但其有效性仍然有待進一步驗證。如今，索爾克生物研究所已經成為世界神經科學和細胞生物學等領域的尖端研究機構。

1995 年 6 月 23 日，索爾克因心臟衰竭去世，享年 80 歲。

▎索爾・貝婁

第一個獲諾貝爾文學獎的美國猶太作家

　　1976 年，在辛克萊 ・ 路易斯、賽珍珠、歐尼爾、福克納、海明威和史坦貝克之後，諾貝爾文學獎再一次被美國作家捧回，得主是索爾 ・ 貝婁（Saul Bellow），他也是第一位獲得諾貝爾文學獎的猶太裔美國作家。

　　索爾 ・ 貝婁的父母親都是俄國的猶太人，1913 年從聖彼德堡移民加拿大的魁北克，兩年後索爾 ・ 貝婁出生。全家人住在蒙特利一個人口混雜的貧民區裡，周圍全是來自希臘、義大利、俄國、烏克蘭和波蘭的移民。幼年的貝婁還沒上學前班就學會了希伯來語，因為母親一心希望貝婁有朝一日成為研究猶太教塔木德的學者。接下來他又學會了意第緒語。貝婁 9 歲那年，全家從蒙特利搬到美國的芝加哥。貝婁對芝加哥一往情深，把它當作自己的故鄉，他日後的許多作品都以芝加哥為背景。貝婁 17 歲那年母親去世，對他造成巨大的心理打擊。1933 年，貝婁高中畢業後被芝加哥大學錄取，兩年後轉到離芝加哥不遠的西北大學，主修人類學和社會學。英文系的系主任勸他不要以英文為專業，因為「猶太人理解不了英語文學傳統」。

　　1937 年，貝婁以全優成績從西北大學畢業，拿到一份威斯康辛大學人類學研究生的獎學金。在那裡，他發現自己並不適合做學問，因為他每次寫一篇論文，最後總會把它寫成一篇故事。讀了一個學期的研究生後貝婁決定輟學，立志當一名專業作家。

　　在接下來的幾年裡，索爾・貝婁先是在公共事業署工作，後來又給大不列顛百科全書當編輯，同時在芝加哥一家師範學院執教，還當過商船船員，但是他把主要精力用來從事小說創作。1944 年，貝婁的第一部小說《晃來晃去的人》問世，小說以日記的形式寫成，講述了一個在二戰期間等待應徵入伍的芝加哥青年的心路歷程。三年之後，貝婁發表了第二部小說《受害人》，主人公是一個遭受種族歧視的紐約猶太人。這兩部小說都沒引起讀者太大的興趣，評論界的反映也相當平淡。

　　二戰結束後，貝婁相繼在明尼蘇達大學、紐約大學、普林斯頓大學任教。1948 年，他得到一筆古根漢的研究基金，去巴黎和羅馬住了一年，並開始寫他的第一部大部頭小說──《奧吉・馬奇歷險記》。這部以第一人稱寫成的小說講述了一個出身貧窮的芝加哥猶太青年的種種遭遇。小說師承 18 世紀英國小說《湯姆・瓊斯》的寫作手法，脫離了古板拘泥的小說形式，信馬由韁，娓娓道來，給人耳目一新的感覺。1953 年，《奧吉・馬奇歷險記》出版並獲得了次年的國家圖書獎。1956 年，貝婁發表了一部中短篇故事集《機不可失》，其中包括一個中篇、三個短篇和一個獨幕劇。中篇小說《機不可失》描寫一個陷入家庭危機的中年紐約人，被評論家看成是貝婁寫得最好的作品。1959 年發表的《雨人亨德森》講述一個性格古怪的百萬富翁婚姻破裂後去非洲的冒險經歷。和《奧吉-馬奇歷險記》一樣，《雨人

亨德森》也探索了人的孤獨、異化等主題和在追求知識和靈魂昇華中所面臨的困境。

1962 年。貝婁被母校芝加哥大學聘為教授，他利用業餘時間繼續從事小說和戲劇創作。1964 年，他的劇本《最後的分析》被搬上了紐約百老匯的舞臺，但一共只演出了 28 場。同一年，他殫精竭慮寫成的小說力作《赫索格》問世。這部小說被他重複修改達 15 次之多。主人公摩西・赫索格像貝婁一樣，也是一位猶太裔的大學教授，也在蒙特利度過了一個貧困的童年。他的生活走進了一個死胡同，自己也被逼到了自殺的邊緣，於是他開始給各式各樣活著的和死去的人寫信，其中有尼采、海德格、斯賓諾莎、艾森豪、前妻瑪德琳和上帝，但這些信一封也沒有發出去。和奧吉・馬奇一樣，摩西・赫索格性格內向，焦慮不安，但他最終還是接受了命運對自己的安排。《赫索格》為貝婁再次贏得國家圖書獎。

1970 年，貝婁發表了他的下一部小說《薩姆勒先生的行星》，小說中 72 歲的主人公是一位納粹大屠殺中劫後餘生的波蘭籍猶太人，他在一個充滿暴力和私欲的世界中堅定不移地保持著責任感和個人尊嚴。《薩姆勒先生的行星》讓貝婁又一次捧回了國家圖書獎，使他成為唯一三次獲此殊榮的美國作家。1975 年，貝婁的又一部力作《洪堡的禮物》問世。小說的主人公查理・西特林是一位有錢的成功作家，但個人生活不幸，離婚後又被情婦拋棄。他被內心深處的失敗感所折磨，整日沉浸在對逝去的朋友的緬懷之中。《洪堡的禮物》獲得了普立茲獎。

1976 年 12 月 10 日，瑞典的古斯塔夫國王親手把諾貝爾文學獎頒發給索爾・貝婁。瑞典皇家學會充分肯定了貝婁對當代文學的貢獻，因為「他的作品兼有對人性的理解和

對當代文化的敏銳分析。」

在他之前拿到諾貝爾文學獎的美國作家得獎後大都沒有寫出流傳後世的佳作，路易斯和賽珍珠是如此，海明威和史坦貝克更是如此。而得獎後的貝婁則一直筆耕不輟，不斷有新作問世，其中包括賣出了十萬本精裝本的《教務長的十二月》、小說集《禍從口出》、長篇小說《傷心而死》。

2000 年，85 歲高齡的貝婁發表了他的最後一部小說《雷弗斯坦》，小說以他在芝加哥大學的同事名教授阿倫・布魯姆為藍本，其中涉及布魯姆同性戀私生活的部分在小說出版後引起了廣泛爭議。

其實，索爾・貝婁個人的生活也不乏可寫之處。死亡的主題在他的小說中一再出現，而他本人則有過兩次死裡逃生的經歷。一次是 8 歲時因呼吸道感染住了半年的醫院，另一次是 80 歲在加勒比海休假時不慎吃魚中毒，在加護病房關了五個星期，一年多後才復原。貝婁共結過五次婚，離過四次，有三子一女。前三任太太各生了一個兒子，女兒的母親是第五任妻子。1999 年女兒出生時貝婁已經 84 歲。

2005 年 4 月 5 日。索爾・貝婁在麻塞諸塞州布魯克萊恩的家中與世長辭，享年 89 歲。伴隨他生命最後一程的是他的妻子和年僅五歲的女兒。

▎亞瑟·米勒

現代戲劇經典《推銷員之死》的作者

　　亞瑟·米勒（Arthur Miller）是 20 世紀美國戲劇界的泰斗人物。在長達大半個世紀的寫作生涯中，他寫出了 30 多部劇本，獲得過一次普立茲獎、兩次戲劇評論家獎、七次東尼獎、約翰·甘迺迪終身成就獎和其他大獎。牛津大學、哈佛大學和他的母校密執安大學都授予了他名譽博士學位。

　　除了他的戲劇創作，讓亞瑟·米勒名聲遠揚的還有另一個原因：他的第二任妻子是令全世界無數男人為之傾倒的獨一無二的女神尤物瑪麗蓮·夢露。因為這個原因，有人乾脆用他的一個劇本的劇名——「處處走運的男人」來形容亞瑟·米勒。

　　但是，年輕時候的亞瑟·米勒可能從來沒有相信自己會是命運之神格外垂青的對象，更不會想到自己會有功成名就的那一天。1915 年 10 月 17 日，亞瑟·米勒出生在紐約曼哈頓的東城上區。他父親是從奧匈帝國移民美國的猶太人，靠做女裝生意謀生。20 年代末父親的服裝店在經濟大蕭條中損失慘重，全家人只好搬進布魯克林區的一座木板小屋。孩童時代的亞瑟是個運動健將，他打棒球和橄欖球，愛

好田徑，但學習成績平平，考試常常不及格。他出名之後，當年的老師沒有一個人記得起他是誰。高中畢業以後，他在偶然之中讀到陀思妥也夫斯基的《卡拉馬佐夫兄弟》，才立志進大學學習寫作。因為付不出學費，他只好在父親的服裝店打工，後來又到曼哈頓一家汽車配件批發店當搬運工，從 15 美元的週薪中省下 13 元做學費。這段打工經歷使亞瑟·米勒下定決心要有所成就。兩年半之後，他進入密執安大學學習新聞學，積攢下來的錢剛好夠交一年的學費。他半工半讀，在餐館裡洗過盤子，也給《密執安日報》當過夜班編輯。在校期間他寫過幾個劇本，並兩次獲獎。

1938 年。亞瑟·米勒本科畢業後回到紐約，成為「聯邦戲劇項目」的成員，但是該項目還沒有來得及上演米勒的劇本就解散了。他在給電臺節目寫腳本的同時當過卡車司機和氣管裝配工。1940 年，他和大學戀人瑪麗·史拉托利結婚。1944 年，他的劇本在百老匯舞臺首次亮相就大敗而歸，《處處走運的男人》只上演了四場就匆匆落幕。

米勒失望之餘決定再寫一個劇本，如不成功就放棄寫作。他花了兩年時間寫出了《全是我的兒子》。劇中的主人公喬·凱勒是一個飛機零件製造商，在二戰中向美國空軍出售次品的飛機部件，導致多架戰機失事。在法庭上，他又設法給自己撇清關係，讓他的商業夥伴代為受過。最後，喬得知自己的兒子萊利在空戰中身亡，才意識到死去的空軍飛行員「都是我的兒子」，在幡然悔悟之後結束了自己的生命。《全是我的兒子》1947 年登上百老匯的舞臺，連續上演了三百多場，得到觀眾和評論家的交口稱譽，並獲得了那一年的紐約戲劇評論家獎。

但是為亞瑟·米勒奠定美國當代戲劇大師地位的是《推銷員之死》。他僅僅花了六個星期就寫出了劇本。主人公

威利・洛曼當了一輩子的推銷員，孜孜不倦地追求「美國夢」，但最終還是被公司解雇，於是決定自殺以換取人壽保險金，好讓兒子來繼續追求自己沒能實現的「美國夢」。

亞瑟・米勒在劇本中打破時空界線，用表現主義的手法描繪威利・洛曼悲劇性的一生，在一個普通人身上賦予了希臘悲劇英雄人物的種種特徵，並讓威利・洛曼成為一個鍥而不捨追求虛幻目標的悲劇典型。

《推銷員之死》1949 年 2 月 10 日首演，在百老匯一連上演了 742 場，並於 1951 年由哥倫比亞製片廠拍成電影。劇本同時獲得普立茲戲劇獎和紐約戲劇家評論獎。在《推銷員之死》之後，米勒還寫過多部劇作，比如《橋頭眺望》和《倒下之後》等，但影響都遠遠不及《推銷員之死》。

亞瑟・米勒的另一部重要劇作是 1953 年在百老匯上演的《煉獄》，劇本根據著名的 1692 年「賽勒姆女巫案」的歷史記錄寫成，但明眼人一眼就能看出是對當時甚囂塵上的麥卡錫主義的影射。以麥卡錫為首的「眾議院非美行動委員會」利用二戰後美國人的恐共心理在全國範圍內搜捕親共人士，弄得文藝界人人自危。

三年之後，亞瑟・米勒也被「眾議院非美活動委員會」傳訊，因為拒絕提供親共人士的名單而以蔑視國會的罪名被罰款 500 美元，並被判了 30 天的緩刑。

1956 年，亞瑟・米勒和名演員瑪麗蓮・夢露結婚。兩人多年前在好萊塢的一個晚會上認識，後來又在紐約相遇，米勒和前妻離異不久，夢露也剛從和棒球明星喬・迪馬吉奧婚姻破裂的陰影中走出來。米勒和夢露發現他們倆有不少共同之處——兩人都喜歡陀思妥也夫斯基，喜歡騎自行車，喜歡海闊天空地神聊瞎侃。米勒被夢露的單純天真所吸引。在去了米勒父母家之後，夢露不但愛上了米勒，也愛上

了他的父母。為了和米勒在猶太教堂裡結婚，夢露皈依了猶太教。他們倆結婚五年期間亞瑟 · 米勒僅僅創作出一部電影劇本《格格不入》（另譯：不合時宜的人），電影由克拉克 · 蓋博和瑪麗蓮 · 夢露擔綱主演，這是蓋博生前演的最後一部電影。1961 年，米勒和夢露發現兩人已無法在一起生活，婚姻宣告破裂。他的第三任妻子是奧地利攝影家英格 · 莫拉斯。

　　亞瑟 · 米勒在康州的羅克斯伯里有一個占地 350 英畝的私人農莊，他的下半輩子有一大半時間都是在這個農莊上度過的。他喜歡在農莊上的一個小木屋裡寫作，屋裡沒有電話，但有一支獵槍。2005 年 2 月 10 日，亞瑟 · 米勒在自己的農莊與世長辭，享年 89 歲。

露絲‧漢德勒

芭比娃娃的創造人

芭比娃娃是玩具史上最暢銷的產品，平均每一秒鐘就有兩個芭比娃娃在世界的某一個角落銷售出去。自 1959 年問世以來，芭比的銷售量已經超過了十億個，從而成為歷久彌新、永不過時的玩具經典。

芭比娃娃的創造者露絲‧漢德勒（Ruth Handler）於 1916 年 11 月 4 日出生於科羅拉多州丹佛市。她在兄弟姐妹中排行第十，父母親都是波蘭籍猶太移民。1935 年，19 歲的露絲隻身搬到洛杉磯，在派拉蒙製片公司找到一份秘書的工作。1938 年，露絲與高中時的男友艾略特‧漢德勒結婚，艾略特在當地的一家藝術學院學習設計。

1945 年，漢德勒夫婦與好友梅森在自家的車庫裡創辦了梅特爾公司，以生產畫框為主，由露絲負責銷售。心靈手巧的艾略特同時利用畫框的邊角材料製作玩具房子，銷路甚至超過了畫框。公司因此將重心轉至製造玩具，而且第一年就有了盈利。1955 年，漢德勒夫婦決定投資 50 萬元在一個叫做「米老鼠俱樂部」的兒童電視節目上做全年的玩具廣告。在此之前，百分之八十的玩具銷售量都集中在耶誕節期

間，而且大人往往根據商店售貨員的推薦來決定買什麼樣的玩具。電視廣告的出現不僅讓孩子們直接看到自己想要的玩具，而且梅特爾的品牌也通過廣告打出了知名度。商店則不得不改變節日期間才促銷玩具的傳統，隨時進貨以滿足消費者全年的需求。漢德勒夫婦的這一創舉進一步為梅特爾擴大了市場，同時為後來的玩具製造業開創了新的銷售途徑。

50 年代初，玩具娃娃一律是幼兒造型，成人造型的娃娃則是硬紙板剪出的平面圖片。一次，露絲發現女兒芭芭拉和其他女孩子在興致盎然地玩著紙片娃娃，她意識到女孩子們需要通過成人造型的娃娃來想像自己將來長大以後的樣子。露絲向公司的董事會提出了製作成人娃娃的創意，但遭到由清一色男性組成的董事會的否決，他們認為這個產品不僅造價昂貴而且不會有市場。

不久，露絲從歐洲旅行歸來，帶回一個叫做麗莉的性感娃娃。露絲仿照麗莉設計出一個少女時裝娃娃，並且專門請服裝師為娃娃做了衣服。她還用女兒芭芭拉的小名，將娃娃命名為芭比。

梅特爾公司董事會終於批准了露絲的設計。第一個芭比娃娃於 1959 年在紐約的美國玩具展銷會上正式露面。她梳著馬尾辮，身著黑白條紋的泳裝和露趾涼鞋，戴著太陽鏡和耳環。展銷會上，男性採購員對售價 3 美元的芭比娃娃反應冷淡，購買者寥寥無幾。但女孩子和她們的母親卻對芭比一見鍾情，幾天之內貨架上的娃娃就被搶購一空。

消息傳開之後，各大商場紛紛下訂單，梅特爾應接不暇，第一年就賣出了三十五萬個娃娃，隨後又用了幾年時間才將供需拉平。從那以後，芭比娃娃一直暢銷不衰，梅特爾也因此而日益壯大，成為全世界最大的玩具製造商。

露絲在梅特爾的發展過程中作出了重大貢獻。1948 至

1967 年，她擔任了公司的執行副總裁，1967 年又升任為總裁。1973 年，她與丈夫同時被任命為董事會主席。60 年代初，梅特爾打入國外市場，在英、法、德、意、墨西哥等國都開辦了工廠。繼芭比娃娃之後，梅特爾又開發了一系列熱銷玩具，產品也更加多元化，並收購了多家非玩具企業，包括馬戲團、遊樂場、寵物用品公司等。

　　近半個世紀以來，芭比娃娃不僅代表著一代又一代女孩子夢寐以求的形象，而且反映了美國社會日新月異的變化。芭比先後有過八十多個不同的職業。從最早的芭蕾舞演員、空姐發展到後來的搖滾明星、員警、醫生、海軍陸戰隊士兵、運動員、消防員、宇航員、古生物學家甚至總統候選人。隨著美國對多元文化的瞭解和認識以及世界各國之間的密切交流，形貌各異、文化背景不同的芭比也陸續出現。

　　義大利芭比是第一個異國芭比娃娃。1980 年，非裔和拉美裔芭比問世。德國芭比與東西德統一同時發生在 1990 年。至今，芭比已經以世界上 45 個國家和民族的形象出現，包括伊斯蘭、牙買加、美國印地安人、墨西哥、肯亞和中國等。像任何一個普通的美國女孩一樣，芭比也有自己的家人和朋友，而且人數還在不斷增加。1961 年，以露絲的兒子命名的芭比的男朋友肯恩出現在芭比身旁。1968 年，黑人娃娃克莉絲蒂成為芭比第一個少數族裔的女友。1995 年，芭比添了一個小妹妹凱麗。1997 年，坐在輪椅上的貝奇也加入了芭比的好友行列。

　　儘管梅特爾力求把芭比塑造成一個富有時代感的獨立自信的女性，但圍繞芭比所產生的爭議從來就沒有停止過。如果把芭比娃娃按比例放大成真人尺寸，她的三圍將是令人咋舌的 39、18 和 33 英寸。女權主義者認為芭比的形象是為了滿足男性的幻想，她不切實際的身材只會對普通女孩子產生

誤導，讓她們對自己喪失信心。60 年代，男朋友肯恩的出現甚至引發了一場解放芭比的運動。

對於來自各方面的批評和質疑，露絲 · 漢德勒曾經在自傳中寫道：「我創造芭比娃娃的整個理念就在於，通過她，一個小女孩能夠做成她想做的任何事情。芭比始終代表著女性所擁有的選擇。女生們曾經多次告訴我，芭比對她們而言不僅僅是一個娃娃，而是她們自身的一部分。」

露絲本人就是她所推崇的女性自我主宰和選擇的體現。1970 年，她被診斷出乳癌並做了一側乳房切除手術。因為找不到合適的義胸，露絲自己動手設計出樣品，然後又成立公司進行批量生產和推銷。當時，人們對乳癌知之甚少，露絲便成為乳癌早期發現和治療的最早的宣傳者之一。露絲對自己所設計的義胸感到十分驕傲，她說：「我絕對重建了我個人的自尊，我相信我也幫助別人重建了自尊。」

70 年代中，梅特爾因向美國證券交易委員會提交不實財務報告而受到審查，負責公司行政和財務的露絲被重罰。聯邦法庭要求梅特爾重新進行調整，漢德勒夫婦被迫從自己親手創建的公司退出，並交出價值兩百多萬的股票。

2002 年 4 月 27 日，露絲 · 漢德勒因病去世，享年 85 歲。而她所創造的芭比將永遠以多姿多彩的面貌和與時俱進的精神激勵女孩子用自己無窮無盡的潛能去實現她們的夢想。

▌麥克・華萊士

寶刀不老的電視節目主持人

　　哥倫比亞廣播公司的老牌節目「60
分鐘」是美國電視上出現的第一個新聞
雜誌節目，主持人麥克・華萊士（Mike
Wallace）就像片頭那只滴噠作響的老式
馬錶一樣，已經成為這個節目的標誌。

　　麥克・華萊士原名麥倫・華萊
士，1918 年 5 月 9 日出生於麻塞諸塞州
布魯克萊恩市的一個猶太移民家庭。他
的父親開過一家雜貨批發店，後來又賣起了保險。少年時代
的華萊士曾經對體育和音樂產生過興趣。高中畢業之後，他
進入了密執安大學，在學校的廣播電臺裡華萊士找到了自己
未來的發展目標。

　　1939 年，華萊士大學畢業後立即在底特律的一家電臺
開始了他的職業生涯。第二年，他搬到了芝加哥。在接下來
的十年，他主持過電臺上各種各樣的節目形式，包括猜謎、
訪談、廣告、新聞報導等等，成為一位經驗豐富的多面手。

　　50 年代初，電視在美國興起。華萊士前往紐約，加入
了哥倫比亞廣播公司（CBS）。最初幾年，華萊士一邊為
CBS 廣播電臺編寫和主持新聞，一邊主持電視上的猜謎和
訪談節目，甚至還在百老匯擔綱演出過舞臺劇。

　　1955 年，華萊士離開了 CBS，在杜蒙電視網下屬的紐約電視臺擔任晚間新聞主播。第二年，華萊士成為現場訪談節目「夜之節拍」的主持人，從此在電視界脫穎而出。「夜之節拍」每星期一至星期五播出。

　　在一個小時的節目裡，由華萊士現場採訪一兩位名人嘉賓。憑藉事先充分的準備和翔實的調查材料，華萊士往往以尖銳的提問和敏感的話題當場向對方質詢。在簡單的黑色背景襯托下，一方步步緊逼、窮追不捨，另一方如坐針氈、倉皇應對，電視上的採訪看上去好像一場審問。華萊士在「夜之節拍」中以一種前所未有的訪談風格和扣人心弦的話題，緊緊抓住了紐約觀眾的視線。

　　在成功地採訪了著名作家諾曼・梅勒、西班牙現代派畫家達利、美國第一位黑人法官馬歇爾、花花公子創始人海夫納等政客名流之後，「夜之節拍」被美國廣播公司（ABC）看中，改為半小時的「麥克・華萊士訪談」節目，在晚間的黃金時段向全國播放，華萊士繼續以他咄咄逼人的方式對現場嘉賓進行採訪。

　　但好景不長，ABC 的主管擔心照此發展下去會招致當事者的抗議和訴訟，因此決定減弱這個節目的鋒芒。到後來，節目上的嘉賓和談話內容越來越平穩理性，終於在1958 年無疾而終。

　　在接下來的幾年中，華萊士在紐約當地電視臺和全國電視網上以不同身份出現，包括各種娛樂節目的主持人和新聞主播等等。

　　1959 年到 1961 年，他在 65 集系列電視紀錄片「人物傳記」中擔任主持人和敘述者。「人物傳記」以豐富翔實的歷史資料展現了毛澤東、史達林、馬克・吐溫、海倫・凱勒等歷史人物的生平，播出之後在美國引起很大反響，華萊

士富有特色的聲音也給觀眾留下了深刻的印象。

　　1963 年，華萊士決定放棄高薪的娛樂節目，把精力完全集中在新聞上。他與 CBS 簽訂了三年合約，成為 CBS 晨間新聞的主播。三年之後，華萊士離開演播室做了實地記者，先後報導了 60 年代所有重大新聞，包括越戰、中東衝突和水門事件。60 年代末，CBS 製作人唐·休伊特策劃了一個全新的新聞節目並邀請華萊士擔任主持人。

　　1968 年 9 月 24 日，「60 分鐘」正式開播。華萊士重展當年令人生畏的風采，並且越來越成熟老辣。短短一年之內。「60 分鐘」已經擁有了穩定的觀眾群。70 年代末，「60 分鐘」成為美國電視上有史以來收視率最高的電視節目，每星期都有越來越多的觀眾聚集在電視機前觀看華萊士揭露醜聞、打擊不公不義。

　　華萊士最常用的方式是攜帶暗藏的攝影機出其不意地出現在現場，讓當事人無從抵賴。有人宣稱 80 年代英文裡最讓人心驚肉跳的一句話就是「麥克·華萊士來了！」

　　然而，華萊士在被譽為伸張正義的新聞良心的同時，也受到一些評論家的批評。他們將華萊士的報導稱作「伏擊式新聞」，認為他的做法追求的是聳人聽聞的效果，是不公平、甚至不道德的。

　　1992 年是「水門事件」曝光 20 周年。華萊士製作並主持了有關這一醜聞及其複雜背景的專題節目。1996 年 2 月，原煙草公司總裁傑佛瑞·維甘德在「60 分鐘」上首次揭露了美國煙草業不可告人的秘密，成為第二天各大媒體的頭條新聞。1998 年，華萊士採訪了「安樂死醫生」凱沃基安。「60 分鐘」同時還播放了凱沃基安自己拍攝的為重病患者注射致命針劑促其死亡的錄影。這期節目在全國引起了軒然大波和媒體長達數星期的密集報導。

在「60分鐘」三十多年的歷史上，華萊士曾數次捲入法律糾紛，但結果都是不了了之。1982年，華萊士在一個題為《未被計算在內的敵人：越戰的謊言》的報導中採訪了越戰期間美軍總指揮威廉‧魏摩蘭將軍。華萊士通過調查認定，越戰中以魏摩蘭為首的軍界要人有意低估越共軍隊的人數以獲得美國國內對戰爭的支持。

魏摩蘭以損害名譽罪將華萊士和CBS同時告上法庭。但法庭在審理過程中發現，儘管華萊士的調查手段有欠妥之處，他的觀點卻言之有據。1985年，就在華萊士即將出庭之際，這個拖了三年的案件以CBS道歉、魏摩蘭撤訴而草草了結。

多年來。除了在節目裡揭露醜聞以外，華萊士也採訪了幾乎所有重大歷史事件中的頭面人物和名流，其中包括從甘迺迪到老布希的歷屆美國總統、鄧小平、江澤民、柯梅尼、沙達特、海珊、普京等國際政要，以及音樂家伯恩斯坦、鋼琴家霍羅懷茲、芭蕾舞大師巴里什尼柯夫、數學天才約翰‧納許等著名人物。

1998年，華萊士作為唯一的一位記者陪同聯合國秘書長安南前往伊拉克與海珊會面，並在「60分鐘」節目裡對安南進行了獨家採訪。

在半個世紀的新聞生涯中，華萊士曾經獲得過不計其數的榮譽。1991年，他被選人電視名人榜。1996年，他以一部報導美國社會暴力現象的電視專輯榮獲羅伯特‧甘迺迪新聞大獎和電視大獎。

2003年，華萊士獲得了他一生中第二十個艾美電視獎——終身成就獎。此外，他還被麻塞諸塞大學、賓夕法尼亞大學、密執安大學授予榮譽法學和文學博士學位。

90年代末，華萊士公開承認自己因魏摩蘭一案曾患過

憂鬱症，使熟悉他在電視上的強硬形象的觀眾感到十分意外。為了幫助其他患者戰勝這一疾病，華萊士曾經在有關電視節目和書籍中坦率講述自己患病和治癒的經歷。2006 年華萊士對外宣布因健康問題，不再全職參與「60 分鐘」雖然他已淡出，但他的影響將與「60 分鐘」一道成為美國電視史上精彩的一頁。

麥克 · 華萊士在 2012 年 4 月 7 日於康乃狄克州菲爾德郡一家護理中心走了，享年 93 歲。他生前曾希望在他的墓誌銘上寫下：「粗魯，但是公正。」他說，此外就不需要其他的話了。

朱利斯・羅森堡

美國歷史上最具爭議性的間諜

　　20 世紀在美國生前死後最具有爭議
的「間諜」非朱利斯・羅森堡（Julius
Rosenberg）莫屬。1953 年 6 月 19 日，
羅森堡夫婦被雙雙送上電椅，成為美國
冷戰時期僅有的兩位以蘇聯間諜罪名被
處以死刑的美國平民。這一案子從開庭
那天起就引起了全世界的廣泛關注，羅
森堡夫婦被判死刑的消息傳出後國際輿
論一片譁然。不少美國人認為他們倆是麥卡錫主義的犧牲
品，但也有一部分美國人認為他們是咎由自取，死得其所。
半個世紀後的今天，許多美蘇兩國當年的機密檔已經解密，
但面對新的歷史資料，大家對朱利斯・羅森堡一案的真相
仍然眾說紛紜，莫衷一是，朱利斯・羅森堡其人也仍然裹
在重重迷霧之中。

　　朱利斯・羅森堡於 1918 年 5 月 12 日出生於紐約哈萊
姆區一個猶太家庭，父親是一位服裝設計師。羅森堡出生不
久後全家人搬到了猶太人聚居的紐約東城下區。儘管他和後
來成為他妻子的愛瑟爾不是青梅竹馬，但兩家的房子只隔
了兩條街。他們倆都出生貧寒，住的簡易公房都同樣的擁擠
破舊，房子附近到處是製造成衣的血汗工廠。兩人先後就讀

同一所高中和希伯來學校。年輕的羅森堡非常虔誠，每天花四五個小時研讀《舊約全書》。他的理想是成為家裡的第一個大學生，大學畢業後當一名機械工程師。1934 年，16 歲的羅森堡進入紐約城市學院，被學校濃厚的政治氣氛所吸引，積極投身到反納粹、反戰和支持工會的活動中。這一年，他加入了美國共產主義青年團。

在 1937 年國際海員工會舉辦的新年舞會上，羅森堡和愛瑟爾一見鍾情，不久兩人就成雙成對，形影不離了。他們政見相同，常常一起出席工會會議，並積極參加美國共產黨組織的活動。1939 年 2 月，羅森堡拿到了電子工程的本科學位，四個月之後他和愛瑟爾正式完婚。婚後，羅森堡夫婦另立門戶住進了自己的公寓。羅森堡在一家軍用單位拿到了一份雷達工程師的工作，年薪兩千美元，愛瑟爾在東城國防團裡為軍隊募捐，收集軍需用品。1943 年，他們的第一個兒子邁克出生，愛瑟爾辭去工作當起了全職媽媽，逐漸從政治活動中淡出。四年之後，他們又有了第二個兒子勞勃。在這之前，羅森堡因為被指控是共產黨員而丟掉了工作，只好自己辦了一個機械加工車間，並邀請愛瑟爾的弟弟大衛‧格林格拉斯入夥，但他們的生意很不景氣。

1950 年 6 月，大衛‧格林格拉斯在新墨西哥州被捕，罪名是二戰期間他在洛斯阿拉莫斯實驗中心擔任製圖員時，曾向蘇聯提供過有關原子彈的機密資料。為了減刑，他供出了姐夫羅森堡，聲稱自己受羅森堡指令，將一份有關原子彈的圖表以五百美元的價格賣給了蘇聯的諜報人員。7 月 17 日。羅森堡被聯邦調查局的官員從家裡強行帶走。三個星期之後，愛瑟爾也鋃鐺入獄。8 月 17 日，美國聯邦大陪審團以間諜罪向羅森堡夫婦提出起訴。1951 年 3 月 6 日，法庭正式開庭受理此案。之前幾個星期朝鮮戰爭剛剛爆發。因此

美國國內的政治氣氛對羅森堡夫婦極為不利。在美國民眾的眼裡，任何膽敢竊取原子彈機密的間諜都成了過街老鼠，報刊雜誌也宣稱羅森堡是一個賣國賊。

　　在法庭上。羅森堡夫婦受到的指控主要有兩點，一是大衛・格林格拉斯接受羅森堡的指令出售給蘇聯人的原子彈圖紙威脅到了美國的國家安全。二是羅森堡夫婦通過出售國防機密賺了錢。但這兩項指控都站不住腳。大多數科學家認為交給蘇聯人的圖紙「一文不值」，而據說是蘇聯人作為報酬送給羅森堡的一張貴重的桌子卻原來是他們夫婦兩人花了不到 15 美元從梅西百貨商店買來的。儘管原告一方拿不出任何確鑿的證據，羅森堡夫婦對所有的指控也都矢口否認，但最終法庭還是裁決羅森堡夫婦有罪，判處極刑。法官的原意是逼迫羅森堡夫婦認罪後再予減刑，但羅森堡夫婦寧死不屈，於 1953 年 6 月 19 日在紐約州的辛辛監獄被處死。根據死刑報導，通電之後坐在電椅上的羅森堡當即身亡，而愛瑟爾則是數次電擊之後才命歸九泉，因為她身材嬌小，而死刑電椅都是按照男人的身材設計的。

　　羅森堡夫婦死後，成千上萬的抗議者在紐約的工會廣場上聚會，世界各地也都有類似的抗議活動，很多激進人士把這一案子看成是納粹國會縱火案的美國翻版。但也有不少左派文人在一夜之間轉變成了反史達林的急先鋒。美國的猶太人更是人人自危，擔心美國也會捲起反猶浪潮。羅森堡夫婦被處以極刑的那年，兩個兒子邁克和勞勃一個十歲，一個只有六歲。親朋好友唯恐受到牽連都不敢收留他們。他們先後被寄放在好幾戶人家，最後才被一對音樂家夫婦領養。

　　羅森堡夫婦死後的半個世紀以來，他們的形象在許多文學作品中一再出現。最早觸及他們的文學作品是亞瑟・米勒的《煉獄》，裡面男女主人公約翰和伊利莎白名字的排首

字母 J 和 E 正好和羅森堡夫婦名字的排首字母相吻合。在希維婭‧帕拉斯的《鐘罐》、約翰‧厄普代克的《成雙成對》和喬伊斯‧卡洛‧奧茨的《你必須牢記》等作品裡也能看到他們的影子。

1975 年，羅森堡夫婦的兩個兒子通過法律手段向美國聯邦調查局索討有關他們父母親的材料。從拿到手的二十多萬頁紙的材料來看，沒有任何羅森堡把原子彈情報交給了蘇聯人的確鑿證據，也不存在所謂的間諜網。從前蘇聯解體後的解密檔來看，羅森堡確實在二戰期間當過蘇聯間諜。但沒有任何證據表明愛瑟爾也參加了間諜活動。判處羅森堡夫婦死罪的法律依據是「戰爭期間為敵方從事間諜活動」，而二戰期間蘇聯是美國的盟國。2001 年，愛瑟爾的弟弟大衛‧格林格拉斯終於承認當年他是為了保護自己的妻子兒女才不得不作偽證出賣了自己的姐夫和姐姐。

當然，多年之後仍然有人相信羅森堡死有餘辜。上個世紀 80 年代，雷根總統把自由勳章頒給了當年判處羅森堡夫婦死刑的考夫曼法官。1983 年出版的《羅森堡檔案》一書在檢查了聯邦調查局公佈的檔案之後，再次得出了羅森堡罪有應得的結論。看樣子，有關羅森堡間諜案的爭論還遠遠沒有結束……

▌安 · 蘭德斯

全世界讀者最多的專欄作家

問：「親愛的安 · 蘭德斯：我的男朋友比我小十二歲，我們已經談及婚嫁，但每次談到最後他總要問我的經濟狀況。如果他心有不誠，為什麼卻信誓旦旦，總說對我踩在腳下的泥土也頂禮膜拜呢？——B.L.K. 小姐」

答：「親愛的 B.L.K. 小姐：可能他覺得你腳下的土裡有石油吧。」

問：「親愛的安 · 蘭德斯：今年我 15 歲，生活裡最讓我煩心的是我媽媽。她從早到晚嘮叨個沒完，要我關掉電視，做完作業，站直身體，收拾屋子，洗乾淨脖子。請告訴我，有什麼辦法可以讓她不來煩我呢？——挑剌找岔。」

答：「親愛的挑剌家：關掉電視，做完作業，站直身體，收拾屋子，洗乾淨脖子。」

從 1955 年開始，在近半個世紀的歲月裡，美國人幾乎每天都能在報紙上讀到安 · 蘭德斯（Ann Landers）給讀者

的回信。有的美國人對安・蘭德斯的專欄非常喜愛，訂一份報紙就是為了每天讀到她的專欄。所有給蘭德斯寫信的人都有問題向她求教，而她的回信往往三言兩語就能找到問題的癥結。她時而語言犀利，一針見血；時而幽默詼諧，妙語連珠。讀者在開懷一笑之餘總能領悟到一些生活的真諦，這也就是為什麼成千上萬的讀者對蘭德斯的專欄情有獨鍾。1975 年，蓋洛普民意測驗顯示蘭德斯是全美國最受崇拜的二十名女性之一。據 1992 年金氏世界紀錄大全記載，安・蘭德斯是全世界報刊轉載最多的專欄作家，每天一共有一千二百多份報紙的近一億讀者閱讀她的專欄。

1918 年 7 月 4 日美國獨立節那天，原名為艾絲特・波琳・傅里曼的安・蘭德斯在艾奧瓦州的蘇城出生，家裡有四姊妹，其中一個妹妹和她是雙胞胎，比她晚出生 17 分鐘。這個妹妹的名字和她的名字正好倒過來，叫波琳・艾絲特。她們的父母都是俄國猶太移民，父親剛到美國時以販賣雞為生，後來當上了電影院老闆，讓全家過上了衣食無憂的生活。艾絲特 18 歲那年高中畢業，進入蘇城的莫寧薩德學院，主修心理學和新聞學。她在那裡認識了朱爾斯・萊德勒。1939 年 7 月 2 日，在她 21 歲生日的前兩天，艾絲特和朱爾斯結為伉儷，妹妹波琳也在同一天完婚。朱爾斯很會做生意，是保捷汽車出租公司的創始人。婚後十幾年，艾絲特過的都是相夫教子的平靜生活，也參加一些慈善活動和民主黨的政治活動。

1955 年，艾絲特一家遷居芝加哥，就在那一年，《芝加哥太陽時報》寫「安・蘭德斯」專欄的作家露絲・克勞利去世，《時報》決定在工作人員及親屬當中找一位接任者。艾絲特從一位朋友處得知這一消息後報名參加了選拔賽。在三十位參賽的婦女當中，艾絲特是唯一是非專業作家，但她

卻脫穎而出，榮幸當選為新一任的「安 · 蘭德斯」主筆。
這成了她一生的轉捩點。

　　1955 年 10 月 16 日，安 · 蘭德斯開始了她的每日專欄
「請問安 · 蘭德斯」。《芝加哥太陽時報》每天都收到大
量寄給安 · 蘭德斯的讀者來信，妹妹波琳於是主動提出幫
她回信。沒想到，兩個月後，波琳在報紙《舊金山記事》上
開出了自己的專欄「親愛的艾比」。安 · 蘭德斯對這種偷
雞摸狗的做法不以為然，姐妹倆從此產生了芥蒂。但兩姊妹
的專欄都獲得了成功，安 · 蘭德斯更是一舉成名。最初，
她的專欄有二十多家報紙轉載，三個月後上升到四十多家，
十個月後變成七十多家。一年半後，一百多家美國報紙同步
轉載安 · 蘭德斯專欄。

　　每天，安 · 蘭德斯有八位秘書幫她拆閱上千封讀者來
信，信裡的問題千奇百怪，涉及生活的各個方面。安 · 蘭
德斯大膽接觸各種敏感問題，比如同性戀、酗酒、吸毒、父
母虐待子女等許多令人不快的話題。但她討論最多的可能
還是人際關係方面的家常話題，比如約會、離婚、婚外情等
等。有一位男讀者來信，抱怨和他談了多年戀愛的女朋友把
太多的精力放到她養的鸚鵡和金絲雀身上，蘭德斯給他回信
說：「女朋友以鳥為伴，愛情之巢太擁擠了，趕緊飛走吧。」
還有一位年輕人問她對青少年性行為的看法，她的回答更簡
單：「一隻檸檬被擠過太多遍以後，就成了垃圾。」

　　安 · 蘭德斯對待政治話題也直言不諱。她強烈反對越
戰，堅定不移地支持槍支控制和婦女的墮胎權，同意用動物
做醫學研究，這使她得罪了美國步槍協會、反墮胎組織和動
物保護組織，給自己樹敵不少，但她毫不在意，反而為此而
自豪。1971 年，她在一封回信裡表示支持為癌症研究立法。
隨後，不計其數的讀者把這封信寄給了尼克森總統。事隔不

久，尼克森簽署啟動了一億美元的國家癌症法案。

　　1975 年，安 · 蘭德斯和丈夫離婚，原因是丈夫向她坦白了一段持續了數年的婚外情。她能為所有的讀者答疑，卻不知道如何解釋自己要離婚，短短的一篇專欄讓她費盡思量，她說：「我和朱爾斯結婚 36 年，現在卻要離婚了。這讓人難以置信，卻是一個可悲的事實。我像是在寫一個讀者的婚姻，與我自己無關，這真是一種很不真實的感覺。」她沒有解釋離婚的具體原因，同時懇求讀者不要來信追究細節。三萬多名讀者給她寫信，向她表示同情。

　　1987 年，《芝加哥太陽時報》換了主人，安 · 蘭德斯轉到《芝加哥論壇》報，繼續寫自己的專欄。她一般上午睡覺，下午工作，晚上參加社交活動。她博覽群書，對新聞瞭若指掌。上了年紀後，她開始在家裡工作，有時坐在浴缸裡給讀者回信。

　　2002 年初，她被診斷患有骨髓癌。她只肯服止痛藥，拒絕接受任何治療，因為她想以自己喜歡的方式走完生命最後一程。同年 6 月 22 日，安 · 蘭德斯離開人世，享年 83 歲。遺囑中她表明死後不要舉辦葬禮，不要有告別儀式，不要有下一個安 · 蘭德斯來接手寫「安 · 蘭德斯」專欄。這就是讀者們從安 · 蘭德斯那裡得到的「最後忠告」。

▌雷納德·伯恩斯坦

享譽世界的美國音樂大師

　　雷納德 · 伯恩斯坦（Leonard Bernstein）是第一位美國土生土長的世界級音樂大師。作為作曲家、指揮家、鋼琴演奏家、音樂教育家和作家，伯恩斯坦在將古典音樂引入美國的同時也將美國音樂介紹給了全世界。

　　雷納德 · 伯恩斯坦於 1918 年 8 月 25 日出生於美國麻塞諸塞州。他的父母是來自俄國的猶太移民。伯恩斯坦十歲時才接觸到鋼琴，並不顧父親反對立志以音樂為職業。在哈佛大學讀本科時，他主修鋼琴和作曲。大學畢業之後，他進入位於費城的科提斯音樂學院繼續深造，學習指揮和管弦樂作曲。暑假期間，他在由波士頓交響樂團主辦的伯克舍音樂中心學習，師從著名指揮家科塞維斯基。

　　1943 年，雷納德、伯恩斯坦成為紐約交響樂團的副指揮。同年 11 月 13 日，伯恩斯坦臨時救場，代替因病缺席的布朗諾 · 沃爾特指揮一場在卡內基音樂廳舉辦的音樂會。這場向全國轉播的音樂會讓 25 歲的伯恩斯坦一舉成名，第二天的《紐約時報》以頭版頭條的報導對伯恩斯坦的精彩表現給予了肯定。

在指揮上嶄露頭角的同時，伯恩斯坦創作的第一部交響樂《耶利米》於 1944 年 1 月由匹茲堡交響樂團首次演奏，並獲得當年紐約音樂評論家獎的最佳新作獎。同年 4 月，芭蕾舞劇《異想天開》在紐約公演，伯恩斯坦為該劇作曲並兼任指揮。因為反映良好，伯恩斯坦進一步將它改編成音樂劇《進城》，數月之後在百老匯上演並獲得觀眾和評論界好評。

在接下來的幾十年裡，伯恩斯坦的音樂生涯在不同領域同步發展並逐漸成為世界知名的音樂家。1958 年至 1969 年，伯恩斯坦擔任紐約交響樂團的音樂總指揮，他是第一個擔任這一職位的美國出生的指揮家。在此期間，伯恩斯坦致力於將古典音樂介紹給美國大眾，他所指揮的曲目幾乎囊括了所有浪漫主義時期和現代音樂大師的經典之作，海頓、貝多芬、布拉姆斯、舒曼、馬勒等人的作品是他最為人稱道的指揮傑作。同時，伯恩斯坦還大力宣傳美國作曲家的創作，其中最具代表性的是與他同時代的作曲家阿隆 • 科普蘭。

伯恩斯坦年輕時在自己的鋼琴演奏中曾多次表演科普蘭的曲目，在他擔任指揮之後更指揮和錄製了科普蘭所有的管弦樂作品，並多次在系列電視音樂節目中推薦這位本土作曲家。為了提高和說明普通聽眾對音樂的理解和欣賞，伯恩斯坦常常在音樂會開始之前親自對即將演奏的曲目和作曲家進行詳盡的介紹。在演出過程中，他激情澎湃、震撼力十足、動作奔放、富有強烈的感染力，讓很多聽眾為他在指揮臺上的風采如癡如醉。1969 年，伯恩斯坦在離開紐約交響樂團的同時被授予終身名譽指揮的稱號並多次返回樂團客串指揮。他一生中錄製的四百多張唱片中的一大半都是與紐約交響樂團合作製作的。

在領導紐約交響樂團進入世界級交響樂團的同時，伯恩斯坦自己也成為享譽全球的指揮家。他的足跡遍佈歐亞許多

國家，在倫敦交響樂團、巴黎國家交響樂團、維也納愛樂樂團、米蘭歌劇院等著名樂團擔任過客座指揮。特別值得一提的是他與以色列交響樂團長達幾十年的密切合作。40 年代中期，伯恩斯坦曾經擔任以色列交響樂團的音樂顧問。1957年，他指揮了該樂團在特拉維夫新落成的弗里德里克‧曼音樂廳舉行的首場音樂會。1978 年，以色列交響樂團為表彰他的貢獻舉辦了伯恩斯坦音樂節，並於 1988 年授予他終身名譽指揮的稱號。在與國外交響樂團合作之外，伯恩斯坦還參與了許多具有重大歷史意義的活動。1985 年，他率領一個由歐盟國家音樂家組成的交響樂團遠赴希臘雅典和日本廣島進行和平之旅的巡演。1989 年納粹入侵波蘭 50 周年之際，他參加了在華沙現場直播的電視音樂會。同年 12 月 25日，他在柏林牆被推倒的同時，指揮東、西德兩國的音樂家現場演奏貝多芬的《第九交響曲》。超過 20 個國家，共一億人觀賞了這歷史上的一刻。

　　伯恩斯坦輝煌的指揮生涯一直延續到他的晚年。與此同時，他還是一位多產的作曲家。他的作品包括交響樂、音樂劇、芭蕾舞劇、歌劇、電影配樂以及為不同樂器譜寫的奏鳴曲與獨奏曲等。他的第一部交響曲《耶利米》顯示出猶太教傳統對他音樂主題的影響。第二部交響曲《渴求的年代》於1944 年首演。由他的恩師、猶太裔音樂家科塞維斯基指揮，波士頓交響樂團演奏，伯恩斯坦本人擔任鋼琴獨奏。伯恩斯坦的第三部交響曲《卡第什》（猶太教祈禱文）再次回到猶太教主題，於 1963 年由以色列交響樂團在特拉維夫首演。伯恩斯坦將這部交響曲獻給遇刺身亡的甘迺迪總統。作為一個以演繹古典音樂為職業的指揮家，伯恩斯坦自己的音樂創作卻以通俗音樂戲劇為主。其中最成功的是他為百老匯音樂劇《西城故事》所寫的音樂。伯恩斯坦晚年的創作逐漸稀少，

這與他在指揮上投注的大量時間和精力不無關係。在他整個音樂生涯中，作曲家的伯恩斯坦始終被他指揮家的燦爛光環和魅力所遮掩，但同時他卻以自己的雙重身份在古典音樂與通俗音樂之間架起了一座橋樑。

伯恩斯坦對美國的最大影響在於他對音樂教育和音樂欣賞的普及和推廣。1958 年，他創辦了名為《青少年音樂會》的電視專題節目，系統地向電視觀眾介紹古典音樂和美國音樂。他的講授題材廣泛，雅俗共賞，既有對貝多芬交響樂的欣賞，又有關於爵士樂發展和演變的分析。儘管早期的電視在技術上相對粗糙，但伯恩斯坦充分發揮了這一大眾媒介在時間和距離上的直接性，將成千上萬的觀眾引入了音樂世界，他本人也成為家喻戶曉的名人。在電視教育之外，伯恩斯坦還出版了幾部有關音樂的著作，其中《享受音樂》是最受讀者歡迎的音樂啟蒙讀物。

1957 年，《時代週刊》在一篇評論中指出，伯恩斯坦在指揮、作曲、鋼琴演奏和教學之外還有第五個職業——名人。伯恩斯坦不僅在藝術上具備一個偶像人物的魅力和光輝，他的私人生活和政治立場也使他的一生充滿了傳奇色彩。1951 年，伯恩斯坦與智利籍女演員費麗西結婚並育有三個子女，但婚後伯恩斯坦有過多次婚外情包括同性戀關係。1970 年兩人正式分居，伯恩斯坦隨後公開與自己的同性戀人同居。在政治上，伯恩斯坦屬於激進的左派。70 年代初，他積極支援黑人組織黑豹黨並公開反對越戰。

1990 年 10 月 14 日，伯恩斯坦去世，享年 72 歲。

▍傑羅姆・羅賓斯

「西城故事」舞蹈藝術大師

傑羅姆・羅賓斯（Jerome Robbins）是美國最偉大的舞蹈家之一。在幾十年藝術生涯中，他以充滿創造性的舞蹈語言在百老匯的大眾劇場和古典芭蕾舞的舞臺上都留下了不朽的傑作。

1918 年 10 月 11 日，傑羅姆・羅賓斯出生於紐約。他的父母為逃避對猶太人的迫害從俄國逃到美國。他的父親先是開了一家熟食店，後來又改行生產緊身胸衣。羅賓斯很小就開始學習鋼琴和小提琴，十幾歲時到曼哈頓的一所舞蹈學校學舞。父母親對他嚴格得近乎苛刻的要求培養了羅賓斯日後的敬業精神和對完美的追求。高中畢業後。他進入紐約大學化學系。但一年之後便退學重新投身舞蹈。在主修芭蕾的同時他還學習了現代舞、西班牙舞、東方舞等不同風格的舞蹈形式。1937 年至 1940 年間是羅賓斯舞臺生涯的開始。他曾經在多部百老匯音樂劇中擔任群舞。同時每年夏天都參加成人度假營舉辦的歌舞表演。

1940 年，羅賓斯成為新成立的美國芭蕾舞劇院的演員，扎實的芭蕾舞功底很快讓他脫穎而出。兩年之後，他在史特拉文斯基的芭蕾舞劇《帕卓什卡》中擔任男主角，他充滿個

性和激情的表演給評論家和觀眾們留下了難忘的印象。但是美國芭蕾舞劇院過分偏重俄國古典劇碼，羅賓斯很快厭倦了日復一日穿著靴子和燈籠褲，戴著假髮套在舞臺上表現遠離美國現實的人物和生活。

1944 年，羅賓斯創作了他的第一部芭蕾舞劇《異想天開》，由當時名不見經傳的雷納德‧伯恩斯坦譜曲。這部短小輕鬆的作品講述了三位上岸度假的水兵在紐約追求女孩子的喜劇故事。羅賓斯走出古典世界，用詼諧機智的舞蹈語言表現了二戰期間普通美國青年的生活經歷。

在此之前，芭蕾舞中從來沒有出現過當代美國人的形象，《異想天開》別開生面的人物和情節引起了觀眾們的強烈共鳴。於是，羅賓斯與伯恩斯坦趁熱打鐵，將其改編為當時最流行的音樂劇。同年 12 月，這部名為《進城》的音樂劇在百老匯上演，並獲得巨大成功，羅賓斯和伯恩斯坦也雙雙成名。《進城》的出現改變了百老匯音樂劇的傳統面目，舞蹈第一次完整地與音樂、劇情和人物融合在一起，成為全劇不容忽視的一部分。羅賓斯的編舞相當富有表現力，一位評論家甚至寫道：「《進城》應該被稱作芭蕾喜劇而不是音樂喜劇。」

在接下來的 20 年裡，羅賓斯同時活躍在百老匯與芭蕾舞舞臺上，通俗與古典、戲劇與芭蕾彼此滲透、交相輝映。他的創作對這兩種藝術形式都產生了永久性的影響。

1957 年，《西城故事》上演，引起了前所未有的轟動。羅賓斯一人擔任創意、編舞兼導演。在百老匯創下史無前例的紀錄。這部音樂劇講述了一個發生在現代紐約的羅密歐與茱麗葉式的愛情悲劇。羅賓斯與伯恩斯坦再次合作，以充滿激情的舞蹈和音樂淋漓盡致地演繹出都市裡青春的躁動和暴力。《西城故事》是反映美國現實生活的真實寫照，對日後

美國戲劇的發展具有不可估量的影響。羅賓斯的編舞再次為他贏得了當年的東尼戲劇獎。1961 年，好萊塢將《西城故事》拍成電影，仍然由羅賓斯執導。他因此片而被授予奧斯卡最佳導演獎和編舞特別獎。

1959 年，羅賓斯導演並編舞的音樂劇《吉卜賽》上演成功。隨後幾年裡。他將主要精力集中在組建自己的芭蕾舞團和舞蹈創作上。1964 年，羅賓斯重返百老匯，帶給觀眾又一個美國戲劇史上的經典之作——《房頂上的提琴手》。

這部音樂劇改編自著名俄國猶太作家肖洛姆・阿萊漢姆的短篇小說。故事發生在俄國大革命前夜的一個猶太小村莊裡。主人公泰維耶一生循規蹈矩，但求生活平安，而他的幾個年輕的女兒卻嚮往戀愛自由和外面的精彩世界。羅賓斯獨具慧眼地抓住了傳統與變化、宗教與人性、集體與個人的永恆主題，並通過傷感而活潑的歌舞表現出來。他的猶太家庭背景則為劇中的猶太禮儀和習俗提供了原形。《房頂上的提琴手》共獲得九項東尼戲劇獎，羅賓斯得到其中的導演和編舞獎。

儘管羅賓斯在百老匯名利雙收，芭蕾舞卻自始至終是他的最愛。他曾經告訴別人，「我厭倦了在音樂劇中詮釋他人。只有當我編創芭蕾舞時，我自己才是一個真正的具有創造性的藝術家……」繼《異想天開》之後，他又創作了《互動》、《寫真》、《夏日》等風格迥然不同的舞劇。1949 年，出生於俄國的芭蕾舞大師巴蘭欽邀請羅賓斯加盟剛剛成立的紐約市芭蕾舞團。擔任主演、編舞和副藝術指導。

在接下來的十年中，羅賓斯創作了十部芭蕾作品，其中包括著名的《籠子》、《牧神的下午》和《音樂會》。作為編舞者，羅賓斯具有罕見的戲劇天分和幽默感。在《音樂會》中，音樂會的聽眾隨著蕭邦的一組樂曲用舞蹈動作表現出各

自的幻想，是芭蕾舞中少有的令人捧腹的喜劇作品。

　　1958 年，為了讓美國芭蕾舞走向世界，羅賓斯組建了自己的芭蕾舞團——美國芭蕾舞團。在他的帶領下，美國芭蕾舞團先後到英、法、意等國演出，在歐洲引起巨大轟動。這期間，羅賓斯創作了具有抽象意義的無音樂伴奏芭蕾舞《動作》。三年之後，美國芭蕾舞團解散。1965 年，羅賓斯為美國芭蕾舞劇院編導了以史特拉文斯基的樂曲《婚禮》為題的芭蕾舞，被評論家們稱讚為「我們這個時代最偉大的芭蕾舞之一」。同年，羅賓斯獲得國家藝術委員會提供的為期兩年的藝術專款，用於創建美國戲劇實驗室。在他的組織下，創作者和表演者共同對各種形式的表演藝術進行了探索和實驗。儘管實驗結果沒有公演，但羅賓斯無疑從中得到極大靈感。

　　1969 年，羅賓斯回到紐約市芭蕾舞團並創作出一系列經典之作。《聚會之舞》（1969）以一組蕭邦樂曲為背景，十個年輕的舞者在舞蹈中感受著音樂和彼此情緒的變化，是羅賓斯的作品中最細膩敏感的一部。《夜》（1969）再次選用了蕭邦的樂曲，表現了三對情人甜蜜而憂傷的感情。接著，羅賓斯拋棄了浪漫，推出巴赫氣勢恢弘的《哥德堡變調》（1970）。羅賓斯的又一個大膽嘗試是《水車》（1972），他在其中採用了東方舞蹈的技巧和靜止的狀態。70 年代末，羅賓斯為著名芭蕾舞演員米凱爾 • 巴里什尼柯夫和娜塔莉婭 • 麥卡洛娃量身打造了《夢者》、《四季》等作品。1981 年，羅賓斯獲得甘迺迪藝術中心榮譽獎。1983 年，在巴蘭欽逝世前不久，羅賓斯被任命為紐約市芭蕾舞團總編導。1989 年，在闊別百老匯 25 年之後，羅賓斯帶著《傑羅姆 • 羅賓斯的百老匯》重返舞臺。這部名為音樂劇的作品實際上是羅賓斯一生舞蹈創作的回顧和集萃，他因此而第五

次獲得東尼戲劇獎。1990 年，羅賓斯從紐約市芭蕾舞團退休，但他並未停止舞蹈創作。《獨舞系列》、《2+3 創意曲》、《布蘭登堡》是他 90 年代的代表作。1998 年 7 月 29 日，羅賓斯因中風在紐約家中去世。

羅賓斯去世後，美國各大報章紛紛撰文表示哀悼。《舞蹈》雜誌的一篇紀念文章寫道：「他的經典之作將與芭蕾藝術一併流傳後世。」羅賓斯的最大貢獻在於為芭蕾舞這一歐洲古典藝術注入了現代的生命力和獨特的美國韻味。像他的百老匯音樂劇一樣，他的舞蹈作品已經成為美國乃至世界許多著名芭蕾舞團久演不衰的保留節目。

儘管羅賓斯在美國戲劇和舞蹈史上的成就和地位無可爭議，對他為人的評價卻眾口不一。羅賓斯是藝術上的完美主義者，他對自己和他人的要求都極其嚴格。演藝圈中，他的暴戾與苛刻和他的才華與創造性同樣著名。對他聲譽損害最大的一件事發生在 1953 年——麥卡錫主義最猖獗的年代。羅賓斯在美國眾議院非美活動調查委員會的聽證會上承認自己參與了共產黨的活動並主動提供了另外八位藝術家的名字。儘管羅賓斯堅持自己的行為出於良知，但他的一些同行們卻永遠沒有原諒他。

┃J・D・沙林傑

靠一部書揚名天下的當代作家

　　如果有人提問：二戰以後哪一本美國當代小說的影響最大？很多評論家和大學英文教授會不約而同地想到同一本書——《麥田捕手》。小說的作者是傑洛姆・大衛・沙林傑（J. D. Salinger），《麥田捕手》是他唯一的一部長篇小說。1951 年，這部小說發表後一炮而紅，讀者爭相購閱，趨之若鶩。半個世紀後的今天，《麥田捕手》每年在美國的銷售量仍高達二十五萬冊。在美國的大學裡，這本書被列入美國當代文學課的必讀書目。

　　《麥田捕手》說的是一個很簡單的故事：16 歲的男孩霍爾頓・考爾菲爾德在賓州一家寄宿學校讀書，被學校開除後回到紐約，住進了一家旅館。第一天晚上他去了夜總會，在那裡遇到三個女遊客和他哥哥的同學，回到旅館後召來一個妓女，但因為心情不佳而想把妓女打發走，結果被皮條客揍了一頓。第二天，他與前女友莎莉相見，吵了一架以後不歡而散，然後去看了一場電影，遇見老同學卡爾。喝醉酒後回到自己家，探望了妹妹菲比聊了一下，晚上又醉醺醺地去看以前的英文老師安東尼先生，發現老師想對他行非禮

後落荒而逃。第三天一早，他去大都市博物館參觀了埃及古墓，和妹妹一起去了動物園和遊樂場。霍爾頓原來打算獨闖美國西部，但最後放棄了出走的計畫。通過這個貌似簡單的故事，沙林傑淋漓盡致地再現了二戰之後美國人的苦悶、彷徨和無所適從。千千萬萬的美國年輕人在憤世嫉俗的主人公身上看到了自己的影子。霍爾頓・考爾菲爾德也以其鮮明的「反英雄」形象成為新一代美國人的精神偶像。

　　《麥田捕手》儘管得到美國年輕人的普遍喜愛，但也受到許多衛道士的指責。因為書中有大量的「粗話」和性描寫，充滿對美國傳統價值的鄙夷，許多書店、公立學校和公共圖書館因此而一再把這本書列為禁書。面對撲面而來的毀譽之聲，沙林傑不置一詞。他始終與媒體保持距離，幾乎不接受任何採訪，並長年隱居在新罕布什爾州一座占地 450 英畝的農莊裡。《麥田捕手》再版時，他甚至不肯把自己的照片印在書的書衣上。從 1965 年至今的 40 年裡，沙林傑沒有任何新作品問世。人們只知道他幾十年來一直在寫作，但好像都是為自己而寫，而且他對自己在文學界的地位也毫不關心。至於他究竟寫了多少作品，而這些作品是否可以和《麥田捕手》媲美，就不得而知了。沙林傑對自己的一切越是諱莫如深，讀者對他就越是好奇。

　　對於沙林傑出名以前的生平，人們瞭解得要相對多一些。他 1919 年出生於紐約曼哈頓，父親是猶太人，母親是愛爾蘭人。父親從東歐進口乳酪肉類，按照猶太飲食教規加工後出售。父親的生意做得很成功，全家人住在曼哈頓派克大街的一所豪華公寓裡。沙林傑曾被好幾家私立學校開除，最後去了賓州的一所軍校，並於 1936 年畢業。接下來的幾年裡他斷斷續續地讀過包括紐約大學在內的幾所大學。18 歲那年，父親送他去奧地利和波蘭瞭解肉類生意的程式。見

過牲畜屠宰場後，沙林傑下定決心絕不選擇父親的職業。從歐洲回來後不久他在哥倫比亞大學選修了一門短篇小說寫作課，教這門課的老師是富有影響的《故事》雜誌的創辦人兼編輯威特・伯尼特。他記得沙林傑總是坐在教室的最後一排呆呆地看著窗外，直到最後一個學期的下半個學期才開始活躍起來。1940 年，沙林傑在《故事》雜誌上發表了他的第一篇短篇小說《年輕人》，那一年他剛滿 21 歲。

1942，年，沙林傑應徵入伍，赴歐洲參戰，經歷了二戰中幾場最殘酷的戰役，親眼目睹過大批戰友在身邊倒下。諾曼第一戰中他乘坐一艘水陸兩用艦艇登陸猶他海灘，兩個星期之後他所屬的第十二步兵團已經有 750 名的士兵陣亡。血淋淋的戰場經歷使他的神經瀕臨崩潰，四個月後他住進了醫院，接受精神治療。在二戰中他一直沒有中斷寫作，利用所有空隙時間在他的可攜式打字機上敲敲打打。在法國，他還和戰地記者海明威有過一面之緣。據說海明威讀了沙林傑的作品後對他的才華大為讚賞。

二戰還沒有結束，沙林傑便開始在《紳士》、《治家有方》、《週六晚報》等通俗雜誌上發表短篇小說。在這之前，他一直給《紐約客》雜誌投稿，在收到了不計其數的退稿單之後，最終於 1946 年在《紐約客》上發表了短篇小說《麥迪森街邊的小騷亂》。這篇小說經過改寫後成了《麥田捕手》的一部分。從那以後，沙林傑就成了《紐約客》的常客，他寫的所有短篇幾乎都發表在《紐約客》上。《麥田捕手》出版後，沙林傑擁有了一大批翹首期待他的新作的忠實讀者。《紐約客》上只要登出賽林格的短篇便很快銷售一空。這些短篇小說後來大都被收進了三本賽林格短篇小說集，其中最有名的是《九篇故事》。

除了沙林傑的隱士生活，他的愛情生活也是被人們津津

樂道的一件事情。大學生時代他就愛上了劇作家奧尼爾的
女兒烏娜・奧尼爾，幾乎每天給她寫一封信，有時一封信
就有十五頁紙。後來烏娜嫁給了比她年長許多的喜劇大師查
理・卓別林。這讓沙林傑十分痛苦。

　　他第一次結婚是在 1945 年，妻子是一位法國醫生，但
兩人的婚姻不久即告破裂。他的第二任妻子是英國出生的常
春藤校畢業生克蕾兒・道格拉斯，他們 1955 年結婚，有兩
個孩子。但他們的婚姻也只維持了十二年。在這以後，沙林
傑有過好幾位年輕女友，其中有一位是 19 歲的喬埃斯・梅
納德。沙林傑在一份雜誌的封面上看見她的照片後給她寫了
一封信，兩人先是通信往來，在見過兩面之後開始同居，最
後仍是不歡而散。第三任妻子則是小他十歲的柯琳。

　　沙林傑於 2010 年 1 月 27 日，死於新罕布什爾州的農莊
中，享年 91 歲。

　　儘管沙林傑的作品很少，半個世紀來也沒有任何新作問
世，但人們對他的小說和生平似乎永遠不會失去興趣。

▍以撒・阿西莫夫

最高產的科幻小說家

　　以撒・阿西莫夫（Isaac Asimov）以科幻小說聞名於世。他也是美國 20 世紀最高產的作家，其著作多達近五百部，主題包羅萬象，體裁豐富多彩，同時代作家中無人能望其項背。對此，阿西莫夫以他一貫的幽默作了解釋：「沒人將我稱作是偉大的文學之星。而我們都希望得到承認，希望因為某種長處而成名。我漸漸意識到，如果別的都不行，我至少會因為我作品的數量之多、題材之廣而出名。」

　　1920 年 1 月 2 日，阿西莫夫出生於俄國的彼得羅維奇。他三歲時，全家移民紐約。父母親打了幾年工之後買下了布魯克林的一家糖果店。他們早出晚歸，無暇照顧孩子，阿西莫夫從小就在店裡給父母幫忙，一直到長大成人。他是一個早慧的小孩，五歲不到就自己學會了認字，從那時起就幾乎無所不讀。在學校裡，自視頗高而又性情內向的阿西莫夫不是很合群。在連跳幾級之後，他在十五歲那年就拿到了高中文憑。父親希望阿西莫夫日後成為一個專業人才，於是他進了哥倫比亞本科學院，並於 1939 年獲得化學學士學位。儘管對學業興趣缺乏，但為了滿足父親的願望，阿西莫夫繼續

在哥倫比亞大學深造，先後獲得化學碩士和博士。

　　在糖果店幫忙期間，阿西莫夫讀了不少店裡賣的廉價雜誌，特別是其中的科幻小說，並逐漸對科學和寫作產生了興趣。他 11 歲起開始寫短篇故事，基本上是模仿自己讀過的廉價小說的情節和風格。阿西莫夫的處女作是高中時在學校文學刊物上發表的一篇幽默小品。老師在刊頭特別注明是因為沒有其他逗笑稿件才不得不登出這一篇。60 年後，阿西莫夫對這件事仍然耿耿於懷。

　　1938 年，阿西莫夫因投稿而結識了《震撼科幻小說》雜誌的主編約翰 ・ 坎培爾。坎培爾沒有採用阿西莫夫的作品，但提出了詳細的修改意見並鼓勵他繼續創作。在坎培爾的幫助下，阿西莫夫一篇題為《逃離天灶星》的短篇被另一家刊物採用。1940 年，他們兩人從阿西莫夫的《我是機器人》等作品中總結歸納出了機器人的三大定律。(1) 機器人不得傷害人類。(2) 在不違反第一定律的條件下，機器人必須服從人類。(3) 在不違反前兩條定律的條件下，機器人必須保護自己的存在。

　　這三大定律被公認為阿西莫夫對科幻小說的重大貢獻。他本人則在此基礎上寫出了二十多個短篇和三部小說。阿西莫夫的機器人定律得到同行和讀者們的一致認同，以至於許多人認為未來真正的機器人將與阿西莫夫設計得一模一樣。1941 年，21 歲的阿西莫夫在坎培爾的雜誌上發表了短篇《黃昏》。30 年後，《黃昏》被美國科幻小說家學會選為有史以來最優秀的短篇科幻小說。

　　從 1942 到 1945 年，阿西莫夫創作了一系列短篇，後來集成了著名的「基礎三部曲」：《基礎》、《基礎與帝國》、《第二基礎》。阿西莫夫的創作靈感來自於吉朋的《羅馬帝國衰亡史》。小說描寫了銀河帝國的衰亡和隨之而來的黑暗

時代，以及第二個銀河帝國的興起。所有發生在遙遠的未來的這一切都是作為「未來的歷史」由「心理歷史學」所預測的。「基礎三部曲」在科幻小說愛好者心目中佔有重要地位。1966 年，它作為有史以來最佳科幻小說系列被世界科幻小說大會授予特別獎。

1942 年，阿西莫夫與葛楚 · 布魯格曼結婚。這段婚姻既漫長又不幸福。儘管如此，兩人還是決定在兩個孩子成年之前維持這個家庭。1973 年，阿西莫夫與葛楚離婚。兩個星期後便娶了多年的好友詹妮特 · 傑普森。

1949 年，阿西莫夫受聘於波士頓大學教生物化學。1950 年，他出版了第一部長篇小說《天空中的卵石》。此外他還寫了不少教科書以及有關生化、原子彈、生物等科普著作。隨著他在學術界之外的名氣越來越大，他在學校的境況卻十分難堪。儘管他是一位受學生歡迎的教授，但他和頂頭上司以及其他教授的關係都不太和諧。1957 年，新上任的系主任辭退了他。阿西莫夫因禍得福，從此成了一位全職作家。

早年在糖果店工作的經歷讓作家阿西莫夫養成了早起晚睡的寫作習慣。他自己稱之為「糖果店營業時間」。他每天清晨六點準時起床，七點半在打字機前坐下，一直寫作到晚上十點。他不喜歡旅行，害怕坐飛機，因此很少出門。就這樣，他先後創作和編輯了近五百部作品。他除了寫科幻小說和偵探故事外還編纂了一百多部選集。他的非小說作品的題材包括原子物理、數學、天文、地質、化學、物理、生化、生物、歷史以及莎士比亞和《聖經》的閱讀指南。

50 年代末，阿西莫夫曾一度中止了科幻小說的創作，轉而從事科普作品的寫作，但他的名氣卻絲毫沒有減弱。許多科學家、評論家和教育工作者一致認為阿西莫夫最傑出

的才能在於把深奧複雜的科學理論解釋得明白曉暢，任何艱澀的學術語言和枯燥的計算資料到了他的書裡馬上就變成了清晰易懂甚至不乏情趣的文字。對於普通讀者而言，科學是高深難測的，而在阿西莫夫筆下，科學是生動的、神奇的、引人入勝的。對此，阿西莫夫幽默地表示自己的才華就在於「能在讀了十幾本沉悶的書之後寫出一本有趣的書來。」

　　六七十年代，阿西莫夫只創作了為數不多的科幻作品。其中長篇小說《諸神自己》（1972）和短篇故事《雙世紀人》（1975）分別獲得雨果科學幻想小說獎和奈布拉獎。1982年，阿西莫夫再續1953年的「基礎系列」，《基礎的邊沿》成為他的第一本暢銷書。1983年，他重返早年的機器人系列，寫出續集《黃昏的機器人》。1986年，他把自己這兩個最受歡迎的系列加以合併，接連出版了《機器人與帝國》和《基礎與地球》。

　　1983年，阿西莫夫做過一次心臟手術，手術中曾被輸血。1992年4月6日，他因心臟和腎臟衰竭在紐約去世。阿西莫夫死後十年，他的夫人詹妮特 ‧ 傑普森才在自己的回憶錄中披露阿西莫夫的真正死因是愛滋病，那一次輸血讓他受到了致命的感染。

　　阿西莫夫被認為是美國20世紀中期三位最偉大的科幻小說家之一（另外兩人是羅伯特 ‧ 海林和范 ‧ 沃格）。作為科幻小說的先驅，他把科幻小說從廉價雜誌上的歷險故事提高為一種包含了豐富的社會、歷史和科學內容的文學體裁。他的非小說作品涉及了更為寬廣的領域，將成千上萬的普通讀者帶進了神奇的科學世界。

▌以撒・斯特恩

美國第一位小提琴大師

　　以撒・斯特恩（Isaac Stern）是舉世公認的偉大的音樂家。他被譽為「第一個美國小提琴大師」、「本世紀最傑出的小提琴家」。

　　1920 年 7 月 21 日，斯特恩出生於俄國的克列梅涅茲。他不滿一歲時，他的猶太裔父母帶他移民美國，在舊金山定居。斯特恩的父母都懂音樂，母親克拉拉曾經在聖彼德堡皇家音樂學院學習。斯特恩 6 歲時母親開始教他鋼琴並帶他去聽音樂會。回顧自己早期的音樂生涯，斯特恩不認為自己曾經是一名音樂神童。「我並沒有吵著要小提琴，也沒有一回到家就憑著記憶把音樂會上聽到的曲子拉出來。」

　　事實上，斯特恩 8 歲才開始學小提琴，但 10 歲時就進入了舊金山音樂學校接受正規訓練。在這期間。他的音樂天賦開始嶄露頭角，並因此獲得了一位貴婦人的資助。更為重要的是。在換過幾個才藝平庸的老師之後，舊金山交響樂團的首席小提琴諾歐姆・布林德爾將斯特恩收入門下。

　　布林德爾教琴時不理會傳統方法中的音階、練習曲等必練的基本功，他注重的是培養斯特恩的獨立性、音樂上的直

覺和天然的技巧。斯特恩在回憶自己的老師時說：「他放手
讓我學，從不強加於我。他教會了我自己教自己，這是一個
老師所能做的最好的一件事情。」他隨布林德爾學琴一直到
年滿 18 歲。

斯特恩 14 歲時在舊金山交響樂團的伴奏下首次登臺演
出。1937 年 10 月 11 日，17 歲的斯特恩開了他在紐約的第
一場音樂會。演出沒有引起斯特恩所期望的轟動，但評論家
們對他的才華卻給予了充分的肯定。失望之餘，斯特恩返回
舊金山發狠練琴。幾年裡，他的琴藝突飛猛進，表演也日益
成熟。1943 年 1 月 8 日，斯特恩首次在紐約著名的卡內基
音樂廳演奏。這場演出成了他音樂生涯的轉捩點。《紐約先
驅者論壇》在評論中稱他為「世界級小提琴大師之一」。

剛剛出道時，斯特恩一年只有 7 場音樂會，第二年增加
到 14 場。而到了 1947 年，他一年的演出達到 90 場。1949 年，
他在美國、歐洲和南美進行長達七個月的巡演，演出次數高
達一百二十場。70 年代，斯特恩已經是全世界酬金最高的
小提琴家，一年演出二百餘場，每場一萬美元，他的足跡遍
佈美洲、歐洲、亞洲和澳洲的許多國家。

除了在音樂會上表演之外。斯特恩還曾在電影中展現他
精湛的琴藝，其中他為故事片《房頂上的提琴手》所演奏
的音樂獲得了奧斯卡最佳配樂獎。1969 年，他與以色列交
響樂團首次聯合演出，伯恩斯坦擔任指揮。電影《耶路撒冷
之旅》記錄了這一歷史性的合作。十年之後，他應中國政府
的邀請到中國給年輕的小提琴家們上課。他的中國之行被拍
成記錄片《從毛澤東到莫札特》並獲得了奧斯卡最佳記錄片
獎。

斯特恩以美輪美奐的琴聲征服了不同國家、不同年齡的
聽眾。他的演奏範圍非常廣泛，跨越了古典、現代和當代音

樂。許多與他同時代的著名作曲家包括伯恩斯坦、羅克伯格等人的作品都是由他首演的。斯特恩對音樂的詮釋充滿了活力和勃勃生機，他的音調熱情而富於表現力。他對樂曲風格的準確感受使他無一例外地能夠找到最合適的聲音將音樂的內涵表達出來。斯特恩的技巧完全服從於他的音樂理念——「用小提琴來演奏音樂而不是用音樂來演奏小提琴。」

《紐約郵報》的一位評論家指出：「以撒・斯特恩不是一個表演家。事實上，他對自己的音樂天才似乎毫無意識。他之所以躋身於最傑出的小提琴家之列，是因為他只關心一件事，即他演奏的音樂。他的個人風格就是他所演奏的音樂的風格。」

《紐約時報》在一篇評論中也寫道：「你聽到的不是那個小提琴家，而是海頓、巴赫、巴爾托克、莫札特和斯薩諾斯基。因為斯特恩先生整個沉浸在音樂之中。他個人的精神和卓越的技巧都只是為了讓你能夠聽到音樂。」

斯特恩在舞臺上從不虛張聲勢、故弄玄虛。他總是平穩地站在臺上，讓音樂的川流不息地通過手中的小提琴自然地展現在觀眾面前。

斯特恩十分關注美國和其他國家的文化事業。1960 年，當紐約卡內基音樂廳因年久失修面臨拆毀時，斯特恩挺身而出，組織了公民拯救卡內基委員會，使這個具有歷史和文化意義的建築得到保留和修復。他隨後被選為卡內基音樂廳總監，一直連任到他去世。斯特恩還提議並協助創建了由政府主辦的國家藝術委員會，並被詹森總統任命為顧問委員。他曾經在國會聽證會上呼籲聯邦政府增加藝術方面的資金以避免使美國變成一個「沒有靈魂的工業化綜合體」。斯特恩一直很關注以色列的發展。除了常常在那裡舉辦音樂會以外，他還擔任過美以文化基金會主席，為以色列的文化組織和音

樂家籌集資金、提供援助。1973 年，他創辦了耶路撒冷音樂中心，邀請世界各國的音樂家前往授課。

　　斯特恩對自己年輕時在別人資助下得以完成學業一直感念於心。作為一種回報，他總是格外關注年輕音樂家的成長。斯特恩是音樂界有名的伯樂。絕大多數經他發現和培養的天才少年後來都成為世界知名的音樂家，如以撒 · 波爾曼、魯卡、約瑟夫 · 斯文森、林昭亮、馬友友等。

　　斯特恩音樂上的成就和文化上的貢獻為他贏得了巨大的榮譽，其中包括甘迺迪中心榮譽獎（1984）、CBS 傑出藝術家獎（1985）、阿爾伯特 · 史威澤音樂獎等等。1987 年，斯特恩被授予以色列國會建立的沃爾夫獎，表彰他「作為藝術家和教育家始終如一的貢獻。他在人文方面的貢獻超越了音樂表演的界限。」

　　斯特恩結過兩次婚。第一任妻子娜拉 · 凱是一位芭蕾舞演員，但不久後離婚。1951 年 8 月 1 日，斯特恩在以色列遇到薇拉 · 林頓布里特。兩人在 16 天之內會面四次，於 8 月 17 日結為終生伴侶，婚後住在紐約。斯特恩每日練琴半小時到十四小時不等，喜歡在深夜或凌晨時拉琴。他在一次《時代》雜誌採訪中承認自己貪吃，把從吃上得到的滿足作為拉琴的動力。也許這就是身材矮胖的他被比作「胖熊」的原因。

　　以撒 · 斯特恩於 2001 年 9 月 22 日去世，享年 81 歲。

貝拉‧阿布扎格

第一位成為國會議員的猶太女性

1995 年的金秋，在北京舉行的聯合國第四屆婦女大會上有一位比當時的總統夫人希拉蕊‧柯林頓更引人注目的美國女性，她就是舉世聞名的女權運動的先驅和領袖貝拉‧阿布扎格（Bella Abzug）。她的名聲是如此之大，以至在自我介紹時只是簡單而驕傲地說：「我是某某國家的貝拉‧阿布扎格。」在會上，75 歲的阿布扎格對來自全世界的女性作了充滿激情的演講。她說：「有人奇怪我何以奮鬥多年還依然樂觀……我是被我有幸與之共事的女性們的精神所鼓舞。她們對和平、公正和民主的希望激勵著我，使我堅強。永遠不要低估我們事業的重要性。永遠不要害怕講真話。永遠、永遠不要讓步或放棄。」這，正是貝拉‧阿布扎格一生的寫照。

1920 年 7 月 24 日，貝拉‧阿布扎格出生於紐約布朗克斯的一個俄國猶太移民的家庭。小時候，她隨外祖父去猶太教堂。男人們祈禱時。女人們被簾子隔在另一邊。坐在簾子背後的貝拉第一次感受到對女性的歧視。貝拉 10 歲時，父親因病去世。猶太教規定，只有兒子能夠為死者誦經。但貝拉勇敢地挑戰了這一傳統。在接下來的一年裡，她每天都

去教堂為父親念誦禱文。或許是為她的叛逆所震懾，或許是被她的哀痛所感動。整個教堂居然無人提出異議。

貝拉很早就顯露出領導才能。在高中時她擔任了班長，上大學後又被選為學生會主席，並積極參與了反對納粹和支持猶太復國主義的活動。1942 年，貝拉大學畢業後進入哥倫比亞大學法學院學習法律。她的第一志願本是哈佛，但哈佛以不收女生為由拒絕了她的申請。入學後不久，二戰爆發。貝拉一度輟學在一家軍用造船廠幹活。在此期間，她結識了作家馬丁・阿布扎格，兩人於 1944 年 6 月結婚。回到哥大以後，貝拉擔任了著名的《哥倫比亞法律評論》的編輯。1947 年，她獲得法學博士並通過了律師資格考試。

作為職業律師，貝拉選擇了勞工法領域。這個領域不僅衝突性最強，而且報酬最低。貝拉成為各種工會和民權組織的律師，正式開始了她為窮人、婦女和少數族裔等受壓迫者爭取公正待遇的職業活動家生涯。50 年代，麥卡錫主義在美國極其猖獗，大多數律師都採取明哲保身的態度。不肯為受到政府懷疑和調查的人士辯護。貝拉卻在此時挺身而出，將大批紐約教師、工會活動家和民權運動積極分子從恐慌不安中解救出來。由於當時美國的女性律師人數極少，貝拉常常被人當作秘書呼來喚去。為了表明職業女性的身份，貝拉開始在工作場合戴寬邊帽。這種寬邊帽後來成為她最突出的個人標誌。

1950 年，密西西比州一個名叫威廉・麥吉的黑人因強姦一位白人婦女的罪名而被判處死刑，儘管此前他與該女子曾經有過長達數年的性關係。貝拉代表麥吉向最高法院提出了上訴。她指出，由於被告是黑人，麥吉一案不僅沒有陪審團的參與而且判刑過重。在上訴期間，身懷六甲的貝拉多次前往種族歧視根深蒂固的密西西比州。在那裡她不僅受到

人身恐嚇和當地報紙的攻擊，而且沒有一家旅館為她提供住宿。為了躲避三K黨的騷擾，她不得不在汽車站的女廁所裡過夜。麥吉一案引起了全國的關注。在貝拉不屈不撓的努力下，麥吉的刑期兩度被推遲，但最終他還是被處以死刑。

60年代初，貝拉成為如火如荼的民權運動和反戰運動的組織者和領導人。她參與起草了著名的《民權法案》和《選舉權法案》。1961年，美蘇恢復核子試爆，貝拉與同道者創建了婦女為和平而戰組織，在紐約和華盛頓舉行了全國矚目的反核大遊行。越南戰爭爆發後，她又領導該組織投入了反戰示威活動，她自己也成為「推倒詹森」運動的領軍人物，並最終導致詹森在1968年放棄競選連任美國總統。

與此同時。貝拉開始尋求通過政治途徑為窮人、婦女和少數族裔爭取民主權益。她認識到從政將是最直接、最有效的辦法。1970年，50歲的貝拉宣佈競選紐約地區的美國眾議院議員。她所在的選區以猶太人為主，同時包括了唐人街、小義大利等移民聚居的區域。貝拉以她一貫張揚的風格、如火的激情和雄辯的才華投入了競選，被媒體稱之為「鬥士貝拉」、「颶風貝拉」、「勇敢母親」。在民主黨預選中，貝拉戰勝了七次連任的民主黨眾議員法比斯坦。在11月的大選中，她輕而易舉地擊敗了共和黨候選人法伯，成為美國眾議院12位女議員之一。貝拉是美國歷史上第一位進入國會的猶太女性。

貝拉著名的寬邊帽和大嗓門立即成為國會山上一道醒目的風景。初來乍到的她我行我素，全然無視眾議院論資排輩的傳統。上任第一天，貝拉便提出了美國從越南撤軍的草案。儘管這一草案在一週之內就遭到否決，但貝拉已經讓眾議院領教了她特立獨行、敢說敢為的個性。在她任職期間內，貝拉繼續為婦女、窮人和弱勢族裔的平等權益而力爭。

她發起並推動了醫療保健、公共交通、托兒所、環境保護和結束徵兵等一系列改善民生的提案。貝拉在眾議院首次投票是為「平等權益修正案」投贊成票。此外，她還第一個提出了給予同性戀者平等民權的主張。作為政府運作委員會的成員，貝拉參與起草了三項有關政府運作透明化和公開化的法案，包括「陽光政府法案」、「隱私權法案」和「資訊自由法案」。這三項重要法案打破了政府對內部資訊的封鎖，為公眾和媒體提供了監督政府的途徑。1972 年，貝拉第一個向國會提出了罷黜尼克森總統的動議。

　　貝拉作風凌厲逼人、不屈不撓的毅力為她在國會山上贏得了尊敬也引來了非議，甚至她的寬邊帽也受到無休止的嘲笑和抨擊。但是，沒人能夠否認貝拉是眾議院最敬業、最勤奮的議員。同時，她豐富的律師背景讓她在談判辯論與法案撰寫上也表現出令人折服的才華。

　　之後，她連續三次競選失利並沒有減弱她的信念和鬥志。離開政界後，她把更多的精力投入到婦女運動中。1978年，她被卡特總統任命為婦女問題顧問委員會主席。在她的不懈努力下，美國政府出資在休士頓舉辦了有史以來第一個全美婦女大會。會後，委員會發表報告，指出卡特的財政政策有損職業女性利益，要求政府重視和貫徹「平等權益修正案」。貝拉因此被卡特撤職。這一決定使得卡特在 1980 年競選總統時失去了大量女性選民的支持。80 年代，作為紐約市婦女現狀委員會主席，貝拉領導了一場婦女參政運動，為女性候選人大造聲勢。1991 年，貝拉主持了世界婦女環保大會，被選為婦女環境發展組織主席。她積極支持並參與聯合國在婦女、環保和民權方面所做的種種努力，成為具有國際影響的政治活動家。

　　伴隨貝拉疾風暴雨式的政治生涯的是一個溫馨和美的家

庭。丈夫馬丁・阿布扎格一直是她最堅定的支持者。阿布扎格對丈夫充滿了發自內心的感激。她不止一次地說過：「從一開始，他就為了我能夠做我想做的事情而做了他所能做的一切。如果我做勞工律師一天要工作 18 小時，他就一直在我身邊看書或寫作陪伴我。我做律師時，他說我是最優秀的律師；我做眾議員時，他說我是最好的議員和政治家。他從來不覺得是一種競爭，只為我感到驕傲。」

在一次接受採訪時阿布扎格說：「我們的社會必須有男人和女人平等的參與，這是我的中心論點。女性將改變權力的性質而不是權力改變女性的性質。我無法證明這一點，但我心裡一直堅信這一天會到來。」

貝拉・阿布扎格在婦女、戰爭、人權、環保等問題上的許多觀念都超越了當時歷史的局限，而今正在隨著時代的發展而得到證實和推廣。她對美國社會尤其是美國婦女作出了巨大貢獻。她的勇氣、激情、遠見和才幹無人可及。柯林頓總統曾經如此評價她：「因為她在我們中間生活和工作過，我們的社會才變得更公正、更富有同情心。」

1998 年 3 月 31 日，她在一次心臟手術後去世，享年 78 歲。在她的葬禮上，著名女權運動家、美國眾議員格拉丁・費加羅在悼詞中說：「她沒有彬彬有禮地敲門。她甚至沒有把它推開或砸倒。她把那扇門整個地、永遠地卸了下來。」聯合國為她舉行了前所未有的紀念儀式。聯合國秘書長安南宣告：「從今天起，被貝拉打開的門將永遠敞開著……」

▌貝蒂 · 弗里丹

60年代女權運動的領袖

美國內戰結束後，林肯總統見到了《湯姆叔叔的小屋》的女作者斯陀夫人，說出一句廣為流傳的話：「原來你就是那位引發了這場大戰的小婦人。」

一百年之後，另一位美國婦女的一本書也引發了一場革命，給美國社會帶來了影響深遠的巨變。

這本書是《女性的迷思》，作者是貝蒂 · 弗里丹（Betty Friedan）。

1921 年 2 月 4 日，貝蒂出生於美國中西部伊利諾斯州的一個小城。她出生的前一年，美國婦女經過幾十年的不懈努力，終於贏得了公民選舉權。她的父母親都是俄國猶太移民，父親早年在街角賣過紐扣，後來開了一家珠寶店，母親結婚後被迫辭去了在一家報紙婦女版的編輯工作。受母親的影響，貝蒂從初中開始就給校報寫文章，高中後還創辦了一份文學校刊。她成績優異，但學生時代並不幸福。

20 年代，美國的猶太人處處受到排擠，貝蒂也因此被高中的女生聯誼會拒之門外。17 歲那年，她以第一名成績高中畢業，同時被史丹佛和包括衛斯理在內的好幾所美國女子名校錄取，最後她選中了母親當年想去而沒有去成的史密

斯女子學院。貝蒂在大學裡攻讀心理學專業，並顯露出寫作方面的才華。1942 年，貝蒂又以第一名的成績大學畢業，來到西海岸的加州伯克萊大學繼續深造，一年後拿到博士獎學金。但她放棄獎學金，搬到紐約，在一家工人報紙做記者。1947 年，她和演員卡爾 · 弗里丹結婚。他們的婚姻維持了 22 年。

美國捲入二戰後，年輕男子紛紛參軍上前線，美國的婦女有不少工作機會，但和男人幹同樣的工作時拿的工資卻要低得多。士兵從前線回來後，有四百萬婦女丟掉工作被迫回到廚房。這些失業婦女沒有拿到任何救濟金，工會第她們的處境也不聞不問。1949 年，貝蒂生了第一個孩子，休完產假後繼續回報社工作。1952 年，她生下第二個孩子後再次向報社申請休產假，報社卻一口回絕，找到一位男人頂替了她的工作。

那時，孕婦產婦被解雇是司空見慣的事情，於是，貝蒂步母親的後塵，也當起了全是太太兼母親。她的丈夫靠做廣告生意發了財，買下了紐約郊區哈德遜河畔的一棟房子。不就，貝蒂生下第三個孩子。像千千萬萬生活在大城市郊區的家庭主婦一樣，她的生活也進入了一個約定俗成的軌跡。而在 50 年代的美國，相夫教子被公認為婦女的理想生活。

這樣的生活貝蒂一共過了十幾年。為了活得充實些，她便去當義工，推著嬰兒小推車給國會議員競選人助選，並給多家婦女雜誌當自由撰稿人。但她總覺得生活裡缺少了什麼東西。1956 年，她給史密斯學院的女同學們寄了一份調查問卷，想知道她們的看法。收到的回卷讓她大吃一驚：許多和她一樣放棄事業做了家庭主婦的同學也感到生活空虛，有的甚至患上了嚴重憂鬱症。她把調查結果寫成了一篇文章，投給好幾家婦女雜誌，卻被一一退稿，理由是只有「病態」

的女人，才會不滿足於當全職太太和媽媽。一氣之下，貝蒂決定自己寫一本書。

　　這本書就是《女性的迷思》，她用了五年的時間才寫成。在五年裡，她收集了大量的寫作素材，採訪了全美各地的婦女，發現她和史密斯學院的畢業生所體驗的空虛感絕非空穴來風。在貝蒂看來，這種空虛感是一個「無名無姓的問題」，她稱之為「女性的迷思」，而所謂女性的迷思，就是婦女為了丈夫孩子完全放棄了自己的夢想，只能一個人默默地忍受這種無法對人言說的痛苦。「『女性的迷思』活埋了成千上萬美國婦女。」她們被牢牢地拴在「玩偶之家」裡不得脫身，只能通過丈夫孩子來實現自我。

　　書寫出來之後，很多人接受不了她的「異端邪說」，她的經紀人拒絕受理這本書，她只好自己找了一家出版商，並且只印了幾千本。《女性的迷思》激怒了一些女讀者，罵她神經不正常，建議她去看心理病醫生。出人意料的是，這本書竟然大為暢銷，1963 年正式出版後的三年時間內就售出了三百多萬本。全美國有不計其數的婦女寫信給她，告訴她這本書徹底改變了她們的思維和生活。

　　《女性的迷思》一書正式啟動了美國 60 年代的婦女解放運動。而本書的作者，貝蒂也自然而然地成了這場運動的主帥。1966 年 6 月，她和其他幾位婦女活動家在華盛頓特區的希爾頓酒店商量成立全國婦女組織協會（NOW），她在一張餐巾紙上記錄下 NOW 的目標，開宗明義的第一句話就是「採取必要行動讓婦女進入美國主流社會，和男人平等地行使所有的權利和義務。」

　　同一年，貝蒂成為該協會第一任主席。最初，協會連一個辦公室也沒有，只能在會員的家裡和工作場所開會辦公。貝蒂在紐約 72 西街的公寓，理所當然地成了美國全國婦女

組織協會的總部。

　　1964 年通過的民權法案從法律上規定一切形式的性別歧視都是非法的，但是美國的司法部和勞工部並沒有把這條法律付諸實施，雇主也照登「只聘男工」的招工廣告。60 年代的美國，婦女同工不同酬的現象非常嚴重，婦女的工資往往只有男人工資的百分之六十。在貝蒂的領導下，NOW 把爭取男女平等作為頭等目標。她不遺餘力地主張墮胎合法化、普及避孕藥品、為工作的母親提供托兒所。1970 年 8 月 26 日是美國婦女取得公民投票權 50 年周年紀念日，那一天，貝蒂組織了一個聲勢浩大的示威遊行，五萬名婦女高舉標語呼喊口號浩浩蕩蕩穿過紐約的第五大道。貝蒂把那一天作為她生命中的一個亮點。

　　1970 年，貝蒂辭去了 NOW 的主席職位，原因之一是她覺得協會裡一些領導人過於激進，有「女性沙文主義」之嫌，正在把婦女運動引向歧途。1971 年，她和另外幾位婦女一起創立了「全國婦女政治核心組織」（NWPC），旨在鼓勵婦女參政。1973 年，她當上了「第一婦女銀行信託公司」的經理。到了 70 年代後期，她開始淡出政治活動，把更多精力用於演講和寫作。除了《女性的迷思》，她還撰寫了破除「女超人」迷信的《第二階段》《時代之泉》和《超越性別》《遠景》等著作。

　　《女性的迷思》一書的出版，不僅改變了貝蒂的生活，也改變了千千萬萬美國婦女的生活。四十多年後的今天，貝蒂欣慰地看到，她和她那一代美國婦女的奮鬥已經在美國結出碩果。她曾經主張父母都享受產假，在上班地點建立托兒所，兩位女雇員合幹一份工作，用另一半時間在家裡照顧孩子。這些設想在美國的不少公司企業都成了現實。她曾經主張家庭主婦幹的家務也應得到報酬，這在今天美國法庭的離

婚案中已成為法官裁決的考慮因素之一，使很多婦女的合法權益得到了法律保護。

在 60 年代，法學院和醫學院的女生比例是 4%，而今天的女生比例已經高達 40%。婦女參政的人數也大幅度上升，加州的兩位現任國會參議院議員都是女性，華盛頓州的兩位現任國會參議院議員和現任州長（一個州最高的三個官職）也都是女性。

當然，對貝蒂・弗里丹看不順眼的美國人也大有人在。有人用數字說明 60 年代的女權運動直接導致了美國家庭的解體：和 1960 年相比，美國今天的結婚率降低了三分之一，離婚率增加了一倍，已高達 55%，一半以上的第一胎嬰兒是單親媽媽所生。

貝蒂對這種指控嗤之以鼻一笑置之。在她看來 50 年代成千上萬不幸福的婚姻才是導致家庭破裂最直接的原因，而她的《女性的迷思》只不過向世人揭下了國王身上的新衣。

2006 年 2 月 4 日，貝蒂逝世於美國華盛頓哥倫比亞特區，享年 85 歲。

▎諾曼・梅勒

報告文學體裁的創造人

諾曼・梅勒（Norman Mailer）到目前為止，他已經出版了 39 本書，包括 11 部長篇小說。他寫過話劇、電影劇本、詩歌、傳記、自傳以及各種形式的散文和雜文。他是報告文學的創始人。普立茲獎獲得者，諾貝爾文學獎候選人。半個多世紀以來，梅勒的創作生涯和他的個人生活一樣跌宕起伏、毀譽參半，構成美國文學界一道最醒目的風景。

1923 年 1 月 31 日，諾曼・梅勒出生於新澤西州的長島，但在紐約長大。他的父親是來自南非的猶太移民。高中畢業之後，梅勒上了哈佛大學。在校期間，他曾經在《短篇小說》雜誌舉辦的大學生徵文比賽中獲獎，並從此立志成為一個大作家。1943 年，梅勒以優異成績獲得航空工程學位。

一年之後。他應徵入伍，被派往南太平洋的菲律賓群島。那裡遠離二戰前線，只經歷過為數不多的戰鬥。一位軍中同袍回憶說，當年梅勒與長官的衝突比與敵人的衝突更加頻繁。1946 年，梅勒退役回國，第二年去巴黎大學讀書。15 個月之後，他的長篇小說處女作《裸者和死者》問世。

《裸者和死者》講述的是一個美國步兵排在一個太平洋

島上與日軍作戰的故事。梅勒用自然主義的寫實手法刻畫了戰爭中士兵的真實生活和內心衝突。這部小說發表後受到評論界的一致好評，被認為是一部反映二戰的傑作。它在《紐約時報》的暢銷書排行榜上連續十一周名列榜首，第一年的銷售量達到近二十萬冊。

25 歲的梅勒一舉成名。為了將《裸者和死者》搬上銀幕，他一度在好萊塢做過編劇，但寫出的劇本未被採用。1951 年，梅勒搬回紐約並寫出了第二部長篇小說《北非海岸》。這部左傾政治小說得到的評論幾乎完全是負面的，《時代週刊》稱之為：「沒有節奏、沒有品位、沒有美感。」1955 年，梅勒發表了以自己在好萊塢的經歷為背景的又一部長篇小說《鹿園》。書中揭露了電影業的墮落和腐敗。梅勒原本希望通過這本書再次證明自己的文學成就，但整個評論界卻反映冷淡。梅勒認為自己遭到排擠，一度靠爵士樂和大麻宣洩鬱悶。

50 年代中，梅勒與志同道合的友人一起創辦了美國最早的地下刊物之一《鄉村之音》，並擔任該報的專欄作者。他在這一時期撰寫的反體制文章引起很大反響。梅勒曾經讀過馬克思的《資本論》，還在一封致卡斯楚的公開信中稱他為「我們的希望」。同時，他又深受存在主義和無政府主義的影響，對美國社會持激進的批判態度。1959 年，梅勒的文集《自作廣告》出版。書中收入了他以前的詩文和他未來的宏偉計畫。梅勒桀傲不馴、自命不凡的性格成了此書最大的賣點。

60 年代是梅勒最高產、最風光也最動盪的十年。他活躍在美國的政治和文化舞臺的中心，他的聲音幾乎無所不在。1962 年到 1963 年間，他為著名期刊《紳士》和《評論》撰寫專欄文章，其中許多篇是批評甘迺迪總統或者為他出謀

劃策的公開信。他還曾經多次撰文報導和評論一年一度的美國兩黨大會。1963 年，這些公開信和政治報導以《向總統進言》為書名結集出版。1968 年，梅勒參加了華盛頓的反越戰遊行，因闖過警戒線而被短暫拘禁。他將這一經歷寫成了《黑夜的軍隊》。梅勒在書中客觀地報導這一真實事件的同時，喜劇性地誇大了他個人在其中的作用。這種所謂「新新聞」的風格往往以小說的筆法從作者的主觀角度敘述事實，令人感到讀歷史如同讀小說一樣。

《黑夜的軍隊》同時獲得當年國家圖書獎的小說類大獎和普立茲獎的非小說類大獎。《紐約時報》在書評中熱情洋溢地寫道：「只有一位天生的小說家能夠將一段歷史寫得如此睿智、頑皮、犀利和生動……」

從那以後，報告文學正式進入寫作體裁，對美國的新聞和文學產生了深遠的影響。60 年代末，梅勒以同樣手法寫出報導美國兩黨大會的《邁阿密和對芝加哥的包圍》以及描寫人類首次登月之旅的《月亮之火》，此外，他也發表了兩部傳統意義上的長篇小說《美國夢》以及《我們為什麼在越南》。

70 年代初，梅勒因《性囚》一書中對女權運動的批評而受到女權主義者的憤怒攻擊。1973 年，梅勒發表了傳記文學《瑪麗蓮‧夢露》，並從此為自己開闢了一條新的創作途徑——人物傳記。1975 年出版的《較量》講述了兩位拳王穆罕默德‧阿里和喬治‧福爾曼之間的一場傳奇性交鋒。1976 年的《天才與欲望：亨利‧米勒的主要作品》是一部以文學評論為主的人物專著。《行刑者之歌》寫於 1979 年，主人公蓋瑞‧吉爾莫是一位臭名昭著的殺人犯，他的死刑是美國 70 年代轟動一時的新聞。梅勒因為這本書再次獲得普立茲獎。

　　進入 80 年代後，梅勒似對政治感到了厭倦。他的長篇巨著《古老的傍晚》是一部以古代埃及為背景的哲理故事。而另一部《硬漢不會跳舞》則是講述一起謀殺案的驚險小說。梅勒將這部暢銷書改編成劇本拍成電影，並親自擔任了影片的導演。

　　1991 年，梅勒這位 60 年代的反戰英雄公開支持海灣戰爭，認為美國需要通過戰爭重新振作起來。1992 年，他創作了《哈羅德魅影》。這部揭密美國中央情報局的作品介於小說與歷史之間，包括了大量真實的人物和史料。1995 年，梅勒發表了兩部人物傳記。一部是關於刺殺甘迺迪總統的兇手奧斯華德生平的《奧斯華德的故事：一個美國懸案》。另一部是講述著名畫家畢卡索早年生活的《帕布洛和費南德：年輕時的畢卡索》。

　　1997 年，梅勒改變了從第三者角度撰寫人物傳記的傳統寫法，以第一人稱的敘述重新演繹了《聖經》中耶穌的故事。鑒於耶穌在西方宗教與文化中的特殊地位。所有古代的福音書和現代作家都刻意避諱用自述的方式再現耶穌的生平。而梅勒以他特立獨行、恃才傲物的一貫風格，偏偏知難而進。他的《上帝之子的福音書》寫的不僅是耶穌的一生，而且是一部當代版的福音書。在 20 世紀結束之際，梅勒將自己半個多世紀的作品結集出版，題為《我們時代中的時代》。

　　2000 年，梅勒為根據辛普森殺妻案改編的電視劇創作了劇本《美國悲劇》。2003 年，梅勒在紐約慶祝自己的 80 華誕，同時出版了一部關於寫作的文集《不可思議的藝術》。

　　梅勒從來不是那種「只見其文、不見其人」的作家。他轟轟烈烈、跌宕起伏的個人生活絕不遜色於他筆下斑斕多姿的作品。梅勒結過六次婚。有九個子女。1960 年，他在自

己家中的一個通宵聚會上用小刀刺傷了第二任妻子，但因後者拒絕起訴而免於刑事懲罰。1967 年，梅勒在反越戰遊行中被拘禁。1969 年，梅勒參加紐約市長的競選，以將紐約變為美國第五十一個州為號召爭取選票，但不幸落選。1980年，梅勒成功地幫助殺人犯傑克 · 阿伯特獲得假釋並將對方在獄中寫給自己的信件彙集出版。但阿伯特被釋放後再次殺人入獄。梅勒因此受到輿論的批評。

除了因行為出格而被媒體曝光之外，梅勒還是接受電臺和電視臺採訪最多的作家。他口無遮攔、出言不遜，毫不客氣地就美國社會、政治和文化方面的種種問題發表見解。2002 年，梅勒先後出現在兩部關於「911」和伊拉克戰爭的紀錄片中。2004 年，梅勒在電視連續劇《吉爾莫的姑娘們》的一集中客串扮演了他自己。

從《裸者和死者》使他成名那一天起，梅勒就沒有從公眾視線中消失過。多年來，他接連不斷的法律訴訟、財務糾葛、政治紛爭、人際衝突等等儘管為他帶來了巨大的知名度，但對他作為作家的名譽卻不無損害。同時他在性、暴力、政治等方面的觀點也影響到對他作品的評價。部分評論家指出梅勒的公眾表演是嘩眾取寵、追求出名，但他的辯護者們則認為梅勒的所作所為是為了尋找創作靈感。

無論人們對梅勒的作品和作品背後的為人如何評價，梅勒無可爭議的是美國最重要、最具影響的作家之一。2005年 9 月，美國國家圖書基金會授予梅勒美國文學傑出貢獻獎。他說：「支持我寫作的動力是對美國的愛與失望。」

2007 年 11 月 10 日，他逝世於紐約曼哈頓，享年 84 歲。

▌查爾斯·拉扎勒斯

「反斗城」美國玩具之王

可以毫不誇張地說，每一個美國孩子都是 Toys " Я " Us 的孩子。從他們出生那天起睡的第一個小搖籃，穿的第一件小衣服，坐的第一個小推車，玩的第一個小玩具，到長大後的第一個芭比娃娃，第一部卡通 DVD，第一輛自行車，第一台遊戲機，Toys " Я " Us 一直伴隨著孩子們長大。它應有盡有、包羅萬象，是每一個孩子心中五彩繽紛的玩具王國。

這個玩具王國的國王就是查爾斯 · 拉扎勒斯（Charles Lazarus），Toyss " Я " Us 的創建人。反斗城是全美最大的專門經營玩具和兒童用品的零售商，在美國和世界上 27 個國家有 1600 家連鎖店，年銷售量達 130 億美元。

查爾斯 · 拉扎勒斯於 1923 年出生於華盛頓特區的一個猶太家庭。父親在家裡開了一個自行車店，把買下來的壞自行車修好後再出售。少年查爾斯曾經問父親為什麼不賣新自行車，父親回答說因為在價格上無法同那些大連鎖店競爭。父親的話查爾斯一直沒有忘記，而且後來成了他自己的經商指南。

二戰爆發後，拉扎勒斯應徵入伍，做了一名密碼員。

1948 年，他退役之後原本打算利用軍人助學金上大學。但他當時已經年滿 25 歲，最後還是決定先找工作。父親那裡有現成的店面，拉扎勒斯花了五千元把它改成了一個嬰兒傢俱店。那時正值二戰結束，美國士兵們紛紛返回家園，開始結婚成家、生兒育女。拉扎勒斯的嬰兒傢俱店滿足了這些不斷增加的新家庭的需要。

當他的顧客們提出買玩具的要求時，拉扎勒斯又在店裡增添了玩具。但他很快意識到，嬰兒傢俱不易損壞，往往可以在一個家庭裡用很多年，而玩具則需要換代更新，而且不同年齡的孩子喜歡的玩具類型也不同。於是，拉扎勒斯決定改變經營方向，專門出售玩具。他將自己的店改名為「兒童超市」，而且為了吸引顧客的注意，特意把店名中的 R 字母反過來 "Я"。

50 年代為玩具經營提供了大好時機。1952 年「馬鈴薯先生」成了第一個在全國電視廣告中出現的玩具，引起了消費市場的玩具熱。與此同時。商品打折的潮流正在形成。在這種形勢下，拉扎勒斯對自己玩具店的經營方針重新進行了規劃。他決定把商品價格壓到低於一般零售業 20％，同時在品種和數量上超過其他任何玩具店。到第二家店開張時，拉扎勒斯又採用了顧客自選的購物方式，獲得巨大成功。

此外，拉扎勒斯注意到由於「兒童超市」的店名過長，招牌上的字顯得又小又擠。1957 年，他再次更改店名，成為今天的 Toys "Я" Us，字母 R 仍然反過來，放在雙引號之間。這一醒目而調皮的設計，充滿了童真和動感，很快得到了孩子們的認同。1959 年。芭比娃娃問世，成為有史以來最暢銷的娃娃，玩具零售業掀起了又一個熱潮。

到 1966 年為止，拉扎勒斯已經有了四家連鎖店。年銷售量達到一千二百萬美元。他將反斗城的產業以 750 萬元賣

給了跨州商場，自己仍然擔任經理。在接下來的八年中，反斗城發展到 47 家連鎖店。1974 年，跨州商場因經營不善而宣告破產。為了挽救占整個公司銷售量 85％的玩具店，拉扎勒斯被任命為跨州商場的總經理。他賣掉了公司的其他產業，擴大了玩具經銷。三年之後，跨州商場起死回生，在反斗城的名下重新改組，拉扎勒斯出任總裁。

　　1978 年，Toys " Я " Us 在華爾街上市。從 1975 年到 1985 年十年間。其銷售量從每年二億迅速增加到 20 億。壓低商品價格仍然是 Toys " Я " Us 成功的重要因素之一，同時它在玩具品種和數量上的優勢也吸引了廣大顧客。

　　此外，拉扎勒斯要求所有連鎖店具有整齊劃一的標準格式。這些店從裡到外幾乎長得一模一樣。它們一般坐落在大型購物中心附近，有著倉庫般高大寬敞的店堂，商品按種類在貨架上一直摞到屋頂。你可以走進任何一家連鎖店，在同一條甬道，同一個貨架，同一層，同一個位置上找到同樣的芭比娃娃。反斗城的職員通常都是掙最低工資的打工學生。他們的主要任務是碼貨而不是為顧客提供服務。自選購物方式不僅讓顧客感到自在。而且降低了商店的開銷。

　　拉扎勒斯在經營上的另一個重大突破是使用電腦系統對各個連鎖店進行統一管理。反斗城的每一台收銀機都與總部的電腦相聯。公司的管理部門因此可以對當天出售的所有商品加以歸類和分析。反斗城的電腦系統在當時的零售業是最先進的，為拉扎勒斯提供了準確的市場訊息和顧客需求。電腦的另一個優勢是便於集中管理和規劃。任何連鎖店的玩具一旦出現短缺，總部馬上就能夠從電腦上發現並及時通知最近的一家批發中心送貨。這種管理方式簡單直接，既節省了人力，又減少了商品積壓。

　　1990 年，任天堂的掌上遊戲機問世，在市場上掀起前

所未有的購買熱，當年反斗城的年銷售額達到 48 億美元。同年，拉扎勒斯被美國玩具協會列入玩具業名人榜。1994年，拉扎勒斯從總裁的職位上退休，但仍然是董事會成員，並在公司的重要事務上有一定決策權。

半個多世紀前，拉扎勒斯以一個傑出企業家的超前意識和商業頭腦選擇了無人問津的玩具市場。多年來，他的經營理念對玩具業的生產、包裝到銷售的整體發展都產生了永久性的影響。倉庫式的商店、整齊劃一的格局、低廉的價格、齊全的品種、自選購物的方式、電腦中心管理系統等等。現在極為普遍的經營方法在拉扎勒斯的時代卻來自於一個先驅者的創意、膽識和一顆永遠不想長大的童心。

▍約瑟夫 · 海勒

《第二十二條軍規》的作者

　　從 1961 年問世起，二十二條軍規已經成為一個舉世聞名的比喻，即使沒有讀過這部作品的人也瞭解它的含義。

　　1923 年 5 月 1 日，約瑟夫 · 海勒（Joseph Heller）出生於紐約布魯克林，父母都是第一代俄國猶太移民。父親給一家麵包店開運貨卡車，在海勒 5 歲那年因工作中操作不當致死。布魯克林色彩斑斕的生活環境賦予了海勒辛辣詼諧的幽默感，成為他日後文學創作的獨特風格。海勒 10 歲時，別人送了他一本兒童版的荷馬史詩《伊利亞特》，他讀了之後便立志將來要當一名作家。高中畢業之後，海勒在一家保險公司幹了將近一年，這一段經歷為他的第二部長篇小說《事出有因》提供了素材。

　　1942 年。19 歲的海勒參加了二戰中的美國空軍，兩年後被派往法國南部的科西嘉島，擔任機翼投彈手。剛開始時，海勒把執行飛行任務看作遊戲。他回憶道：「我被好萊塢的英雄主義形象洗了腦，如果敵人不還擊便覺得掃興。」不久以後，他先是目睹了戰友駕駛的飛機被擊毀，後來他自己的飛機也被高射炮打中。那是他的第 37 次飛行。在飛行

60 次之後，海勒終於獲准離開戰場。並獲得一枚空軍勳章和一次總統嘉獎。

1945 年，海勒靠退役軍人助學金上了大學。他先後獲得紐約大學文學士學位和哥倫比亞大學文學碩士學位。隨後，他又以富布萊特學者身份前往牛津大學進修了一年。1950 年，海勒成為賓夕法尼亞州立大學的講師。1952 年，他離開了校園，先後在《時代週刊》、《觀察》、《麥考爾》等一系列雜誌做廣告文案。從 1952 年到 1961 年，海勒一邊在雜誌社上班，一邊進行文學創作，在《大西洋月刊》、《環球》等雜誌上發表了不少短篇小說和影視劇本，並且得到評論界的好評。但海勒自己卻認為這些作品缺乏分量和創意。直到 1961 年，他花費了八年心血完成的長篇小說《第二十二條軍規》問世。

《第二十二條軍規》中的主人公約翰・尤索林是二戰期間美國空軍 B-25 的一名投彈手。他認為自己單位那個野心勃勃、自私卑劣的指揮官比德國人更危險。為了逃避飛行任務。他故意毀壞了飛機，稱病躲進了醫院裡，並試圖以患精神病為名離開戰場，因為根據空軍第二十二條軍規，精神病患者不得飛行。但第二十二條軍規同時又規定，凡是以自己患精神病為由要求退役者便具備理解危險的理智，因而不可能是精神病患者，必須繼續飛行。

《第二十二條軍規》表現了戰爭的瘋狂以及以尤索林為代表的個人與龐大荒誕的體制的抗爭。

《第二十二條軍規》問世後，評論界褒貶不一。儘管《國家》雜誌稱之為「二戰後美國最優秀的作品」，但《紐約時報書評》等許多權威性媒體卻提出了異議。《第二十二條軍規》鬆散的結構、重複的片段和冗長的篇幅首當其衝受到批評。其中最具代表性的是著名作家諾曼・梅勒的評論。他

說：「你可以從《第二十二條軍規》中隨便抽出一百頁，連作者本人都不會意識到有任何欠缺。」在內容上，一些評論家們認為《第二十二條軍規》塑造了一個懦夫加逃兵的反面人物，而書中對體制與法規的嘲諷則不僅是不道德的而且對社會具有破壞性。

60 年代初，美國對二次大戰依然充滿著自豪的回憶，《第二十二條軍規》所描寫的一切似乎與真實的歷史相去甚遠。然而隨著美國捲入越南戰爭以及反政府和反戰情緒的蔓延，《第二十二條軍規》卻變成了現實的寫照，並且在民間迅速流傳開來。

60 年代中期，《新聞週刊》曾經就「海勒熱」作過報導，文章中把崇拜《第二十二條軍規》的年輕人稱為「海勒信徒」。在大學校園裡，拒絕服兵役的大學生們身穿寫著尤索林名字的空軍制服以示抗議。城市的街頭上，汽車的保險桿上貼著「尤索林活下去」的口號。海勒筆下反英雄的主人公成了人們心目中的偶像。這期間，《第二十二條軍規》的銷售量劇增，並最終達到一千萬冊，被稱為一代人的精神教科書。1970 年，著名導演麥克・尼科斯將其改編成電影。

在接下來的幾十年裡，《第二十二條軍規》的意義仍然在不斷地被發掘和證實著。它已經超越了戰爭的主題和時間的界限而成為人與社會對立的象徵。1993 年，新版《簡明牛津字典》把「第二十二條軍規」作為詞條列入，其定義是「一個身在其中者不可能贏的兩難處境」。這一處境在生活中隨處可見，但《第二十二條軍規》對此作出了最生動精確的詮釋。

《第二十二條軍規》的出版不足以讓海勒以寫作為生。60 年代，他曾經先後在紐約城市大學和耶魯大學教授英文和小說戲劇創作。在此期間，他寫過幾個電視和電影劇本，

後來又將《第二十二條軍規》中的章節改編成劇本在百老匯和倫敦的舞臺上演出。

1974 年，《第二十二條軍規》出版 13 年之後，海勒發表了他的第二部長篇《事出有因》。小說主人公鮑勃‧斯洛克姆是一位成功的中層企業主管。但生活中卻沒有理想、沒有道德、沒有朋友、沒有親情。他無法填補的精神空虛反映了個人在美國企業文化中的消失和異化。

海勒的第三部長篇《如此優秀》於 1979 年出版，這是海勒第一次在自己的作品中以猶太傳統為主題。主人公布魯斯‧戈爾德是一位充滿政治野心的大學教授，因為寫了一篇稱頌總統大作的書評而如願以償做了華盛頓的高官。他熱衷於官場，一心想升官成名。在小說中，海勒辛辣地諷刺了前美國國務卿亨利‧季辛吉，認為他代表了為了政治仕途而拋棄自己傳統的一部分猶太人。

1984 年，海勒發表了長篇《上帝有知》。這部小說以第一人稱的敘述重寫了《聖經》舊約中以色列之王大衛的故事。1988 年，海勒的另一部以歷史為背景的長篇《畫的聯想》出版。他書中通過林布蘭、蘇格拉底、柏拉圖以及廿世紀初的美國總統等歷史人物對古典文化與當代美國進行了比較。這部小說在時間上跨越了整個西方文明史，在內容上涉及了藝術、金錢、戰爭的愚昧和民主的失敗，既是小說又是歷史和政論。

對海勒期望甚高的評論界對他後來的作品兼有失望、批評和贊許，但普遍認為沒有一部能夠超越《第二十二條軍規》。海勒一如既往地在他的作品中以黑色喜劇手法描寫出一個充滿道德危機的現代社會。個人與龐大的社會體制如軍隊、企業、政府機構等的衝突是他的小說的一貫主題。顯而易見的是，他在強調個人在社會中的責任的同時，對個人扭

轉整個社會墮落趨勢的能力日益悲觀。在藝術上，他以斷續的時間線索，錯亂的時空位置、邏輯混淆的語言和重複發生的事件來表現人的存在環境的混亂和荒誕。

80年代中，海勒與第一任妻子雪麗・海爾德的婚姻破裂。同時，一種罕見的神經系統病症導致他癱瘓臥床達數月之久。病癒之後。海勒娶了照顧自己的護士維萊莉並與在病中給予他幫助的好友斯畢德・沃格爾合寫了《非同兒戲》。這部溫馨幽默的病中紀實獲得了讀書界的好評。

1999年12月12日，海勒因心臟病突發死於紐約家中。一年之後，他的代理人出版了海勒生前完成的最後一部長篇《一個藝術家的老年肖像》。小說的主人公是一位作家，在走向生命盡頭時還在徒然地尋找早年成功的靈感。海勒的本意也許是反思自己的作家生涯，卻不期然為自己一生的創作作出了評價。

《第二十二條軍規》被公認為海勒的最高成就，而這一部作品本身已足以確定海勒在美國文學史上的重要地位。對此海勒生前便心中有數。一次，一個採訪者告訴海勒他再也沒有寫出過比《第二十二條軍規》更好的作品。海勒幽默地反問道：「難道有誰寫出過？」

▌亨利・季辛吉

敲開中國大門的美國國務卿

　　在 20 世紀的美國國務卿當中，亨利・季辛吉（Henry Kissinger）應該算是影響最大、知名度最高、在媒體上曝光最多和下臺後最受非議的一位。

　　1923 年 5 月 27 日，亨利・季辛吉出生於德國，原名漢斯・艾爾弗雷德・季辛吉。他父親是一名女子高中的老師，母親是家庭婦女。季辛吉十歲的那年，納粹在德國上臺。1938 年，為了逃避納粹對猶太人的迫害，全家人移民美國，在紐約曼哈頓北面一個猶太人社區定居下來，留在德國的數位親戚都在大屠殺中喪生。上學後，季辛吉把名字從漢斯改為亨利。1941 年，他以全優成績高中畢業的那一年，太平洋戰爭爆發。兩年之後，他成為美國公民，隨即參軍奔赴歐洲前線。季辛吉的聰明才智得到一名軍官的賞識，把他從陸軍調到反諜報機關工作。他因表現突出而獲得了一枚銅質勳章。二戰結束時，他已由入伍時的二等兵升為中士。

　　1946 年，季辛吉復員回到美國，進入哈佛大學，主修政府管理專業，潛心研讀哲學和歷史。在校期間，季辛吉以能言善辯、口若懸河聞名，他的四年級畢業論文《歷史的意

義：對施本格勒、湯因比和康德的思考》共有 377 頁，在長度上打破了哈佛大學本科論文的紀錄。1950 年，季辛吉本科畢業後進入哈佛大學研究生院深造。讀研究生期間，他是「哈佛國際研討會」的召集人，來賓中很多日後成為各國政府要人。他還創辦了《匯流》雜誌，請到不少名家為雜誌撰稿。他的博士論文論述 18 世紀拿破崙時代之後的歐洲和平問題，而他的偶像則是普魯士的「鐵血宰相」俾斯麥。和俾斯麥一樣，季辛吉也認為外交政策不能憑感情用事，而必須以堅實的軍事、經濟和政治力量為基礎。

1954 年，季辛吉博士畢業後在哈佛大學的政府管理系留校任教。同一年，他應聘出任「外交關係委員會」一項研究項目的主任，探索全面戰爭之外的其他戰爭形式。他通過研究寫出的專著《核武器與外交政策》出版後成為暢銷書，他也因此而成了這一領域美國最有影響力的專家。他在書中對局部戰爭中核武器的使用做了詳細的分析，並指出應該由戰略來指導武器技術的發展，而不是由武器來決定使用何種戰略。當時身為美國副總統的尼克森對這本書印象深刻，還特意給季辛吉寫了致賀信。

1959 年，季辛吉當上了哈佛的副教授，三年之後升為正教授。在 50 年代和 60 年代，他在艾森豪、甘迺迪和詹森任美國總統期間擔任了非正式的政府顧問，為美國行動研究署、國家安全委員會和美國國務院出謀劃策。從 1958 年到 1971 年，他還是哈佛大學「國防研究專案」的主任。

60 年代，一心想當美國總統的紐約州長洛克菲勒聘請季辛吉為外交政策顧問。1968 年，尼克森在共和黨的總統提名競選中戰勝洛克菲勒後，把季辛吉召到了自己的麾下。尼克森當選美國總統後，季辛吉受命出任總統國家安全特別助理。1971 年 7 月，季辛吉成了中華人民共和國成立之後

訪問中國的第一位美國政府官員。次年二月，尼克森總統踏上了中國國土，中美兩國凍結了二十多年的外交關係正式解凍。打開中國的大門是尼克森執政期間最大的政績，身為美方的總導演和尼克森的開路先鋒，季辛吉自然是名揚天下。同年 5 月，季辛吉作為美方的主要代表，和蘇聯達成了美蘇限制戰略武器第一次會談的協議，兩個超級大國之間的「緩和」終於有了實質性的進展。季辛吉尋求大國之間力量均衡的外交政策引起美國右翼人士的強烈不滿，認為這樣會削弱美國在全世界的霸主地位。

1973 年，季辛吉代表美方在巴黎和北越政府進行了長達數月的和談，最後終於達成停火協議。美軍在經歷了多年的慘重傷亡之後，也終於能夠自圓其說「體面」地撤出越南。為了切斷北越的供給線，好讓北越在談判桌上坐下來，季辛吉一手導演了對柬埔寨和北越長達十四個月的秘密轟炸。美國左翼反戰人士對這種濫殺無辜的做法進行了強烈譴責。季辛吉獲得 1973 年度的諾貝爾和平獎之後，美國的一位諷刺歌手湯姆‧雷勒宣告「諷刺已達到極致」，決定從此結束演唱生涯。

1973 年 8 月，在尼克森連任美國總統之後，季辛吉成了美國猶太人當中擔當美國國務卿重任的第一人，並破例地保留了總統國家安全事務特別助理的頭銜。兩個月之後，第四次中東戰爭（又稱贖罪日戰爭）爆發，他的工作重心也因此而轉移到中東事務上來。他展開了著名的「穿梭外交」，頻繁往返於以色列和中東各國之間。但是，他在贖罪日戰爭中的表現受到了國內國外猶太團體的廣泛批評。

據說戰爭爆發前以色列一方已經得知埃及和敘利亞要對以色列採取聯合軍事行動，但是季辛吉勸說以色列不要先發制人，因此讓以方蒙受巨大損失。很多人認為正是因為季辛

吉的猶太人背景才使得他為了避嫌而不敢為以色列提供足夠的幫助。對於這種指控，季辛吉不得不在猶太人面前為自己辯護：「作為一個在大屠殺中失去了十三位親人的猶太人，我怎麼會做出任何背叛以色列的事情呢？」

1974 年，尼克森因為水門事件黯然告別白宮，由福特接任美國總統，季辛吉則留任國務卿一職。但他在任的最後兩年，風光已大不如前，外交上的建樹也要小得多。1977 年離開白宮之後，他曾經考慮過在哥倫比亞大學教書。但在一片抗議聲中只好另謀出路，成立了自己的諮詢公司，擔任哥德曼—薩克斯、米高梅等大公司的國際事務顧問，並不時在美國的電視媒體上露面。

1979 年，他出版的回憶錄《白宮歲月》連續 20 周名列《紐約時報》暢銷書排行榜。1982 年出版的姊妹篇《動盪歲月》也連續 13 周入選暢銷書名單。到了 90 年代，他頻繁出訪其他國家，多次到中國會見中國上層領導人，並為此受到報界批評，指責他利用自己的政治資本為他所代表的美國大公司和他個人牟取私利。

2001 年，英國記者克里斯朵夫・希欽思在《審判季辛吉》一書中指控他在 70 年代鼓勵拉丁美洲獨裁國家的種種暴行，間接參與了對成千上萬平民百姓的殺戮。到了 2002 年，有五個國家對他傳訊。要求他提供所瞭解的內情。但在外交政策方面，季辛吉仍然是一位絕對權威，許多人仍然對他洗耳恭聽。有一點是毫無疑問的，那就是在世界政治舞臺上，季辛吉是有史以來權力最大、影響最深的美國猶太人。

2017 年，川普當選美國第 45 屆總統，因為川普在選舉時對中國大放厥詞，事後急欲與中國修補關係，也是借由季辛吉穿針引線，而促成了「川習會」。

▌薩姆納・雷德斯通

美國媒體王國的締造者

1987 年，薩姆納・雷德斯通（Sumner Redstone）經過一番角逐，成功地買下了有線電視公司 Viacom。接下來他又馬不停蹄地把 MTV 和 Nickelodeon 的 MTV Networks（衛星娛樂）、「鄉村音樂台」和「中央喜劇台」等電視臺通通網羅到 Viacom 的名下。他還通過兼併等手段買下了哥倫比亞廣播公司、派拉蒙電影公司、西蒙・舒斯特出版社和美國最有名的錄影帶租借公司「百視達」。到了 2000 年，Viacom已經擁有 18 家電視臺，在 12 個國家擁有超型電影院，並在全世界一百多個國家設立了營業點。美國的《娛樂週刊》把薩姆納・雷德斯通評為美國傳媒娛樂界最有影響力的人物之一，他在 2002 年的個人資產已高達 90 億美元，名字連續多年出現在《富比士》雜誌的美國富豪榜上。

薩姆納・雷德斯通於 1923 年 5 月 27 日在波士頓的西區出生，父母都是猶太人，同一個區裡住了不少有錢的猶太人。雷德斯通的父親早年開著一部卡車四處兜售油氈布，接著幹起了酒品批發，後來又當上了夜總會的老闆，還陸續買下了幾家電影院和露天影院。雷德斯通的父母對他要求嚴

格，母親為了讓他多練鋼琴常常把時鐘指標往後撥。雷德斯通就讀的波士頓拉丁學校是全美國第一家公立學校，一向以在學業上對學生要求嚴格聞名。

讀書期間的雷德斯通出類拔萃，是學生辯論團的主席。1940 年高中畢業時，他創造了學校有史以來的最高成績。由於中學時代接受的嚴格訓練，進入哈佛大學之後他反而覺得十分輕鬆。在哈佛大學裡，他選修了日語和德語專業。1943 年，他應徵入伍後被選入一個由日文專家組成的小組，和組員一起成功破譯過日本的軍事、外交密碼，兩年後他升為陸軍中尉。二戰結束後，他用士兵優惠卡買了不少積壓的軍用品，再轉手賣給商店，因此發了一筆橫財。

退伍後雷德斯通回到哈佛大學，兩年後從哈佛大學法學院畢業。他的第一份工作是擔任美國司法部長湯姆・克拉克的特別助理。1951 年，他在華盛頓特區開辦了自己的律師事務所。三年後，他對律師行業失去興趣，回到波士頓幫助父親經營擁有多家電影院的「全美娛樂」公司。

這時公司名下僅有十幾家影院，而且大都是露天汽車電影院，只能放映過期電影，利潤十分有限。雷德斯通接手後把好萊塢電影公司告上了法庭，爭得了放映首輪新電影的權利。在雷德斯通的管理下，「全美娛樂」發展迅速，在全美各地和英國都有電影院。在 1964 年到 1974 年的十年之間，公司的電影院從 59 家增加為 129 家，但雷德斯通認識到露天電影院和小型電影院已經過時，便著手把露天電影院改造成擁有多家放映場的超大型電影院，為觀眾提供舒適的座位和一流的音響，也為公司帶來巨大的盈利。一時間，競爭者們紛紛仿效雷德斯通的做法，也開始修建超大型電影院。

這時的雷德斯通已經不滿足於僅僅當一位電影院的老闆，他開始把目光瞄準了投資。1977 年，《星球大戰》電

影問世。雷德斯通電影看到一半便匆匆跑出電影院，立即買下了《星球大戰》製片公司 20 世紀福斯的二萬五千股股票。四年之後他賣掉這些股票，輕而易舉地賺進了兩千萬美金。他通過票房掌握市場動態，作出投資選擇。他用同樣方法買進賣出哥倫比亞電影公司和米高梅公司的股票，又掙得四千萬美元。他用從股市掙來的錢擴大公司的規模，讓「全美娛樂」名下的電影院增加到八百多家。

1979 年，一場飛來橫禍差一點奪去了雷德斯通的性命。一天晚上，他出席華納電影公司在波士頓一家飯店舉行的慶祝會，半夜被濃煙熏醒，打開房門時烈火撲面而進。他翻出視窗，用一隻手抓住三樓的窗臺，直到救火車趕到後才得以脫身。他的身體有百分之四十以上的部位被三度燒傷，腿部一直燒到動脈血管。醫生先是擔心他有生命危險，後來又擔心他因感染會失去一隻胳膊，還擔心他再也不能下地行走。醫生用 60 個小時給他做了五個包括皮膚和骨頭移植的手術。沒想到手術後的他很快就恢復了健康，只是右胳膊有些軟綿綿地使不上力。死裡逃生後的雷德斯通變得更加鬥志旺盛。在 2001 年發表的自傳《贏的欲望》裡，他說他的職業生涯裡最激動人心的事情都發生在這場火災之後。

1993 年，雷德斯通當年（1987）冒著風險買下的 Viacom 已經有了 55 億美元的身價，而他也有了更高的目標。這一年，他為買下派拉蒙通訊公司。派拉蒙通訊公司不僅擁有派拉蒙電影公司、派拉蒙電視生產部和九百多部電影的版權，而且還擁有西蒙‧舒斯特出版社及其下屬的麥克米蘭出版社和普蘭提斯‧哈爾出版社、多家電臺和電視臺、紐約麥迪森廣場、紐約遊騎兵隊和紐約尼克籃球隊。

同一年夏天，派拉蒙推出了獲得奧斯卡最佳影片的故事片《阿甘正傳》。為了造聲勢，雷德斯通首先買下了當時如

日中天的：Blockbuster 娛樂公司。9 月 12 日，雷德斯通宣佈完成對派拉蒙的收購，公司改名為 Paramount-Viacom 國際公司，並同時接收了派拉蒙 110 億美元的債務。他先是賣掉麥迪森廣場、一家電子遊戲公司和幾家電臺，還清了一半債款，然後又以 46 億美元的天價把西蒙‧舒斯特出版社賣給了皮爾森出版公司。對派拉蒙的收購不但讓雷德斯通一躍成為美國媒體總裁中的重量級人物，而且讓 Viacom 能在和對手競爭時打出綜合優勢。比如，Viacom 名下的出版社出了一本暢銷書，派拉蒙電影公司就可以把它改編成電影，再把電影製成錄影帶在百視達錄影店出租，最後在公司的有線電視臺播出。使用這種所謂「立式組合」的一條龍策略，可以真正做到將利潤滴水不漏地盡收囊中。

　　1996 年，雷德斯通當選 Viacom 公司總裁，同時保留公司董事長的職位。1999 年 9 月，Viacom 和哥倫比亞廣播公司就兼併達成意向書，Viaeom 將以 373 億美元的價格買下哥倫比亞廣播公司。12 月兩家公司的股東表決通過了兼併，最後的成交額是 410 億美元。就在雷德斯通的職業生涯再創輝煌之際與他結婚了 52 年的妻子提出離婚，讓他猝不及防，按他的說法是「好像中了一顆子彈」。婚姻破裂的一個原因可能是他把全身心都放在了工作上。

　　他在接受《財富》雜誌的採訪時說：「Viacom 就是我，我就是 Viacom。這個婚姻地久天長。」雷德斯通儘管身價上億，卻節儉成性。他永遠穿著一成不變的廉價西服，雖然在紐約有一套公寓，但仍然住在當年花四萬三千美元在波士頓郊區買下的房子裡。他對物質生活的要求非常低，只要能聞聞花香、打打網球就別無所求了。

吉恩・奈德

創建「瘦身族協會」的家庭婦女

　　1961 年 9 月，一位體重 214 磅（97 公斤）的家庭主婦將六位同樣超重的女友請到她在紐約市皇后區的家中，向她們坦白自己在節食過程中的失敗。她就是吉恩・奈德（Jean Nidetch），美國最有影響的減肥企業之一──瘦身族協會（Weight Watchers）的創始人。

　　吉恩・奈德原名吉恩・史拉特斯基，1923 年 10 月 23 日出生於紐約布魯克林一個猶太家庭。吉恩的父親是計程車司機，母親是指甲修剪師。儘管出生時只有七磅多一點。吉恩卻很快長成了一個小胖子。她性情開朗、愛說愛笑，在學校裡很有人緣，但她交的所有朋友幾乎都像她一樣偏胖。高中畢業後，吉恩因父親去世後家裡經濟拮据而失去讀大學的機會，但不久就在稅務署找到一份工作。1947 年，吉恩與鄰里的一個小夥子馬丁・奈德結了婚。婚後，吉恩隨馬丁到外州工作了幾年，直到 1952 年他們的兒子大衛出生後全家才搬回紐約。1956 年，老二理查出世，吉恩變成了全職母親。但生性好動的她參加了許多社會活動和慈善組織。無論在哪裡，她都表現出突出的組織能力和活動能力。

　　吉恩的體重仍然在持續上升而她卻無法控制自己的飲食，馬丁也有同樣的問題。吉恩嘗試了各種各樣的減肥方法和控制食欲的藥物，但效果甚微。絕望之餘，她參加了紐約市保健部門為肥胖者開辦的減肥班，領到一份嚴格的減肥食譜。十周之後，吉恩的體重儘管有所下降，但她卻漸漸失去了動力。而且常常忍不住偷食「禁果」。

　　吉恩意識到自己需要與別人交流，而且對方一定得是與自己「同病相憐」的人，於是，她將六位同樣有體重困擾的女友請到了家中。經過一番坦誠的交談，七個女人決定一起按照吉恩領取的食譜減肥，並且每週聚會一次交流彼此成功或失敗的體會。吉恩要求大家在減肥前要先徵得醫生的同意，這成了她日後創建和發展瘦身族協會時始終堅持的原則。吉恩認為自己不具備飲食專家的資歷，只是為減肥者提供感情上的支援。她從與其他人的交流中發現，減肥成功的最有效的因素之一就是減肥者之間的默契和理解。她在自傳中寫道：「強迫性飲食是一個情感問題，而我們就用情感的方式去解決它。對我而言，這不過是普通常識而已。」

　　在那個自助運動尚未產生、互助小組還不存在的年代，吉恩・奈德的做法引起了人們發自內心的共鳴。關於吉恩家聚會的消息不脛而走，朋友的朋友相約而來，不出三個月參加聚會的人數就達到幾十個。吉恩的客廳容納不了這麼多人，聚會地點於是改為公寓大樓的地下室。此外，吉恩還上門拜訪一些因行動不便而深居簡出的肥胖者。1962 年 10 月，吉恩已經成功地將自己的體重減至 142 磅（64.4 公斤），且在後來的幾十年中從來沒有回胖過。在她的幫助下，她的母親、丈夫馬丁、兒子大衛和其他親戚朋友也相繼減肥成功。

　　一年以後，吉恩在朋友的提議下將「瘦身族協會」註冊為商業性公司。1963 年 5 月，瘦身族協會的第一次公開聚

會在皇后區一家電影院的閣樓裡舉行，事先並未做任何廣告。但當吉恩到達時，已有大約四百人等候入場，而她僅租借了五十把椅子。

從那一天起，瘦身族協會迅速發展壯大。1968 年，瘦身族協會成為上市公司，在全國四十三個州擁有八十一個連鎖協會，並且擴展到國外。1973 年公司成立十周年之際，已經有五百多萬人先後加入過瘦身族協會。吉恩在紐約的麥迪森廣場主持了盛大的慶祝活動。作為公司的發言人和公關總經理，吉恩以自己的減肥經歷現身說法，為瘦身族協會吸收了無數忠實的會員。吉恩是一位出色的鼓動家和演說家，在眾多聽眾面前，她不僅不怯場，反而發揮得更加精彩。除了在全國巡迴演講之外，她還頻頻出現在電視節目上宣傳自己的減肥方法和理念。

1966 年，吉恩出版了《瘦身族食譜》，指導人們在日常生活中保持平衡、健康的飲食。1984 年，她的第二本食譜《瘦身族聚會與節日食譜》發表。這本書專門對人們在請客、做客和節日期間的飲食提供幫助。此外，她還定期為《瘦身族協會雜誌》撰寫專欄，並且被多家報刊轉載。

1978 年，著名的漢斯（Heinz Co）食品公司以七千一百萬元買下了吉恩的公司，條件之一是吉恩不可以再另創減肥企業。當時瘦身族協會的利潤已經高達十億元。吉恩被反聘為顧問，從業主變成了雇員。80 年代，她一年有六十多天都奔波在外為各地的瘦身族協會進行宣傳或提供諮詢。1991 年，吉恩搬到拉斯維加斯，成為一位熱心於自助和教育事業的社會活動家。她建立了以自己名字命名的基金會，為經濟困難的少女上大學提供援助。同時，她還在位於洛杉磯的加州大學和位於拉斯維加斯的內華達大學設立了獎學金。

1993 年，內華達大學授予吉恩榮譽博士學位。1994 年，

內華達大學建立了吉恩 · 奈德婦女中心，專門面向為重返校園而奮鬥的中年或學業中斷的女性。但對於廣大的減肥者而言，吉恩永遠是瘦身族的代表。她所創造和提倡的不僅僅是一種節食方法，而且是一種健康的生活方式和習慣。瘦身族協會的減肥計畫不僅讓千千萬萬肥胖者瘦身成功、重拾自信，而且得到醫學界的肯定和支持。數年前，吉恩被《女性家庭雜誌》評為 20 世紀最重要的女性之一。

漢斯公司買下瘦身族協會之後，繼續對吉恩 · 奈德的創造加以發展和完善。隨著科學對飲食日新月異的發現和認識，瘦身族協會的減肥食譜也在不斷改進。70 年代，心理學家發現控制體重的最佳方法是改變飲食習慣，瘦身族協會隨即增添了由著名心理學家設計的行為管理療程。1978 年，瘦身族協會又增加了與節食相輔相成的鍛煉計畫，強調了運動與人體健康的必然聯繫。作為漢斯食品公司的企業，瘦身族協會通過超級市場向瘦身族會員和廣大顧客提供一系列口味佳、熱量低、分量適中的健康食品，包括早、中、晚餐、甜點和零食。在食品之外，與減肥有關的食譜、日曆、錄影帶、雜誌等也成為瘦身族協會進行宣傳和推廣健康飲食的媒介。近年來，為了適應當代人的生活方式和節奏，瘦身族協會還專門為青少年和上班族在學校和工作場所舉辦每週一次的聚會，讓交流這一環節變得更加簡單易行。1990 年，美國政府提出了「健康者 2000」的全民健康十年計畫，瘦身族協會是這一專案的主要贊助者之一。

今天。吉恩 · 奈德創建的瘦身族協會遍佈全世界二十七個國家，擁有一百多萬名會員。當年那位身體超重的家庭主婦在改變自己的同時也改變了千百萬人的命運。

▌愛德華 · 科赫

政績昭著的紐約市長

在美國的大城市當中，紐約市的市長可能是最難當的，這不光因為紐約人口多，地盤大，以「無法治理的城市」著稱，也因為紐約在美國經濟金融、商業貿易、文化藝術等方面佔據著舉足輕重的地位。再加上紐約是美國媒體的中心，市長的一舉一動更是受到紐約大大小小報刊的密切注視。正因為如此，才有人把紐約市長一職看作是全美國最難做好的一份工作。但是有一個人不但當上了紐約市市長，而且兩次連任，在這個位置上連續幹了十二年。他就是大名鼎鼎的愛德華 · 科赫（Edward Koch）市長。

愛德華 · 科赫可以說是一個地地道道的紐約人。他1924，年 12 月 12 日在紐約的布朗克斯出生，在家中三個孩子中排行老二。他的父母親都是從波蘭移居美國的猶太移民，父親開的一家小皮貨店在美國經濟大蕭條期間瀕臨倒閉，全家人只好搬到離紐約不遠的紐華克，和科赫的伯伯一家四口合住一套只有兩個臥室的小公寓房。父親白天仍然做他的皮貨生意，晚上在哥哥操辦酒席的餐廳裡負責看管衣帽。科赫從 9 歲起就開始打零工，先在衣帽間當小弟，後來

在一家食品店的熟食部上班，儘管如此，他讀高中時仍然是學校的優等生。1941 年，科赫一家搬回紐約，在布魯克林區住了下來。在接下來的兩年裡，他半工半讀，一邊在紐約城市學院上學，一邊在布魯克林一家百貨商店裡賣鞋子。兩年後，第二次世界大戰進入關鍵時期，科赫應徵入伍，成為 104 步兵師的一名步兵，並於 1944 年 9 月在法國港口城市瑟堡登陸。1946 年，已經升任軍士並獲得兩枚戰爭勳章的科赫退伍後回到紐約，成為紐約大學法學院的學生。他於 1948 年獲得法學士學位，並於次年通過了律師資格考試，正式成為職業律師。

　　愛德華‧科赫當上律師不久就開始對政治表現出濃厚興趣。1952 年，他走上紐約街頭為民主黨的總統候選人史蒂文生助選。他住進了曼哈頓的格林威治村，並協助成立了格林威治獨立民主黨組織。在這之後，他積極加入了民主黨的各項活動，於 1964 年成為格林威治村民主黨的領袖。1966 年，他被選為紐約市議會議員。兩年之後，他出馬競選曼哈頓十七區眾議院的席位獲勝。成為這個區自經濟大蕭條以來的三十多年裡第一位民主黨眾議員。在美國眾議院裡四次連任成功一待就是九年。

　　1976 年，紐約市政府面臨嚴重的財政危機，已經走到破產的邊緣。第一次競選失敗的愛德華‧科赫決定再次問鼎紐約市長。最初，只有 6％的選民支持他，但是他慢慢贏得了越來越多的支持者，最終以多出十幾萬張的選票擊敗了後來當上了紐約州州長的馬里奧‧庫莫，成為紐約市第 105 任市長。

　　1978 年 1 月，正式走馬上任。這時的紐約市政府已經負債累累，捉襟見肘，背著十億美元的赤字。科赫接手後一邊向聯邦政府貸款，一邊大刀闊斧地精兵簡政，砍去不必要

的開支和低效率的服務專案。到了 1983 年。紐約市政府的賬上已經有了五億美元的盈餘。就這樣，愛德華 • 科赫讓紐約市政府起死回生，成為千百萬紐約人心目中的英雄。

1981 年，科赫順利連任紐約市長。第二年，在報業大亨魯伯特的鼓勵下，他參加了紐約州民主黨角逐紐約州州長的初選，和對手馬里奧 • 庫莫再次狹路相逢，但這一次他成了庫莫的手下敗將。他犯的一個大錯誤是在接受《花花公子》雜誌的採訪時說郊區居民的生活「枯燥無味」，而鄉村居民的生活簡直就是「一個笑話」，還拿開小卡車的人開玩笑，因此得罪了一大批住在紐約市以外的選民。

1985 年，科赫第三次競選紐約市市長，這次他以 75％的選票高票當選了。

「時代」雜誌的一篇文章對科赫市長有這樣的評價：「如果紐約市是一輛計程車，科赫市長就是計程車司機——脾氣火爆、好鬥、固執己見、嘮叨、關切、直言不諱，可能還有一點神經質。」

《人物》雜誌的一個記者稱科赫為「貨真價實的紐約人」，把他稱為「伶牙俐齒的紐約出租司機、妙語聯珠的紐約商店店員和身經百戰的紐約員警的翻版。」

科赫說話直率，自信十足，在對手面前永遠像一個好鬥的公雞，這一切都讓紐約人對他們的市長多了一份好感。

1989 年，科赫第四次競選紐約市市長時終因不敵對手大衛 • 丁肯斯而在民主黨的初選中敗下陣來，原因之一是他手下的兩位市政府官員涉嫌受賄，另一個原因是科赫在和其他政府官員和媒體打交道時過於好鬥，結下了不少仇人。

科赫一直都是民主黨人，但又常常跨出民主黨的界線。1980 年總統大選前夕，他把共和黨總統候選人雷根請到格雷西官邸做客，被普遍認為是一種公開支持雷根的政治姿

態。1981 年競選紐約市長時他以民主黨人和共和黨人的雙重身份參選。他和大多數共和黨人一樣不主張取消死刑。不當紐約市長以後，他更是一再公開表態支持共和黨候選人，包括競選紐約市長的朱利安尼和競選美國總統的小布希。他也撰文對高爾的紀錄片《華氏 911》提出嚴厲批評。

科赫一生未娶。這讓許多人對他的性傾向充滿了好奇。1977 年競選紐約市長時，科赫不得不聲明自己不是同性戀。二十年之後，人們仍在猜測科赫是不是同性戀，但這時的科赫認為已經沒有必要為自己做任何辯解了。他這樣寫道:「我 73 歲了。我還在乎什麼？不可思議的是，我 73 歲了居然還有人對我的性生活感興趣，真讓我受寵若驚。但是我在書裡就說了，我對這個問題的回答很簡單：『去你媽的！』總得給人一些隱私權吧。」他在擔任紐約市長期間親自發佈行政命令，禁止紐約市政府雇員有任何歧視同性戀的行為，但同時他也支持紐約市衛生局 1985 年為控制愛滋病流傳而關閉同性戀公共澡堂的決定。

從紐約市長位置上退下來後，科赫不但重操舊業幹起了律師的老本行，而且還變得更加忙碌。他在美國和世界各地演講，在紐約大學和布蘭迪斯大學教課，主持一個名為「愛德華・科赫：理性的聲音」的電臺節目，並且每天在電視系列節目「人民法庭」中扮演法官角色。他為報紙寫政論專欄、書評、電影評論和餐館評論，自 1984 年以來已經出版了十二本書，其中包括兩部小說：《市議會的謀殺案》和《34 街謀殺案》。作為一個猶太教的信奉者，他撰文支持以色列，抨擊反猶言論和行為。

2013 年 2 月 1 日，這位忙碌的前市長死於心臟衰竭，享年 89 歲。

亞倫・葛林斯潘

美國經濟的掌舵人

2006 年 1 月 31 日卸任美國聯準會主席，在一個職位上，待了二十年的亞倫・葛林斯潘（Alan Greenspan）被稱為「美國第二號實權人物」，其地位僅次於總統。作為聯邦準備委員會主席，他的一舉一動、一顰一笑，都直接影響著千千萬萬人的命運和全球六大洲國家的金融政策。如果他神色凝重、語氣嚴峻，隨之而來的便是股市下跌、人心惶惶；而他一旦表情開朗、談吐樂觀，則極有可能令股市上揚、消費踴躍。

聯準會相當於美國的中央銀行。它的職能是監察經濟成長，防止其因發展過快而導致通貨膨脹或者過慢而造成經濟衰退。聯準會控制市場上貨幣的流通量，規定銀行的儲蓄額及利率，並通過調整利率來掌握經濟的發展。儘管聯準會主席由總統任命。但聯準會本身仍然是一個獨立的機構，既不聽命於總統也不受國會制約。

自 1987 年以來，亞倫・葛林斯潘已經連續擔任了五屆聯準會主席，歷經雷根、老布希、柯林頓、小布希等四任總統。在這個舉足輕重的位置上，葛林斯潘以卓越的經濟頭腦和敏銳的政治嗅覺的罕見結合，帶領美國走過了 80 年代末

的股市危機、90 年代的經濟繁榮、21 世紀初新經濟泡沫的破滅和 911 後的低谷。

1926 年 3 月 6 日，亞倫・葛林斯潘出生於紐約，父母分別是來自德國和波蘭的猶太移民的後裔。他五歲時，做股票經紀人的父親和母親離了婚。母親帶著葛林斯潘回到娘家，與外祖父母擠住在一個一室一廳的公寓裡。葛林斯潘從小就顯露出數學和音樂上的天賦。高中畢業後，他考入著名的茱利亞音樂學院，主修單簧管演奏。但不久他就輟學從藝，隨一個旋轉舞樂隊在美國東部巡迴演出。

一年之後，葛林斯潘決定放棄音樂生涯，重返校園學習經濟。1948 年，他以優異成績獲得紐約大學經濟學學士學位，兩年後又獲得碩士學位。1950 年，葛林斯潘轉入哥倫比亞大學攻讀博士，師從後來做了聯準會主席的著名經濟學家亞瑟・伯恩斯，但他博士尚未拿到就又中途退了學。1977 年，鑒於葛林斯潘在經濟領域的突出成就，紐約大學免去他的畢業論文，授予他博士學位。

離開哥大後，年僅 27 歲的葛林斯潘與 65 歲的資深投資經紀人威廉・湯森合夥創辦了湯森—葛林斯潘諮詢公司，為工商業客戶提供市場分析和經濟預測。1958 年，湯森因心臟病去世，葛林斯潘接任公司總裁。他的公司儘管規模不大但聲望極高，客戶中有不少美國一流的企業和銀行。數年之後，葛林斯潘便成了百萬富翁。

50 年代初，葛林斯潘與藝術家喬安・蜜雪兒結婚，但婚後十個月即宣佈婚約無效。通過喬安，葛林斯潘結識了出生於俄國的著名作家和哲學家艾安・蘭德，後者的客觀主義理論對他產生了極其深刻的影響。葛林斯潘認同蘭德的觀點，主張自由市場經濟，反對政府對企業的干涉與約束。這也成為日後幾十年葛林斯潘調控美國經濟的主導思想。

　　1968 年，葛林斯潘首次涉足政界，為尼克森競選總統出謀劃策。尼克森入主白宮後曾力邀他擔任政府要職，但被他婉言謝絕。1974 年，尼克森因水門事件下臺，之前提名葛林斯潘為經濟顧問委員會主席，福特接任總統後作出正式任命。幾番推辭不得，葛林斯潘放棄了諮詢公司每年 30 萬的收入，成為年薪 4 萬 2 的政府官員。在隨後的幾年裡，他將通貨膨脹率從 11％降到 6.5％，讓經濟走上了正軌。1976 年，福特競選連任失敗，葛林斯潘也離職回到自己的諮詢公司。1980 年，他重返政界，擔任雷根總統競選的經濟顧問。雷根成為總統後，任命葛林斯潘為新成立的社會安全體制改革委員會主席。1983 年，他的改革法案在國會通過，葛林斯潘再次功成而退。

　　1987 年 6 月 2 日，雷根總統宣佈提名葛林斯潘為聯準會主席，國內外股市在短暫波動後恢復平靜，表現出投資者對這一任命的認可。8 月 11 日，葛林斯潘正式宣誓就職。但他上任後僅兩個月，美國便爆發了一場災難性的股市崩盤。10 月 19 日，道瓊指數在一天之內狂跌 508 點，被稱為「黑色星期一」。葛林斯潘果斷作出決策，當即宣佈聯準會將保證充足的現金流通，同時強制銀行繼續提供貸款。有了聯準會做後盾，投資者的恐慌迅速緩解，道瓊指數在第二天即回升 100 多點，股市在兩周後漸趨平靜，從而避免了一場有史以來最嚴重的金融危機。葛林斯潘沉著果決、力挽狂瀾的大手筆為他在《華爾街日報》等媒體上贏得了一片掌聲。

　　自上任那天起，葛林斯潘就表示將以治理通貨膨脹為主要目標，他所採用的手段是根據經濟狀況對利率進行頻繁和低幅度的調整。80 年代末，他連續兩年提高利率，隨即又在海灣戰爭期間以及 90 年代初經濟衰退階段略微調低。1994 年，他曾經六次提高利率以減緩經濟發展的速度，避

免通貨膨脹。然而從 1998 到 1999 年間，葛林斯潘卻一改自己保守謹慎的作風，在股市飆升、經濟強盛的形勢下，僅象徵性地提高利率一次。回顧 90 年代，葛林斯潘為美國留下了經濟最繁榮的十年，表現在低失業率、零通貨膨脹、堅挺的美元和前所未有的財富增長。不僅如此，他還幫助柯林頓總統縮減政府赤字，從而使長期利率降低，導致新貸款增加，消費踴躍，股票上升，就業市場擴大。柯林頓離任時，政府不但還清了所有債務而且有了幾十億的盈餘。

2001 年是葛林斯潘任聯準會主席以來最艱難的一年。先是新經濟泡沫破滅。股市持續下跌。隨後「911」恐怖分子對美國的襲擊引起投資者更大的恐慌。這一年，葛林斯潘將利率從 6.5％一路降至 1.75％，希望刺激經濟發展。2002 年，美國出兵伊拉克以及企業醜聞使已經在衰退中的經濟再遭打擊。葛林斯潘進一步將利率降至 1.25％的歷史最低點，堅信生產力的增長會推動經濟的擴張和恢復。2004 年，經濟果然如他所預期的開始回升。相應地，他開始逐漸將利率調高。同年六月，布希總統再次任命他為聯準會主席並得到參議院全票通過。

葛林斯潘任聯準會主席近二十年，其業績有目共睹。即使在經濟不景氣時期，他也極少受到批評。一方面決定經濟發展的因素眾多，其中最關鍵的如政府的稅收政策與債務管理不在聯準會職權範圍之內，而另一方面葛林斯潘本人的經濟才能與職業操守也為他贏得了同行們的尊敬。

1996 年，《財富》雜誌在美國 1000 名頂級工商企業總裁中進行問卷調查，結果對葛林斯潘的贊成率高達 96％。不僅如此，葛林斯潘還得到共和黨與民主黨的一致認可。儘管彼此的政治理念不同，柯林頓總統在任時曾經兩次提名共和黨人葛林斯潘為聯準會主席，而後者亦全力以赴，輔佐前

者創造了一個前所未有的經濟盛世。葛林斯潘在每一次就職宣誓中都強調自己會克盡職守，永遠以經濟為出發點，所有決策都將來自於經濟立場而非政治考量。而他確實做到了獨立、客觀、實事求是，正如《財富》所指出的：「葛林斯潘一貫以非政治原則主持聯準會工作，比他的所有前任都做得更好。」

但是，葛林斯潘並非對政治一竅不通。相反，他有著極其敏銳的政治嗅覺。對黨派之間的紛爭瞭若指掌。正因為如此他才能夠在民主黨與共和黨之間來往自如，而又絕不偏離自己的既定目標。葛林斯潘深知自己處於牽一髮而動千鈞的重要位置，因此出言極其謹慎，喜怒哀樂不形於色。多年來。他早已練就了說話模棱兩可、含糊費解的本事，以免被人產生誤解，導致意想不到的後果。

在人們眼中，葛林斯潘是個學者型的天才經濟學家。他博學、睿智、嚴謹、內向，甚至還有幾分孤傲。儘管其貌不揚，而他的智慧卻讓許多女性為之傾倒。1997 年 4 月 6 日，71 歲的葛林斯潘與國家廣播公司（NBC）新聞主持人安德拉・蜜雪兒結婚。

在美國金融界有一句話：「葛林斯潘只要咳嗽一聲，全世界就都得下雨了。」因此他的一言一行格外引人注目，華爾街的投資者每次都要花很大力氣去解讀他的話語，但他的話實在太隱晦曲折難懂了，葛林斯潘自己也承認這種含糊其辭，「我終於學會了美聯準會的語言了。」

諾貝爾經濟獎得主羅伯特・索洛就曾批評他是個「狡猾的主席」。他說：「他們就像烏賊噴出一團墨之後，就溜之大吉，讓人摸不著腦袋……」

▌愛倫 · 金斯伯格

60年代的「嚎叫」詩人

今天，許多已經步入老年的美國人對上世紀的 60 年代仍然充滿了懷舊情緒。那是一個標新立異、崇尚自由的年代，許許多多的年輕人鄙視傳統價值，與現實格格不入。他們或者吸大麻，自由同居，成為玩世不恭的「嬉皮士」；或者參加反越戰遊行，拒絕服兵役，投身各種激進的政治活動。愛倫 · 金斯伯格（Allen Ginsberg）就是那個時代聲音最響亮的詩人。

愛倫 · 金斯伯格 1926 年 6 月 3 日出生於新澤西州的紐華克，父母親都是猶太裔的俄國移民。在高中教英文的父親路易斯喜歡寫抒情詩。母親娜奧米天性聰穎，在 30 年代大蕭條期間參加了工人運動，成為美國共產黨的一名積極分子。但她後來患上了嚴重的精神病，經常產生各種幻覺，生命的最後 15 年是在精神病院度過的。母親的理想主義和精神病給愛倫 · 金斯伯格的一生產生了巨大的影響，他公認寫得最好的一首詩是「寫給娜奧米 · 金斯伯格的祈禱文」。

高中時期，愛倫 · 金斯伯格第一次讀到惠特曼的詩歌，大受震動。1943 年，金斯伯格高中畢業後靠獎學金進入哥倫比亞大學的法律預科班，但很快轉修文學。她在哥大的校

園內外解釋了一批志趣相投的朋友，其中有威廉‧布洛斯、
赫伯特‧亨克、約翰‧霍爾姆斯、尼爾‧卡薩迪和後來
寫出《在路上》的傑克‧凱魯亞克。大學期間，金斯伯格
放浪形骸的個性已經初露端倪，他書寫謾罵哥大校長的標
語，留朋友在宿舍過夜，以致被學校勒令休學一年。休學期
間他去時代廣場的一家餐館洗過盤子，接受過當貨船船員的
訓練，給新澤西一家報紙當過記者。在這期間，她開始吸大
麻，出入於格林威治村的同性戀酒吧。

　　1948 年，他拿到了哥倫比亞大學的本科學位。那年夏
天，他因為和同性戀男友分手而痛不欲生。一天，他在哈
萊姆的公寓裡百無聊賴地翻閱威廉‧布萊克的詩作，突然
在幻覺之中聽見一個低沉的聲音在朗誦布萊克的《啊，向日
葵》，讓他一下子有了醍醐灌頂、茅塞頓開的感覺。他認定
那是布萊克本人的聲音，不禁欣喜萬分，向家人朋友宣佈找
到了自己的上帝。他認為詩人的職責就是想布萊克那樣能夠
喚醒讀者對現實的幻覺意識。為了得到更多的靈感，他開始
使用不同的毒品，但這並沒有幫他寫出令自己滿意的詩作。
第二年，他的朋友在他的住處藏匿贓物，他也受到牽連，被
捕後不得不接受了八個月的心理治療，才免去了蹲監獄之
苦。接下來，他一度決定「洗心革面」，找到一份市場調查
的工作，甚至有了女朋友。

　　1953 年，他從紐約搬到舊金山。在那裡，他接受了一
個心理醫生的忠告，辭去工作，重新開始了他隨心所欲的波
西米亞式生活。他愛上了給畫家當男模特的彼得‧奧羅夫
斯基，兩人在接下來的 40 年裡斷斷續續一直保持著戀人關
係。他在舊金山結識了不少詩人和作家，這些人成了「舊金
山文藝復興」和「失落的一代」作家群裡的核心人物。1955
年 8 月，他讀到凱魯亞克「墨西哥成藍調」一詩的手稿後靈

感大發，開始創作長詩《嚎叫》。他僅用一個下午的時間就完成了最長的第一部分，第二部分則是幾個星期後在迷幻劑的效力下完成的。兩個月後，他在舊金山的「六畫廊」和其他幾位詩人一起舉辦詩歌朗誦會，當眾朗誦了《嚎叫》：「我看見，我這一代人最優秀的心靈，已被瘋狂毀滅……」

《嚎叫》用最刺耳、最赤裸裸的語言描述了人內心深處的不滿和絕望，一句句鏗鏘有力、直白式的詩句像一把把匕首，把詩人的五臟六腑刺得粉碎之後又掏出來呈現在讀者面前，讓他們來審視詩人靈魂的顫慄。《嚎叫》採用汪洋恣肆的自由體，和傳統形式的詩歌大相徑庭。

1956 年，《嚎叫》一詩由城市之光出版社集結出版，威廉・卡洛斯・威廉斯為詩集作序。不久，舊金山警方沒收了《嚎叫》的簡裝本，並以出版淫穢作品的罪名逮捕了兩位出版商。1957 年，美國公民自由聯盟出面在法庭上為《嚎叫》一書辯護，法官最後宣判罪名不成立。《嚎叫》也因為這場官司而大大提高了知名度，它不僅讓金斯伯格一舉成名，也成了「失落的一代」的宣言書。《嚎叫》是 20 世紀美國讀者最多的一首詩，迄今為止已被翻譯成了包括中文在內的二十多種語言。

60 年代中，金斯伯格的足跡遍及全世界。他去過南美洲的秘魯、智利、玻利維亞和亞馬遜地區，非洲的摩洛哥和歐洲的法國、蘇聯和波蘭。1962 年至 1963 年間，他訪問日本和印度，並對禪宗發生了濃厚的興趣。1965 年，他以記者身份去古巴，因為在哈瓦那大學譴責古巴政府對同性戀的迫害而被驅逐出境。在捷克斯洛伐克，他被十萬布拉格人封為「五月之王」，再次被遣送出境。回到美國之後，他又上了聯邦調查局的黑名單。

從 60 年代到 70 年代，金斯伯格一直是反體制、反主流

文化中的一員主將。象徵愛與和平的「花之權利」（flower power）一詞就是他發明的，成為反戰遊行中一句響亮的口號。1967 年，他和其他幾人一起組織發起了在舊金山金門大橋舉行的首次嬉皮士大集會。同一年，他在紐約因為參加反越戰遊行而被捕。1968 年，他在芝加哥民主黨全國代表大會召開期間因為抗議越戰和員警發生衝突，在催淚彈和警棍面前從容不迫，被電視大量報導；1972 年，他在邁阿密共和黨全國大表大會召開期間參加了抗議尼克森的遊行，再次被捕入獄。60 年代末是美國嬉皮士運動登峰造極的年代，他以自己的人文情懷和人格魅力成為這個運動的領軍人物。

在這同時，金斯伯格一直有新詩問世。1961 年，以他母親悲劇性一生為藍本的長詩《寫給娜奧米‧金斯伯格的祈禱文》結集出版。隨後他又陸續除了《顯示三明治》《行星的新聞》、《印度日記》、《美國的墮落》等詩集，其中《美國的墮落》獲得了 1972 年的國家圖書獎。他喜歡和讀者當面交流，舉辦過不計其數的詩歌朗誦會，而且常常一邊吟詩，一遍拉簧風琴助興。80 年代和 90 年代期間，金斯伯格也一直在寫作，但影響力遠遠不及《嚎叫》等早期作品。

1997 年 4 月 5 日，愛倫‧金斯伯格肝癌不治在紐約曼哈頓東城下區的簡陋公寓裡去世，終年 71 歲。他在去世的前一天還寫了一首小詩，題目是《名氣與死亡》，寫到他自己的死後哀榮。不管後世對他的評價如何，有一點是可以肯定的：愛倫‧金斯伯格的美國文壇上發出的「嚎叫」永遠不會失去其振聾發聵的效果。

▌露絲・懷斯海默

家喻戶曉的「性」博士

　　第一次見到露絲 · 懷斯海默（Ruth Westheimer）的人恐怕很難把她和男女性事連起來。這個小婦人她身高只有一米四，長得慈眉善目、和藹可親，完全是一副六根清淨、與世無爭的老奶奶模樣，但她確確實實是美國知名度最高的性教育專家。

　　1928 年 6 月 4 日，露絲出生於德國的法蘭克福，是家裡的獨生女，信仰正統猶太教的父母視她如掌上明珠。露絲的童年十分幸福，但她十歲那年，猶太人的處境越來越難，許多人想方設法逃離納粹德國。露絲的父親被捕入獄後，母親決定讓她跟隨一幫猶太孩子先去瑞士，計畫等父親出獄後全家在瑞士會合，轉道去巴勒斯坦。

　　沒有想到，露絲這一去竟是和父母的永訣。她的父母和奶奶被納粹關進了奧茨維辛集中營後就再也沒有能夠出來。露絲被送進瑞士一家難民學校。對她和失去父母的猶太孩子來說，學校成了一家地地道道的孤兒院，他們也成了地地道道的二等公民。在學校裡她學的是如何給人家當女傭，而她本人也有過洗衣服、掃廁所、照顧小孩洗澡的女傭經歷。露絲從小就能說會道，嘴巴一刻也不肯閑著。她把當年溜進父

親書房學到的性知識傳授給孤兒院的小朋友們，告訴別的女孩月經是怎麼回事，讓女院長大驚失色，趕緊叫她閉嘴。

二戰結束後，17 歲的露絲舉目無親，無家可歸，便輾轉來到巴勒斯坦。1948 年以色列建國，露絲加入了猶太地下軍事組織「哈迦拿」衛隊受訓成為一名狙擊手。20 歲的生日那天，她剛剛下崗，一枚炸彈就在腳下爆炸。被炸成重傷的她很久之後才能下地行走。1949 年，露絲和以色列士兵大衛結婚，兩人第二年去了巴黎，大衛就讀醫學院，連高中文憑都沒有的露絲也在巴黎大學選修心理學課。1956 年她與大衛離婚後，又與一個法國人結婚，並移居到美國紐約。露絲生下女兒不久後婚姻再次破裂。她一邊給人當女傭，一邊學英文，同時在夜校裡選課。1959 年，她拿到碩士學位，開始在哥倫比亞大學的公共衛生學院當助理研究員。1961 年，她和朋友一起去紐約州北部的卡茨基爾山滑雪，在那裡認識了她的第三任丈夫曼弗萊德・懷斯海默，三年後他們有了一個兒子。

1967 年，露絲出任哈萊姆區計劃生育門診所的所長。剛開始的時間，她看到診所裡的工作人員每天和病人大談性經，有些不太習慣，但不久她就發現這份工作十分有趣。接下來的三年裡，她白天在診所上班，晚上在哥倫比亞大學攻讀家庭諮詢的博士學位並選修性諮詢的課程。

1970 年，42 歲的露絲終於拿到了博士學位，畢業典禮對她來說是「離天堂最近的一次人生體驗」。同一年，露絲開始開始在布朗克斯區的雷曼學院任教。與此同時，她開始舉辦性講座，強調性教育的重要性。

1980 年 9 月，她應邀給紐約一家電臺做一套十五分鐘的專題節目「從性談起」。這個節目在星期天午夜之後播放，每次的報酬僅有 25 美元，但「露絲博士」這一文化現象就

此來開帷幕。一年之後，這個節目延長到一個小時，改在星期天晚上十點到十一點之間播出，成為同一時段裡收聽率最高的電臺節目。同時，露絲開始接受聽眾當場打來的電話，每次節目中都有四千多個電話打進來，但只有三十位幸運聽眾有機會向露絲博士求教。

不久之後，全美國已有 78 家電臺轉播她的節目。她也開始在電視上頻頻露面，寫報紙專欄文章，出版專著和家庭錄影片，甚至還出版了一套和性有關的硬紙版遊戲。1984 年，露絲給「生活時光」有線電視臺製作「露絲博士」節目，一週六個晚上面向全國播放。同一年，美國國家廣播公司（NBC）的電臺也通過下屬的地方電臺想全美播放她的節目。整個 80 年代，露絲博士馬不停蹄地奔走於各大電臺和電視臺之間，《華盛頓郵報》稱她為「第一名有明星身份的性治療專家」。進入 90 年代，露絲博士不再在電臺上答疑，但仍給有線電視臺製作新節目。1996 年，她在網際網路上建起了自己的網站。

二十多年來，露絲博士一直的美國知名度最高的性專家。露絲認為聽眾觀眾喜愛她有幾個方面的原因，一是她說一口帶滑稽口音的英文，讓人聽了覺得放鬆；二是她對性器官直呼其名，使她的話更具權威性；還有就是她已經上了年紀。「電視上的我從不坦胸露腿，而且男人和我談到他們的陽痿時也不至於心虛膽怯。」露絲博士在性問題上採取不擅做結論的寬容態度。

在她看來，性高潮就像打噴嚏一樣，是一種再自然不過的條件反射；在兩廂情願的男女之間，各式各樣的性行為都合情合理。她認為性生活並不是年輕人的專利。「一個人如果身體健康，受過性教育，又願意與人溝通，活到 99 歲也可以有性生活。」

　　1997 年，露絲博士參觀了華盛頓州的微軟公司，發現那裡的員工工時過長，馬上表示了自己的憂慮：「一個人每週工作八十小時，還有時間享受性生活嗎？」她的建議是：「微軟公司四周到處有小樹林子，是『浪漫插曲』的絕佳場所。」她還表示很有興趣造訪比爾・蓋茨的豪宅，因為她想參觀一下他的臥室，看看微軟的老闆是否需要她的說明。

　　由於露絲博士在常人忌諱的話題上口無遮攔，有人便以為她是在鼓勵性解放，更有人認為她對美國社會的道德滑坡起了推波助瀾的作用，這其實有些冤枉她，因為她一向告誡年輕人不要過早發生性關係，也不要有婚前性行為。全美母親節委員會曾經授予她「年度母親」的榮譽。在大多數美國人眼裡，她只是一位笑口常開、「性」趣盎然。令人忍俊不禁的小老太婆。

▌諾姆‧喬姆斯基

世界知名的美國「持不同政見者」

根據美國費城科學情報所的記載，從 1980 年至 1992 年期間，在所有在世的作家當中，諾姆‧喬姆斯基（Noam Chomsky）是在學術刊物中被引用得最多的一位作家。有人把他和達爾文、笛卡兒相提並論，也有人認為他在 20 世紀的影響直追愛因斯坦、佛洛伊德和畢卡索。他的理論為現代語言學帶來了革命性的變化，同時還在心理學、哲學、人類學、教育學和文學評論等領域產生了重大影響。

從 60 年代開始，他便走出了象牙之塔，嚴厲批評美國政府的外交政策以及美國主流媒體在捍衛美國外交政策中所扮演的不光彩角色，成為美國最著名的的「異議分子」。

1928 年 12 月 7 日，諾姆‧喬姆斯基出生於美國的費城，是家中的長子。他父親是一位著名的希伯來學者，1913 年從烏克蘭移民美國，在費城以教書為生。她母親是生長在紐約的白俄羅斯人，也是一位希伯來學者，兼寫兒童作品。

早熟的喬姆斯基十歲那年就能讀懂父親編寫的 13 世紀希伯來文語法書，還給學校的校報撰寫有關納粹在歐洲崛起的社論。1945 年，喬姆斯基高中畢業後被賓州大學錄取，

讀書期間他師從語言學家澤里格・哈里斯，選修了語言學
和哲學方面的課程。1949 年他本科畢業後留校當了哲學系
的助教，兩年之後獲得碩士學位並申請到了去哈佛大學進修
三年的獎學金。1955 年，喬姆斯基拿到了賓州大學的博士
學位，開始在麻省理工學院擔任現代語言學的講師，三年後
升位副教授。1961 年被提為正教授時他只有 33 歲。

　　喬姆斯基在 1957 年出版的《句法結構》和在 1965 年出
版的《句法理論面面觀》中系統闡述了他的生成轉換語法理
論。在喬姆斯基看來，任何一種語言的語法都是一個邏輯嚴
謹的抽象體系，可以演變出無窮無盡的句子。也就是說，一
組抽象的結構規則（深層結構）可以派生出不計其數的長短
句子（表層結構）。描述派語言學家和行為心理學家認為，
語言和人類的其他行為一樣，是一套由訓練和習慣而形成的
系統，而喬姆斯基的觀點正好相反。他認為人類掌握語言的
本領是與生俱來的，因為所有語言都為人類提供了深層結構
和表層結構以及兩者之間的生成轉換。喬姆斯基的理論不僅
引發了語言學界的一場革命，而且強有力地衝擊了心理學、
哲學甚至遺傳學領域裡的不少傳統觀念。喬姆斯基的理論被
人們廣泛接受，他也被公認是 20 世紀最傑出的語言學家。

　　然而，今天喬姆斯基最著名的不是他在語言學方面的貢
獻，二十他對美國政府，尤其是美國外交政策的毫不留情的
抨擊。早來 60 年代中期，他就和其他反戰人士一起攜手走
上街頭，抗議美軍在越南的捲入。他發表演講、撰文寫書，
大力聲討美國在世界各地的所作所為。1967 年，他的演講
《知識份子的責任》被《紐約書評》全文轉載，他在文中大
聲疾呼，號召美國知識份子對國家擔負起比一般老百姓更大
的義務。1971 年，他的專著《美國勢力和新權貴》再次把
鋒芒直指美國在東南亞的介入，而被他稱為「新權貴」們的

則是那些為美國霸主搖旗吶喊的技術官僚和文人墨客。

難能可貴的是，越戰結束後，喬姆斯基依然保持著旺盛的鬥志，幾十年如一日地密切注視著美國政府在世界各地的行動，對其所作所為進行無情的揭露，這從他大量作品的題目中就可略見一斑：《和亞洲作戰》（1970）、《國家因素》（1973）、《中東和平？》（1974）、《人權和美國外交政策》（1978）、《新冷戰》（1982）、《海盜和皇帝》（1986）、《恐怖主義的文化》（1988）、《必要的幻覺》（1989）、《遏制民主》（1991）、《山姆大叔究竟想要什麼》（1992）、《富有的少數和騷動的多數》（1993）、《世界舊秩序和世界新秩序》（1994）。

他說，美國政府有關人權、正義和道德的種種考慮全都屈從於美國大財團和大公司的經濟利益，在代表美國主流文化的道德優越感的背後隱藏著令人不安的極權主義傾向。

除了美國政府的外交政策，喬姆斯基的另一個抨擊對象的美國主流媒體。在他看來，美國的主流媒體和美國政府一樣，都已淪為美國大財團、大公司的工具和喉舌。極權國家可以使用武力來制伏大眾，美國這樣的所謂民主國家只能通過較為隱晦的非暴力手段來控制老百姓，而美國的主流媒體就扮演了這樣一個不光彩的角色。

在《製造同意：大眾媒體的政治經濟》（1988）一書中，他詳細探究了美國新聞媒體的「宣傳模式」，通過狠毒具體事例來說明美國的主流媒體使用不同手段操縱民意。

喬姆斯基單槍匹馬挑戰美國政府和美國的主流媒體的鬥士形象為他在美國贏得了大批追隨者，也讓不少人對他恨之入骨。有人對他身為猶太人卻批評以色列大為不滿，也有人認為他對美國政府的抨擊是一種不愛國的表現。在 20 世紀晚期，曾經在媒體上頻頻曝光的喬姆斯基被美國的主流媒體

完全冷落，就連像《新共和國》和《國家》等左翼雜誌為了
保證雜誌的響亮也和他保持距離。於是，一個有趣的現象產
生了：儘管喬姆斯基是美國成就最高的語言學家和膽子最大
的「異議分子」，但在美國普通老百姓當中很少有人知道喬
姆斯基的名字，而在歐洲和眾多第三世界國家裡，喬姆斯基
卻聲名遠揚。

　　「911」事件的同一年，他發表了專著《911》，探討恐
怖襲擊的種種原因。他認為國際恐怖活動的罪魁禍首是以美
國為首的世界列強。這本書在美國的反響不大，但被翻譯成
了 23 種語言，在 26 個國家發行。他在美國和世界各地做巡
迴演講，行程往往排到兩年之後。每到一地，他的演講必定
場場爆滿。他能夠不用講稿和筆記，連續幾小時娓娓而談，
引用不計其數的資料和事實。他在演講中神態沉穩、口氣和
平，一副大學者的風範，但說出來的話卻像一顆顆分量十足
的大炮彈。

　　儘管喬姆斯基在美國仍然是一個邊緣化的人物，但是他
每次開口，總會有很多人屏息聆聽。今天的許多美國人再也
不認為美國政府有權力在全世界為所欲為，在這一點上喬姆
斯基功不可沒。有人認為他是當今時代最具影響力的知識份
子，有人把他比作是刺在美國良心上的一隻牛虻。流行樂隊
「U2」的一位歌手稱他是一位「永不停頓的叛逆者，學術
界的歌聖貓王」。

　　有一位評論家對他下了最恰當不過的結論：「有這種人
會帶來危險；沒有這種人會帶來災難。」

伯納德・馬庫斯

美國最大五金建材連鎖店的創辦人

《富比士》雜誌連續六年把「家得寶」（HomeDepot）評為美國最受歡迎的專賣店。到了今天，「家得寶」已經無可爭議地成了全美乃至全世界五金裝修銷售界的老大，分店超過了 1500 家，光是在加拿大就有 89 家，雇員也有 30 萬之眾。當年創辦「家得寶」的是兩個美國猶太人，一位是亞瑟・布蘭克，另一位就是伯納德・馬庫斯（Bernard Marcus）。

1929 年，伯納德・馬庫斯出生於新澤西州的紐華克市，父母親是來自俄國的猶太移民。1954 年，馬庫斯拿到藥劑學的本科學位後，成為佛納多醫藥化妝品公司的雇員。在那裡，他的興趣從製藥轉到了零售。他從基層做起，一步一步一直做到了公司的副總裁，對公司的運作有了詳盡的瞭解。1968 年，他受聘出任歐德爾公司的總裁。

兩年之後，他又應聘擔任規模更大的達林公司的副總裁。達林公司擁有一家名為「巧匠丹家庭裝修中心」的地方連鎖店。馬庫斯和副總裁亞瑟・布蘭克一拍即合，兩人合作開發出為自己動手搞裝修的人而設立的廉價零售店，很受顧客的歡迎。有趣的是，他們成功的市場策略引起了一些風

險投資商的興趣，但並沒有得到達林公司大老闆的賞識。

　　1978 年，伯納德‧馬庫斯和亞瑟‧布蘭克同時被公司解雇。馬庫斯把這個消息告訴了投資家蘭貢，沒想到蘭貢大喜過望：「你這是被金馬掌踹了一腳。我們甩了他們自己幹吧。」

　　馬庫斯和布蘭克於是開始籌畫「家得寶」。蘭貢向他們提供了十萬美元的創業資金，但他們還是沒有足夠的錢建店，只好買下亞特蘭大兩家破舊的店鋪，改裝成「家得寶」的店面。他們在貨架上放了近兩萬種不同的產品，把價錢定得很低。並招聘到有經驗的店員。

　　「家得寶」開張的那一天，馬庫斯和布蘭克想出了一個點子：他們讓自己的孩子站在商店門口，給每個顧客一張一美元的鈔票，作為對顧客上門的感謝。到了晚上孩子們還在停車場上不辭辛苦地用一美元招徠顧客。第二天他們又如法炮製。頭兩天馬庫斯的心情非常緊張。

　　據他的回憶，那兩天裡他的太太甚至不讓他刮鬍子，因為怕他一不留神用刮鬍刀弄傷了自己。兩天之後，一位顧客回到店裡，還帶來一袋自家園子裡種的羊角豆，表示她對「家得寶」的一片謝意。到了這時馬庫斯才鬆了一口氣，知道自己的這條路走對了。不久，顧客蜂擁而至，「家得寶」在一年之內又開出兩家新店。而「家得寶」接下來的發展已經是世人皆知的事實了。

　　「家得寶」之所以在競爭激烈的家居市場脫穎而出靠的是它獨具特色的經營理念和方式。首先，為了招徠顧客，「家得寶」的貨物充足。在面積足可以比得上三個超市總和的店面裡。貨架上的產品堆得有十幾米高，各種規格、各式各樣的門窗、燈具、地磚、地毯、木板、鐵釘應有盡有，令人眼花繚亂，目不暇接。

　　除了和裝修房子有關的各類硬體，每家店裡還設了一個園藝部，出售各種花草、肥料、殺蟲劑、鋤草車、烤肉機以及在房子的前後院裡可以用得上的所有東西。只要和房子院子有關的材料產品，顧客總能在這裡找到。因為進貨量大，「家得寶」的價格也往往比競爭商家的價格要低。

　　產品齊全、價格低廉固然重要，但更重要的是「家得寶」還擁有一支有事業心和創新精神的團隊。在 1992 年的一次採訪中。馬庫斯估計「家得寶」有三分之一的雇員可以被稱為是富有進取心的企業家，他們在這裡找到了一顯身手的舞臺。他在採訪中還提到一個雇員通過自學手語幫助聾啞人顧客。等到聾啞人顧客越來越多之後，他索性開班為其他店員教授手語課。

　　「家得寶」所有的員工都要接受「家得寶大學」的職業培訓。在他看來，「家得寶」的成功之道就是「對待你的顧客要像對待你的父母兄妹一樣」。從「家得寶」成立的那一天起馬庫斯就一直是公司的總經理，事必躬親的他仍然常常抽出時間來到店裡，像其他店員一樣穿上橘紅色的圍裙為顧客服務。他對待雇員們更是情同手足，對他們噓寒問暖，而店員們也對他直呼其名，有時乾脆以親呢的「伯尼」相稱。

　　「家得寶」創立之時，伯納德・馬庫斯已經年近五十。20 年之後，他已經是全美國最富有的億萬富豪之一，他在「家得寶」所占的股份就有 30 億美元之多。馬庫斯在獲得成功和財富的同時不忘回饋社會。以他的名義成立的「馬庫斯基金會」在 2001 年向愛莫理大學醫學院捐贈了450 萬美元。同一年，他一次性地捐出兩億美元，幫助亞特蘭大建立一家占地面積為四十多萬平方英尺、能讓五萬多隻海洋動物容身的水族館。這家全世界最大的水族館已在2005 年年底對外開放。

　　2000 年，伯納德 · 馬庫斯榮獲拉特格斯大學傑出校友獎。講臺上，和馬庫斯一起創建「家得寶」的亞瑟 · 布蘭克作了文情並茂的致詞。最後，他在致詞裡說道：「二十年來，我們一起在『家得寶』從事我們熱愛的工作，而我對伯尼的仰慕也與日俱增。伯尼不分尊卑貴賤，由衷地敬重所有的人。他對生活的熱愛和對他人的同情鞭策了包括我在內的千千萬萬的人。我很驕傲地把他稱為我的夥伴、朋友、師長以及兄弟。」

喬治・索羅斯

操縱世界的金融高手

在美國當代眾多的知名猶太人當中。最具爭議性的人物可能是喬治・索羅斯（George Soros）。1992 年 9 月，他拋售出一百億英鎊，強迫英國銀行降低英鎊兌換率，自己在一天之內就賺進十億美金，英國報界稱他單槍匹馬就「讓英國銀行破了產」。1997 年，他故伎重演，在東南亞國家再次掀起金融風暴，馬來西亞總理馬哈蒂爾指責索羅斯對馬幣的貶值負有直接責任，泰國的媒體更把「吸血鬼」的惡名戴到他的頭上。

而另一方面，索羅斯又是一位樂善好施的慈善家。還在南非種族隔離期間，他就給開普頓大學的黑人學生提供資助。他從自己的錢袋裡掏出 15 億美元，設立了「開放社會基金」。受其捐助的國家包括南非、匈牙利、蘇聯、波蘭、烏克蘭、阿爾巴尼亞、吉爾吉斯、克羅埃西亞、塞爾維亞、波士尼亞、捷克和白俄羅斯。他給一個國家的捐助有時甚至超過美國政府的捐款數額。

1930 年 8 月 12 日，喬治・索羅斯出生於匈牙利布達佩斯一家富裕的猶太人家。1944 年，納粹德國入侵匈牙利，一年之內匈牙利的一百萬猶太人中便有四十萬人在納粹大屠

殺中喪生。索羅斯的律師父親弄到假身份證明，才讓全家人倖免於難。喬治·索羅斯冒充一位匈牙利政府官員的兒子，跟隨他給猶太人發送遞解出境的通知，而他們收到的其實是死亡通知。但是索羅斯認為那一段危險刺激的經歷讓他獲益匪淺，早年積累的冒險精神和求生本領，對他日後的投資生涯有很大幫助。

1947 年，17 歲的索羅斯離開蘇聯控制下的匈牙利，隻身來到倫敦，進入倫敦經濟學院。他在讀書之餘靠打零工維持生計，給一家高級餐館當過男侍，常常吃顧客的殘菜剩羹。他在倫敦經濟學院旁聽了著名哲學家卡爾·波普爾的哲學課，對他的「開放社會」理論印象深刻。波普爾認為在獨裁國家的「封閉」社會裡，統治階層依靠武力把知識和真理的光環戴到了自己的頭上，而在理想的「開放社會」裡，人們認識到知識的局限性，社會機構鼓勵不同觀點的和平共存。1952 年，索羅斯從倫敦經濟學院畢業後找不到專業對口的工作，只好在英國著名旅遊城市布萊克普爾推銷手提包和珠寶首飾。最終，他在英國一家投資公司找到一份實習生的工作，對股票市場的操作有了初步瞭解。

1956 年。索羅斯移民美國，利用自己精通法語和德語的優勢，先後在幾家投資公司經營外國股票的套利。1961 年，他在成為美國公民的同一年結了婚、。1969 年，他和合夥人吉姆·羅傑斯一起成立了一家對沖基金有限合夥投資公司，起名「量子基金」。他們把公司總部設在荷蘭，以避免美國對投資公司嚴格的條例管理。

公司最初的幾百萬美元由一些歐洲富翁提供。對沖基金一般不買企業公司的股票，而是把賭注鎖定在不同貨幣兌換率和聯邦儲蓄利率的升降上，並且往往靠借款進行投機買賣，所以風險比一般的共同基金要大得多。借助索羅斯超凡

的判斷力，「量子基金」成了有史以來最成功的對沖基金。在公司的頭十年，基金的回報率高達 40 倍。在 1969 年投資「量子基金」的一萬美元到了 1994 年已經連本帶利滾成了兩千一百萬美元。到了 1997 年，「量子基金」的總資產已經達到 110 億美元。

1992 年。索羅斯認準了英鎊會貶值，在「黑色星期三」一天之內就讓自己的腰包裡多了十億美元，而且從此名聲大噪。每次他公佈自己的投資計畫，許多投資人都會群起效仿，在股票市場引起連鎖效應。但是索羅斯也有馬失前蹄的時候，而且往往損失慘重。1987 年，他預測到了股市崩盤，但認為日本股市會先於美國股市受到衝擊，便把手頭所有的日本股票轉成美國股票，一下損失了八億美元，成了「黑色星期一」最大的輸家。1994 年 2 月 14 日，他對日幣判斷失誤，一天之內又丟掉了六億美元。

與索羅斯在股票市場上大起大落同樣有名的是他的慈善大手筆。1979 年，進入中年危機的索羅斯對如何處置掙來的大錢作了一番哲學思考。他捫心自問：「我應該當成功的奴隸，還是應該當命運的主人？」在找到答案之後，他毅然成立了「開放社會基金會」，旨在幫助封閉型社會向開放型社會的轉型。

1989 年之後，索羅斯把越來越多的精力投入慈善事業，不再插手「量子基金」的日常管理。1992 年，他為波士尼亞提供了五千萬美元的人道主義援助，為俄國的人文學科和他在布達佩斯和布拉格創辦的中歐大學各捐出兩億五千萬美元，並為俄國的科學家提供了一億美元的研究經費。到了 1996 年，索羅斯已經一共捐出了十五億美元，並在全世界三十多個國家建立了基金會。

和他在股票市場的表現一樣，人們對他的慈善行為也是

毀譽參半。在阿爾巴尼亞、吉爾吉斯、克羅埃西亞和塞爾維亞等地，政府官員指控他的基金會煽風點火製造對政府的不滿情緒。1997 年 9 月，他在白俄羅斯設立的基金會被迫關門。2003 年 11 月 7 日，在索羅斯對俄國石油大王米凱伊・科多科夫斯基鋃鐺入獄表示不滿之後，四十多名武裝人員查封了索羅斯在莫斯科的辦事處，理由是房租逾期未交。

近年來。索羅斯開始對美國更加關注，因為他發現過分強調個人主義對「開放社會」也是一個威脅，因為「過多的競爭和太少的合作，只會帶來不可容忍的不平等和不穩定。」他在美國的捐款面很廣，其中包括資助低收入的美國移民、改善監獄制度、爭取醫用大麻的合法化使用以及遭到廣泛非議的毒品針管交換項目。

2004 美國總統大選年期間，索羅斯是布希總統最堅決的反對者。他在接受《華盛頓郵報》的採訪時說，把布希請出白宮是一件「生死攸關」的大事，也是他生活的「中心點」。為了把布希趕下臺，他一人自掏腰包給全美多家組織捐出了兩千多萬美元。有趣的是，將近二十年前，也是索羅斯在 1986 年買下布希奄奄一息的石油公司，白白讓布希賺了一百萬美元。當別人問他這麼做的動機時，索羅斯的回答很簡單：「政治影響。」

▌芭芭拉・華特斯

美國廣播電視臺的金牌女主持

2004 年 9 月 17 日，美國廣播電視臺（ABC）的金牌女主持人芭芭拉・華特斯（Barbara Walters）在她主持了 25 年的每週新聞雜誌節目《20/20》上向觀眾們告別。在長達兩小時的專題節目中，華特斯和觀眾們一起回顧了《20/20》過去 25 年裡最精彩以及最難忘的片斷。

25 年中，華特斯在她的節目上採訪了自尼克森總統以來歷屆美國總統和第一夫人，柴契爾、阿拉法特、卡斯楚、葉爾辛等幾十位國家元首，幾乎所有當紅的歌星、影星、體育名星，以及轟動一時的醜聞或新聞中的主角，其中包括多個令人聞之色變的兇殺犯。1999 年，她對與柯林頓總統傳出緋聞的白宮實習生莫妮卡・萊溫斯基的首次獨家採訪吸引了四千八百五十萬觀眾。創造了美國有史以來電視單期新聞節目的最高收視率。

無庸置疑，名人效應是《20/20》獲得觀眾的最重要的原因。但在眾多電視節目中，這些名人選擇或接受了《20/20》的採訪並心甘情願地在攝影機前將自己呈現給觀眾卻要歸功於主持人華特斯的名望和職業素養。採訪前她總

是查閱大量資料，仔細研究涉及的事件和人物。她善於與被
採訪者建立一種近距離的談話關係。她同情的語調和自然流
露的關切往往讓對方情不自禁地對她敞開心扉。奧林匹克跳
水冠軍洛加尼斯在《20/20》上首次公開承認自己是愛滋病
患者；因指揮「沙漠風暴」戰役獲勝而聲名大震的美軍統帥
諾曼‧史瓦茲考夫將軍在談到自己的父親時潸然淚下。華
特斯常常用被採訪者的童年經歷或家庭打開話題，同時她會
精心準備和設計自己的提問來引發對方的傾訴欲。其中百試
不爽的一個問題是：「人們對你的最大誤解是什麼？」

　　華特斯的採訪風格在被許多年輕節目主持人效仿的同時
也受到一些評論家的批評。他們認為華特斯對社會名流尤其
是娛樂界名人的採訪模糊了娛樂與新聞的界限，並且往往過
分追求和渲染被採訪對象在鏡頭前感情流露的效果。而事實
上，在華特斯主持人生涯所做的上千個採訪中，她所面對的
不僅僅是大明星和社會名流，談論的話題也遠遠超過了個人
的感情糾葛。她成功的一個重要原因是敢於提出人人想知道
答案卻又不敢問的問題。而把問題問得尖銳但不含敵意、追
根究底而不令人惱怒則不僅顯示了華特斯的智慧。更證明了
她作為新聞工作者的執著和勇氣。

　　華特斯曾在監獄裡採訪槍殺著名披頭士歌手約翰‧藍
儂的兇手馬克‧錢普曼。她盯著對方的眼睛直截了當地問：
「你為什麼殺害約翰‧藍儂？」她也曾當面問過俄國前總
統葉爾辛：「你是否酗酒？」以及擔任過克格勃頭目的現任
總統普京：「你有沒有殺過人？」

　　華特斯於 1977 年和 2002 年先後兩次採訪古巴總統卡斯
楚，中間間隔了 25 年。在卡斯楚否認鎮壓異議人士時，華
特斯大膽地予以反駁。卡斯楚在第二次採訪之後親筆給華特
斯寫道：「致芭芭拉──25 年後我再次栽在她令人生畏的

手中。我保證我將不再逃避——因為這不可能。我以愉快的心情想到我們 2027 年的會面。」

1929 年 9 月 25 日，華特斯出生於波士頓猶太家庭。她的父親在娛樂界頗有名氣，在紐約、波士頓和邁阿密都擁有自己經營的夜總會。但好景不長，由於父親事業破產，華特斯在大學畢業後就成了家中經濟的主要負擔者。她先後在幾家小電視臺做過節目製作人和撰稿人。1961 年，國家廣播公司（NBC）聘用她做晨間新聞節目《今天》的撰稿人，做的基本上是幕後工作，偶爾也在電視上露面報導與婦女有關的新聞。當時的《今天》是一種比較輕鬆的節目形式。包括新聞、天氣、人物採訪等內容。除了男主持人外，還常常有一位女性在旁作為點綴，稱為「今天女郎」。

「今天女郎」往往由美麗的影星或模特擔任。她們的工作就是在電視上對觀眾微笑，問或閒聊一下，讀讀廣告和天氣等等。在換過一連串的女演員之後，NBC 決定改變「今天女郎」的形象，華特斯獲得了主持人休 • 唐斯的推薦。由於不確定觀眾對一個勤奮、聰明的「今天女郎」會有什麼樣的反應，NBC 決定先試用華特斯十三個星期，並且沒有明確給她「主持人」的頭銜。華特斯在《今天》一待就是十三年。1974 年，她正式成為該節目的第一個女主持人。在此期間，她做過大量具有影響的重要報導和採訪，其中包括跟隨尼克森總統對中國進行訪問。

1976 年，ABC 以百萬年薪的天價聘請華特斯出任夜間新聞主播。作為美國電視史上第一位主播新聞的女性，華特斯經歷了意想不到的挫折。同時擔任主播的亨利 • 瑞森納十分排斥與一位女主播在電視上合作，更何況對方的工資比他高出一倍。他處處與華特斯過不去，連電視機前的觀眾都能看出他的敵意。

　　華特斯至今還記得在最困難的日子裡，她每天走進演播室，沒有一個人跟她講話。她的採訪也受到媒體的挑剔和批評。在痛苦和不平中，華特斯充分認識到自己的事業屬於一個傳統上由男性支配的領域。「我必須學會和男人共事，包括那些對我的職位不滿的男人。我要學會在與他們共事時不抱怨、不氣惱。我早就清楚我唯一的出路就是盡力把工作做好。」

　　1976 年，鑑於華特斯在人物採訪上的日益突出的成績和她與瑞森納之間每況愈下的關係，ABC 安排華特斯創辦了自己的人物專訪節目，並獲得了很大成功。1984 年，華特斯加入《20/20》，與她在 NBC 的老搭檔休・唐斯成為聯合主持人。1997 年，華特斯創辦了日間雜談節目——《觀點》。這個節目的主持人是四五個不同年齡層的女性。談話的形式十分隨意，內容上既有時事政治又有家常裡短。華特斯是該節目的製作人，間或也親自參與談話。《觀點》贏得了女性觀眾的熱烈擁護，並獲得多項電視大獎。

　　2004 年 74 歲的華特斯決定在《20/20》的最佳狀態下離開，呈現半退休狀態。近幾年來，美國各大電視臺為得到獨家採訪競爭日益激烈，甚至用金錢、廣告、音樂會等好處換取採訪。華特斯對於這種交易非常不滿卻又無可奈何，故此選擇了全身而退。

　　2014 年 5 月 16 日芭芭拉・華特斯正式宣布退休，這位在美國新聞節目上的長青樹「女王主播」，終於離開她工作 53 年的新聞事業了。

▋蘇珊‧桑塔格

左翼知識份子的代言人

「911」事件爆發後，全美國同仇敵愾。上至總統下至平民百姓，一致譴責這是對「文明」、「自由」、「人類」和「自由世界」的攻擊，譴責劫機者是一群「懦夫」，而對事件爆發的深層原因則避而不談。一星期後，《紐約客》雜誌登出了一篇不足一千字的短文，對上述說法提出強烈置疑。文章的作者就是蘇珊‧桑塔格（Susan Sontag）。

蘇珊‧桑塔格在文章中大聲發問：「有多少美國公民知道美國一直在轟炸伊拉克？」在她看來，和這些自殺攻擊者相比，那些在炮彈射程之外的高空向平民百姓扔炸彈的人才是真正的懦夫。在文章的最後她大聲疾呼：「我們盡可以同聲哀悼，但不要一起當愚民。只要我們稍微瞭解一點歷史，就能明白剛剛發生的事件，就能明白以後還會發生什麼事件。」

當時的美國還深深地籠罩在「911」的哀痛之中，能在媒體中發表這種觀點需要過人的勇氣和堅定的信念，而蘇珊‧桑塔格就是這樣一位充滿勇氣和信念的知識女性。

蘇珊‧桑塔格於 1933 年 1 月 16 日在紐約出生。蘇珊

五歲那年，和許多猶太人一樣做皮貨生意的父親患肺結核在中國去世。幼年的蘇珊患有嚴重的哮喘病，母親便把家搬到了氣候溫暖的亞利桑那州，隨後母親改嫁，一家人又搬到了加州洛杉磯的郊區。因為聰穎過人，桑塔格讀一年級的第一個星期就連跳兩級，直接升上三年級，並且很早就表現出獨立不羈的個性。她形隻影單，酷愛讀書，15 歲高中畢業後就讀加州大學的伯克萊分校，一年後轉入芝加哥大學。在那裡，她的學習成績比別人高出一大截，被獲准選修研究生課程。她的導師裡有列奧 · 施特勞斯和肯尼士 · 伯克等大師級的人物。

大學二年級那年，只有 17 歲的桑塔格遇到了比她大 11 歲的社會學講師菲力浦 · 瑞夫，兩人在認識十天之後便結婚了。桑塔格用兩年時間就獲得了芝加哥大學哲學專業的本科學位，畢業後她進入哈佛大學深造，同時擔任助教。1952 年，桑塔格的兒子大衛出生。1954 年，她獲得了哈佛大學的英文碩士學位，第二年又拿到了哲學碩士學位。接下來的兩年她在哈佛大學攻讀博士，但沒有讀完學位就去了歐洲，先後在牛津大學的聖安學院和巴黎大學學習。1959 年，26 歲的桑塔格回到紐約，和丈夫離了婚。她先是在《評論》雜誌做編輯，接下來的幾年裡又在紐約市立學院和哥倫比亞大學等幾所大學裡教過哲學和宗教課程。

1963 年，蘇珊發表了她的第一部小說《恩主》，故事的主人公是一位六十多歲的男人，有錢卻找不到根，游離於夢幻和現實之間不可自拔，小說發表後反映良好。1967 年發表的第二部小說《死亡工具》探討了生存和死亡之間的關係，小說的男主人公在火車上目擊了一樁謀殺案，而他本人又可能就是兇手。25 年之後，她的第三部小說《火山戀人》問世。這部歷史小說根據 18 世紀打敗拿破崙的海軍統帥納

爾遜將軍和貴婦人愛瑪・漢密爾頓之間的私情以及波旁王朝時期那不勒斯宮廷裡的各色醜聞而寫成，出版後成為暢銷書，並被翻譯成多種語言。桑塔格在 1999 年發表的最後一部小說《在美國》根據 19 世紀一個波蘭女演員的真實故事寫成，女演員隨家人和一群波蘭人去加州建立一個烏托邦式的村莊，烏托邦破滅後又重返舞臺。這部小說獲得了 2000 年的國家圖書獎。

　　但是，為桑塔格在 20 世紀下半葉的美國文化界奠定地位的並不是她的小說，而是她的評論和雜文。60 年代，她為《哈潑》、《黨派評論》、《國家》等左翼雜誌撰寫評論文章。1964 年，她在《黨派評論》上發表了名噪一時的文章《營地記事》，在她看來，一件「糟糕的」藝術品因為具有內在的大膽、瑣碎和無意義而可以或應該被欣賞。這篇文章是美國後現代主義的濫觴之作。1966 年，桑塔格的《反對詮釋》雜文集出版，《營地記事》一文也被收錄其中。她在書中強調對藝術的理解不應該來自理性的分析，而應該來自人們對藝術的本能反應；她主張把注意力從內容和「意義」上轉移到形式和「風格」上，通過「審美敏感」來體驗一件藝術品的「感官」特質，因為藝術品的真正意義在於人們能夠不加分析地同時體驗其風格和內容。

　　1969 年，桑塔格的又一評論集《極端意志的風格》出版，再次引起巨大反響。她在書中對當代文化的各種現象——電影、音樂、現代藝術、色情作品、毒品等等——逐一進行審視。在《色情想像》一文中，她首次提出色情文學可以是一種人流的文學體裁，故意混淆雅文化和俗文化、經典文學和無名文學之間的界線。同時，作為 60 年代越戰期間美國最早的反戰人士之一，她在《河內之行》一文中敘述了自己 1968 年在北越的經歷，譴責美國在印度支那的軍事

介入，稱美國是一個「狂熱的種族主義國家」。

　　1975 年，桑塔格被查出患有乳癌，醫生說她只能活兩年，但她照常寫作。1977 年，她花了五年時間完成的評論集《論攝影》終於問世，書中的文章探索了照片在現代社會中的作用，並進一步發展了「透明性」的概念。在她看來，攝影模糊了藝術的界線和定義，一個看照片的人在自由地觀賞一幅照片的同時不必刻意去「發現」作品的用意。這本書獲得了當年的國家圖書評論家獎。1978 年出版的《疾病之隱喻》在桑塔格接受乳癌治療之後完成，被公認是她最重要的作品之一。桑塔格在書裡探討了描述疾病的各種語言，指出這些語言如何讓疾病的患者產生負疚感。這本書也獲得了當年的國家圖書評論家獎。

　　進入 80 年代以後，桑塔格不再像年輕的時候那麼鋒芒畢露，對自己過去的一些觀點也作了修正。她不再認為風格比內容更重要，承認不論風格如何美不勝收，思想觀點照樣能起到毒害作用。在 20 世紀的最後 20 年。她仍然是相當一部分美國知識份子的精神領袖。從 1987 年至 1989 年，她是國際筆會美國分會的會長。1993 年夏天，她在兵臨城下、四面楚歌的塞拉耶佛親自執導史坦 · 貝克的《等待果陀》，在接下來的三年裡她一直住在塞拉耶佛，奔波於電臺、戲劇課、幼稚園和醫院之間，並獲得塞拉耶佛榮譽市民的稱號。

　　2004 年 12 月 29 日，蘇珊 · 桑塔格因白血病在紐約的曼哈頓病逝，終年 71 歲。美國《金融時報》稱她是「美國影響最大的知識份子之一！」

▌露絲 · 金斯堡

最高法院的女法官

1993 年，大法官拜倫 · 懷特退休，柯林頓總統花了整整三個月的時間物色合適的接替人，最後選中了猶太女性的露絲 · 金斯堡（Ruth Ginsburg），任命她為美國第 107 位最高法院法官。這一年，金斯堡正好 60 歲。

6 月 14 日，在白宮玫瑰園的草坪上，金斯堡和柯林頓並排站在了麥克風和照相機前。她個子矮小，站在她身邊的柯林頓總統比她整整高出了兩個頭。金斯堡給人的一貫印象是拘謹嚴肅，不苟言笑。但在那一天，面對鎂光燈和眾多的記者，她卻說出了一段滿含深情的話，讓柯林頓總統聽了也為之動容。

她在答辭裡說道：

「我要感謝我的母親希麗亞 · 阿姆斯特 · 巴德爾。她是我一生中見過的最勇敢、最堅強的人，可她卻早早地離開了我。她沒能生活在一個對男女一視同仁。婦女大有可為的時代。但願我能代替她實現她所有的理想和抱負。」

母親去世的那年，金斯堡才是一個 17 歲的高中生。在高中畢業的前一天，母親死於子宮頸癌。不但母親沒能出席她的高中畢業典禮，金斯堡也因此缺席，而那天本來由她代

表全體畢業生在畢業典禮上致詞。

　　金斯堡生於 1933 年 3 月 15 日，在紐約的布魯克林區長大。她父親是俄國猶太移民，13 歲來到紐約，靠做皮貨生意和賣衣服勉強謀生。母親是在外祖父母從波蘭移民美國四個月後在美國出生的。金斯堡一歲的時候，姐姐患腦膜炎去世，她便成了家裡的獨生女。為了讓女兒成長為一個事業有成的獨立女性，媽媽甚至不肯傳授烹飪手藝。她一輩子省吃儉用，存下一筆給女兒讀大學的學費。她從小培養女兒的閱讀興趣，常常帶她去布魯克林國王大道附近的一家公共圖書館，圖書館的樓下有一家中國餐館。直到今天，金斯堡聞到中國菜的味道，還會聯想到閱讀的快樂。

　　猶太人在美國受到的歧視給幼小的金斯堡留下深刻的印象，她一直記得一家汽車旅館門口掛著的「狗和猶太人不得入內」的招牌。還在布魯克林第 238 公立學校讀書時，金斯堡就對法律表現出濃厚的興趣。十二三歲的時候，她寫過有關英國大憲章和美國人權法案的文章，其中有一篇的標題是《憲法自由的界標》。進了詹姆士‧麥迪生高中後，金斯堡不光成績優異，還積極參加各種課外活動。她是校報的主編，啦啦隊的隊員和校樂隊的大提琴手。她獲得康乃爾大學的獎學金後，便把母親去世前給她留下讀大學的幾千塊美元給了父親。1954 年，金斯堡本科畢業。同年六月，她和比她早一年畢業的馬丁‧金斯堡結了婚。馬丁當時已經在讀哈佛法學院，但應召服兵役。接下來的兩年，他們住在奧克拉荷馬州。金斯堡在當地的社安局申請一份工作時提到自己已經懷孕，工作馬上從五級被降至二級。這是她第一次遭受性別歧視。

　　1956 年，馬丁退役後回到哈佛法學院繼續攻讀學位，已經當了母親的金斯堡也被哈佛法學院錄取。她那個年級有

五百多位學生，其中只有九位女生。教授們在講課時常常對女生們流露出不屑，法學院圖書館裡有一間閱覽室只對男生開放。有一天，法學院院長專門宴請院裡的女生，席間他詢問她們有何資格佔據法學院裡原本屬於男生的位子。院長的話讓金斯堡感到十分羞辱，她從此發憤讀書，來證明自身的價值。上學期間，她當上了大名鼎鼎的《哈佛法律評論》的主編。與此同時，馬丁被查出患有睪丸癌，金斯堡在讀書的同時既要照顧年幼的女兒，又要照顧病榻上的丈夫。她從馬丁的同學處借來課堂筆記，給馬丁列印出來，再讓馬丁在病床上向她口授畢業論文。

1958 年，馬丁從哈佛法學院畢業，開始在曼哈頓一家律師事務所工作，金斯堡也從哈佛轉到紐約的哥倫比亞大學法學院繼續學業。在那裡，金斯堡依然出類拔萃，成為《康乃爾法律評論》的主編，是擔任過兩家常青藤大學法學院校刊主編的第一人。畢業時她的成績是全年級並列第一名。

金斯堡儘管擁有這樣一份傑出的學歷，在紐約求職時卻一再碰壁，就連律師文書這樣的工作也一職難求。最高法院的法蘭克弗特法官不肯給她面試的機會，原因很簡單，因為他不招女雇員。另一位上訴法院的韓德法官也拒絕與女性共事。最後，金斯堡總算謀到一份給聯邦法官帕爾米里做文書的工作。

1963 年，也就是金斯堡 30 歲那年，她被拉特格斯大學法學院聘為助理教授，成為這家法學院歷史上第二位女教授。兩年後，她懷上了第二個孩子。儘管她各方面都非常優秀，但她還是擔心校方會因為她懷孕而終止合約，因為這畢竟是她能拿到的唯一一份教職，而一旦失去就等於終止了她剛剛起步的學術生涯。於是，她去上課時穿著從婆婆那裡借來的大一號的衣服，整個春季學期裡居然沒人發覺她懷了

孕。兒子詹姆斯在暑假出生，秋天一開學金斯堡又回到了課堂。在拉特格斯大學，金斯堡還發現了一個令她非常不快的事實：大學男同事的工資比她的工資要高出許多。最後，她和其他女教師一起，使用法律手段迫使校方給她們提了工資。1969 年，金斯堡升任正教授，三年後，她被哥倫比亞大學聘為全校第一位擁有終身教職的女教授。

在她開始教書那年，貝蒂 • 弗里丹的《女性的迷思》問世，後來金斯堡又讀到西蒙 • 波娃的《第二性》。她認識到自己以前受到的種種不公平待遇都是性別歧視，開始對 20 世紀美國婦女的地位有了深一層的瞭解。同時，她也發現可以通過法律手段來改變婦女的地位。她開始接受性別歧視的案子，大量閱讀有關這方面的文獻，發現美國的法律條文裡處處有歧視婦女的影子。有些條文表面上保護婦女，但幾乎無一例外地損害婦女的權益。新澤西州美國民權同盟會組織給她送來有關性別歧視的案子。

1971 年，她向最高法院歷數男性在執行遺囑方面享受的特殊待遇，促成最高法院裁決一項相關法律條文無效。第二年，一位空軍女軍官因為懷孕而被迫退役，金斯堡告到最高法院，再次勝訴。在 1973 年到 1976 年之間，她向最高法院提交了有關婦女權益的六次上訴，五次勝訴，堪稱利用法律手段維護美國婦女權益的開路先鋒。

金斯堡還為一個名叫威森非德的鰥夫向最高法院提出申訴，指出他作為鰥夫應該和寡婦一樣，享有配偶的社會安全福利。當時社會安全福利的別稱是「母親福利」。最高法院裁決這種雙重標準違憲。有意思的是，他們作出這種裁決的原因並不是法律條文有欠公平，而是不想讓孩子吃苦頭。金斯堡在最高法院打的另一場官司更有趣。根據奧克拉荷馬州一項法律條文，男性買啤酒的法定年齡是 21 歲，而女性買

啤酒的法定年齡是 18 歲，最高法院最終也裁決這項法規無效。1980 年，卡特總統任命金斯堡為哥倫比亞特區上訴法院法官。接下來的 13 年裡，她寫出三百多篇裁決理由，涉及到許多重大問題，比如墮胎權、槍支擁有權、同性戀權益和反對種族歧視的「積極措施」（Affirmative Action）。

1984 年，她在一次演講中稱最高法院墮胎合法化的決定過於激進。當時德克薩斯州法律規定，只有危及母親生命的情況下方可墮胎。金斯堡認為，最高法院只要裁決這項法規無效即可，而法院卻矯枉過正，直接宣佈墮胎合法，延長了美國人在這個問題上的分裂局面，導致一個本來可以按部就小訴諸法律手段的問題至今得不到解決。

金斯堡興趣廣泛，喜歡聽歌劇、彈鋼琴、騎馬、打高爾夫球、看老電影、讀懸念小說。丈夫馬丁是美國著名的稅法專家，女兒珍妮著作權法方面的專家，也在哥倫比亞大學法學院當教授。1994 年金斯堡成為最高法院大法官時，據說已有六百萬美元的家產，是九位大法官裡最有錢的一位。癌症的陰影一直困擾著她和她的家人。在母親和丈夫之後，她本人也在 1999 年被查出患有腸癌，但她手術兩個星期後就回到最高法院上班了。

按照慣例，資格淺的最高法院法官的辦公室較小，但是金斯堡卻打破常規，搬進了供退休法官使用的大辦公室，沒和其他八位法官共用一層樓。她在最高法院的投票記錄也表現了她獨立不羈的個性，讓人很難給她貼上自由派或保守派的標籤。在她上任後的前 84 次表決中，有 54 次她的投票和最保守的克萊倫斯 · 湯姆斯的投票相同，但她的投票又常常旗幟鮮明地反對傳統守舊，反對政教合一，並堅定不移地捍衛婦女的平等權益。

▋菲力浦·羅斯

呼聲最高的諾貝爾文學獎候選人

　　1997 年耶誕節。在紐約曼哈頓 79 街和哥倫布大道相交的路口。柯林頓總統的特別助理喬治·斯迪佛諾普洛斯看見迎面走來一位臉色嚴峻、身材瘦削的男人。他一眼認出那是美國當代著名作家菲力浦·羅斯（Philip Roth）。看得出來羅斯也認出了喬治，但喬治搶先一步打了招呼。「真是太巧了，」他告訴羅斯，「我剛見過總統，他剛和雀喜兒（柯林頓的獨生女）通了電話。喬西正在為在史丹佛大學裡上的一門課寫一篇關於你的作文。」他們倆閒聊了幾分鐘，告別時喬治說他很高興見到美國最偉大的作家。羅斯給他作了一個小小的糾正：「應該是活著的作家裡面。」

　　1959 年，菲力浦·羅斯的處女作《再見，哥倫布》被授予當年的美國國家圖書獎。在那以後的幾十年裡，羅斯共創作了二十多部小說，獲得過一次普立茲獎、兩次國家圖書獎、兩次國家圖書評論家獎、兩次國際筆會福克納獎、國家文學藝術獎章和美國文學藝術學院的最高獎——小說金獎。步入晚年，羅斯不但沒有放慢寫作的速度，反而筆鋒更健，成為多年來諾貝爾文學獎呼聲最高的候選人。

　　1933 年 3 月 19 日，菲力浦‧羅斯出生於新澤西州紐華克的一個猶太家庭。他的父親早年開過一家鞋店，鞋店在經濟大蕭條中倒閉後，他轉行做了保險經紀人。童年時的菲力浦‧羅斯對棒球情有獨鍾。因為是猶太人，菲力浦常常被別的男孩欺負。12 歲的時候，他立志長大後要當一位律師，為受暴力強權欺凌的弱者聲張正義。1950 年，羅斯高中畢業，進入拉特格斯大學在紐華克的分校，隨後轉到巴克納爾大學，在選修文學的同時參加話劇演出，並擔任學校文學刊物的主編。他最早的短篇小說就是在校刊上發表的。

　　1954 年，羅斯本科畢業後去芝加哥大學深造，一年後獲得英國文學碩士學位。1956 年，羅斯在服了短期兵役之後回到芝加哥大學，一邊教授英國文學課、一邊繼續短篇小說的創作，並陸續有作品在《芝加哥評論》、《巴黎評論》、《紳士》、《紐約客》等雜誌上發表。那時已經出了名的小說家索爾‧貝婁對羅斯的短篇小說非常欣賞。

　　1959 年，羅斯的中篇小說《再見，哥倫布》和五篇短篇小說結集出版。這部作品通過講述一對來自不同階層的猶太大學生的短暫戀情揭示了傳統道德觀和當代道德觀之間的種種矛盾。一位名不見經傳的年輕作者能夠出短篇小說集已屬不易，但更令人稱奇的是《再見，哥倫布》囊括了當年的國家圖書獎以及國家藝術文學院獎、猶太圖書會獎和古根漢研究基金獎。這一年，菲力浦‧羅斯只有 26 歲。

　　在接下來的好幾年裡，羅斯去過歐洲，在愛荷華大學的作家訓練班當過兩年客座講師，在普林斯頓大學做了兩年全職作家，而他的文學創作卻在這段時間滑入低谷。他儘管發表了兩部長篇小說，但都沒有引起反響。同時，他的婚姻觸礁。在感情和金錢方面的入不敷出讓他感到生活失控，不得不尋求精神病專家的幫助。

　　1969 年，羅斯時來運轉，《再見，哥倫布》被拍成電影，他最有名的長篇小說《波特諾伊的抱怨》也在同一年問世，小說正式出版之前羅斯拿到的預付稿酬和電影版稅就高達一百萬美元，一年之內《波特諾伊的抱怨》賣了將近 50 萬本。小說的主人公亞力山大‧波特諾伊是一位年輕的猶太律師，儘管在一個家教嚴格的猶太家庭長大，內心深處卻充滿了叛逆，處處和自己頤指氣使的母親作對。全書由主人公對心理分析師的一系列告白連貫而成，充滿喜劇色彩和露骨的性描寫。這部小說出版後引起眾多非議，在澳大利亞甚至成了禁書，但卻受到了評論家的普遍好評，羅斯也因此而再一次成為文學界令人矚目的人物。

　　作為一位猶太作家，羅斯在小說中大多描寫自己熟悉的美國猶太人的生活，而且對猶太人的刻畫不無調侃揶揄，這種批評鋒芒在《再見，哥倫布》已經初露端倪，《波特諾伊的抱怨》對主人公的猶太母親更是諷刺有加。和索爾‧貝婁和馬拉默德等猶太作家相比，菲力浦‧羅斯對「自己人」顯然不夠客氣，難怪《波特諾伊的抱怨》出版後引來了猶太團體的同聲抱怨。

　　進入 70 年代後，羅斯把寫作重點從對人物的心理分析轉移到對社會百態的描畫。1971 年出版的《我們這一夥》把諷刺的鋒芒直指當時在墮胎問題和越戰問題的道德立場上前後矛盾的美國總統尼克森。第二年出版的《乳房》和卡夫卡的《變形記》有異曲同工之妙，書中的一個大學教授突然變成了一個六英尺高的女性乳房。1973 年問世的《偉大的美國小說》的社會批判性更加明顯，對美國社會中的貪婪、物質主義、種族歧視和虛假的愛國主義一一予以鞭撻。1974年，《我的男人生涯》問世，被許多評論家認為是羅斯最好的小說。小說主人公納森‧茱克曼首次露面，他在羅斯後

來的小說中曾反覆出現，包括《捉刀代筆》（1979）、《解放的朱克曼》（1981）、《解剖課》（1983）、《被囚的朱克曼》（1985）和《反生活》（1987）等作品。

　　90 年代，羅斯先後發表了《遺產》（獲 1992 年國家圖書評論家獎）、《夏洛克行動：一段告白》（獲 1993 年福克納國際筆會小說獎）、《安息日劇院》（獲 1995 年美國國家圖書獎）、《美國田園曲》（獲 1998 年普立茲小說獎）、《我嫁了一個共產黨員》（1998）等重要作品。

　　《遺產》真實地紀錄了羅斯父親的死亡過程。《夏洛克行動》涉及到以色列的政治衝突。《安息日劇院》描述了老年孤獨和對死亡的恐懼。《美國田園曲》反映了越南戰爭帶來的後遺症。進入 21 世紀後，羅斯老當益壯，創作了《人性的污點》（2000）、《死亡動物》（2001）和《反美陰謀》（2004）等重要作品。

　　1998 年，柯林頓總統親自頒發國家文學藝術獎章時把羅斯和喬伊斯、福克納相提並論。美國國會圖書館建館二百年之際，把羅斯列為「活著的傳奇」之一。古根漢基金會的主席認為羅斯可以當之無愧地躋身於海明威、福克納、費茲傑羅、貝婁等偉大作家的行列，是當今美國作家中諾貝爾文學獎最合適的人選。

▌黛安・范士丹

加州第一位美國國會女參議員

　　美國參議院共有一百名參議員，每個州只能有兩名。在 1992 年的大選中，有兩位加州婦女雙雙入選美國參議院。在這之前，加州還沒有出過女參議員，而且在美國的 50 個州裡，這也是第一次由兩位婦女同時出任美國參議員。她們是芭芭拉・伯克瑟和黛安・范士丹（Diane Feinstein）。兩人都來自北加州，兩人都出生於猶太家庭。黛安・范士丹在一次特別選舉中勝出，得以在芭芭拉・伯克瑟之前宣誓就職，所以也就順理成章地成了加州的第一位國會女參議員。

　　這還遠遠不是黛安唯一的第一。1969 年，她當選為舊金山政會第一位女會長；1978 年，她當上了舊金山的第一位女市長；1984 年，她是第一位女副總統的可能人選；1990 年，她成為加州第一位代表民主黨競選州長的女候選人；她還是美國參議院司法委員會的第一個女會員。

　　黛安・范士丹 1933 年 6 月 23 日出生，在三姊妹中排行老大。她的爺爺奶奶 19 世紀末從波蘭移民美國。信奉正統猶太教。她父親是一位全國知名的外科醫生，兼任舊金山加州大學醫學院的教授。她母親結婚前當過模特和護士，因

為患有神經紊亂，所以常常會無緣無故地發脾氣，讓黛安和兩個妹妹無所適從。黛安讀的是舊金山的公立學校，讀高中時被送進了一家非常嚴格的天主教私立女子高中，是學校裡唯一的猶太人，同學大都來自舊金山的名門望族。

1951 年，黛安高中畢業後被史丹佛大學錄取，先進了醫學預科班，後來轉修政治學和歷史。學習之餘，她的業餘生活也很豐富多彩，打高爾夫球、教騎馬課、在電視上當服裝模特。同時，她表現出對政治的興趣，參加了民主黨的多項活動。大學四年級時，她參加了學生會副主席的競選。有一次，她去一個男生聯誼會的住地發表競選演說說到一半時被一個惡作劇的男生攔腰抱起，放到淋浴的水龍頭下面，把她澆得渾身透濕。黛安不但沒有氣餒，反而全身心地投入到競選之中。她當選之後，當仁不讓地對那家男生聯誼會做了一個小小的報復。有一次，學校有一場重要的橄欖球比賽，他們申請在賽後舉辦一個通宵狂歡派對，作為學生會副主席，黛安拒絕給他們發派對許可。

1955 年，黛安從史丹佛大學本科畢業後在一家非營利基金會當實習生，第二年被基金會派到舊金山地方檢查官辦公室工作，她的上司是 33 歲的檢查官傑克‧伯曼。兩人一見鍾情，然後是閃電式的戀愛結婚。次年七月。他們的女兒出生。婚後黛安有一段時間在加州產業關係部工作，協助重新規定加州婦女和未成年人的最低薪水。

1959 年，黛安和傑克在結婚三年後離婚，黛安也成了單親母親。接下來的兩年裡，黛安一邊照顧女兒，一邊嘗試不同的職業。她學會了彈民樂吉他，選修用斯坦尼斯拉夫斯基理論教授的表演課，參加民權示威遊行，為甘迺迪競選總統進行助選。

1961 年，她當上了任期五年的加州婦女刑期和假釋理

事會的理事，決定女犯人的服刑年限和假釋條件。當時在加州人工流產尚屬非法，流產者都要坐牢服刑，許多孕婦只好去找地下診所，不光身心倍受摧殘，而且死亡率也很高。

1962 年，她和比她大 19 歲的神經外科醫生勃特倫‧范士丹結婚。從 1966 年到 1968 年，黛安是舊金山成人監禁諮詢委員會的主任，負責彙報監獄的狀況。

1969 年，黛安‧范士丹通過競選進入了舊金山政會，是舊金山歷史上第一個被選民選進市政會的婦女。她的競選得到了父親和丈夫的資助，使她可以支付電視廣告的費用。她的競選開銷大約是十萬美元，而作為市政會委員，她的年薪只有 9600 元。因為得票數最高，她便自然而然地成了下一任的市政會會長。她在市政會裡一共幹了將近九年，前後當過三任會長，在這期間她兩次競爭舊金山市長的職位，但均沒有成功。

上世紀 70 年代，舊金山社會矛盾尖銳，暴力事件層出不窮，范士丹在兩次遭受炸彈恐嚇後開始隨身攜帶手槍防身。1978 年，她的丈夫患癌病去世，在政界滾爬多年之後，范士丹已經無心第三次問鼎舊金山市長的職位，但是一件意想不到的突發事件改變了她下半輩子的人生軌跡。11 月 27 日，就在她向記者透露了退出政界打算的幾個小時之後，舊金山市長喬治‧莫斯孔飲彈身亡，把身為市政會會長的范士丹一下子推上了舊金山市長的寶座。

九天之前，瓊斯人民聖殿教的九百多人在南美洲的圭亞那集體自殺，自殺者大都是舊金山地區的居民，因此莫斯孔市長的遇刺對舊金山來說更足雪上加霜。但范士丹處變不驚、臨危不懼的大將風度為她贏得了一片喝彩聲。在第二年的選舉中，她以微弱多數戰勝對手，得以連任舊金山市長一職。在接下來的四年裡，她大刀闊斧地對市政服務做了多項

改革，在治安、衛生和公交方面政績昭著。

　　1983 年 11 月，她以 82％得票數的絕對優勢再次連任舊金山市長。次年，民主黨總統候選人孟代爾一度打算邀請她擔任競選夥伴，但最後出於政治考慮選中了紐約州的國會女眾議員格拉丁・費加羅。在擔任第二屆市長期間，她繼續在市政建設上下工夫，全面整修有軌電車，限制市中心地區高樓的建造，還關閉了城裡的公共澡堂，引起舊金山同性戀人士的不滿。1987 年，《市與州》雜誌把她評為全美「最有實效的市長」。

　　按規定舊金山市長一職不能超過兩屆任期。1988 年，范士丹第二任期滿，開始把下一個目標鎖定在加州州長的位置上。她的第三任丈夫理查・布拉姆是一個投資銀行家，為她籌得了三百多萬美元的競選經費。她在 1990 年的初選中順利過關。但在 11 月的大選中敗給了在競選中錢花得更多的共和黨候選人彼特・威爾遜，兩人得到的選票各為 46％和 49％。威爾遜當選之前是美國國會參議員。當選後他委任他的政治顧問約翰・西摩頂替他在參議院的席位。

　　在 1992 年確定正式接替人的特別選舉中，范士丹應該說是占盡了天時地利。1991 年，儘管安妮塔・希爾在聽證會上證明克拉倫斯・湯姆斯當年有性騷擾行為，後者仍然當上了最高法院大法官，這讓很多美國婦女義憤填膺，在第二年的選舉中紛紛把選票投給了女候選人，使得 1992 年成了一個「婦女年」。當時美國國會一百名參議員中只有兩名婦女。范士丹提出一個響亮的口號：「百分之二遠遠不夠！」她輕而易舉地擊敗了約翰・西摩，成為加州歷史上第一位美國國會女參議員。

　　在 1994 年和 2000 年的換屆選舉中，范士丹兩次擊敗對手，牢牢地占穩了她在美國參議院的一席之地。在參議院

裡，她身居要職，是司法委員會、撥款委員會、能源和自然資源委員會的委員。在很多法案成為法律的過程中起了關鍵作用，其中包括禁止生產、銷售和擁有半自動步槍和把加州死谷在內的三百多萬英畝土地辟為國家公園。

作為一個民主黨人，范士丹大部分時間都和民主黨步調一致，她強調環境保護，支持婦女的墮胎權。主張較為嚴格的槍支管理。但是更多的時候她採取的是一種務實的態度，導致有人指責她前後矛盾。初入政壇時，她堅決反對死刑，但幾十年後，她轉而認為死刑有其合理性。舊金山的同性戀人士也因為她在不同問題上的不同立場而對她愛恨交加。

范士丹對別人的指責處之坦然。她在接受《時代》雜誌的一次採訪中說：「有的問題需要『右的』解決方法，有的問題需要『左的』解決方法，還有的問題需要常識性的解決方法。」

▌賴瑞・金

CNN收視率最高的節目主持人

1985年6月1日，美國有線新聞網路（CNN）推出了全世界第一個全球電視叩應（Call-in）節目——「賴瑞・金現場訪談」。

主持人賴瑞・金（Larry King）戴著深色寬邊眼鏡、穿著吊帶西裝褲、打著領帶、挽著袖子，目光炯炯地出現在螢屏上。20年來，他從未做過第二種打扮。作為 CNN 收視率最高的節目的主持人，賴瑞・金是美國家喻戶曉的電視明星。

而實際上，在他首次電視亮相以前，賴瑞・金的聲音早已通過共同廣播網（Mutual Radio NetWork）在北美三百多個電臺傳出。每天午夜之後都有三百五十萬夜不能寐的聽眾收聽「賴瑞・金訪談節目」。除此之外，還有上百萬讀者等待著閱讀他在《今日美國》報上每週一次的專欄。然而，在如此成功的事業背後，賴瑞・金卻有過一個不同尋常的開始和一段極其坎坷的經歷。

賴瑞・金原名勞倫斯・茨格，1933年11月19日出生於紐約。他的父母親是來自東歐的猶太移民，在布魯克林開了一家餐館。二戰爆發後，餐館關了門。父親在新澤西

的一個軍工廠做工，因心臟病猝發而去世。那一年賴瑞只有 10 歲。母親帶著他和弟弟靠政府救濟過了一年才找到一份裁縫的工作，勉強能夠養家糊口。父親的死對賴瑞打擊很大，他從一名成績優異的學生變成了一個翹課惹禍搞蛋的討厭鬼。高中畢業後，他在布魯克林混了四年，打過各種各樣的零工。

賴瑞是個廣播迷，少年時就喜歡聽廣播並模仿著名節目主持人的聲音語調。他一心想進入廣播行業，但在人才濟濟的紐約根本沒有機會，終於，有人指點他去佛羅里達的邁阿密碰碰運氣，因為那裡的廣播業剛剛興起。

1957 年，賴瑞乘車南下邁阿密，好不容易在一家小電臺找到了一份清潔工的工作。一天，一個音樂節目的主持人突然不幹了，台長問賴瑞能否頂上去，他毫不猶豫地答應了。臨上場前，台長說他的猶太姓氏太拗口，聽眾記不住，順嘴給他改了名。賴瑞・金就這樣成了一位主持人。

幾年後，能說會道的賴瑞・金在邁阿密地區已經相當有名氣。他以一家餐館為現場，主持一個四個小時的訪談節目。剛開始時，因為沒有預約好的嘉賓，他就把女服務生和就餐的客人當作採訪對象。隨著節目的走紅，一些本地和全國的名人也漸漸加入進來。此外，他還在當地的一家電視臺主持一個星期天晚上的訪談節目，並且在《邁阿密先驅報》上撰寫每週一次的專欄。

1961 年，賴瑞・金與前《花花公子》兔女郎愛琳・艾金斯結婚，兩年後婚姻結束，另娶米奇・薩特芬。1966 年，他和米奇離婚，又與愛琳破鏡重圓。這一時期賴瑞・金名利雙收，生活極其揮霍。他開名車、賭賽馬、出入豪華餐館，花錢如流水，很快就入不敷出、負債累累。

1968 年，他受人之托轉交一筆現金，但他卻動用了其

中一部分為自己補交稅款。直到 1971 年，他才因盜竊罪被判入獄。儘管對他的起訴因提出過晚而失去了法律效力，但他已經身敗名裂，不得不離開邁阿密，因為那裡沒有人肯給他一份長期工作。

又過了幾年，賴瑞‧金工作過的電臺換了主人，在聽了他從前的節目錄音後決定再給他一次機會。1975 年，賴瑞‧金重返邁阿密，並且很快也恢復了電視臺和報紙的工作。儘管有了穩定的收入，他依舊債臺高築。1978 年，他被迫宣佈破產。

天無絕人之路。金錢上的困境與事業上的突破相繼到來。幾乎就在他宣佈破產的同時。共同廣播網請他主持一個全國範圍的叩應節目。1978 年 1 月 30 日，「賴瑞‧金訪談節目」在 28 家電臺首次播出，聽眾反響熱烈。通常在節目開始時由賴瑞‧金採訪現場嘉賓，聽眾也可以打電話進來提問。採訪結束後，聽眾在他的主持下通過電話對之前的話題各抒己見。

1980 年 12 月 8 日，披頭士歌手約翰‧藍儂被槍殺。接到消息後，他果斷地取消了當晚的嘉賓。從午夜到凌晨五個小時裡，他和全國的聽眾一起傾聽歌迷們在電話上訴說他們的哀慟和回憶。那是賴瑞‧金一生中最難忘的一次節目。80 年代中，全國 50 個州有二百多個電臺轉播他的節目。他成了廣播業的一個奇蹟。

1985 年，有線電視巨頭泰德‧特納邀他加盟 CNN。當年 6 月 1 日，「賴瑞‧金現場訪談」正式播出，並在短時間內一躍成為 CNN 收視率最高的節目。1992 年 2 月 20 日，億萬富翁羅斯‧普洛在賴瑞‧金的節目上宣佈加入美國總統競選。一夜之間，「賴瑞‧金現場訪談」從一個大眾電視節目升級為政治家們發表政見的論壇。電視訪談節目

也前所未有地成為總統競選的平臺。在競選最激烈的時期，多位候選人及其各自的支持者們曾多次出現在他的節目現場。1993 年 11 月 9 日，副總統高爾與普洛在賴瑞‧金的主持下進行了一場有關北美自由貿易合約的辯論，再一次擴大了賴瑞‧金的影響。

兩年之後，他邀請到巴解組織主席阿拉法特、約旦國王胡笙和以色列總理拉賓就中東和平問題展開討論。展現了他在國際外交方面的能力。

在長達四十多年的主持人生涯中，賴瑞‧金採訪過世界上最有影響、最具爭議性、最引人矚目的人物，包括福特之後的歷屆總統、外國政要、各界明星、新聞人物等四萬多人次。被《時代週刊》譽為「話筒大師」的賴瑞‧金有著獨到的採訪方式。

他避免在節目之前對採訪對象做過多的研究，也從不提出自己已經知道答案的問題。他認為只有這樣才能帶著和觀眾一樣的好奇心去瞭解和發現對方。面對嘉賓，他沒有事先準備好的提綱，而是在交談之中自然做出反應。由於他的坦率和真誠的興趣，嘉賓們往往更加樂於合作。

《紐約時報週刊》在一篇關於他的特寫中寫道：「他從不以知識精英的姿態出現，而是把自己當作一個愛問問題的平常人。在這個對說教專家和大眾媒體充滿懷疑的社會裡，賴瑞‧金是一個拿著話筒的普通老百姓。」

賴瑞‧金不僅是一位知名主持人，還是一位多產作家。曲折的生活經歷和豐富的採訪生涯為他的寫作提供了大量素材。他的作品包括時事評論、名人點評、小說、雜文、回憶錄等多種形式。他亦莊亦諧、犀利率真的文筆曾經得到許多評論家們的讚賞。

東山再起之後，賴瑞‧金在理財上一直十分謹慎，唯

恐重蹈覆轍。但婚姻上，他仍幾經波折，賴瑞・金有過八次結婚和離婚的記錄，這包括一個前妻的離了又復合，他有五名子女。

　　他在 2010 年 6 月 29 日的節目中，宣布秋天之後賴瑞・金現場將停播，但他仍會為 CNN 主持特別節目。

　　深受觀眾喜愛的賴瑞・金也得到同行和專家們的肯定。他曾經獲得廣播、電視、新聞領域的所有大獎（一次艾美獎，兩次皮傳迪獎以及十次有線頻道王牌獎），並且被多所著名學府授予榮譽學位。賴瑞・金對成千上萬的美國人產生過直接的影響，他的影響還將繼續下去。

▌伍迪・艾倫

把悲劇融進喜劇的電影大師

　　美國電影大師伍迪・艾倫（Woody Allen）對人生的比喻充滿了猶太民族的悲劇情懷和憂患意識。「人生就是一座集中營，沒人能夠從裡面逃出來。」他個人的生活和電影，都似乎印證了這一比喻。

　　1935 年 12 月 1 日，伍迪・艾倫出生於紐約市布魯克林的一個猶太家庭。他的祖父輩分別是來自奧地利和俄國的猶太移民，父母都是正統猶太教教徒。在進入高中之前，伍迪・艾倫讀了八年的猶太學校。他從來就沒有喜歡過學校，成績一直在中下程度，作文是唯一讓他感興趣的課程。在學校裡，他落落寡歡，老是一個人，也不參加任何課外活動；一回到家，他就把自己關在房間裡，甚至不和家人一起吃飯。

　　在談到自己鬱鬱不樂的童年時，伍迪・艾倫說：「我憎惡而且懊惱在學校度過的每一天，我希望在那兒除了功課、寫作和算術外，沒人來打擾我。我非常害羞，對一切都不滿意，卻不知道為什麼。我有著極強劣的失敗感。我從未放聲大笑過，但我仍然是一個滑稽的孩子。我對事情的看法很滑稽，說出的話也很逗。」

上中學時期，伍迪・艾倫把大量的時間都花在寫笑話上面，然後把他們寄給報紙的搞笑專欄。15 歲的時候，他被一家公司雇用，為名人們捉刀代筆寫笑話，週薪 25 美元。17 歲的時候，他已經是國家廣播公司（NBC）的正式撰稿人。1953 年，伍迪・艾倫先後進入紐約大學和紐約城市學院，但都因為成績太差又常常曠課而被開除。從此他徹底放棄了學業，開始全心全意為電視節目寫稿並漸漸有了名氣。

1961 年，伍迪・艾倫在朋友們的慫恿下開始嘗試表演單口相聲。因為害羞，他最初是被人硬推上舞臺的。艾倫的段子都是他自己創作的，素材也是來自他最熟悉的中產階級猶太人的生活。他的家庭、父母、童年和戀愛經過誇張和濃縮都成了笑料。

紐約時報評論伍迪・艾倫的作品表現了「小人物與環境的鬥爭」。而艾倫本身的形象──瘦小、羸弱、神情緊張、其貌不揚──使他的表演更富有喜劇色彩。

一年之後，艾倫的自信心大大增強並開始在紐約、芝加哥、舊金山、洛杉磯等大城市的夜總會演出。幾年後，他已經躋身全國一流喜劇演員的行列，所到之處都受到觀眾們的熱烈歡迎，《紐約客》《紐約時報週刊》《星期六評論》等嚴肅雜誌也紛紛關注他的創作和表演並給予極高的評價。

伍迪・艾倫的喜劇才華引起了好萊塢製片人的注意。1956 年，他應邀創作了電影劇本《寶貝你好》並在其中扮演一個次要角色。這是伍迪・艾倫電影生涯中的處女作，但他卻因為在電影製作過程中不能按照自己的創作意圖拍攝而拒絕將其歸入自己名下，並發誓今後除非由自己親自導演絕不再寫任何劇本。

第一部由伍迪・艾倫創作並執導的電影是一部關於黑幫的喜劇片《拿了錢就跑》。這部影片和隨後幾部電影都是

以滑稽搞笑為主的鬧劇，情節誇張、場面火爆、笑料不斷。進入 70 年代以後，已經積累了一定導演經驗的伍迪・艾倫開始有意識地改變自己的風格，希望憑藉在內容和藝術上都更有深度的作品成為受人尊重的電影製作人。1975 年拍攝的《愛與死》是一部模仿俄國史詩性文學作品的喜劇片。他在影片中大量運用俄國文學歷史典故並著重表現人物性格和環境背景，意在顯示與以往作品的區別。《愛與死》獲得了票房成功，但他顯然認為自己的目的並沒有達到。在接受《紐約時報週刊》採訪時，他不無失望地說：「大多數觀眾並未領會幽默背後的嚴肅意圖。笑聲把一切都掩蓋了。」

　　1977 年，伍迪・艾倫終於如願以償地通過《安妮・霍爾》取得了電影創作上的重大突破。《安妮・霍爾》是一部溫馨傷感的都市愛情喜劇。伍迪・艾倫在片中扮演男主人公愛爾維・辛格，一個悲觀、神經質、沒有安全感的布魯克林猶太喜劇演員。黛安・基頓扮演女主人公安妮・霍爾，一個來自美國中西部非猶太家庭的年輕姑娘。她散漫、隨便，嚮往成為一名歌星。

　　影片通過愛爾維的回憶和自我反省回顧了他和安妮從第一次見面到最後分手的戀愛經歷。儘管《安妮・霍爾》不乏伍迪・艾倫一貫的幽默和嘲諷，但它同時更懷著傷感和失落深入探索和表現了一段失敗的感情，從而賦予了都市愛情喜劇前所未有的審讀和複雜性。在結構上，《安妮・霍爾》也脫離了傳統電影的單一故事情節。伍迪・艾倫讓愛爾維的回憶以意識流的方式表現出來。除了時空的跳躍之外，他還大量運用了畫面閃回、鏡頭切換、動畫、直接面對鏡頭獨白等當時還很少見的電影技巧來完成對對故事的敘述。《安妮・霍爾》上映後得到了觀眾和評論家們的一致讚揚並在美國電影界引起了巨大反響。它擊敗了廣受歡迎的

《星球大戰》獲得當年奧斯卡最佳影片獎。伍迪・艾倫獲得最佳導演和最佳劇本兩個獎項。黛安・基頓獲得最佳女演員獎。

一年之後，伍迪・艾倫推出他的有一部力作——《曼哈頓》。在這部影片中，他的喜劇天才和他對嚴肅主題的追求恰到好處地融為一體。他說扮演的男主人公是一個失意而焦慮的電視劇作者，陷入與兩個女性的情感糾葛中無所適從。《曼哈頓》在各個方面都比伍迪・艾倫以往的作品更為成熟。它同時又是一部非常個人化、主觀色彩及其濃郁的作品，是伍迪・艾倫先給他鍾愛的城市的一首戀歌。影片細膩的黑白攝影在爵士樂的伴奏中將紐約的風情表現得充滿詩情畫意。

進入 80 年代以後，伍迪・艾倫的電影變得更加凝重，其中的代表作是《漢娜姐妹》。影片描寫三位紐約女性與他們的丈夫、情人和彼此之間變幻莫測、錯綜複雜的關係。漢娜由米亞・法蘿扮演。她是 80 年底多部艾倫電影中的女主角。艾倫自己扮演漢娜的前夫，有一個落魄失意的電視劇作者。《漢娜姐妹》是一部深刻而嚴肅的作品。他這部劇本獲得了當年的奧斯卡最佳編劇獎。

90 年代的伍迪・艾倫又恢復了早期輕鬆幽默的風格，但他的個人生活卻出現了巨大危機。1992 年，他多年的伴侶米亞・法蘿在伍迪・艾倫的住所發現了年僅 21 歲的韓裔養女素銀的裸照。法蘿隨即向法庭指控伍迪・艾倫猥褻少女，並要求剝奪他對他們另外三個年幼子女的監護權。伍迪・艾倫公開承認了與素銀的戀情但否認自己有任何褻童行為。法庭判他無罪，但不准他與孩子們單獨相處。1997年，法蘿出版了回憶錄《失去的一切》並在書中披露了伍迪・艾倫的種種怪癖陋習。同年七月，62 歲的伍迪・艾

倫和 27 歲的素銀在威尼斯結婚。就在伍迪・艾倫的戀情和和官司在全國媒體上炒得沸沸揚揚的時候，他的新作《丈夫和妻子》也和觀眾見面了。

一時間，螢幕上下的故事相互交疊，難分彼此。影片中伍迪・艾倫和米亞・法蘿扮演一對結婚多年的夫妻蓋比和茱迪。一天他們最要好的一對朋友決定分居。震驚之餘，蓋比和茱迪發現自己的婚姻也在一天天的崩潰。蓋比愛上了比自己年輕許多的女學生，最終導致了與茱迪關係的破裂。

90 年代至今，伍迪・艾倫繼續以每年一部電影的速度推出新作，但普遍反響不大。伍迪・艾倫對順應時尚毫無興趣，一心只拍攝自己想拍的作品。多年來，他已經有了自己為數不少的忠實影迷。只要他有新片出爐，這些影迷必定捧場，因此在一定程度上保證了影片的票房收入。伍迪・艾倫電影製作的成本雖然較低，但他的才華和名氣卻始終吸引著一些大明星不計報酬的飾演他影片中的角色。

縱觀伍迪・艾倫的作品，可以發現它們有許多共同特徵。影片裡的男主人公（往往由他本人扮演）通常是失意、自貶、神經質的都市中產階層的猶太知識份子型人物，如導演、作家、劇本作者等。這些角色與他本人有著驚人相似的性格和經歷，包括與年輕女性的戀愛關係。他的影片大多以紐約為背景，熱衷於探索愛情、藝術、死亡和宗教等主題。

伍迪・艾倫很少在媒體露面，也不為自己的電影做宣傳。在近四十年的導演生涯中，他被國際國內大大小小的電影獎提名一百餘次，但他經出席過兩次頒獎典禮。一次是「911」以後，他在奧斯卡頒獎儀式上呼籲導演們繼續在紐約拍片。另一次是 2002 年在坎城電影節上領取終身成就獎。

▌安德魯・格羅夫

為英特爾打下半壁江山的頭號功臣

1997 年，美國的《時代》週刊把「年度人物」的桂冠戴到了英特爾電腦公司總經理安德魯・格羅夫（Andrew Grove）的頭上，因為他是「對積體電路的能力和創新潛能方面的驚人發展貢獻最大的人」。《時代》週刊裡的一篇文章寫道：「英特爾的 CEO 安德魯・格羅夫已經向全世界百分之八十的個人  電腦提供了電腦的晶片。今年，他的目標是剩下來的那百分之二十。」果不其然，到了 1998 年 4 月，《美國新聞和世界報導》宣稱英特爾的市場佔有率已經上升到了百分之九十。英特爾公司和微軟公司成了主宰電腦行業的兩大巨頭。2000 年，美國歷史上電腦銷售量首次超過了電視銷售量。安德魯・格羅夫是帶來這一巨變的關鍵人物之一。可以說，在他領導下的英特爾在 20 世紀下半葉世界範圍內的資訊革命中扮演了舉足輕重的重要角色。

1936 年 9 月 2 日，安德魯・格羅夫出生於匈牙利布達佩斯的一個猶太家庭，原名為安德拉斯・格洛夫。父親是一個乳品商，母親是一位簿記員。他四歲那年，猩紅熱席捲匈牙利，格洛夫也沒能倖免，聽力因中耳炎而受到嚴重損

傷。第二年，父親被關進了納粹勞改營，格洛夫和母親靠假證明隱姓埋名住進了一戶基督徒朋友家，算是躲過一劫。二戰結束後，他父親死裡逃生回到家中，但已被傷寒和肺病折磨得奄奄一息。小時候的格洛夫對新聞學很有興趣，同時又學習聲樂，希望有一天能成為一名歌劇演員，但他在大學裡最終選擇了化學專業。1956 年，匈牙利事件爆發，蘇軍大兵壓境，格洛夫和一位朋友決定逃到奧地利去。蘇軍也正好在朝同一方向挺進，他們只好花錢雇人把他們抄小路送過了奧地利邊界。

不久之後，格洛夫坐上了一艘去美國的難民船，輾轉來到紐約，口袋裡僅有 20 美金。他住進了他的叔叔嬸嬸在紐約布魯克林的小公寓房，把自己的名字連名帶姓改成了地道的美國名字——安德魯‧格羅夫。

很快他就成為紐約城市學院的一名學生，用餐館打工掙來的錢付學費。他和後來成為他太太的伊娃就是在暑假打工時認識的。在學習工程學的同時他刻苦攻讀英文。三年之後，格羅夫拿到了化學工程的學位。隨後他到加州，進入伯克萊大學深造，只用三年時間就攻下了博士學位。畢業後他謝絕了好幾家大公司的聘用，選擇了一家名叫快捷半導體的小電腦公司。他所屬的科研組主要研究矽在半導體中的用途，在研究中有多項突破，並數次獲獎。研究開發組的組長是戈登‧莫爾，而格羅夫的另一位同事則是積體電路的發明人羅伯特‧諾伊斯。1968 年，莫爾和諾伊斯離開了快捷半導體公司，在舊金山附近的矽谷創辦了英特爾電腦公司，並邀請格羅夫加盟。

公司最初計畫由格羅夫主管技術部門，但因為人手不夠，又委任他兼管公司運作。公司的這一決定讓不少人大惑不解，因為格羅夫不光缺乏這方面的經驗，而且說英文口音

很重，常常讓人不知所云。他脾氣暴躁，頭上還頂著一個奇形怪狀的助聽器，叫人對他敬畏之餘又常常忍俊不禁。在和人交談時，如果他對話題不感興趣，他要麼說自己的耳機失靈，要麼乾脆摘下耳機。表示談話到此為止。

格羅夫鐵面無私，對人對己都是高標準嚴要求。在他的嚴格管理之下，員工們經常工作到半夜。有一次他發出通知，要求所有員工在耶誕節的前一天全天工作。他還要求包括上層管理人員在內的所有遲到五分鐘以上的人填寫遲到卡。格羅夫的管理風格引起了不少人的反感。但他的聰明才智和他雷厲風行的作風贏得了更多人的尊重，也給公司帶來了豐厚的利潤。1979 年，格羅夫升任英特爾公司總裁之後，仍然和公司其他員工一樣在三米見方的小隔間裡上班，在公司的自助餐廳裡吃中飯。每個人都能來找他討論工作，他還要求別人對他免去稱謂直呼其名。

從 70 年代中期開始，日本以低成本批量生產電腦記憶體，並向美國市場大舉傾銷，嚴重影響了英特爾產品的銷售。面對不利局面，格羅夫果斷做出戰略調整，把重點從電腦存儲工具的生產轉向電腦微機的生產。這一決定不但使英特爾起死回生，而且讓英特爾在電腦行業的競爭中把對手遠遠甩在了後面。1980 年，IBM 公司決定在 IBM 生產的電腦裡使用英特爾生產的晶片，英特爾更是春風得意，不斷升級換代地推出 286、386、486 以至 Pentium 等電腦晶片，到了 90 年代已經成了全世界電腦晶片市場上無可爭議的霸主。

格羅夫的高瞻遠矚和管理才能為他贏得了巨大的聲譽，但他也有馬失前蹄的時候。1994 年，裝有 Pentium 晶片的電腦在進行複雜的除法運算時會得出錯誤的答案。這一問題似乎對大多數顧客都不會造成影響，格羅夫於是決定沒有必要小題大做。但很多顧客卻對此產生了不少疑慮，報紙上的科

技版也開始連篇累牘地報導 Pentium 的這一缺陷，IBM 更是威脅說要停止銷售裝有 Pentium 的電腦。格羅夫最後只好作出讓步，發佈命令收回所有的晶片。

英特爾為這一補救行動付出了五億美元，但壞事變好事，英特爾因此改善了自己的形象，銷售量反而比以前有增無減。在格羅夫任英特爾總經理的十年裡，英特爾的營業額大幅度上升。1997 年，也就是格羅夫被《時代》週刊評為「年度人物」的那年，格羅夫擔任了英特爾公司的董事長兼任公司總經理。這一年，英特爾的年收入是 250 億美元。

格羅夫在工作之餘還寫過好幾本書。他於 1985 年發表的《人人都是管理者》被翻譯成了十幾國文字，隨後又寫出了《格羅夫給經理人的第一課》和《居安思危》等書。他撰寫的管理專欄被多家報紙轉載，他的文章也經常在《紐約時報》、《華爾街日報》、《財富》等報刊上發表。2001 年，他回憶自己早年生活經歷的自傳《橫渡生命湖》問世，受到廣泛好評。他對教書情有獨鍾，曾在史丹佛大學商學院開過一門名為「資訊處理工業的策略與行動」的課程，深受學生歡迎。哈佛大學和紐約城市學院授予他榮譽博士學位。

格羅夫得獎無數，其中包括世界貿易俱樂部的「國際成就獎」、《工業週刊》的「年度科技領袖獎」和《CEO》雜誌的「年度 CEO 獎」。1994 年，他被選為美國藝術科學院的院士。1998 年，他辭去了英特爾公司總經理的職務，開始把注意力集中在公司的戰略遠景規劃上。同一年，他還到了中國，走訪了北京上海等地，並預測中國人大顯身手的時代很快就要到來。2005 年，他從英特爾公司董事長的職位上退了下來，但仍然是公司的資深顧問，繼續為英特爾的高速發展出謀劃策。

▌瑪德琳 · 歐布萊特

美國的第一位女國務卿

2005 年 1 月，連任成功的布希總統
任命國家安全助理顧問康朵麗莎 · 賴
斯接替鮑威爾出任美國國務卿，引起世
人矚目。但是賴斯並不是擔任美國國務
卿的第一位女性。早在 1987 年，瑪德
琳 · 歐布萊特（Madeleine Albright）就
曾經在柯林頓總統執政期間出任美國國
務卿。說起來，美國前後兩任女國務卿

早年還有過一段來往。賴斯在丹佛大學求學期間選修了歐布
萊特的父親科貝爾教授的國際關係課，從此對這門專業產生
了濃厚的興趣，常常上門向導師求教，也因此而經常和當時
已經結婚成家的瑪德琳 · 歐布萊特見面。她們當年可能都
沒有想到有一天兩人會先後坐上美國外交的第一把交椅。

瑪德琳 · 歐布萊特出任美國國務卿不久，《華盛頓郵
報》的資深記者麥克爾 · 多布斯披露出一個鮮為人知的事
實：瑪德琳 · 歐布萊特的父母親都是猶太人，她的祖父母
中有三人死於納粹集中營。自小信奉羅馬天主教的歐布萊特
在接受記者採訪時宣稱以前對自己的猶太身世一無所知。有
不少猶太人對自己的猶太血統刻意隱瞞，所以媒體對她的這
種說法有所懷疑。歐布萊特後來在訪問布拉格途中拜訪了當

地一家猶太教堂，教堂裡的大屠殺紀念碑上刻有她親戚們的名字。她還專程參觀了關押過祖父母的集中營。

1937 年 5 月 15 日，瑪德琳‧歐布萊特出生於捷克斯洛伐克首都布拉格。她的父親約瑟夫‧科貝爾早年是一位捷克外交官，在 1939 年德國入侵捷克後攜全家取道貝爾格勒逃到英國倫敦，瑪德琳在那裡學會說一口流利的英文。1945 年二戰結束，科貝爾舉家遷回布拉格，隨後出任捷克駐南斯拉夫大使，任期三年。瑪德琳十歲那年，父親把她送到瑞士一所私立學校，她在那裡又學會了法語。1948 年，捷克共產黨掌權，正在聯合國出任捷克代表的科貝爾被捷克外交部除名，隨後在美國尋求政治避難，攜全家在紐約定居下來。這一年，只有 11 歲的瑪德琳已經在五個國家生活過，會說四種語言。

1949 年，瑪德琳的父親在丹佛大學拿到一份教授國際關係課的教職，全家移居科羅拉多州。中學時代，瑪德琳就對外交產生興趣，曾經擔任學校國際關係俱樂部主席。國際關係成了家裡飯桌上的主要話題。1955 年，瑪德琳進入著名的衛斯理女子學院學習政治學和新聞學，1959 年以全優成績獲取本科學位。畢業典禮的三天之後，她和約瑟夫‧歐布萊特結為連理。在丈夫開始為《芝加哥太陽報》工作後，瑪德琳也想找一份記者的工作，卻碰了一鼻子的灰，理由是她既不能和丈夫在同一家報社工作，也不能給《芝加哥太陽報》的競爭對手幹活，於是她只好給自己尋找新的發展方向。

1961 年，約瑟夫‧歐布萊特改換門庭投靠了《今日新聞》報社，兩人搬到了紐約長島。在接下來的幾年裡，瑪德琳生了三個女兒，其中有一對雙胞胎。在這同時，她在哥倫比亞大學攻讀公共法律與政治體系的研究生，導師之一是後

來當了卡特總統國家安全顧問的布里辛斯基。1968 年，她同時獲得碩士學位和蘇聯研究的證書。這一年，她先生升任華盛頓特區《今日新聞》分社的主任，一家人再次搬家，來到了美國的首府。

70 年代中期，瑪德琳在攻讀博士學位的同時給參議員艾德蒙‧穆斯基當助手。1978 年，布里辛斯基請她擔任國家安全委員會和國會之間的聯絡員，把重點放在國會有關外交政策的立法。共和黨總統雷根上臺之後，她從政府機構退了出來。1981 年，她獲得史密斯學會的一筆研究基金，並於第二年出版專著《波蘭：媒體在政治改革中的角色》。同一年，她接受喬治城大學的聘請，教授國際事務課程，同時擔任「婦女外交事務部」的主任。在喬治城大學任教的十年裡，她破紀錄地四次榮獲年度最佳教師獎。但她沒有因為進了象牙塔而遠離政治。

在 1984，年和 1988 年的總統大選中，她先後出任民主黨總統候選人孟代爾和杜卡斯基的外交政策顧問，並親手替杜卡斯基起草過多篇演講稿。1989 年，她出任民主黨研究院「國家政策中心」的院長，並曾經安排東歐國家和其他國家的領導人和美國國會議員見面。1990 年，剛被選為捷克總統的哈威爾第一次對美國作國事訪問，特意聘請瑪德琳擔任他的翻譯和顧問。她在家裡舉辦的外交政策沙龍前後吸引過數百名民主黨的教授、理論家和政界要人，包括當時還是阿肯色州長的柯林頓。她的沙龍聚會和一般的社交聚會大不相同，為 1992 年柯林頓率領民主黨人重登權力頂峰起了探路的作用。

1992 年 12 月 22 日，在大選中獲勝的柯林頓任命瑪德琳‧歐布萊特為美國駐聯合國大使。1993 年 1 月 27 日，國會參議院全票通過了對她的任命。她身兼國家安全顧問委

員會成員，又是柯林頓總統的資深外交顧問，和國務卿、國防部長、中央情報局局長、國家安全顧問等人一起參加每兩周舉行一次的「頭腦會議」。柯林頓把她收進內閣，以顯示對聯合國的重視。她上任以後，聯合國在世界各地面臨許多棘手的局面，包括前南斯拉夫的種族衝突、索馬利和盧安達的內戰、海地的動亂和海灣戰爭之後對伊拉克的經濟制裁。精力充沛的歐布萊特全力以赴地投入到她在聯合國的新使命中。頻繁地往返於紐約和華盛頓首府之間，有時一周達五次之多。她還頻頻出訪，足跡遍及亞非拉和歐洲的許多國家。

1996 年 12 月 5 日，柯林頓總統任命瑪德琳 • 歐布萊特為美國國務卿，國會參議院再一次全票通過了這一任命，使得歐布萊特不但成為美國歷史上第一位女國務卿，也成了美國政府裡職位最高的女性。在她上任的頭一百天裡，她便出訪了義大利、俄國、韓國、中國等國家，安排了柯林頓和葉爾辛之間的高峰會晤，並為北大西洋公約組織的改組和擴建打下了基礎。她以一貫的強悍作風在巴勒斯坦和以色列之間積極斡旋，逼迫雙方都作出讓步。

1998 年，科索夫戰爭爆發，她更是大力支持美國的軍事介入。面對國際輿論的批評，她堅持己見，相信武力是對付極權政府的最有效的手段。

2001 年，柯林頓第二屆總統任期期滿，瑪德琳 • 歐布萊特也正式退出了美國的外交舞臺。

達斯汀・霍夫曼

美國著名性格演員

　　他曾兩次獲得奧斯卡獎，六次被提名最佳男主角。他所扮演的角色在年齡、性格、背景、社會階層上都有著巨大差異。達斯汀・霍夫曼（Dustin Hoffman）是美國最著名的性格演員之一。從《畢業生》的青澀到《午夜牛郎》中的落魄惡棍到《雨人》中患有自閉症的數字天才，從《克拉瑪對克拉瑪》中的單親父親到《雌雄莫辨》中男扮女裝的演員，他的每一個銀幕形象都令人難以忘懷。

　　1937 年 8 月 8 日，達斯汀・霍夫曼出生於洛杉磯的一個猶太家庭。父親是一個傢俱店的銷售員，同時在哥倫比亞製片廠管道具。母親放棄了做演員的夢想，在家中相夫教子。霍夫曼上學期間，由於家裡多次搬遷，他本人又長得格外瘦小，無論到哪裡都既不起眼又不合群。他唯一引人注意的地方就是善於模仿，特別是模仿老師。這一特長成了他演戲生涯的最早萌芽。高中畢業後，他進入聖塔莫尼卡城市學院學音樂，但戲劇藝術的選修課卻更讓他更感興趣。一年之後，他輟學上了表演進修班。1958 年。為了避免在家門口失敗，他離開洛杉磯遠赴紐約去尋找做演員的機會。

在紐約的最初幾年，霍夫曼靠打各種零工維持生活，同時繼續進修表演課程。他第一次登上舞臺是在一所大學的話劇裡參加演出。1961 年，他在百老匯上演的《將軍先生的廚子》中跑過龍套。隨後幾年裡，他仍然只是在百老匯的舞臺或者在電視上串演一些小角色。1965 年，他在試演中被一位獨具慧眼的導演看中，在《哈瑞，正午和深夜》中扮演了一個生活在納粹時期德國的跛腳同性戀者。從此，他才漸漸引起了人們的注意並得到評論界的肯定。

1967 年，《畢業生》的導演麥克・尼科斯找到達斯汀・霍夫曼扮演影片中的男主角——迷惘困惑、落落寡合的大學生本傑明・布萊多克。這是一個具有顛覆性的大膽選擇。在 60 年代的銀幕上，人們習慣看到的是以葛雷哥萊畢克、約翰・韋恩、威廉・荷頓為代表的高大英俊、性格完美的男主角，而霍夫曼的形象卻恰恰與之相反。

一位影評家在他的文章中寫道：「他小矮個。鷹鉤鼻，兩眼如豆，頭髮蓬亂，整個看來一副倒楣蛋的模樣。」

達斯汀・霍夫曼在讀過劇本原著後也認為自己不是這個角色的合適人選，因為小說中的本傑明是一個高大的金髮青年。但是尼科斯卻在已經 30 歲的霍夫曼身上看到了本傑明那一代人的精神氣質。

「再讀一遍原著，把本傑明想成猶太人。」是他對霍夫曼的回答。《畢業生》上映之後引起了巨大轟動並獲得影評界眾口一辭的讚揚。《星期六評論》稱它為「本年度最令人耳目一新、最幽默、最感人的影片」，稱達斯汀・霍夫曼為「我們這一代人最可愛的銀幕英雄」。他一夜之間成了家喻戶曉的明星並被提名奧斯卡最佳男主角。

達斯汀・霍夫曼出名之後，片約紛至遝來。為了避免在銀幕上定型，他選擇了一個與本傑明從裡到外都相去最遠

的角色。這就是《午夜牛郎》中的萊索 · 里佐。影片中的場景是紐約騙子、皮條客、小偷等聚集的一個污穢不堪的地下世界。萊索 · 里佐是一個曾經以行騙為生的惡棍。他渾身是病、孤苦潦倒，卻在死前與一個年輕無知的男妓產生了一段惺惺相惜的友情。

達斯汀 · 霍夫曼精湛的表演將一個低賤粗鄙的人物可悲的一生中短暫的溫情演繹得細膩動人，讓心腸最硬的觀眾都不由得為之歎息。尤其為評論家們所稱道的是，影片中的里佐又老又瘸，醜陋不堪，而霍夫曼一心以刻畫人物為重，絲毫不在意自己的個人形象。《午夜牛郎》為霍夫曼贏得了第二個奧斯卡獎提名。

接下來達斯汀 · 霍夫曼與米亞 · 法蘿合演了《約翰與瑪麗》，講的是兩個年輕人在曼哈頓的一家酒吧相遇後上床，在第二天臨睡前才想到問起彼此的姓名。他的片酬是四十五萬，比《午夜牛郎》多了二十萬，比《畢業生》多了四十三萬。他拍的下一部電影是一部西部片，他在片中扮演一位 121 歲的印第安老人，片酬漲到五十萬。他幾乎是以一種警覺的態度看待自己日益增長的知名度。在接受《紐約時報》採訪時，他提到人在突然走紅時容易喪失對自己的客觀認識，因此要時時腳踏實地，不可得意忘形。

70 年代初期。達斯汀 · 霍夫曼一連主演了幾部反響平平的影片。儘管他的表演不乏可圈可點之處，但票房和影評卻雙雙令人失望。與此同時，他的婚姻也面臨破裂。

1979 年所拍攝的《克拉瑪對克拉瑪》似乎給了他一個表達內心無奈和痛苦的舞臺。達斯汀 · 霍夫曼在影片中扮演一個一心撲在事業上的廣告公司經理，妻子離家出走後不得不單獨承擔照顧兒子的責任，最終成為一個充滿愛心的好父親，卻又為了爭奪兒子的監護權與前妻法庭相見。

他在這部片子中的表演細膩感人，被評論界公認為是他電影生涯中最精彩的表現，他也因此而第一次獲得奧斯卡最佳男主角獎。

在達斯汀‧霍夫曼所創造的一系列銀幕形象中，有些是日常生活中的普通人，有些是特殊環境中的特別人物，而他既能把一個普通角色演得令人難忘，又能將一個特殊角色表現得令人信服。

在影片《雌雄莫辨》中扮演一個普通的男演員。因為找不到工作而不得不女扮男裝在一出肥皂劇中擔任一個女性角色並獲得意外成功。霍夫曼演男像男，扮女似女，對兩者轉換間的尷尬和狼狽表現得尤其傳神。他的精湛的演技再次為他贏得了奧斯卡男主角的提名。

達斯汀‧霍夫曼下一個獨特而具有挑戰性的角色是影片《雨人》中患有自閉症的數字奇才。在英俊瀟灑、精明靈活的湯姆‧克魯斯身邊，達斯汀‧霍夫曼顯得木訥、呆板、脆弱、幼稚，卻又緊緊扣住了觀眾的心弦。

《新聞週刊》在影評中指出：「達斯汀‧霍夫曼的表演令人歎為觀止。其精彩之處在於，儘管角色本身缺少發揮餘地，他卻能夠從中展現出豐富的色彩和層次。」《雨人》獲得多項奧斯卡獎，包括最佳影片和最佳男主角獎。

90年代，達斯汀‧霍夫曼影響最大的影片是《桃色風雲搖擺狗》。講的是美國總統在選舉前兩個星期鬧出性醜聞，為了避開輿論追究，總統的競選顧問向好萊塢的一位製片人求助。後者利用媒體杜撰出發生在阿爾巴尼亞的一場戰爭並讓美國介人，以此轉移選民的視線。影片上映時，正值柯林頓總統與萊溫斯基的關係曝光並下令轟炸南斯拉夫。二者的巧合使得《桃色風雲搖擺狗》成為當年最熱門的政治諷刺影片。

　　達斯汀・霍夫曼扮演好萊塢的製片人並第六次獲得奧斯卡獎提名。最近幾年，達斯汀・霍夫曼仍不斷以新的角色在銀幕上與觀眾見面，他的演技也日益爐火純青。1999年，美國電影學會授予他終身成就獎。

　　60年代初，達斯汀・霍夫曼的出現給美國影壇帶來了前所未有的新氣象，至今他仍是好萊塢公認的最具創意的演員之一。在長達四十年的表演生涯中，霍夫曼唯一受到批評的就是他的「完美主義」。他對角色的投入和對細節的苛求往往令人覺得他很難合作。但正是這種對完美的追求造就了一個優秀的藝術家和一個個充滿人性的獨特的銀幕形象。

　　美國電影學會在頒獎詞中寫道：「三十多年前，很難把達斯汀・霍夫曼看作是一位主角。今天，很難想像他不是一位主角。達斯汀・霍夫曼也許可以被稱為是一位最完美的主角。他既是好萊塢的明星又是他那一代人中最偉大的演員之一。」

▌雷夫・勞倫

PoLo品牌的創建人

　　一件看似普通隨意但質地精良的開領短袖衫，僅僅因為胸前一個小小的馬球標誌便立刻讓穿衣人顯得氣質優雅、卓爾不群。這就是 POLO 的形象，它代表著成功、自信、品位和經濟實力。POLO 的創始人、著名時裝設計師雷夫・勞倫（Ralph Lauren）就是他所創造的品牌的最佳寫照。

　　雷夫・勞倫原名雷夫・利夫史茲，1939 年 10 月 14 日出生於紐約的布朗克斯區。他的父母都是來自俄國的猶太移民。父親是一位藝術家，靠油漆房子維持一家人的生活。雷夫・勞倫自幼便對衣著有獨特的品味。當同齡的男孩子紛紛模仿馬龍・白蘭度，穿牛仔服或者摩托裝時，他卻偏愛優雅整潔、富有書卷氣的花呢外套和系扣襯衫。雷夫・勞倫最早的時裝知識來自電影和《紳士》雜誌。他十分看重服裝的質地和品牌。上高中時，他在亞力山大百貨公司給貨架上貨，把薪水大都用在買衣服上面，而且往往為了買一件名牌外套而省吃儉用幾個星期。16 歲時，雷夫・勞倫和姐姐及兩個哥哥一道把自己的姓從生澀拗口的利夫史茲改成簡潔而富有音樂感的勞倫。

　　高中畢業之後，雷夫・勞倫白天在亞力山大做全職售貨員，晚上在紐約城市學院進修商業課程，但沒拿到學位就退學了。1967 年，雷夫在一家領帶公司賣領帶，同時開始做領帶設計。他的整個辦公室就是帝國大廈一個小房間裡的一個櫃子裡的一個抽屜。他設計的領帶面料別致，花色鮮豔，而且比傳統領帶要寬一至二公分。這一新款式領帶上市之後很受歡迎。

　　一年以後，雷夫・勞倫用借來的五萬元錢創辦了自己的時裝公司。他給公司起名為 POLO，取其高貴優雅的氣質。很快，雷夫・勞倫的寬型領帶便成功地進入了紐約時裝市場，包括最高檔的布魯明黛百貨公司（梅西百貨的子公司）。由於雷夫名不見經傳，布魯明黛要求他不僅要把領帶變窄，而且還要把雷夫的名字拿掉。但他寧可把產品從布魯明黛撤出也絕不肯改變自己的設計和放棄自己的名字。六個月之後，目睹寬型領帶在其他商場熱銷的盛況，布魯明黛回頭找他，表示願意照他的設計銷售他的領帶。

　　為了與寬型領帶相配，雷夫・勞倫又推出了 POLO 男裝系列。他所設計的男裝比一般美國西裝更加挺拔考究，卻又不像歐洲男裝那麼正式拘謹。從面料到剪裁都表現出一種淵源深厚的英國貴族氣派。POLO 男裝閒適而優雅的風格立即獲得了年輕高層企管人士的青睞，布魯明黛率先開設了雷夫・勞倫專賣店。1971 年，雷夫女裝系列問世。並逐漸發展為四種款型：精品型、古典型、鄉村型和運動型。他的女裝設計儘管表面看來似乎有些男性化，但由於不同面料和款式獨具匠心的搭配，反而在瀟灑中更顯示出女性的柔美。

　　接下來的二十幾年裡，雷夫・勞倫不斷設計出新的產品。1974 年，眼鏡系列。1978 年，男孩系列。1981 年，女孩系列。1982 年，鞋子系列。隨後，圍巾、襪子、睡衣、

皮具、箱包、珠寶、香水等也紛紛上市。

雷夫‧勞倫的男女時裝對美國人七八十年代的衣著產生了巨大影響。雷夫曾經為電影《了不起的蓋茨比》（1973）和《安妮‧霍爾》（1978）擔任服裝設計。80 年代中期，POLO 運動裝幾乎成了年輕人最崇拜、最嚮往的品牌。幾十年來，世界和人們的觀念都發生了巨大變化，時裝界更是日新月異，令人目不暇接，但雷夫始終在時尚潮流中保持著領先地位。他的設計融創新、傳統與浪漫為一體，並且從不同歷史時期和文化中獲得靈感。

他的大多數時裝系列都有一個主題，如非洲之行、巴黎波西米亞情調、西部牛仔風情、美國印第安人文化、俄國革命時期風格等等。無論何種款式，雷夫‧勞倫的每一件服裝都以考究的面料、無可挑剔的剪裁和優雅得體的搭配體現出他一貫的品位。正如他自己所說：「我信奉可以歷久不衰的服裝，而不只是流行一時。這樣的服裝應該一年比一年耐看。穿我設計的衣服的人不會覺得它『時髦』，他們欣賞的是優質的服裝……」

1971 年，雷夫‧勞倫在加州比佛利山創辦了第一家專賣店。他是美國第一個自己開專賣店的時裝設計師。早年在商場做售貨員的經歷讓他在零售與推銷上具有敏銳的直覺和決策能力。到目前為止，雷夫在美國有上百家獨立的專賣店，在上千個美國高檔商場中設有精品店。另外，倫敦、巴黎、上海等許多世界大都市也都有他的時裝店。他是第一個在以歷史悠久、名牌眾多著稱的歐洲時裝界獲得成功的美國設計師，世界各地的消費者更是以實際行動證明了雷夫‧勞倫的魅力。2000 年，他的產品在全球的銷售額高達一百億美元，使他成為至今為止全世界最受歡迎的設計師。

1986 年，雷夫‧勞倫寫出了美國時裝史上前所未有的

大手筆。他耗資一千四百萬美元將紐約麥迪森大道上一座有著上百年歷史的建築改建為一個美輪美奐、典雅豪華的展銷大廈。這座大廈從裡到外每一寸空間都經過精心裝飾和搭配，每一樣物品從牆紙到唱片都可以供顧客選購。任何人只要身臨其境，就能直觀地、全面地感受和領會雷夫・勞倫的生活方式在物質和精神上的涵義。

雷夫・勞倫是第一位在自己產品廣告中現身說法的設計師。他通過向觀眾展示自己的衣著、家庭、居住環境等來證明每一個人都可以過同樣的生活。而在現實中，雷夫的確是他所推崇的生活方式的寫照。他在科羅拉多有農場，在紐約有豪宅，在長島和牙買加有莊園。他收藏名牌古董汽車、手錶和摩托並擁有一架私家飛機。雷夫的生活方式已經成為今天人們夢寐以求的目標。

雷夫・勞倫曾經七次獲得美國時裝設計大獎──科蒂獎。1986 年，雷夫・勞倫進入科蒂名人榜。1992 年，美國時裝設計協會授予他終身成就獎，表彰他 25 年來對美國時裝的貢獻。美麗優雅的著名女演員奧黛麗・赫本在頒獎時說：「如果有人說你看上去很『雷夫・勞倫』，你就知道那意味著什麼。」1996 年，美國時裝設計協會評選雷夫・勞倫為年度最佳設計師。他曾驕傲地宣稱：「我提高了美國的品位。」「我的設計不是服裝而是夢想。」此言不虛。

▌芭芭拉・伯克瑟

參議院裡民主黨的開路先鋒

　　2005 年 1 月，布希總統任命美國國家安全助理康得麗莎・賴斯接替鮑威爾出任美國國務卿。在美國參議院外交事務委員會的聽證會上，兩位參議員因為賴斯在伊拉克戰爭中扮演的重要角色而對這一任命投了反對票，其中一位是兩個月前剛剛在總統大選中以微弱選票敗給布希的約翰・凱利，另一位便是來自加州的美國女參議員芭芭拉・伯克瑟（Barbara Boxer）。

　　和約翰・凱利相比，芭芭拉・伯克瑟在聽證會上的表現要搶眼得多。她質問賴斯在伊拉克大規模殺傷性武器的問題上是否謊報了軍情。一向口若懸河的賴斯在芭芭拉窮追不捨、咄咄逼人的追問下，顯得惱羞成怒，難以招架，只好以攻為守，反問芭芭拉是否對她的人格表示懷疑。儘管賴斯最終得以在聽證會上過關，但是女參議員芭芭拉卻給電視機前的美國人留下了深刻印象。

　　三個月之後，布希總統任命國際社會普遍反感的鷹派人物約翰・伯爾頓為美國新任住聯合國大使。這一任命在參議院的聽證會上又一次受到芭芭拉的強烈質疑，她直言不諱

的風格再次引起全國矚目，《時代》雜誌為此特意採訪她。

　　芭芭拉 · 伯克瑟個子只有一米五出頭，長得小巧玲瓏，秀麗端莊。初次見到她的人恐怕很難把她和一個敢說敢做、火藥味十足的鬥士形象聯接在一起。但偏偏就是這麼一個「小婦人」成為參議院裡美國民主黨「左派」的代言人。

　　芭芭拉 · 伯克瑟原名芭芭拉 · 李維，1940 年 11 月 11 日出生於紐約的布魯克林區，父母親都是來自俄國的猶太移民。和許多同齡女孩一樣，她讀公立學校，在穿著打扮上愛趕時髦，過著父母親提供的安逸舒適的中產階級生活。17 歲那年，她被布魯克林學院錄取，那時的大學裡大多數女生選修教育專業，但芭芭拉決定主修女生很少涉足的經濟學，副主科專業選擇了政治學。

　　大學的最後一年，芭芭拉和同在布魯克林學院讀書的斯圖爾特 · 伯克瑟結婚。婚後兩人搬進了一問小公寓房。公寓樓道裡的地毯已經非常破舊，房主也已經答應換新地毯，但幾個月之後仍然沒有兌現許諾。芭芭拉於是把房客組織起來聯名抗議，房主最後被迫履行承諾。這是芭芭拉 · 伯克瑟運用「政治」手段贏得的第一次勝利。

　　大學畢業後，芭芭拉有心參加華爾街一家大公司舉辦的訓練班，但因為是女性而被拒之門外，她只好找了一份秘書的工作，同時自己準備股票經紀人的資格考試。但她沒有想到，考試順利過關之後，她在證券交易和傭金分配中仍然受到性別歧視。

　　1965 年，芭芭拉辭掉了股票經紀人的工作，和先生一起來到了舊金山。兩年之內，兩個孩子先後出生，芭芭拉也順理成章地當起了全職媽媽。

　　當時，籠罩在越戰陰影之下的美國社會動盪不安，民權運動風起雲湧，甘迺迪兄弟和馬丁 · 路德 · 金恩相繼遭到

暗殺，這一切都給了芭芭拉極大觸動，促使她走出家門，投入到當地的社區活動之中。她發起成立的一個專門幫助高中輟學學生接受職業技能訓練的項目獲得了很大成功，最後成為校區的一個正式項目。同時，她還是環保、反戰和捍衛婦女權益等活動的積極分子。

1971 年，芭芭拉參加了馬林郡行政管理會的競選，在初選中順利勝出。但在大選中以微弱劣勢敗北。落選後她沒有走回家門，而是在《太平洋太陽週報》擔任了記者，後來又升為週報的副主編。

與此同時，她還是美國民主黨眾議員約翰・伯頓的國會助理。1976 年，她再次參加馬林郡行政管理會的競選，終於當選。1980 年，芭芭拉成為管理會有史以來第一位女主管。任職期間她表現卓越，在環保問題上成績斐然。1982 年，加州第六國會區空出一個美國國會眾議員的席位，她參選，成為美國國會眾議員。

在國會裡，芭芭拉堅持自己一貫的反戰立場，全力以赴地反對國防開支中的浪費現象。她向媒體披露了五角大樓花七千多美元買一隻咖啡壺的事實，令輿論為之譁然。1991 年，她旗幟鮮明地反對美國捲入海灣戰爭。在這同時，她還不遺餘力地捍衛美國婦女兒童的合法權益。她不僅是美國「產假病假法」法案的提案人之一，同時還提交過一份修正案，要求聯邦政府對因強姦和亂倫而做的流產提供所需的醫療費用，這一修正案因此而被命名為「伯克瑟修正案」。

國會兩院通過了這一提案，但遭到老布希總統否決。儘管有 70％的女議員和 54％的男議員投票推翻總統的否決，終因票數不夠而沒有成功。1992 年，布希總統任命克萊倫斯・湯姆斯為美國最高法院大法官，阿妮塔・希爾在參議院聽證會上出庭作證，證明湯姆斯過去有性騷擾行為，電視

實況轉播了聽證會的全過程，在全美引起軒然大波。儘管如此，參議院還是通過了布希總統的提名，湯姆斯最終得以進入最高法院。

阿妮塔 · 希爾在參議院聽證會上受到的不公正待遇讓芭芭拉義憤填膺。1992 年，她毅然決定角逐加州美國參議員的席位。初選中她的對手是兩位實力強勁的男候選人，兩人在婦女權益問題上都有良好紀錄，但芭芭拉得到了婦女團體的有力支援，年初就已經籌集到兩百萬美元的競選捐款，使她得以在六月份的初選中勝出。

在 11 月的大選中，她的對手是保守派電視評論員布魯斯 · 赫辛頓。兩人的立場可謂涇渭分明。赫辛頓主張有利富人的一刀切的平稅，反對墮胎，呼籲取消環保限制，而芭芭拉則力主保護婦女的墮胎權，保護生態環境，大力削減軍費。最初芭芭拉處於絕對優勢，但是赫辛頓利用電視廣告大肆進攻，使兩人間的差距越來越小，直到選舉日那天還難分勝負，但最終芭芭拉以微弱優勢贏得了選舉。這一年是婦女當選美國參議員人數最多的一年。

在參議院裡，芭芭拉繼續不遺餘力地捍衛婦女權益。大力主張增加乳癌研究經費以及為家庭暴力的受害者提供幫助。俄勒岡參議員鮑勃 · 派克伍德的性騷擾案曝光後，她責成當事人將所作所為公諸於眾。美國海軍集體性騷擾醜聞傳出後，她力主對負責人嚴加處罰。她大力支持舊金山的一位女同性戀出任政府要職，同時呼籲取消美國軍隊裡對同性戀的限制。她還一如既往地關注環境保護，反對在加州的沙漠地區建立一個放射性廢料場。

芭芭拉生有一兒一女。女兒妮可 1994 年嫁給了柯林頓總統的小舅子托尼 · 羅德姆，婚禮在白宮舉行，但兩人在 2000 年離異。

　　1992 年，芭芭拉和其他女眾議員一起，就湯姆斯的性騷擾行為求見參議院司法委員會，卻被拒之門外，理由是「陌生人」不得入內。兩年之後，已經成為美國參議員的芭芭拉寫了一本書，書名就是《參議院裡的陌生人：政治和美國婦女的新革命》。美國參議員的任期是六年，芭芭拉在 1998 年和 2004 年兩度競選連任成功，而當年的「陌生人」早已是美國參議院裡人所共知的大人物。

▌鮑勃 · 狄倫

60年代美國青年的精神偶像

鮑勃 · 狄倫（Bob Dylan）是美國上世紀 60 年代最具影響力的歌手，他的歌聲領導了一個時代的音樂潮流。

1941 年 5 月 12 日，本名羅伯特 · 齊默爾曼的鮑勃 · 狄倫出生於明尼蘇達州的一個小城市，祖父母輩是來自俄國的猶太移民。他 10 歲開始寫詩並自己學會了彈奏吉他、口琴和鋼琴。他對民謠、鄉村音樂和早期的搖滾樂十分入迷，在高中時就組建了自己的樂隊。1959 年，他進入了明尼蘇達大學。大城市豐富的音樂生活開闊了他的視野，他大量接觸了各種不同風格的音樂並開始在學校附近的酒吧和咖啡館登臺表演。

在這期間，他改名為鮑勃 · 狄倫，以此表達他對叛逆的威爾斯詩人狄倫 · 湯瑪斯的敬慕。對音樂的癡迷使鮑勃 · 狄倫無暇顧及學業，他的大學生活只持續了短短的六個月便結束了。

鮑勃 · 狄倫從小就嚮往漫遊的生活。在 10 歲到 18 歲之間他曾經七次離家出走。退學以後，他馬上收拾行囊上了路。1961 年，他帶著兩個心願來到紐約。一是親自拜見他最崇拜的民歌王伍迪 · 古斯芮，二是成為雲集於格林威治

村的眾多歌手中的一員。病榻上的伍迪 · 古斯芮讓鮑勃 ·
狄倫發現了自己。他回憶道：「伍迪曾是我的上帝。我寫歌
時總是按照我想像中他會怎樣寫來寫。和他談話以後，我發
現他不是神而是人。他使我懂得了人們為什麼做他們所做的
一切。現在我寫的都是自己的感受。」

在紐約，他起初睡在地鐵站裡，在街頭或者咖啡館周圍
彈唱。但不久他就在格林威治村裡嶄露頭角，更被《紐約時
報》稱讚為「曼哈頓夜總會裡最有特色的歌手之一」。

1961 年秋天，哥倫比亞廣播公司與鮑勃 · 狄倫簽約。
他的第一個專輯儘管叫做《鮑勃 · 狄倫》，卻只有兩首他
自己創作的歌曲，包括一首獻給伍迪 · 古斯芮的《致伍
迪》，其餘的都是以死亡和生活的苦難為主題的傳統民歌。
第二個專輯《隨心所欲的鮑勃 · 狄倫》才真正使他一鳴驚
人，發出了美國通俗音樂史上最有特色、最充滿詩意、最震
撼人心的聲音，其中一曲《隨風飄揚》成為 60 年代傳遍美
國乃至歐洲的和平聖歌。

60 年代初期，鮑勃 · 狄倫的歌具有強烈的時代感和政
治色彩。他反對戰爭、反對種族歧視、反對貧富不均、反對
不公平的社會體制。除了《隨風飄揚》、《大雨來了》等譴
責戰爭等歌曲之外，他的歌曲中還有被殺害的黑人民權運動
領袖、鐵礦工人的妻子和慘死的拳擊手。他以一個時代先鋒
的敏銳和勇氣表達了一代人的渴望、痛苦、憤怒和叛逆。

這段時期，鮑勃 · 狄倫基本上採用的是當時民歌的流
行唱法，兼有鄉村與藍調的風格。他的鼻音濃重，聲音略啞，
聽上去有一種粗礦的真實感。與他的歌曲一樣，鮑勃 · 狄
倫本人也是有名的桀傲不馴。儘管他同情民權運動，卻不屬
於任何社會組織。他一方面被公認為「時代的代言人」，一
方面卻強調自己的獨立性：「我只是寫我腦子裡的想法，並

不想為了什麼人去領導什麼事業。」

遠在大西洋彼岸的披頭士樂隊成員之一的喬治 · 哈里森在講到鮑勃 · 狄倫時曾經說：「我喜歡他整個的態度。他的穿著，他誰也不買帳的勁頭，他唱反調的做法，他嘲諷一切的氣派。」

在連續推出兩個以政治歌曲為主的專輯之後，鮑勃 · 狄倫似乎對站在抗議運動的前沿有所厭倦。他的下一個專輯刻意起名為《鮑勃 · 狄倫的另一面》，從內容到風格都偏離了以他自己為中心的民歌潮流。在這個以情歌為主的專輯裡，鮑勃 · 狄倫展示了他作為詩人兼歌手的獨特氣質和文學造詣，他歌詞中包含的意象和語言深度帶給了通俗歌曲前所未有的文學性。

接下來的幾年是鮑勃 · 狄倫音樂創作上最成熟也最具影響力的時期。1965 年，來自英國的披頭士以搖滾樂席捲了整個美國，其他歌手也紛紛用電子樂器演繹他的曲目。鮑勃 · 狄倫充分意識到了一把吉他、一支口琴的民歌在音樂上的局限性，決意在自己的演唱中引入電吉他和搖滾樂隊。1965 年的夏天，鮑勃 · 狄倫創作了他作為搖滾民歌創始人的奠基之作《好像一塊滾石》。這首長達六分鐘的歌曲衝破了搖滾樂維繫了十年的停滯狀態，用各種樂器振聾發聵的組合徹底取代了民歌單一的曲調。

《好像一塊滾石》一炮而紅，成為當年所有電臺必播的熱門曲目，鮑勃 · 狄倫也在一夜之間成了搖滾樂的偶像。

聲名如日中天的鮑勃 · 狄倫當時只有 25 歲。連續不斷的演唱會讓他筋疲力盡，同時他還要應付即將到期的唱片公司和出版社的合約。1966 年 7 月 29 日，鮑勃 · 狄倫在騎摩托車時受重傷。這次意外事故不僅讓他擺脫了事業和精神上的巨大壓力，而且得以與結婚一年的妻子薩拉和剛出生的

兒子一起安靜地享受天倫之樂。

70 年代初，他有意尋找自己的猶太淵源並在耶路撒冷的哭牆前拍下著名的留影。70 年代末，他出人意料地成了「再生基督徒」並連續推出了幾個與基督教有關的專輯，但在數年之後卻又重返以色列。

這一期間，鮑勃‧狄倫的個人生活十分低調。他與薩拉離了婚，大部分時間都在各地巡迴演唱。儘管鮑勃‧狄倫的頭上已沒有昔日的光環，但他始終在流行音樂界佔有一席之地。1988 年，他入選搖滾樂名人榜。1991 年的葛萊美音樂獎授予他終身成就獎。1997 年，他的專輯《瘋狂時代》獲得三項葛萊美獎，他自己則成為當年美國藝術最高成就獎——甘迺迪中心榮譽獎的五名獲獎者之一。2004 年，《好像一塊滾石》被《滾石》雜誌評為有史以來五百支最優秀歌曲的第一名。

2016 年 10 月 14 日諾貝爾文學獎頒給了鮑勃‧狄倫，讓人大跌破眼鏡，有人叫好，也有人扼腕，爭議不小！

總之，鮑勃‧狄倫對美國流行音樂具有不可估量的影響。他在流行音樂的形式、流派、作詞等方面的貢獻至今無人企及。作為 60 年代美國人精神和靈魂的代表，鮑勃‧狄倫是一個不朽的音樂傳奇。

▌保羅・賽門

把流行歌曲唱成經典的一代歌星

賽門和葛芬柯是美國流行音樂史上最著名的二人組。六七十年代裡，他們的二重唱表達了那一代人對和平、友誼、愛情的信念和嚮往，至今仍是流傳不衰的經典。其中保羅・賽門（Paul Simon）在演唱之外更兼寫詞和作曲，是二人組合的靈魂。從 50 年代兩人初次合作至今，賽門和葛芬柯分分合合多次，在時間上則分更多於合。在他們各自的音樂生涯中，賽門的成就顯然更突出，影響也遠遠大於葛芬柯。

保羅・賽門於 1941 年 10 月 13 日出生於新澤西州紐華克一個匈牙利裔猶太家庭。他的母親是一位音樂老師，父親在廣播電臺演奏貝司。葛芬柯與賽門的出生日只差了三個星期，父母也是猶太裔。他們兩人都在紐約的皇后區長大，在高中時結為好友，並開始用「湯姆和傑瑞」（卡通片中的貓和老鼠）的名字在一起演唱。1957 年，他們錄製了第一首二重唱《嗨！女學生》，上了流行歌曲排行榜的第 49 名。這一年，兩人都只有 16 歲。高中畢業後，賽門和葛芬柯各奔前程。賽門邊在皇后大學讀書邊創作歌詞，間或也登臺演唱，葛芬柯則進了哥倫比亞大學學習數學。

　　60 年代初，紐約的格林威治村聚集著大批藝術家。民歌是當時的音樂主流。賽門和葛芬柯再次聯手，以二重唱和賽門的吉他伴奏在民歌舞臺上脫穎而出。1964 年，哥倫比亞唱片公司推出了他們的第一個專輯《星期三凌晨三點》，但沒有引起預料中的反響。賽門隻身前往英國尋求音樂靈感。在英期間他創作和演唱的歌曲被收入《保羅・賽門歌集》在英國發行。

　　與此同時，他和葛芬柯受到冷落的第一個專輯中的一首歌卻出人意料地在美國被重新發現並走紅。這首歌就是著名的《沉默之聲》。1965 年，《沉默之聲》在電臺上多次被聽眾點播。哥倫比亞的一個音樂製作人靈機一動將它從專輯中挑選出來，加入電吉他、貝司和鼓重新錄製後作為單曲發行。被「搖滾」處理過的《沉默之聲》廣受歡迎，一舉登上流行歌曲排行榜的第一名。當賽門聞訊從英國趕回美國時，他和葛芬柯已經成了炙手可熱的明星。

　　哥倫比亞唱片公司趁熱打鐵，讓賽門和葛芬柯再次合作，很快推出了以《沉默之聲》為名的第二個專輯。專輯中的好幾首歌曲來自《保羅・賽門歌集》，但改由二人合唱，並加入了搖滾樂伴奏，其中包括膾炙人口的《我是岩石》、《綠葉》、《凱西之歌》等。

　　一年之後，《歐芹、艾草、迷迭香和百里香》問世，收錄了賽門過去一年中創作的新歌。這個專輯無論是歌曲本身還是賽門和葛芬柯在重唱上的配合都比以往更加成熟和完美。賽門的歌詞憂鬱、傷感、細膩、飄逸，旋律優美動人。葛芬柯是二人中的主唱，他純淨而真摯的聲音宛若天籟，是賽門詞曲的絕配。與站在時代前列，用歌聲抨擊時弊的鮑勃・狄倫相比，充滿書卷氣的賽門和葛芬柯代表的不是 60 年代人作為抗議者的憤怒和叛逆，而更多的是青春期的敏

感、脆弱和渴望。

1967 年，賽門應邀為電影《畢業生》創作主題歌。在短短的時間裡，賽門寫出了《羅賓森夫人》，由他和葛芬柯合唱。《畢業生》獲得了巨大成功，摘取了數項奧斯卡大獎，《羅賓森夫人》也一鳴驚人，榮獲葛萊美年度最佳歌曲和最佳電影插曲兩項大獎。《羅賓森夫人》被收入新專輯《書檔》中。其他歌曲還包括傳唱一時的《美國》、《老人之聲》和《假裝》等。

就在賽門和葛芬柯紅透了整個西方歌壇的同時，他們之間的關係也日益緊張。常年不停的巡迴演唱讓兩個人都心力交瘁，磨擦和矛盾時有發生。葛芬柯從高中起就對電影表演有濃厚的興趣。當《畢業生》的導演麥克・尼科斯請他在電影《第二十二條軍規》中扮演一個主要角色時，他自然不肯錯過這一千載難逢的機會。但葛芬柯遠赴墨西哥拍片時，正值專輯《惡水上的大橋》的錄製階段。

賽門對葛芬柯的一心二用耿耿於懷，他獨自一人完成了剩餘部分的錄音，葛芬柯則在拍片間隙趕回來補錄了伴唱和合聲部分。富有嘲諷意味的是，《惡水上的大橋》是賽門特意為葛芬柯創作的一首友情頌歌。歌中唱道：「在你失意的時候，淚水充滿你的雙眼，我將為你把它拭去……就像惡水上的大橋，我會以身將你托起。」

賽門用讚美詩般的旋律和深情動人的歌詞表現了友誼帶給人們的希望和溫暖。歌曲高潮處，葛芬柯清越悠揚的高音把賽門的詞和曲都詮釋得淋漓盡致，充分顯示了二人在音樂上無懈可擊的默契。《惡水上的大橋》如石破天驚，將賽門和葛芬柯送上了成功的頂峰，在高居流行歌曲排行榜第一名長達六星期之久的同時也創造了前所未有的銷售量。1971年，《惡水上的大橋》獲葛萊美年度最佳專輯、年度最佳單

曲等六項大獎。但這一切都沒能挽回賽門和葛芬柯的關係，這一對歌迷心目中最完美的絕配又一次分道揚鑣了。

賽門在與葛芬柯分手之後，單槍匹馬繼續在歌壇闖蕩，並在新作中不斷探索和豐富自己的音樂風格。70 年代，他的幾個專輯在排行榜上都佔據了顯著位置，其中 1975 年推出的《依然為你瘋狂》讓賽門第二次拿到了葛萊美年度最佳專輯獎。1980 年，賽門創作並主演了音樂片《魔駒》，儘管影片票房成績不佳，但其中的主題歌之一《深夜》卻進入了排行榜前十名。

這一時期，賽門和葛芬柯曾經有過幾次短暫的合作，雙方都有誠意修補裂痕。1981 年，兩人在分手了十年之後在紐約的中央公園連袂舉行了一場免費演唱會，吸引 50 萬歌迷到場。由於演唱會的巨大成功，賽門和葛芬柯決定在歐洲、日本和美國進行為期一年的巡迴演唱。但巡演過程中，兩人之間再度發生矛盾，終於在演出結束後宣告分手。

兩年之後，賽門推出專輯《心與骨》，但反響遠遠不如他以前的作品，這促使他在音樂上尋求新的突破。多年以來，賽門就對西方流行音樂之外的音樂風格有著濃厚興趣。1985 年，他前往南非旅行和采風。南非音樂中獨特的節奏給了他靈感。1986 年，他創作了專輯《格雷斯蘭德》，將非洲音樂融入歌曲的旋律中。《格雷斯蘭德》是賽門迄今為止銷售量最大的專輯並又一次讓他獲得葛萊美年度最佳專輯獎。1990 年，《聖徒的節奏》問世，其中的歌曲明顯受到巴西音樂的影響。

1990 年，賽門和葛芬柯雙雙進入搖滾樂名人榜。在授獎儀式上，二人在久違之後同台表演。1993 年，賽門邀請葛芬柯加入自己音樂生涯的回顧巡演，曲目以兩人過去合作的老歌為主。儘管演唱會打的是賽門一個人的名字。在聽眾

眼裡卻標誌著兩人的復合。1999 年，賽門首次與鮑勃・狄倫合作進行夏季巡演，並受到評論界高度評價。2000 年，賽門發行了他的最新專輯《就是你》。距上一次合作又一個十年之後，賽門和葛芬柯在 2003 年的葛萊美頒獎儀式上以一曲《沉默之聲》為晚會揭幕，並同時獲得終身成就獎。同年年底，二人開始了一輪名為「老朋友」的全國範圍的巡演，所到之處，場場爆滿，賽門和葛芬柯不負眾望，像多年以前一樣，奉獻給歌迷們一首又一首優美的老歌。

　　近半個世紀以來，保羅・賽門以獨特而豐富的音樂創作在美國歌壇上奠定了自己的地位。歌曲《就是你》恰到好處地總結了他個人的音樂生涯：「在某個燦爛的瞬間／聲音變成了一首歌，我必定會講述一個故事，那便是我的歸宿。」

▌麥克・艾斯納

扭轉乾坤的迪士尼總裁

　　前迪士尼公司總裁麥克・艾斯納（Michael Eisner）曾經是美國風頭最健、收入最高、業績最輝煌的企業巨擘之一。上一世紀末，他憑著自己的膽識與魄力把迪士尼變成了一個資訊與娛樂的龐大帝國。

　　1942 年 3 月 7 日，麥克・艾斯納出生於紐約一個條件優裕的猶太家庭。他的父親是一位哈佛大學畢業的律師，曾經在國家住房和都市發展署擔任主管。母親是一所醫學研究機構的總裁。父母對麥克・艾斯納和妹妹家教極其嚴格，兄妹二人每看一小時電視就必須讀兩小時書。儘管家境富有，但艾斯納從小就學會了在花錢上慎重和自律。艾斯納上中學時讀的是昂貴的寄宿學校，後來進了俄亥俄州的一所私立文科大學。他在大學裡學的是文學和戲劇，暑假期間在紐約的國家廣播公司（NBC）打工。畢業之後，艾斯納在 NBC 當一名廣告記錄員，記錄廣告的播出次數。後來他跳槽到哥倫比亞廣播公司（CBS），負責給兒童節目插播廣告。艾斯納對自己的工作感到很不滿，於是發出上百封求職信，但只有一個公司給他回音，那就是美國廣播公司（ABC）。

　　1966年，ABC還是一家小公司，它的一位名叫白瑞・狄勒的年輕主管認為艾斯納正是ABC所需要的人才，於是說服董事會讓艾斯納協助自己搞節目編排。在ABC的頭兩年，艾斯納的能力逐漸顯露出來。1968年，他被提拔為負責專題節目的經理。一年之內，他再次升任為負責東海岸節目的主管，包括星期六上午的兒童節目。在艾斯納的管理下，這一地區和時段的節目大見起色，為ABC贏得了不少觀眾。艾斯納憑藉自己突出的業績繼續向上攀升。

　　1971年，他成為主管白天節目的副總經理，推出了《我的子女》、《一生一世》等廣受歡迎的電視連續劇。三年後，艾斯納先後擔任了負責節目計畫和發展的副總經理和全面掌管黃金時段節目製作的高級副總裁。他製作的許多電視節目紅遍了整個美國。ABC有史以來第一次超過NBC和CBS成為收視率最高的電視網。

　　與此同時，將艾斯納領進ABC大門的白瑞・狄勒成為派拉蒙製片公司的董事長，他再次邀請艾斯納加盟。1976年，艾斯納擔任了派拉蒙的總裁。當時，派拉蒙已經幾年沒拍出過賣座影片，而且製作一部影片的平均費用是一千二百萬元。艾斯納運用他在ABC的理財經驗，將製片成本降低到八百萬元。在掌握公司的財政事務的同時，他還積極參與影片的藝術製作。艾斯納任總裁的八年裡，派拉蒙推出了《周末夜狂熱》、《法櫃奇兵》、《普通人》、《母女情深》等賣座大片，占了好萊塢票房最高的影片的一半。派拉蒙從昔日美國六人製片公司的最後一名一躍成為第一名。

　　1966年，迪士尼的創始人華德・迪士尼去世。他的想像力與創造性曾經讓迪士尼充滿了魅力和生機。他去世後迪士尼的狀況一年不如一年，動畫片製作出現停頓，迪士尼有線頻道虧損，股票下跌，完全靠主題公園的收入和米老鼠商

標勉強維持。80 年代初，迪士尼面臨著被買斷瓜分的危機。為了挽救公司的命運，華德・迪士尼的侄子羅伊・迪士尼決定重金聘請曾經在 ABC 和派拉蒙創下扭轉乾坤紀錄的艾斯納為迪士尼的總裁。1984 年 9 月 22 日，艾斯納走馬上任。

艾斯納很快證明自己名不虛傳。他的策略是將迪士尼的產業多元化。加州和佛羅里達州的主題公園得到大規模擴建，新的迪士尼公園先後在日本和法國落成。迪士尼的經典老片賣給電視臺授權放映，同時又被製成錄影帶大規模發行。迪士尼頻道進入了七千萬美國家庭。電影製作部門也重現昔日的輝煌，幾年之內連續推出了《美人魚》、《美女與野獸》、《阿拉丁》、《獅子王》等多部風靡全球的動畫片。

此外，迪士尼還買下了米高梅製片公司，進一步擴大自己的電影生產。同時，以迪士尼為主題的玩具、服裝、遊輪專線、度假村、酒店紛紛出現，形成了一個龐大的消費市場。在娛樂產業之外，迪士尼還加入了美國冰球聯盟，買下了加州棒球隊天使隊。隨後，高爾夫、賽車、馬拉松、足球等賽事也一一被迪士尼攬入名下。1996 年，在艾斯納的策劃下，迪士尼買下了 ABC 電視網和體育電視網 ESPN。昔日的雇員成為今朝的老闆，艾斯納的這一大手筆不僅讓他個人名利雙收，也把迪士尼推向前所未有的鼎盛。

當年，迪士尼的元老們看中了艾斯納的膽識、魄力、熱情和創造性，而這些無疑都通過他在迪士尼的業績得到了證實。1998 年，迪士尼的年銷售量和利潤分別是 229 億和 19 億。市場價值從 1984 年的 20 億增加為 2005 年的 690 億，翻了三十多倍。艾斯納在任期間，迪士尼股票飆漲，他本人在每年七十多萬的年薪之外，也從股票上大獲其利。從 1996 年到 2001 年之間，他的收入高達七億三千七百萬元。

21 世紀初，迪士尼連續多年的兩位數的增長率開始跌

落。2001 年春，迪士尼解雇了四千名雇員。「911」後，美國經濟受到全面衝擊，迪士尼也未能倖免。

　　與此同時，艾斯納自己的處境也面臨著危機。二十多年來，艾斯納一直被看作是迪士尼力挽狂瀾的頭號功臣。但同時也有不少人認為他剛愎自用、不可一世，許多迪士尼主管人員因無法與之相處而另謀去處。其中包括動畫片奇才傑弗瑞・卡森柏格。他在離開迪士尼之後與電影導演史蒂夫・史匹伯和音樂巨擘大衛・蓋芬聯合創建了夢工廠多媒體製作公司，並將迪士尼告上法庭，索取自己合同內應得的收入。迪士尼最後與卡森伯格達成庭外和解，據稱賠償了對方兩億五千元。隨後，執行總裁邁克・歐懷茲也離開了迪士尼，這一次迪士尼付出的代價是九千萬元。人事糾紛加上媒體炒作使艾斯納在迪士尼大失人心。而公司前途的不景氣也讓迪士尼的股東們對艾斯納的決策能力產生了懷疑。

　　2003 年，羅伊・迪士尼退出董事會並要求艾斯納辭去董事長一職，被艾斯納拒絕。2004 年初，43％的股東投票免去艾斯納董事長一職，艾斯納不得不接受股東的決定。但按照合約規定，他的總裁一職卻要到 2006 年才期滿。2005 年 3 月，艾斯納宣佈他將於 9 月底卸任。9 月 30 日，在娛樂業叱吒風雲 20 年的艾斯納帶著與迪士尼 20 年的恩恩怨怨黯然離去。

芭芭拉·史翠珊

好萊塢的全能女人

　　美國藝能界全方位的女明星芭芭拉·史翠珊（Barbra Streisand）是美國娛樂界的獨一無二的女性。她在自己涉足過的每一個領域都達到了頂峰：百老匯、電視、電影、唱片和音樂會。四十多年來，史翠珊曾經榮獲十次葛萊美獎，六次艾美獎，兩次奧斯卡獎以及十一次金球獎，她的唱片銷售量高達七千一百萬張，位居全球女歌星之首。她輝煌的演藝生涯在美國文藝史上寫下了永久性傳奇。

　　1942 年 4 月 24 日，史翠珊出生於紐約布魯克林一個猶太人居住區裡。她的父親是一個中學英文教師，在她一歲多時就去世了。母親靠一份秘書工作艱難地維持全家人的生活。史翠珊在家中一直不快樂，母親再婚後又與繼父關係惡劣。在學校裡，她雖然成績出眾卻很不合群，而且因為人長得醜又穿著怪異而受到其他孩子的冷落和嘲笑。

　　心高氣傲的史翠珊最大的願望是成為一個演員。她常常把自己想像成電影或書中的某個角色，穿著舊貨店買來的服裝在鏡子前長時間地排練。母親擔心她的容貌對她成為演員不利。為了向母親證明自己的決心和才華，高中畢業後，年

僅 17 歲的史翠珊離開家搬到曼哈頓，一邊打各種零工一邊
尋找機會進入演藝圈。

　　60 年代的紐約格林威治村聚集著大批的演員、作家和
藝術家。一次偶然的機會，史翠珊參加了一家著名的同性戀
酒吧的才藝比賽。從未唱過歌的她居然獲得了第一名。從
此，史翠珊開始在格林威治大大小小的夜總會和咖啡館演
唱。她仍然穿著舊貨店買來的服飾，畫著色彩濃重的眼影，
一招一式都與眾不同。更重要的是，史翠珊不僅擁有得天獨
厚的聲音，而且在曲目的選擇上往往出人意外，對歌詞的詮
釋亦別具一格。她很快就在當地小有名氣並引起了百老匯製
作人的注意。

　　史翠珊在百老匯演出的第一部音樂劇叫做《給你批發
價》。她在其中飾演一個相貌平平的小秘書。為了在演出前
就給觀眾留下深刻印象，一貫特立獨行的史翠珊要求在節目
單中注明自己出生於馬達加斯加、長在緬甸仰光。評論界對
這部舞臺劇褒貶不一，但對史翠珊在戲裡的演技卻給予了一
致肯定。真是由於她的出色表現，才使得《給你批發價》在
百老匯持續上演了九個月。隨著史翠珊在百老匯的成功，電
臺、電視臺和唱片公司的邀請也紛至遝來。在忙於錄製唱片
和電視節目的同時，她和《給你批發價》的男主演艾略特 ·
高德結成伴侶。1962 年，哥倫比亞唱片公司推出了史翠珊
的首張唱片。這張唱片名流流行曲排行榜長達十八個月之
久，並且榮獲兩項艾美獎。這一年，史翠珊只有二十歲，是
當時最年輕的的艾美獎獲得者。

　　1964 年，史翠珊在百老匯歷史上最成功的的音樂劇之
一《妙女郎》中飾演女主角、猶太女星范妮 · 布萊斯。這
個角色使得史翠珊的喜劇和歌唱才華得到了淋漓盡致的表
現。對於她在劇中所扮演的已故喜劇明星范妮 · 布萊斯，

史翠珊並沒有模仿她的風格舉止，甚至有意不聽不看她生前的錄音和電影。成現在舞臺上的不是一段真人真事，而是史翠珊個人對劇中人物的詮釋和創造。這一大膽而富有創意的行為顯然得到了評論家和觀眾們的認可。

演出盛況空前，好評如潮。史翠珊在劇中所唱的歌曲也成為她個人的經典曲目。1968 年，《妙女郎》被好萊塢拍成電影，仍由史翠珊主演，那一年她與另一位富有個性的女演員凱薩琳 · 赫本同時獲得奧斯卡最佳女主角獎。在拍片期間，史翠珊錄製了一系列獲獎唱片專輯和廣受歡迎的個人電視音樂會。但最為轟動的還是在紐約中央公園舉行的獨唱音樂會，約有十三萬五千人到場觀看她的演出。

獲得奧斯卡獎之後，史翠珊漸漸地把精力從唱歌轉向了表演。在好萊塢，她先後主演了《你好朵麗》《烏鴉與貓咪》《往日情懷》《瘋狂》等電影。1983 年，史翠珊執導了她第一部音樂片《楊朵》，成為好萊塢首位兼製片、導演、劇本創作和主演於一身的女性。

《楊朵》的故事發生在 20 世紀初一個東歐國家。影片裡的猶太女孩楊朵拒絕接受正統猶太教為女性規定的角色，女扮男裝進入只收男生的神學院學習《塔木德》。史翠珊親自在電影中扮演女主角楊朵。這部影片獲得當年金球獎最佳導演和最佳製片獎。1991 年，史翠珊執導並主演了《潮浪王子》，從此進入好萊塢最優秀導演的行列。《潮浪王子》獲得了包括最佳影片在內的七項奧斯卡獎的提名，但史翠珊本人卻與最佳導演提名無緣。很多人認為從中可以看出好萊塢對史翠珊由來已久的偏見和不滿。

作為娛樂界鳳毛麟角的女強人，史翠珊在圈內圈外都不可避免地受到關注和批評。自成名以來，就有人說她傲慢、霸道、自命不凡、難以合作。而她自己的種種怪癖也招致了

不少猜測和議論。比如她不肯接受採訪，擔心說出的話被人誤解。又比如她有極端的舞臺恐懼症，害怕觀眾靠近等等。作為女強人和女人的史翠珊似乎有著雙重性格。既才華過人、自視甚高，又患得患失、缺乏安全感；既獨立果敢、我行我素，又感情脆弱、易受傷害。

　　除了為人之外，史翠珊另一個為人津津樂道的話題就是她的相貌。在群星燦爛、美女如雲的好萊塢，史翠珊的長相的確是個異數，而她的成功更是一個奇蹟。

　　有一位紐約評論家曾寫道：「她的臉毫無動人之處……兩隻眼睛永遠是對著的，鼻子大得不成比例，嘴巴在唱歌時歪來歪去，頭髮像個松鼠窩。但我沒有想到她的歌聲如此的美妙……芭芭拉 · 史翠珊證明了美是內在的。」

　　史翠珊對自己的外貌頗有自知之明，但她不僅不加以掩飾和矯正，反而刻意張揚自己的與眾不同之處來引起別人的注意。在她走紅之後，她的每一件衣服、每一個髮型都在一夜之間成為年輕女性真相效仿的對象，那些長著大鼻子的女孩子更是如釋重負。她們有理由相信無論自己長相如何，只要努力和堅持就會像史翠珊一樣獲得成功。

　　史翠珊的絕大多數銀幕形象都是鮮明的、甚至叛逆的猶太女性。作為製片人，她曾經將影片《明星的誕生》和《雙面鏡》中的主要角色改為猶太人物。史翠珊創建的獨立電影工作室先後製作了一系列具有社會意義的紀錄片。《沉默的軍人》揭露了美國軍隊裡性騷擾和對同性戀歧視的真相。《救援者》記載了非猶太裔人士在納粹大屠殺中保護猶太人的歷史。《長島事件》講述了以為普通女性單槍匹馬爭取法律對槍支控制的真實故事。《震撼世界的兩隻手》回顧了以色列總理拉賓和巴解組織領袖阿拉法特為中東和平作出的畢生貢獻。2001 年，全國猶太文化基金會將首屆「猶太形象

獎」頒給了芭芭拉‧史翠珊，表彰她通過電影和電視表現猶太傳統的傑出努力。

芭芭拉‧史翠珊在政治上是旗幟鮮明的民主黨派。多年來，她曾經為許多民主黨候選人募捐籌款，並且在自己的網頁上公開登出自己所支持的民主黨人的名單。

1985 年，她建立了芭芭拉‧史翠珊基金會，直接為慈善和環保項目提供贊助。她還將自己在加州共 24 畝的無處房地產捐獻出來作為生態研究中心。此外，她的個人演唱會不僅征服了千千萬萬的聽眾，而且為慈善機構、愛滋病研究、癌症研究、婦女兒童組織以及改善猶太人與阿拉伯人、猶太人與黑人的關係籌款上千萬元。

在她四十多年的藝術生涯裡，她始終堅持自己的猶太傳統和政治信仰，並且利用自己的形象、才華、地位和財富宣揚和支持人權、民主、婦女平等、環境保護和世界和平等事業。她對美國社會的影響和貢獻遠遠超越了演藝界。

▌卡爾 · 克雷恩

創造時尚和品位的時裝設計師

在全世界流行的時裝品牌 CALVIN KLEIN 給人帶來的聯想是時尚、前衛、青春、隨意、自然。它的創始人卡爾 · 克雷恩（Calvin Klein）是美國最令人矚目的設計師之一。他以簡潔洗練的風格和驚世駭俗的廣告，在時裝界與消費者中獨樹一幟。

1942 年 11 月 19 日，卡爾 · 克雷恩生於紐約布朗克斯一個中產猶太家庭。少年時他開始對服裝設計產生興趣，不僅常常畫女裝素描，而且還學會了縫紉。他先是就讀於紐約藝術設計職業高中，隨後又進入著名的曼哈頓時裝技術學院深造，並且在紐約第七大道上的一家服裝店做了五年的見習設計師。

1968 年，卡爾 · 克雷恩和童年時的好友白瑞 · 史瓦茲聯手創辦了卡爾 · 克雷恩時裝有限公司。克雷恩擔任服裝設計，具有商業經驗的白瑞 · 史瓦茲為公司的建立提供了資金，同時負責財務和經營。克雷恩最早設計的是風衣。他的第一筆大生意來得十分偶然。當時他的公司設在紐約一家旅館的七層樓上。一天，一家大時裝店的購貨員因走錯樓層而踏入克雷恩的工作室。她對克雷恩所設計的風衣十分稱

許，開口就訂貨 5 萬元，這對剛剛開張的克雷恩來說是不得了的一個大數目。這家時裝店將這些輕盈時髦的風衣擺在臨街的櫥窗裡，吸引了大量的顧客，卡爾·克雷恩也因此引起了時裝界的注意，他的設計開始頻繁出現在《時尚》、《哈潑》等花花綠綠的時尚雜誌上。

70 年代初，克雷恩推出了女性休閒裝系列，包括絨衣、裙子、襯衫、長褲和連衣裙等。這一組線條簡潔、顏色素雅的服裝可以任意組合成配套的日裝和晚裝，十分符合都市女性豐富隨意的生活方式。克雷恩對此解釋道：「如今的女性不再是被支配的對象。她們把大量的時間和精力花在工作、家庭、社區和其他事務上。她們的生活改變了，沒有時間去籌畫自己的衣著。」

1973 年，他榮獲美國時裝界大獎──科蒂獎。他一貫的高雅品位、清新脫俗的設計和在隨意與考究之間恰到好處的掌握贏得了時裝界的好評。至此，克雷恩已經形成了自己獨特的風格。他的服裝沒有華麗的色彩和繁複的裝飾，一切都簡潔、精緻、舒適、自然。

80 年代初，克雷恩大膽而成功地完成了服裝史上的一個創舉。他將寬大耐穿的齊腰勞動布長褲改造成了時髦的牛仔褲。時裝牛仔褲貼身有型、充分表現出人體的優美曲線，而且在褲袋上還縫有它的設計師的名字。這些新牛仔褲一上市，立刻成為熱銷產品，一個星期之內就賣出了幾萬條。如今，牛仔褲已經成為全世界永遠流行的時尚經典。

但是克雷恩的創造性並未就此停步。1982 年，克雷恩內衣系列問世。他所設計的短褲和三角褲無性別之分，褲腰上印著克雷恩的大名。從此內衣在消費者眼裡不僅具有實用性，還代表了時尚和性感。接下來，他又將自己的名字打進香水市場，推出了迷戀、永恆、逃逸、對立等暢銷品牌。他

是第一位創造了男女通用香水系列的設計師。90 年代，他開發出中檔的 CK 品牌。這一檔的服裝在風格上更加隨意並且包括了泳裝、眼鏡等配套產品。在此基礎上，他又進一步推出了家用品和化妝品系列。

　　卡爾 · 克雷恩簡潔、隨意、現代的時尚理念得到了大量消費者特別是年輕人的認同。一些好萊塢明星如茱莉亞 · 羅伯茲、奎妮絲 · 派特羅、海倫 · 杭特、珍妮佛 · 安妮斯頓等也都偏愛他簡單優雅的風格。同時，他的傑出才華和創意還得到了時裝界同行們的肯定。1973、1974 和 1975 年，他連續三年獲得科蒂時裝獎，是獲得該獎的最年輕的設計師。1982、1983、1986 和 1993 年，他又四次獲得美國時裝設計師協會獎。1993 年，他榮獲全美最佳設計師獎。

　　與卡爾 · 克雷恩品牌具有同樣影響力和知名度的是他的廣告。多年來，他不斷以富有爭議性的廣告畫面衝擊大眾的視覺和心理接受力，甚至挑戰社會道德底線。70 年代初，美國最成功的廣告是萬寶路香煙。卡爾 · 克雷恩成名之後，他的廣告後來居上，在短短幾年內便超過萬寶路成為美國最令人矚目的廣告。

　　時裝牛仔褲以 15 歲的少女明星布魯克 · 雪德絲為代言人。她身穿緊身牛仔褲，姿態撩人，出語驚人道：「在我和我的卡爾 · 克雷恩之間，什麼都不存在……」香水電視廣告中，英國模特凱特 · 摩絲全裸出現在鏡頭前。她咬著自己的長髮，神情迷茫地穿過海浪，追逐蟲兒、風和心跳的聲音。這些充滿誘惑的廣告顯然對打響 CK 的知名度起了重要作用。此後，他越來越大膽，也越來越多地受到社會各方面的批評。

　　90 年代中期，他的一系列內衣廣告中出現了未成年少男少女擺出與他們年齡不相稱的性感挑逗的姿態。頓時，輿

論一片大嘩。教育界、新聞界和宗教團體紛紛出面譴責他沒有社會責任感。

《富比士》雜誌將他評為 1995 年的最差廣告。美國政府甚至動用了聯邦調查局來調查他的公司是否觸犯了禁止兒童色情的法律。最終。司法部門宣判這些廣告沒有犯法。不過，他在輿論界眾口一辭的聲討中不得不撤回他的廣告，但此時他早已成了全國家喻戶曉的名人。這一事件剛剛平息，他再次因廣告掀起波瀾。在宣傳他的新型香水 CK One 和 CK Be 的廣告中，一群病態、冷漠的年輕人表現出一種理想化的吸毒文化氛圍。

這一次，柯林頓總統親自出面，告誡時裝產業不可利用時尚的形象來美化對毒品的沉溺。卡爾文・克雷恩則繼續為自己的清白辯護，堅稱自己的廣告從來無意於引起社會爭議，只不過是反映現實的真實狀況而已。

儘管他的廣告風波鬧得聲名狼藉，他的產品銷售卻不僅沒有受到負面影響。反而銷路更佳。難怪很多人認為他不僅是時裝設計的天才而且也是市場運作的高手。他通過一系列大膽出格的廣告讓自己始終是新聞和輿論的中心人物，從而擴大了產品的影響。

1996 年，卡爾・克雷恩被《時代》雜誌選為 25 位最具影響的美國人之一。而他的影響實際上遠遠超出了美國。

保羅 · 伍佛維茲

美國伊拉克戰爭的幕後主策劃人

　　2004 年在美國反響最大的電影是邁克 · 摩爾的紀錄片《華氏 911》。這部在法國坎城電影節上獲得最佳影片獎的電影以「911」事件為背景，披露出很多不為世人所知的真相，對美國總統布希和美國的伊拉克政策進行了無情的抨擊（另外還有反恐戰爭和對新媒體的控制）。

　　紀錄片中有一個給人留下深刻印象的鏡頭：布希的一個幕僚身上穿著裁剪合身的西裝，臉上掛著躊躇滿志的微笑，在上電視鏡頭以前拿出一把梳子，用唾沫把梳子舔濕，然後再輕輕地把頭髮梳平。拉得很近的畫面像是一組慢鏡頭，讓觀眾可以清楚地看到他油光可鑒的頭髮。這位幕僚就是當時的美國國防部副部長保羅 · 伍佛維茲（Paul Wolfowitz）。他是美國「新保守主義」的主將、「布希原則」的設計師和美國入侵伊拉克的幕後主策劃。

　　保羅 · 伍佛維茲於 1943 年 12 月 22 日在紐約市出生。他父親是波蘭猶太人，1920 年移民美國，留在家鄉的很多親戚都在二戰期間的納粹大屠殺中喪生。伍佛維茲在紐約州的艾薩卡長大，父親在位於艾薩卡的康乃爾大學當統計學教

授。1961 年，伍佛維茲高中畢業，獲得康乃爾大學全額獎學金。大學期間的伍佛維茲思想激進，參加過 1963 年在華盛頓。特區的民權大遊行。伍佛維茲在康乃爾大學遇到柏拉圖名著《共和國》的英譯者、西方古典政治哲學權威艾倫‧布魯姆。1965 年，伍佛維茲獲得數學專業的本科學位，但受布魯姆的影響，他的興趣已經轉到國際關係。他進人芝加哥大學研究生院時，布魯姆的導師、美國「新保守主義」的開山鼻祖列奧‧施特勞斯就在那裡任教。伍佛維茲選修了施特勞斯有關柏拉圖和孟德斯鳩的課程。儘管他和施特勞斯的私人關係不如和布魯姆的關係密切，但很多人都認為伍佛維茲深得施特勞斯真傳。

伍佛維茲在芝加哥大學的博士導師是被人稱為「冷戰鷹派的精神教父」的數學家兼核戰略專家艾伯特‧烏斯泰特教授。烏斯泰特一貫強調保持美國軍事絕對優勢的重要性。不能容忍有關緩和與裁軍的任何言論行動。1969 年，在烏斯泰特的引薦下，伍佛維茲和理查‧珀爾進入了華盛頓特區的一個由冷戰專家組成的防務政策委員會，在美國國會裡為反彈道導彈系統多方遊說。美國參議院最終以 51 票對 50 票通過了建立反彈道導彈系統。

接下來的幾年裡，伍佛維茲一邊在耶魯大學教書，一邊撰寫有關中東地區核擴散的博士論文。1972 年，他獲得了政治學博士學位。同一年，他在烏斯泰特的引薦下進入「美國武器控減局」。並參加了在巴黎等地舉行的美蘇間限制戰略武器會談。福特上臺後，美國的鷹派人物指控美國中央情報局等情報機構為了支持季辛吉的緩和政策有意低估蘇聯對美國的威脅。新近出任中央情報局局長的老布希於是召集了一幫人馬，重新分析掌握的情報。這個別號為「B 組」的成員大都是反共專家，伍佛維茲成為這個梯隊中的一員驍將。

他們在 1976 年遞交的報告對蘇聯的威脅不無誇張之詞，但卻得到了雷根和拉姆斯菲爾德等鷹派人物的高度賞識。

1977 年，伍佛維茲進入美國國防部，擔任國防部長助理，負責研究在第三世界美國利益可能受到威脅的地區。他把目光盯準了中東的海灣地區，力陳作為主要產油區的波斯灣的戰略重要性。在他看來，一旦蘇聯搶下波斯灣的油田。就能不費一槍一彈擊垮北大西洋公約組織國，打破美日聯盟。在中東的地方勢力當中，他認為伊拉克因其軍事實力和反西方的立場而對美國最具威脅，他甚至預見到伊拉克會對科威特等鄰國動武。儘管他的看法沒有引起多少共鳴，但美國還是因此而改變了在海灣地區的兵力部署，並在伊拉克 1991 年入侵科威特時得以做出迅速反應。1980 年，伍佛維茲和許多美國新保守主義人士一樣，脫離民主黨，倒戈到共和黨一邊。雷根入主白宮之後，伍佛維茲應邀出任美國國務院政策計畫部主任，負責規劃美國政府的長期外交政策。

1989 年。老布希當選美國總統，伍佛維茲回到美國國防部，在部長狄克・錢尼手下擔任主管國防政策的副部長，負責調整冷戰之後的美國軍事策略。1991 年海灣戰爭打響後，他負責戰略協調，並從同盟國募到五百億美金的資助。老布希最後決定將海珊放虎歸山，伍佛維茲得知後叫苦不迭。海灣戰爭之後，伍佛維茲寫出了旨在「為下一世紀制定國家方向」的「國防計畫指南」。被許多人看成是「美國霸權藍圖」。他首先提出了「先發制人」的觀點，力主美國奉行單邊主義。當時美國的官方政策仍是「遏制」為主，所以對伍佛維茲觀點的回應者不多。柯林頓當選美國總統之後，伍佛維茲也退出了美國國防部。從 1993 年到 2001 年，他一直擔任約翰・霍普金斯大學國際關係學院的院長。

2001 年，小布希上臺，伍佛維茲再次出山，出任美國

國防部副部長。他上任後不久就發生了美國間諜飛機在中國海南島附近的撞機事件，他立即下令收回並銷毀六十萬頂中國製造的貝雷帽，理由是「美國士兵不戴中國造的貝雷帽」。「911」事件之後，他對布希總統的影響急劇增長，在和鮑威爾國務卿等溫和人士的衝突中明顯占了上風。以「先發制人」為核心的「布希原則」主張單邊行動，四面出擊，這些其實是伍佛維茲幾十年如一日的主張。布希終於把它們付諸實施。

　　2005 年 1 月，布希總統任命伍佛維茲為世界銀行行長，一時間世界輿論大嘩。上任後不久，他將世銀高級通訊員的女友麗扎調到國務院，兩度提升到將近 20 萬美元的年薪，比當時國務卿賴斯的薪水還高，2007 年 4 月他為此事道歉，同年 5 月宣布辭職，6 月底離開世銀。

▌傑里 · 斯普林格

「垃圾電視之王」

美國白天的電視裡「脫口秀」節目隨處可見，但傑里 · 斯普林格（Jerry Springer）的脫口秀可以說是獨樹一幟。上他節目的客人無奇不有：和親姊妹亂倫的女同性戀者、捲進三角戀的雙性戀者、嗜好女裝的變性人、想和後母結婚的大男孩、和十三歲女兒的男朋友私通的母親⋯⋯同場登臺的客人們不僅語驚四座，而且常常拳腳相向，大打出手，一時間嘉賓席上椅子與鞋子齊飛，唾沫共穢語同噴，熱鬧非凡，煞是好看。客人們扭成一團，抽耳光，揪頭髮，眼看就要頭破血流，關鍵時刻只見兩個光頭壯漢挺身而出，像老鷹捉小雞似地把客人們送回到各自的座位。

在整個扭打過程中，台下觀眾的情緒已被充分調動起來，高喊「傑里！傑里！」跟著起哄，而身穿西裝的主持人傑里 · 斯普林格則面帶微笑，不露聲色地觀察著眼前的鬧劇，等到客人們坐下身來，他便拿著話筒繼續發問。在節目的結尾，斯普林格總要鄭重其事地發表一通「最後感想」，就當日的話題和故事做一段總結性發言，讓觀眾從中吸取有益的教訓，免犯同樣的錯誤。他的結束語總是：「保重自己，

也照顧好別人。」

傑里 · 斯普林格於 1944 年 2 月 13 日在英國倫敦出生。
他的父母都是猶太人，二戰期間有數位親戚死於納粹大屠
殺。他五歲那年，全家移民來到美國紐約，母親找到一份銀
行職員的工作，父親則靠出售動物玩具謀生。小時候，斯普
林格是個從不給父母惹麻煩的乖男孩。高中畢業後他去了新
奧爾良的圖蘭大學，於 1965 年獲政治學本科學位，然後北
上就讀芝加哥附近的西北大學法學院。1968 年，他從法學
院畢業後，受聘擔任羅伯特 · 甘迺迪總統競選班子的助手。
羅伯特 · 甘迺迪遇刺之後，斯普林格在俄亥俄州辛辛那提
市的一家律師事務所工作。

1971 年，他入選辛辛那提市政會後，立即起草了一份
議案，裁定辛辛那提市民去越南打仗為非法行為。不久，他
升任辛辛那提副市長。1974 年，肯塔基州毗鄰俄亥俄州的
一家警察局突襲了一家地下妓院，在一張沒收的收據上發現
了傑里 · 斯普林格的簽名。東窗事發後斯普林格被迫辭去
官職，但一年之後決定重返政壇，在競選中再次入選辛辛那
提市政會。1977 年，斯普林格以民主黨的身份參加了辛辛
那提的市長競選，一舉奪標，成為辛辛那提歷史上選票百分
點最高的市長。那一年，他只有 33 歲，也因此得到了「男
孩市長」的美號。

斯普林格在擔任辛辛那提市長的兩次任期內民望很高。
1982 年，他辭去辛辛那提市長一職，出馬競選俄亥俄州州
長。他的競選對手在他的嫖妓事件上大做文章，他在接受
《滾石》雜誌的採訪時說：「你們應該記住，我不是在參加
競選上帝。大家知道我不是一個完人。這又有什麼不好？」
但這一次選民沒有站在他的一邊，他在民主黨的初選中僅排
名第三，被淘汰出局。但他搖身一變，一轉眼受聘成為辛辛

那提市隸屬於美國全國廣播公司（NBC）的 WLWT 電臺的記者，專門報導評論政黨大會、初選和選舉等政治事件。不到兩年，他就成了 WLWT 的頭牌主持人。他連續五年被電視觀眾評為最佳電視新聞主持人並七次榮獲艾美獎。

　　1991 年 9 月，「傑里 ‧ 斯普林格」脫口秀在芝加哥首次亮相。初期的節目政治色彩濃厚，他請來的嘉賓有「伊朗門」醜聞的主角奧利弗 ‧ 諾思和美國黑人領袖傑西 ‧ 傑克遜，討論的題目都是諸如槍械控制、無家可歸者、祖父母再當父母一類的政治、社會話題。當時的電視上類似的脫口秀很多，「傑里 ‧ 斯普林格」脫口秀節目沒能吸引到太多的觀眾，收視率一直很低。與此同時，「珍妮 ‧ 瓊斯」和「麗奇 ‧ 雷克」等脫口秀節目則靠以應召女郎和變性人等題目來吸引觀眾，收視率居高不下。

　　為了吸引更多的觀眾，斯普林格在曲高和寡與下里巴人之間最終選擇了後者。他開始留長頭髮，請來脫衣舞男和上空女傭當他的座上客。1994 年，「傑里 ‧ 斯普林格」脫口秀換了節目製作人，從此走上了「垃圾電視」的不歸路，收視率更是一路飆飛，扶搖直上。一年之內，節目的收視率提高了 40％，一躍成為全美國收視率最高的脫口秀。在美國走紅之後，「傑里 ‧ 斯普林格」陸續在十幾個國家播出。2002 年，英國甚至出臺了一部取材於「傑里 ‧ 斯普林格」脫口秀的音樂劇，名字就叫《歌劇傑里 ‧ 斯普林格》。2005 年 6 月，斯普林格開始在英國主持一個內容風格相近的脫口秀在英國「獨立電臺」播出。出人意料的是，在講究紳士風度的英國，請來的客人比他的美國客人還更吵更鬧。

　　「傑里 ‧ 斯普林格」脫口秀在美國走紅的同時也受到媒體的廣泛批評。有人把它比作一個藏汙納垢的「污水溝」，更多的人擔心這個在下午播出的節目給青少年帶來的負面影

響。根據調查，看「傑里‧斯普林格」的觀眾大都是收入和教育程度最低的窮人，但節目又很受大學生的歡迎，大學生們常常聚在餐館和酒吧裡一起觀看。

1997 年，斯普林格應邀出任芝加哥 WMAQ 電視臺的評論員，電視臺的女主持憤而辭職，她把和斯普林格共事看成是莫大的侮辱。但斯普林格不但我行我素，而且竭盡全力為自己的節目辯護。在他看來，他的節目給了默默無聞的平民百姓一個表述自我的講壇，他的脫口秀面向大眾，講的也是尋常百姓的故事。

除了主持「傑里‧斯普林格」脫口秀之外，斯普林格還在電臺上有自己的訪談節目。他的日程總是安排得滿滿的。他拍過電影，在電影裡扮演一個極像他本人的脫口秀主持人。他對鄉村音樂情有獨鍾，認為鄉村音樂和脫口秀有許多共同之處，還出過個人唱片。他是好萊塢奧黛麗‧赫本兒童基金會的董事。並為芝加哥的貧困兒童設立了獎學金。

他對政治依然抱有極大的熱忱。2004 年，他因為在募捐中表現傑出而被俄亥俄州民主黨評為年度人物，並應邀出席民主黨全國代表大會。另外，他還主持過 2000 年與 2008 年的世界小姐選拔。據說斯普林格有心參加美國參議員的競選。作為「傑里‧斯普林格」脫口秀的主持人，他今後無論做出何種驚人之舉，恐怕都不會讓太多的人感到意外。

▌史蒂夫‧史匹柏

美國的首席電影導演

2002 年 5 月 31 日，美國加州大學長灘分校正在舉行畢業典禮。在五百多名身穿學士袍、頭戴學士帽的畢業生中有一位學生格外引人注目，他就是舉世聞名的電影導演史蒂夫 ‧ 史匹柏（Steven Spielberg）。當史匹柏走上主席臺領取畢業證書時，樂隊奏起了電影《印第安那 ‧ 瓊斯》的主題曲。在拿到這個電影專業的學士學位之前，55 歲的史匹柏已經三次獲得奧斯卡獎並擁有美國五所名牌大學的榮譽博士學位。

1965 年，史匹柏進入長灘分校英語系，但唯讀了 3 年便離開學校到好萊塢發展。33 年後，他重返校園，主修電影，在一年之內便補齊了所有學分。其中電影與電子藝術一科要求學生完成一部長約 12 分鐘、具有一定深度和水準的影片，史匹柏交上的則是他的獲獎巨片《辛德勒名單》。當年教過史匹柏的教授如今多已作古或退休，而電影系的年輕教授們幾乎是看他的電影長大的。史匹柏表示自己一直想完成學業作為對父母的報答，同時也是為了以親身經歷向家人和社會表明教育的重要性。

1946 年 12 月 18 日，史蒂夫 ‧ 史匹柏出生於俄亥俄州

的辛辛那提市的猶太人。父親阿諾德是一位電子工程專家，母親麗雅曾經是音樂會上的鋼琴師，婚後在家照料四個子女。在史匹柏的成長過程中，有著工作狂的父親一直既嚴厲又疏遠，而富有藝術氣質的母親卻對史匹柏十分縱容。

12 歲時，史匹柏對電影發生了濃厚的興趣。他用家裡的 8 厘米攝影機拍攝了一部 8 分鐘的西部片《最後的槍》。他不僅向觀眾收取門票，而且讓妹妹安妮在電影放映期間販賣爆米花。一年之後，史匹柏又攝製了一部 40 分鐘的戰爭片《無處可逃》。此時他已經相當熟練地掌握了攝影的角度和利用畫面進行敘述的技巧。16 歲時，他以妹妹南茜所寫的不明飛行物故事為藍本，創作出一部長達 140 分鐘的科幻電影《火光》，並在當地影院上映成功。

在史匹柏成為好萊塢導演之後，戰爭與外星人仍然是他電影中最常見的兩大主題。由於對拍電影過分癡迷，史匹柏在學校成績平平。高中畢業後兩次申請南加州大學的電影學院都未被錄取。不得已只好進了加州州立大學長灘分校的英語系。讀大學期間，史匹柏仍然不肯放棄電影，千方百計往環球電影公司鑽，並終於在那裡找到落腳點。

史匹柏在環球拍的第一部電影《安伯林》只有不到 30 分鐘，講述了一對青年男女在搭車旅行中相識相愛的故事。這部影片在亞特蘭大電影節和威尼斯電影節上先後獲獎，環球公司電視部因此和當時只有 21 歲的史匹柏簽下了長達 7 年的合約。在導演了一系列電視劇之後，史匹柏於 1974 年拍攝了他的第一部故事片《逃亡》。這部由著名女星歌蒂韓主演的影片獲得了評論界的充分肯定，被《紐約客》雜誌稱為「電影史上最成功的處女作之一」。

第二年，環球公司將獲獎小說《大白鯊》交給史匹柏改編為電影。史匹柏利用觀眾對吃人鯊魚的恐懼心理，讓影片

自始至終充滿著懸念。為了製造驚悚逼真的效果，影片中大量使用特殊效果，令拍攝難度與費用不斷增加，檔期一再拖延，史匹柏本人也差點被換掉。然而電影上映之後立即在影評界和觀眾當中產生了熱烈反響，是當年最賣座的影片。自《大白鯊》起，美國電影業開始了高成本大片在暑期發行的傳統，史匹柏也因為此片而成為好萊塢引人注目的導演。

　　1979年，史匹柏親自執筆創作並導演了科幻故事片《第三類接觸》。影片描寫了人類對未知世界的好奇與嚮往，通過高超的特殊效果和炫麗的畫面展現出史匹柏純真而神奇的想像力。《第三類接觸》讓史匹柏首次獲得奧斯卡最佳導演提名。同一年中，史匹柏還導演了喜劇片《1941》，但卻慘遭失敗，這是他幾十年電影生涯中第一次也是唯一一次嘗試拍喜劇。一年之後，史匹柏重整旗鼓，與好友、電影《星球大戰》的導演喬治 · 盧卡斯合作推出驚險片《法櫃奇兵》。著名演員哈里森 · 福特扮演男主人公——驍勇機智的考古學家印第安納 · 瓊斯。影片中瓊斯的尋寶過程險象叢生、高潮迭起，美女、毒蛇、追殺、埋伏，環環緊扣，驚心動魄。影片上映後好評如潮，被公認為動作片的經典之作，史匹柏也再一次被提名為最佳導演。1984年和1989年，史匹柏先後拍攝了《印第安納 · 瓊斯》的兩部續集，同樣獲得成功。

　　1982年，史匹柏通過《E.T.》再次回到令他著迷的外星人主題。影片講述一個可愛的小外星人被飛船落在地球上因而結識了小男孩艾略特。為了不讓E.T.成為科學家們的研究對象，艾略特和他的朋友們把E.T.藏了起來並最終幫助他返回家園。《E.T.》是純真的幻想與神奇的電影特技的完美結合。外星人的故事打動了全世界無數觀眾的心，創造了電影史上的票房奇蹟。

　　史匹柏承認《E.T.》是最表現他個人情感經歷的影片。

片中小男孩艾略特和他本人一樣也是父母離異，與母親生活在一起。「當時我對父母關係破裂的反應就是躲進自己的想像世界裡……我幻想著能夠到太空中去或者有外星人來把我帶走。」《E.T.》讓史匹柏成為家喻戶曉的偶像，影片中男孩子們騎著自行車在月亮上的剪影永遠留在人們的記憶裡。

面對史匹柏在電影市場上令人炫目的成績，好萊塢的反應是微妙的。從《大白鯊》到《E.T.》，史匹柏三次被奧斯卡提名，卻三次空手而歸。影評界對他的作品也不乏批評，認為他的電影虛假、煽情、玩弄技巧，沒有人物刻畫，不具備嚴肅電影的深度。為了證明自己的實力，史匹柏將美國黑人女作家愛麗絲・沃爾克的獲獎小說《紫色姐妹花》搬上了銀幕。影片中的故事發生在 20 世紀初的喬治亞州鄉村，女主人公賽莉是一個又醜又窮、飽受男人欺侮的黑女孩。

史匹柏以抒情的畫面表現了賽莉自我發現和覺醒的心路歷程，但部分評論家們卻認為他對黑人貧困殘酷的生活現實缺乏瞭解，因而把愛麗絲・沃爾克富有特色的文字變成了形式完美的好萊塢語言。《紫色姐妹花》獲得十一項奧斯卡獎提名，但在頒獎之夜全軍覆沒。心有不甘的史匹柏又連續拍出了《太陽帝國》、《永遠》和《虎克船長》，但都沒能超越他以前的作品。

1993 年，史匹柏的科幻巨片《侏羅紀公園》在聲勢浩大的媒體宣傳中在世界各地同步上映，九天之內票房收入就高達一億美元，打破了（《E.T.》創下的紀錄。數月之後，當人們仍在對影片中栩栩如生的巨型恐龍驚歎不已時，史匹柏卻推出了沉重的史詩片《辛德勒名單》。奧斯卡・辛德勒是一位德國實業家和納粹黨員。二戰期間，他冒著生命危險保護了 1100 名猶太裔工人，自己落得傾家蕩產，死時身無分文。早在 1982 年，就有人向史匹柏推薦了湯瑪斯・肯

奈利的小說《辛德勒名單》。史匹柏似乎是一個將這部作品搬上銀幕的理所當然的人選，因為他本人就是猶太人。而事實上，身為猶太人曾經給少年的史匹柏帶來許多困擾與羞辱，以至於他成年之後仍一直下意識地回避自己的猶太傳統。1991 年，史匹柏與女演員凱特 · 卡普肖結婚。婚前凱特皈依了猶太教。他們的孩子出生後，史匹柏漸漸產生了作為一個猶太父親的責任感，並終於有了足夠的勇氣面對猶太民族最慘痛的一段歷史。

《辛德勒名單》在波蘭納粹集中營舊址旁實地拍攝，史匹柏徹底摒棄了自己張揚宏麗的一貫風格，刻意追求紀錄片所特有的紀實效果。他強調：「這部影片一定要真實，一定要公正，一定不能有一絲一毫的娛樂成分。」

拍成後的《辛德勒名單》是一部長達三個小時的黑白片。史匹柏與製片公司堅信這部耗資二千萬元的嚴肅電影將無法收回成本。誰也沒有料到《辛德勒名單》是如此的震撼人心。影片在耶誕節前上映，正在度假的人們紛紛湧入電影院去瞭解那一段黑暗血腥的歷史。並真誠地為之流淚。

影評家們對史匹柏風格上的轉變，尤其是在感情處理上的驚人的克制讚歎不已。好萊塢終於心悅誠服，《辛德勒名單》被授予包括最佳影片和最佳導演在內的七項奧斯卡獎。這部影片為史匹柏帶來了藝術與人格上的尊重，而他本人也從中獲得了前所未有的成就感和精神昇華。他不僅沒有收取分文片酬，而且將影片的盈利全部捐獻給與二戰期間猶太受難者與倖存者有關的機構和組織。2000 年，德國授予史匹柏代表平民最高榮譽的斯特恩獎。

從此，無論是商業大片還是史詩巨作，史匹柏所向披靡、無往不勝。《辛德勒名單》之後，他又連續拍攝了反映黑奴暴動的歷史片《勇者無懼》和描寫諾曼地登陸的二戰片

《搶救雷恩大兵》，後者再次為他贏得奧斯卡最佳導演的榮譽。與此同時，史匹柏繼續在娛樂片上大顯身手，《AI 人工智慧》、《神鬼交鋒》、《關鍵報告》中的科幻、懸念、驚險動作都比以往表現得更加成熟老練也更加引人入勝。

史匹柏不僅是一位點石成金的電影導演而且還是一位成功的製片人。1982 年，史匹柏建立了安柏林製片公司，製作並發行了《鬼哭神嚎》、《回到未來》等優秀電影。在電影之外，史匹柏還參與策劃了電視劇和動畫片系列的製作。1995 年，史匹柏與前迪士尼主管傑弗瑞・卡森柏格、音樂巨擘大衛・葛芬聯手創建了夢工廠製作公司，其影響力與財富更是以幾何倍數增長。在夢工廠旗下，《龍捲風》、《神鬼戰士》、《蒙面俠蘇洛》、《美麗境界》等深受觀眾喜愛的影片相繼問世。史匹柏的名字已經成為一個成功的標籤，貼到哪裡哪裡就必勝無疑。

在全世界電影史上賣座率最高的經典之作中，史匹柏的好幾部影片都榜上有名。1995 年，美國電影協會授予他終身成就獎。著名影評家羅傑・艾柏特曾說：「即使史匹柏再也不拍電影，他也已經在電影史上奠定了自己的地位。」

史匹柏對美國的影響實際上已經遠遠超越了電影。即使從未看過他的電影的人也很難不注意到他在美國大眾文化上無所不在的痕跡。電子遊戲、玩具、時裝、遊樂場處處都有他的影子。正如《紐約客》指出的：「史匹柏的圖畫語言已經吞噬了我們自己的語彙。無論這個現象是好是壞，他看世界的方式已經變成了世界與我們進行日常交流的方式。」

▌朱迪絲·雷斯尼克

進入太空的第一個猶太人

　　1986 年 1 月 28 日，佛羅里達州。甘迺迪航太中心。「挑戰者號」太空梭在連續幾天推遲航程之後終於進入了發射前的倒計時狀態。11 點 38 分，在幾百名現場觀眾和數百萬電視機前觀眾的歡呼聲中，「挑戰者號」像一隻巨大的白鳥飛向佛羅里達湛藍的天空。52 秒鐘後，太空梭進入全速，也進入了飛行全程中最危險的階段。突然，橘紅色的火苗在太空梭中段出現，隨即整個都被火焰所吞噬。升空後僅 1 分 13 秒，「挑戰者號」便和七名機組人員一起在全世界觀眾們的眼前永遠地消失了。

　　「挑戰者號」失事後，美國陷入震驚和悲痛之中。媒體和公眾的目光不約而同地集中在克麗絲塔 · 麥考里夫，一名小學女教師身上。悲劇發生的那天，她作為兩位公民代表之一，帶著成千上萬孩子們的希望和祝福，登上了「挑戰者號」。而實際上，在七名遇難的機組人員中，還有另一位女性，她就是第一個飛上太空的猶太裔宇航員，年僅 36 歲的朱迪絲 · 雷斯尼克（Judith Resnik）。

　　朱迪絲 · 雷斯尼克出生於一個淵源深厚的猶太家庭。

她的祖父曾是一位拉比，早年從俄國基輔移居巴勒斯坦。她的父親瑪律文 · 雷斯尼克在巴勒斯坦長大，受過正統猶太教教育，會講希伯來語。1929 年，雷斯尼克舉家遷至美國俄亥俄州。1949 年 4 月 5 日，朱迪絲出生在小城愛克倫。在家庭的影響下，朱迪絲從小就上希伯來學校，學習猶太經典和禮俗，也培養了她刻苦進取、追求完美的性格。

從小學到高中，朱迪絲一直成績優異，其中又以數學最為突出。高中時她是學校數學俱樂部十五名會員中唯一的女生。她的聰明和要強給許多老師留下了深刻印象。高中畢業時，她的會考拿到英語和數學兩個滿分，在全國高中生中每年平均只有九人取得這樣的成績。

在朱迪絲成長的歲月裡，她的父母一直彼此怨懟，爭吵不休。父親是一位眼科專家。他對朱迪絲在科學上的興趣和探索精神一直非常鼓勵並引為驕傲。與父親的關愛相比，母親的刻板和嚴格則讓她覺得壓抑。她 17 歲那年，父母正式離異。儘管朱迪絲想和父親在一起，法院卻按照常規把她判給了母親。一年之後，剛滿 18 歲的朱迪絲向法庭提出將自己的監護權移交父親，法庭批准了她的請求。

由於朱迪絲在數學和科學上成績突出，她可以在全國名牌大學中任意挑選。在和父親商量之後，她選擇了位於匹茲堡的卡內基 · 麥倫大學的數學專業。入學不久，她遇到了一個工程系的學生麥克 · 奧達克並開始對科學在實際中的運用產生了興趣。很快她便轉入了電子工程專業。畢業以後，朱迪絲與麥克結婚，接著又雙雙拿到了美國無線電公司（RCA）的工程師職位並同時開始攻讀碩士。幾年後，麥克轉入法學院學習法律，朱迪絲則繼續讀工程博士，兩個事業上各奔前程的年輕人在生活中也友好地分手了。

1977 年，即將拿到博士學位的朱迪絲又有了新的目標。

美國國家航太太空總署（NASA）宣佈向全國招考宇航員。像以往任何時候一樣，朱迪絲一旦下了決心，就全力以赴地向目標挺進。為了讓自己的身體符合宇航員的標準，她開始了嚴格的體能和飲食方面的訓練。為了掌握飛行技術，她考取了飛行員執照。與此同時，她還仔細閱讀了曾經參加過首次登月飛行的前宇航員麥克爾 ‧ 考林斯的著作，甚至設法找到了他在國家太空博物館的辦公室。

　　在見到考林斯時，朱迪絲直截了當地自我介紹說，「我叫朱迪絲 ‧ 雷斯尼克，我要做一名宇航員。」1978 年 1 月，她得到 NASA 的通知，在八千多名申請者中，她和其他三十四人被錄取了，是僅有的六位女性之一。她興奮無比，給所有自己認識的人都打了電話。許多人收到她的電話時是清晨六點。

　　在 NASA 位於休士頓的訓練基地，朱迪絲如魚得水。她對航太的執著和熱愛，她一絲不苟、勇於探索的科學精神，她天性中的要強、嚴謹和勤奮都在緊張有序而富有挑戰性的培訓生活中找到了歸屬。朱迪絲唯一不感興趣的就是宇航員必須參加的公關任務。他們需要輪流到學校、社區等公共場合介紹航太項目。並接受電臺和電視臺的採訪。她曾經說：「宇航員不必很女性或者很男性化，也不必是超人或者有任何特別的膚色。宇航員就是在太空中的人。」成年之後，朱迪絲不再繼續在日常生活中信奉和遵守猶太教規，但她始終把自己當作一個猶太人。

　　太空飛船上天的任務非常少，宇航員們要等上幾年才輪上一次，有些一輩子都沒有飛上過太空。1984 年。在成為宇航員六年之後，朱迪絲終於得到了飛行的機會。她不是第一位上太空的美國女性。在她之前，與她同時進入 NASA 的薩麗 ‧ 瑞德已經於 1983 年隨「挑戰者號」飛上了太空。

據說，朱迪絲沒有成為第一個上太空的女性，和她不善於應付媒體不無關係。對此，朱迪絲說：「我只是很高興能夠飛行。我覺得自己非常幸運，作為女性也罷，作為任何可以進入太空的人都是如此。」

1984 年 8 月 30 日，「發現號」太空飛船發射成功，朱迪絲是七人機組人員之一。她的任務是操縱飛船上的巨型機械臂來進行太陽能除冰實驗。電視攝像機前，笑容滿面的朱迪絲舉著一張紙，上面寫著：「你好！爸爸！」她長長的卷髮在失重的機艙中統統豎了起來。這次飛行，朱迪絲在太空中度過了 144 小時零 57 分鐘。

朱迪絲的父親瑪律文曾經說：「朱迪絲為探索太空奉獻了自己的生命。她做的是她最愛的事情。被 NASA 接受的那一天是朱迪絲一生中最快樂的一刻，她終於在太空中找到了自己的歸宿。」

▋霍華・舒茨

讓咖啡文化風靡全球的「星巴克」創始人

一杯好咖啡的濃香每天不知令多少人心醉神迷，而霍華 ・ 舒茨（Howard Schultz）卻將個人的鍾情轉化為一份業績輝煌的企業以及一個風靡世界的咖啡文化。

1981 年，舒茨在紐約一家瑞典咖啡壺公司做代理商。他注意到遠在西海岸的西雅圖市有一家名為星巴克的咖啡製造商訂購的咖啡壺比其他客戶都多得多。於是他專程來到這個只有三家店面的小咖啡店一探究竟。結果星巴克征服他的不僅是香醇濃郁、味道獨特的咖啡，而且是它的經營者在精選和烘烤咖啡上的用心考究與豐富經驗。

回到紐約後，舒茨當即打電話給星巴克表示加盟的願望，同時提出了自己關於公司發展的種種設想。保守謹慎的星巴克老板對這個來自紐約的精力充沛、雄心勃勃的年輕人不無好感，但他的宏圖大論讓他們覺得距離遙遠而且十分冒險。舒茨被拒絕後並不就此甘休，他花了整整一年的時間與星巴克的老板溝通，努力拉近彼此之間的共識，終於在 1982 年被星巴克任命為主管市場銷售的經理。

一年之後，一次義大利之行再次給予了舒茨靈感，並從

此改變了他自己和千千萬萬美國人的生活。

在米蘭，他發現幾乎每一個街頭都有一家咖啡館。人們在那裡消磨閒暇、聊天會友，遍佈全國的二十多萬家咖啡館成了整個國家的社交紐帶。舒茨從中看到了一種全新的生活方式。但星巴克的老板對舒茨描繪的新生活圖景反應冷淡，表示不願涉足餐飲業。舒茨受挫之下，離開星巴克，創建了自己的咖啡館並獲得成功。1987 年，對星巴克念念不忘的舒茨以三百八十萬美元買下了星巴克，如願以償地建立起星巴克有限公司。

星巴克咖啡館迅速風靡了美國。1992 年，它作為第一家品牌咖啡公司在華爾街上市並成為股票市場的寵兒。以雄厚的資金為後盾，星巴克不斷擴展，星巴克咖啡館如雨後春筍般在美國各個城市的街頭出現。不僅如此，百貨商場、書店、飛機場、賓館、體育館、博物館等一切公眾場所都可以看見星巴克的標識，聞到它咖啡的濃香。90 年代，星巴克以每年25％至30％的速度增長，2000 年盈利高達23 億美元。

在全面征服了美國市場後，舒茨把目光投向了國外。2000 年 6 月 1 日，他辭去總裁一職，成為星巴克有限公司的全球策劃師。五年後的今天，星巴克在全世界 40 個國家擁有八千家分店。其中許多家就開在同一條街上。星巴克的八萬名雇員每週為三千萬顧客送上他們喜愛的咖啡。

從第一家星巴克的出現到星光燦爛的今天，舒茨始終堅持著他最初的經營理念：「送上一杯上好的咖啡，建立一個富有人情的企業。」

1953 年，舒茨出生於紐約的猶太家庭，在布魯克林的政府補助房裡長大。他的父親是一個計程車司機和工廠工人。舒茨靠足球獎學金進了北密執安大學，是家中拿到大學學位的第一人。舒茨記得當年父親為了養家糊口不得不做幾

份工。而且沒有勞保、沒有醫療保險，更不曾受到尊重。在有了自己的公司之後，舒茨把善待員工作為最重要的管理原則。在許多公司普遍通過削減福利來降低開銷時，星巴克為所有每週工作二十小時以上的員工提供醫療保險以及股票權。對此舒茨在接受《紐約時報》採訪時強調：「在美國。站櫃臺不被看作一份專業工作。但我們不這樣認為。我們要給自己的員工以尊嚴和自信。這不是光動嘴皮子能做到的。」星巴克給予雇員的優厚待遇讓它擁有了一支忠誠肯幹的員工隊伍。它的員工更換率只有一般速食業的一半，大大減少了公司在招收和培訓新雇員方面的費用。

舒茨認為只有對工作滿意並且盡職的員工才能為顧客提供優質的服務。而優質的服務和優質的咖啡同等重要。他強調「星巴克的成功展示了我們與顧客之間的感情聯繫。」在讓星巴克咖啡館成為人們家外之家的同時，舒茨更用行動深入社區、回饋社會。星巴克是美國援外合作署的贊助人。1995 年，星巴克捐款五十萬元用於援助生產咖啡豆的國家，舒茨因此而獲得了國際人道主義獎。在美國國內，星巴克與體育界明星聯合發起了成人閱讀運動並為大城市內的貧困社區提供服務。2001 年，已經在西雅圖定居的舒茨買下了這個城市的籃球隊——西雅圖超音速隊。從此西雅圖人便常常在 NBA 賽場邊看到他的身影。

舒茨當年在義大利所夢想的咖啡文化已經在美國實現了。星巴克不僅是一種飲料，而且是一種生活方式和時尚。星巴克所特有的名稱，如 "bristas"（咖啡吧侍者）、「latte"（一半咖啡一半熱奶）以及「doppio macchiato」（雙份濃咖啡加奶沫）等等已經成為 21 世紀美國日常生活語彙的一部分。

1990 年，《富比士》雜誌形容舒茨是「頂著反咖啡的潮流而上」。當時，美國的咖啡消費正處於下滑狀態，而舒

茨卻讓人們成為咖啡的愛好者和鑒賞家。星巴克教會了美國人品嘗一種更濃郁的飲料，因為它是由咖啡豆而不是一般咖啡品牌所使用的咖啡豆研磨而成的。在星巴克喝咖啡是一種全方位的經歷，包括咖啡本身、咖啡配製的工序、服務方式和環境等等。星巴克的流行靠的不是廣告，而是人們的口耳相傳和親身體驗。

從義大利歸來之後，舒茨並沒有簡單地把歐洲的咖啡館照搬到美國街頭，他所追求的是一種圍繞著咖啡的文化氛圍和人與人之間的交流。2003 年 4 月，星巴克在數千家咖啡館向顧客提供免費上網服務，吸引了大批電腦族和年輕人。2004 年 10 月，星巴克在西雅圖、奧斯丁等城市的一些分店裡開設了「音樂吧」。顧客們可以在品啜咖啡的同時欣賞星巴克唱片公司出品的音樂光碟。如聽到喜歡的曲子，可以當場點錄，製成碟片帶回家，也可以從店裡的貨架上買到原裝的整碟。星巴克的數位音樂庫擁有二百五十萬首歌曲供顧客選擇。星巴克的員工既是做咖啡的能手也是音樂內行。他們能夠根據顧客的心境和要求推薦合適的音樂。這項與惠普電腦公司的合作專案尚未在所有星巴克咖啡館實行，顧客們的反映則褒貶不一。但可以預見的是，星巴克將不斷帶給人們新的、時尚的和文化的享受。

根據《紐約時報》報導，星巴克現任 CEO 霍華 · 舒茨將於 2017 年 4 月 3 日正式交棒給現任星巴克的首席營運長 COO 凱文 · 強森。而這位被譽為「咖啡業的賈伯斯」，下一步路又有什麼驚人之舉，相信很多人都拭目以待！

▎傑瑞・賽菲爾德

創造最高收視率的喜劇演員

1998 年 5 月 4 日，美國國家廣播公司（NBC）星期四晚黃金檔的情景喜劇《賽菲爾德》播出了最後一集。當晚有七千六百萬人收看，超過了一年一度超級杯美式足球的觀眾人數。NBC 也在《賽菲爾德》上賺了最後一大筆，節目播出的兩個小時中，每三十秒的廣告費賣到一百萬元以上。

《賽菲爾德》的創作者傑瑞・賽菲爾德（Jerry Seinfeld）是一個單口相聲演員，就是面對觀眾站在舞臺上講笑話。劇中的賽菲爾德基本上就是以他自己為原型。每一集的開頭和結尾都是賽菲爾德在臺上講笑話，並往往用該集所發生的故事來進行調侃。

《賽菲爾德》還有另外三個主要角色。喬治——賽菲爾德的朋友。矮胖、禿頂、事事斤斤計較，處處格格不入，從來沒有固定的工作和女友。克雷默——賽菲爾德的鄰居。神經兮兮、大大咧咧，不拘小節。伊琳——賽菲爾德的前女友。快人快語、潑辣霸道，喜歡大驚小怪。

《賽菲爾德》幾乎沒有故事情節，它的喜劇性很大程度建立在對話和劇中人物對事件和他人的反應上，賽菲爾

德驕傲地稱之為「什麼都沒發生的戲」（「the show about nothing」）。每集的內容主要同繞賽菲爾德和他的朋友以及熟人們展現，講的都是日常生活中司空見慣、細枝末節的瑣事。從在中國餐館排隊等座位到在購物中心的停車場找車；從無可無不可的口角到有始無終的戀愛。

此外，《賽菲爾德》從不對觀眾說教，也沒有溫馨圓滿的結局。它的創作者特別強調該劇有兩大規則——「沒有擁抱，沒有教訓。」它有的是對美國社會人情世故、風俗習慣的冷嘲熱諷和調侃。但這出從形式到內容都與傳統情景喜劇大相徑庭的戲卻在觀眾中引起了出人意料的反響。用賽菲爾德自己的話說，這是因為它「表現了每個人生活中都經歷過的事情，而在電視上卻從來都見不到。」儘管劇中人物有的性情怪僻、行為荒謬，有的稀裡糊塗、一事無成，有的自私小氣、愛佔便宜，但觀眾們在他們身上看到了自己和身邊的人的影子，因而報以會心的笑聲。

自從 1989 年首次在 NBC 播出以來，《賽菲爾德》在電視節目排行榜上幾乎年年高居榜首，是 90 年代最引人注目的文化現象。在長達九年的時間裡，《賽菲爾德》滲透到美國人的語言、行為、價值觀和生活方式的方方面面，傑瑞・賽菲爾德也成了家喻戶曉的人物。

1954 年，傑瑞・賽菲爾德出生於紐約的布魯克林，是敘利亞猶太人的血統。父親做商店招牌的生意，母親是一位家庭婦女。他從八歲開始對電視上喜劇演員的表演入了迷，常常揣摩和模仿他們的段子，有時也在學校博同學們一笑。高中畢業後，賽菲爾德進入了紐約的皇后大學學習戲劇和傳媒。學位剛一到手，他就迫不及待地闖進了曼哈頓一帶的喜劇俱樂部一試身手。最初他幾乎掙不到錢，不得不打各種各樣稀奇古怪的工來養活自己。他在電話上賣過燈泡，在曼哈

頓的街邊非法兜售過假首飾並且不止一次被員警追趕。為了早日在喜劇表演上有所突破，他故意挑最差的工作做。在一次採訪中，他這樣解釋道：「當背後是懸崖，沒了退路的時候，才是獲得成功的最佳時機。」

在紐約的喜劇俱樂部磨煉了四年之後，賽菲爾德的表演漸漸有了起色，他決定到西海岸的洛杉磯繼續發展。他一度在一出走紅的情境喜劇中擔任過配角，但只演了幾集就被解雇了。在這次失敗的經歷之後，他開始集中精力創作和表演脫口秀。1981 年的春天，他應邀在 NBC 的「今夜」節目上表演，觀眾對他的笑話反響熱烈，著名主持人、喜劇家強尼・卡森對他的喜劇才華也給予了肯定。隨著他在幾家大電視臺的不斷亮相，賽菲爾德的知名度越來越高。他在全國各地奔波演出，有時一年表演三百場以上。1987 年，他的個人電視專場在 HBO 播出。1988 年，他獲得了美國喜劇大獎中的最佳男喜劇演員獎。

1988 年，NBC 找到賽菲爾德，提出由他創作並主演一齣情景喜劇。賽菲爾德馬上找到也是喜劇演員的好友萊瑞・大衛（喬治的原型）進行策劃。在曼哈頓的一家咖啡館裡，兩個人對全劇的內容、人物和結構進行了初步構思，隨後將創意呈交 NBC 批准。1989 年 7 月 5 日，《賽菲爾德》在 NBC 試播，隨後又作為臨時節目在暑期裡加播了四集。鑒於評論界的一致好評，NBC 決定第二年再續播六集，第三年又增加到十三集。至此，《賽菲爾德》已經有了一批忠實的觀眾而且人數在不斷上升。

1992 年，《賽菲爾德》正式成為 NBC 的固定節目，來年便獲得艾美獎最佳喜劇獎和最佳男主角獎。接下來的幾年裡，《賽菲爾德》越來越火，不僅主要演員成了家喻戶曉的明星。連劇中的許多對白也為觀眾們津津樂道而成為日常生

活用語的一部分。就在《賽菲爾德》紅透了半邊天的時候，傑瑞 ‧ 賽菲爾德卻決定讓它在 1998 年結束，而自己則重返舞臺做一個全職單口相聲演員。

賽菲爾德一直把自己看作一個喜劇演員，而不是電視明星。他曾經說，「上電視並非我的最愛。我自始至終都是一個單口相聲演員。我迷戀喜劇表演，它是那麼神秘，那麼深不可測，那麼讓人琢磨不透。電視情境喜劇絕不能給我同樣的感覺。」

關於他的喜劇才華特別是別具一格的喜劇語言，評論家們給予了極高的評價。他的笑話不僅好笑而且機智詼諧、不落俗套。在脫口秀中，很多演員都靠髒話來換取觀眾的反應和噱頭，賽菲爾德的笑話卻很乾淨，令人耳目一新。他獨特的風格對美國喜劇的未來具有巨大影響。

2015 年，傑瑞 ‧ 賽菲爾德被〈富比士〉列為最高收入喜劇演員的第一名。

史蒂芬‧鮑爾默

微軟公司的靈魂

　　比爾‧蓋茨創建了微軟公司，微軟讓比爾‧蓋茨成為世界首富，而「史蒂芬‧鮑爾默（Steve Ballmer）卻是微軟今日輝煌的頭號功臣。」（《銷售與市場管理月刊》）

　　在世人眼裡，電腦巨人蓋茨的光輝遮天敝日、無與倫比；但在微軟人心目中，鮑爾默才是微軟真正的靈魂。微軟總經理約翰‧尼爾森在接受《PC週刊》採訪時說：「每個人都把一切歸功於比爾，而鮑爾默的影響卻滲透在微軟的每一個細胞裡。」曾經在鮑爾默手下工作多年的另一位微軟高層管理人員更直截了當地說：「微軟可以沒有比爾‧蓋茨，但絕不能沒有鮑爾默追求成功的意志。」可以毫不誇張地說，是鮑爾默一手締造了獨一無二的微軟文化。

　　1956年3月24日，史蒂芬‧鮑爾默出生於底特律郊區一個中產階級家庭。父親是來自瑞士的移民，在福特汽車公司做經理，母親是出生於美國的猶太人。1973年，鮑爾默以全校第一名的成績高中畢業並獲得了哈佛大學的獎學金。在哈佛第一年，鮑爾默與蓋茨同住一層樓裡，但兩人的性情和生活方式卻截然相反。蓋茨獨往獨來，很少上課，也

不參加任何校園裡的活動。鮑爾默則無處不在、無人不知。他是橄欖球隊的經理，文學雜誌的主管，校報的總編。後來，蓋茨中途退學，而鮑爾默則以優異成績獲取了數學和經濟學士學位。

　　大學畢業後，鮑爾默在一家公司做了兩年產品部門經理助理，然後進了史丹佛大學商學院讀企業管理碩士。1980年，鮑爾默接到蓋茨的電話請他出任自己剛成立不久的電腦公司的經理。鮑爾默對正在興起的電腦業一無所知，甚至從未使用過一台個人電腦。但他果斷地退了學，成為微軟第24位雇員也是第一位管理人員，年薪五萬元。

　　鮑爾默與蓋茨有很多共同之處。兩人都反應敏捷、爭強好勝、敢於據理力爭，不能容忍愚笨。最初幾年，鮑爾默與蓋茨之間常常意見相左、磨擦不斷，但他們目標一致、彼此坦誠相見，因此不僅能夠殊途同歸，而且相輔相成。蓋茨著眼於技術和產品的發展，鮑爾默主管市場行銷；蓋茨大膽設想，鮑爾默付諸實現。他們二人完美的互補與合作造就了一個科技時代的神話。

　　初到微軟，鮑爾默的管理範圍包括招聘員工、產品開發、使用者培訓和市場行銷。他積極從美國名校的高材生中延攬人才，為微軟建立起一支富有才華、創意和競爭意識的精英隊伍。80年代初，鮑爾默主管視窗作業系統的開發，為後來視窗95的巨大成功奠定了基礎。與此同時，他為微軟建立起與科技巨人IBM長達11年的合作關係，使視窗成為IBM電腦的一部分。在這個被他稱之為「與熊共舞」的過程中，鮑爾默充分顯示了他過人的謀略和韌性。

　　1998年7月21日，鮑爾默被蓋茨任命為微軟總經理，主持整個公司的日常事務。鮑爾默剛剛上任就面臨著美國司法部對微軟提出的訴訟。微軟因將自己的互聯網探索器裝入

每一個視窗 95 的作業系統出售而被指為違反了公平競爭的法則。鮑爾默代表微軟以強硬的態度否認任何壟斷行為。他在採訪中說：「我不會道歉。這裡是美國，是資本主義。把為顧客提供額外價值當作犯罪是極其荒謬的。」

但同時他也表示將對微軟的政策進行調整以消除壟斷訴訟案對微軟形象的負面影響，改善與客戶的關係。在此之前，微軟的所有策略都以產品為導向，公司內部的結構也在產品的基礎上分門別類。1998 年，鮑爾默建立了客戶服務部。1999 年，鮑爾默對微軟的各部門進行了徹底調整，打破原先以產品為劃分標準的結構，按照客戶的種類和需求重新組合，形成了面向企業、個人、電子商務、資訊科技等不同類型使用者的新格局，每個部門都有權針對自己的服務對象制定產品開發和市場銷售的計畫。

2000 年，鮑爾默取代蓋茨成為微軟的總裁。一年後，他從總經理的位置上退下，從而得以擺脫具體的日常事務，專注於微軟未來的發展策略和宏觀規劃。鮑爾默表示，微軟下一步將全面改革視窗作業系統，使之與互聯網融為一體，創造一個電腦科技的新時代。2004 年，在微軟接連以高額賠償敗訴給美國線上和太陽微機系統等公司之後，鮑爾默發起了一場「讓事實說話」的正名運動。微軟在公司網頁上登載獨立研究機構對微軟產品的正面評價，羅列視窗較之其他作業系統的種種優勢。同年 10 月，鮑爾默在致微軟用戶的長達兩千四百頁的「視窗宣言」中，再次重申視窗的優點，並對對手 Linux 的作業系統提出批評。作為微軟總裁，儘管鮑爾默為自己公司大造聲勢的出發點無可非議，但他片面激烈的言辭卻引來了不少指責。數月後，鮑爾默再次置身困境。原定 2005 年推出的新版視窗因技術問題不得不推遲到 2006 年，而且此次升級的關鍵產品，一個全新的檔管理系

統，將無法同時完成。面對廣大電腦用戶的期待和對手們日益激烈的競爭，鮑爾默任重而道遠。

相對於比爾·蓋茨單調乏味的天才形象，鮑爾默顯得血肉豐滿、魅力十足。他是一位精力旺盛的領袖和激情澎湃的鼓動家。1991 年，他在一次全球行銷大會上因連續高呼「視窗、視窗、視窗……」而聲帶撕裂，不得不動手術修補。為了推廣視窗 95，他模仿電視廣告製作了宣傳短片並親自主演。2000 年，微軟成立 25 周年。他別出心裁地從慶祝蛋糕中跳出，引發成千上萬員工的熱烈歡呼。鮑爾默在各種場合發表演講時都是手舞足蹈、聲嘶力竭、大汗淋漓、衣衫不整，表情動作極盡煽情之能事，令在場觀眾受到強烈感染和鼓舞。

對此，鮑爾默曾說：「我們對為用戶所做的一切充滿激情。我們對科技和科技所能成就的一切充滿激情。我們充滿激情地競爭……每一個有所作為的人都應該有一點激情才行，不是嗎？」鮑爾默喧囂的風格往往掩蓋了他高超的智慧。如果把充滿激情的鮑爾默僅僅看作微軟的頭號啦啦隊員顯然大大低估了他的角色。一位科技領域的觀察家曾經指出：「鮑爾默是微軟背後的一位市場運作天才。他掌握著產品的推廣和行銷，對這些比爾·蓋茨既不懂行也不在意。」

對鮑爾默的性格人們通常用軍事化的語言來形容：「富有策略的」、「拿破崙式的」、「統帥全軍的」。《富比士》雜誌曾經稱他為「軟體工業的喬治·巴頓」。

在坊間流傳的故事中，鮑爾默不是以拳頭擊掌就是拍桌咆哮，或者如困獸般在房間裡走來走去。他大智大勇、強硬嚴厲的管理風格讓微軟的手下人既敬又畏。工作中的鮑爾默直率暴躁，標準極高，但私底下的他又是詼諧滑稽、隨和可親的。鮑爾默對自己員工發自內心的關切讓他在微軟頗得人

心。每一個與他交談過的人都感覺到他在用心傾聽，都會得到他懇切的鼓勵，都恨不得為他赴湯蹈火。

　　鮑爾默是一個全力以赴的工作狂。他一年有四分之一的時間在全世界奔波，與幾百個用戶見面。他隨身總是帶著一個寫著要做的事情的單子，然後在一天結束之前把它們一一劃去。1992 年，他在《西雅圖時報》的採訪中提到他已經把自己每週 90 到 100 小時的工作時間減至 60 小時，希望能夠和家人多在一起。但他同時又說：「我沒法兩頭兼顧。我工作，全身心地工作。因為工作就是樂趣。」

　　鮑爾默對微軟的貢獻是無與倫比的。如比爾 · 蓋茨所說：「鮑爾默強硬的個性已經與微軟不屈不撓的競爭意識緊密地編織在一起。正是這種堅韌加上鮑爾默極其敏銳的商業直覺成就了微軟今日的強大……鮑爾默在微軟歷史上的每一個重大關頭都起了關鍵性的作用。」

　　通過微軟，鮑爾默對整個電腦業和今天的科技時代都產生了不容忽視的影響。同時，他也從微軟獲得了無比的成就感和豐厚的回報。鮑爾默是微軟工齡最長的雇員，也是美國唯一一位自身或家人不是創建人或業主。僅靠雇員股票權發家的億萬富翁。2014 年，鮑爾默名列《富士比》雜誌全球富豪排行榜第 32 名。身價 207 億美元。到了 2017 年，則增加到 311 億美元。

▌麥克・戴爾

Dell電腦公司創辦人

1984 年，19 歲 的 麥 克 ・ 戴 爾
（Miehael Dell）在他的大學宿舍裡創建
了自己的電腦公司。如今，戴爾公司已
經成為全世界最大的電腦製造和直銷企
業，年利潤達數百億美元。

如果說猶太人具有天生的經商頭腦
的話，那麼戴爾就是一個經典範例。

1965 年 2 月，戴爾出生於德克薩斯州的
休士頓。父親是一位牙齒矯正醫生，母親是一位股票經紀
人。12 歲時，戴爾用在中餐館打工掙的錢做起了郵寄郵票
和棒球卡的生意，掙得兩千元。高中期間，他當《休士頓郵
報》的送報員。為了擴大訂戶，他向當地民政部門要來新婚
夫婦的姓名住址，然後寄給他們免費兩週的報紙訂單。戴爾
淨賺一萬八千元，他用這筆錢為自己買了一部 BMW，儘管
當時他離法律許可的駕駛年齡還相差幾個月。當時電腦尚不
普及，戴爾買了一台二手的蘋果電腦，一面用來記帳，一面
把電腦的結構和功能搞得清清楚楚。

高中畢業後，戴爾進入了德克薩斯大學並按照父母的願
望選修了醫學課程。與此同時，他靠一千元起家，做起了電
腦改裝的生意。戴爾從批發商那裡買來現成的 IBM 或康柏

克電腦，加工升級後再通過上門或郵購賣給有興趣的客戶，價錢遠遠低於商店裡同等功能的電腦成品。戴爾的同宿舍同學對他日益興隆的生意十分不滿，曾經用他進的貨把房門堵死，讓他難以出人。1984年夏天，僅僅上了一年大學的戴爾決定退學從商。他把自己的公司從學生宿舍搬到了奧斯丁市的街面上。秋季開學前，他已經做了18萬元的生意。到了年底，他的銷售額達到了六百萬元。

隨著訂單的增加。戴爾很快意識到如果直接從批發商那裡買來電腦部件加以組裝，利潤會更高。就這樣，戴爾自己的電腦品牌「特博」問世了。1987年，戴爾將公司改名為「戴爾電腦公司」。1988年，「戴爾電腦公司」在華爾街上市，共集資三千萬元。

電腦直銷經營是戴爾的首創也是他獲得成功的主要原因。顧客通過免費電話或郵購訂單訂購自己想要的電腦，36小時之後按照他的要求組裝的電腦便已完成並寄出。直銷免去了零售商這一環節，從而大幅度降低了成本，使產品在價格上占了極大優勢。市場分析家們一度對戴爾的成功大惑不解，認為消費者在購買電腦這樣的大件時不可能在沒有親睹其貌的情況下就作出決定。而實際上，戴爾電腦公司針對的是大型企業、政府部門和電腦熟手而不是首次電腦購買者。

它的大客戶包括波音飛機製造公司、豐田汽車公司、美孚汽油公司等等。同時，為了鼓勵顧客購買，戴爾特別加強了售後服務和技術支持，保證顧客在使用電腦時出現的問題能夠得到及時解決。由於戴爾電腦公司的電腦是「現訂現做」，因此不存在產品積壓問題，而且節省了倉庫、儲存等方面的開銷。戴爾與電腦零部件廠家保持著密切聯繫，一方面保證了零件的及時供應，另一方面則避免了零件的過剩和積壓。許多製造商甚至將工廠搬到了奧斯丁市的戴爾電腦公

司總部附近。

　　戴爾電腦公司以驚人的速度在電腦業迅速崛起。1992年底，它的銷售額達到 20 億美元，戴爾成了《財富》雜誌 500 強中最年輕的總裁。1993 年初，戴爾電腦公司在連續 14 個季度盈利之後首次出現虧損。面對驟然出現的危機，戴爾決定放緩發展的速度，先解決公司內部問題。他請來了富有經驗的資深管理人員對公司進行重新調整和規劃，將日常事務交給前摩托羅拉總裁摩特爾打理，而自己則著眼於公司未來的走向和技術發展。戴爾的一系列改革舉措很快顯出成效。1993 年下半年，戴爾電腦公司開始扭虧為贏。1994 年，新型筆記型電腦推出，受到用戶廣泛歡迎。同時，戴爾電腦公司全面放棄零售市場，重返直銷的經營途徑。年終時，儘管戴爾損失了一部分市場佔有率，但盈利回升至一億四千九百萬元。

　　早在 80 年代後期，戴爾就把目光投向國際市場。1987年，戴爾電腦公司在英國成立了分公司。1990 年，戴爾在愛爾蘭設廠，為其歐洲、中東和非洲的市場提供產品。1993年，戴爾擴展到亞太地區，在澳大利亞和日本都建立了分公司。1996 年，戴爾在馬來西亞的檳城上開設了生產中心，直接為亞太地區的國家服務。1998 年，為了滿足日益升溫的中國市場的需要，戴爾在廈門開設了工廠。1999 年，面向拉丁美洲市場的生產中心在巴西成立。

　　90 年代，互聯網問世。戴爾是網路商務最早的發明者之一。他及時地預見到互聯網的優勢，率先向顧客提供網上訂購。互聯網使得戴爾電腦公司的直銷模式如虎添翼，無論是訂貨管理還是售後服務都比從前更快也更經濟。1999 年，戴爾電腦公司在自己的網頁上連結了 30 家常用零部件批發商，使其對產品的需求量心中有數，從而最大程度減少了

產品的積壓。2002 年底，戴爾電腦公司的個人電腦在網上的銷售量名列世界第一，每日銷售額超過五千萬美元。1996年，戴爾在電腦市場持續升溫的形勢下未雨綢繆，建立起網路服務器與儲存系統的生產線，以避免產品的單一化。2003年，戴爾電腦公司改名為戴爾公司，在電腦之外又增添了更多的產品。

　　2004 年 7 月，戴爾辭去了公司總裁的職務，由執行總裁凱文・羅林斯接任。但戴爾仍然保留了董事長一職以及公司 12％的股份。在商業界，一個企業的創建人失去或放棄對企業的掌管權是十分常見的。戴爾是美國最大的幾家電腦公司總裁中在任時間最長的一位。

　　2003 年。戴爾名列《富比士》40 歲以下最富有美國人之首。2004 年，美國公眾廣播電視臺將戴爾選為過去 25 年中最優秀的企業家之一。身價上億的戴爾是德克薩斯州的首富。2003 年，《商業週刊》選出美國最慷慨的慈善家，戴爾名列第六。2013 年，他獲得富蘭克林研究所的 Bower 商業領袖獎。這個 19 歲棄學創業的年輕企業家已經成為科技時代的巨人。

▍謝爾蓋·布林

身價百億的Google小子

　　2005 年 4 月 18 日的《時代週刊》選出了本年度 100 名對美國和世界影響最大的人物。謝爾蓋 · 布林（Sergy Brin）和賴利 · 佩吉名列「建設者與巨人」之列，被稱為「Google 的小子」。《時代週刊》在對二人的介紹文章中指出：「每十年似乎都有一兩個真正勇於革新的科技公司給電腦的圖景帶來永久的變化。Google 就是這樣一個公司，因為它的創建者謝爾蓋 · 布林和賴利 · 佩吉對於改變我們獲得資訊的方式抱著巨大的熱情。」

　　1973 年 8 月，謝爾蓋 · 布林出生於莫斯科。為了擺脫猶太裔在前蘇聯所遭受的排擠和歧視，全家在他六歲時移民美國。他的父親成為馬里蘭大學的數學教授。布林在微機革命的時代長大，小小年紀就開始對電腦產生了興趣。他上小學一年級的時候，電腦還遠未普及。有一次他將一篇作業列印出來後上交，讓老師十分意外。布林九歲生日時，父親送給他一台電腦作為生日禮物。高中畢業後，他進入了父親所在的大學。1993 年，他以數學和電腦專業的突出成績獲得學士學位以及國家科學基金會的研究生獎學金，並因此而被

史丹佛大學研究生院錄取。1995 年，布林碩士畢業後繼續在史丹佛攻讀博士學位。他在研究生期間的主攻方向是電腦的資料處理。通過對大量資料的分析來尋找模式和趨向，並從中建立資料間的聯繫。

1995 年，謝爾蓋・布林結識了同在計算機學院讀博士的賴利・佩吉。兩個年輕人的相遇碰撞出輝煌的創造力，從此不僅改變了二人的生活，也改變了世界。

佩吉有著與布林相似的家庭背景，父母親都在密西根州立大學教授電腦。和布林一樣，他也是一個數學高材生。佩吉的研究領域是互聯網。開始布林和佩吉只是對網上搜集到的資料進行分析處理，但最終卻形成了一項準確快速的搜索技術，於是他們建立了自己的搜尋引擎並邀請朋友們和學校的老師們試用。很快，每天的使用者就超過了一萬人。布林和佩吉將自己的搜索技術命名為「佩吉排位」。用複雜的數學演算法決定和排列相關網頁的重要性。這項技術包含著大量數學計算，需要幾千台電腦同時進行，但其排列結果卻和人的直覺搜索的結果十分相近。

開始。布林和佩吉試圖為自己的發明找到一位買主。他們同 Yahoo 和 Altavista 都進行過接觸。但對方儘管意識到「佩吉排位」具有明顯的優越性，卻因為忙於發展聊天室、電子郵件等新技術而不願分散精力在搜索技術上。

布林和佩吉則認為搜索是互聯網的一個重要環節。他們堅信自己的技術能夠讓人們快速、容易、準確、客觀地找到所需的資訊。於是他們開始著手自建公司。太陽微機系統的創建人之一安迪・貝托爾斯海姆投資十萬元作為創業資金。1998 年，Google 公司成立，佩吉任總裁，布林任主席，兩人同時中止了博士學業。不到一年，他們獲得的各種個人投資便超過了一百萬元。第二年九月，Google 的使用者以每月

20％的速度增加，進一步吸引了大投資家的資金投入。布林和佩吉不同尋常的成功也引起了世人的關注。

1999 年，Google 公司的網頁 Google.com 問世。Google 來自數學中的術語「googol」。意為 10 的一百次方，即 1 後面加 100 個 0。布林和佩吉選擇這個名字來表示自己事業的宏大。布林在一次採訪中說：「Google 的使命就是整理全世界的資訊，讓這些資訊能夠被所有人獲取和使用。」

Google 具有世界上最大的搜尋引擎。它所檢索的網頁多達 30 億，每天處理的問詢有上億之多。為了將每日層出不窮的新網頁納入 Google 的檢索系統，布林和佩吉還在不斷開發新的軟體並增加用於處理資料的電腦的數量。Google 的獨特之處在於它不是通過搜索詞語而是網頁的相關性和知名度來尋找和排列。另外，與其他搜尋引擎不同，Google 的搜索結果不包括廣告網頁的連結，它採取的是客觀的、以使用者為中心的方法，這是它獲得成功的重要原因。

Google 的優越性讓它省去了大筆廣告開銷，人們一傳十，十傳百，使用者越來越多。Google 曾經多次獲獎，其中包括互聯網世界最令人嚮往的韋比技術成就獎。《電腦世界》、《富比士》、《時代週刊》等雜誌多次將其選為最佳網頁和最佳搜尋引擎。Google 已經成了日常生活中上網搜索的代名詞。

2001 年 8 月 6 日。佩吉從總裁位置上退下，由原諾維爾總裁艾力克 · 史密特主管公司日常事務。布林和佩吉分別擔任技術與產品的主席。Google 的員工人數由兩人增至數百人，其中多半都從事技術開發，以保證 Google 在技術上的領先地位。這個由兩位研究生創辦的公司依然保持著活躍獨特的校園文化。

Google 為員工在公司裡提供了少見的奢侈設施，包括健

身跑步機、按摩、瑜伽、撞球、名廚、甚至臥室。每週兩次，員工們在公司停車場上舉行旱冰球（類似曲棍球）比賽，會議室的長桌是專為打乒乓球而設置的。充滿激情和理想的布林和佩吉吸引了大量與他們懷有同樣抱負的年輕人。Google彙集了矽谷最聰明、最有活力和創造性的員工。

隨著 Google 的走紅，布林和佩吉也成了世人矚目的焦點。布林現在是谷歌的董事與技術總監，個人身價達 175 億美元，這令他成為全球第 26（美國第 12）的富翁。2010 年〈富比士〉雜誌報導，他與佩吉在全球富人榜中排名24位。

而在生活中，年輕而且單身的布林卻仍然保持著學生時代隨意簡單的生活習慣。他開著一輛豐田舊車，住在租來的兩室一廳的公寓裡，時常像其他年輕員工一樣滑直排輪上班。對於自己的成功，謝爾蓋‧布林說：「顯然每個人都想成功，但我希望當人們回首過去時，會認為我是一個勇於創新、值得信任和有道德操守的人，而且最終給這個世界帶來了一些變化。」

「Don't be evil」谷歌的口號就是「不作惡」。2016 年營業額達到 858 億美元，稅後淨利 190.68 億美元，員工在 2015 年第二季已高達 54,148 人，公司大小並不重要，重要的是谷歌已成為年輕人心目中最幸福的公司了，他們每年都會收到超過二百萬的應徵履歷表。

國家圖書館出版品預行編目資料

他們都是猶太人／湯天一、胡新航 著
　初版，新北市，新視野 New Vision，2020.11
　　面；　　公分 --
　　ISBN 978-986-99105-4-5 （平裝）
1.世界傳記 2.猶太民族

781.05　　　　　　　　　　　　　　109012798

他們都是猶太人

作　　者　湯天一、胡新航
出　　版　新視野 New Vision
製　　作　新潮社文化事業有限公司
　　　　　電話 02-8666-5711
　　　　　傳真 02-8666-5833
　　　　　E-mail：service@xcsbook.com.tw

印前作業　東豪印刷事業有限公司
印刷作業　福霖印刷有限公司

總 經 銷　聯合發行股份有限公司
　　　　　新北市新店區寶橋路 235 巷 6 弄 6 號 2F
　　　　　電話 02-2917-8022
　　　　　傳真 02-2915-6275

初版一刷　2020 年 11 月